AF547022

Richard Gutzwiller

Meditationen über Matthäus

Richard Gutzwiller

Meditationen über Matthäus

media maria

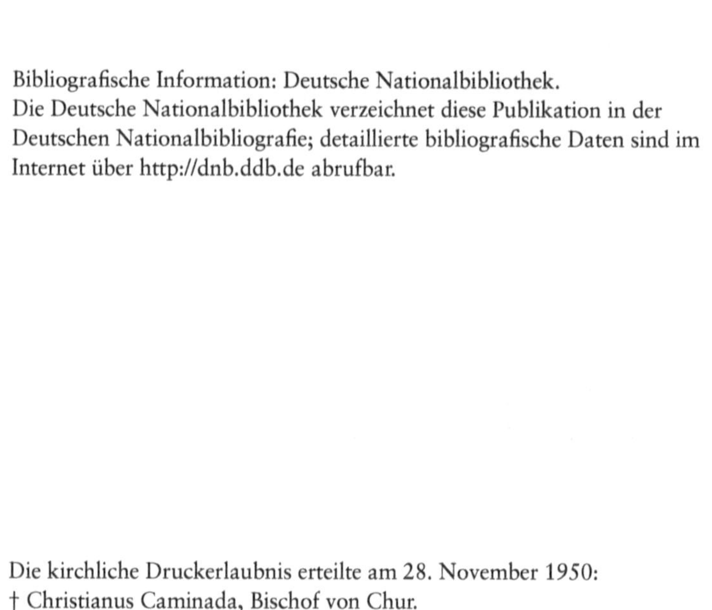

Bibliografische Information: Deutsche Nationalbibliothek.
Die Deutsche Nationalbibliothek verzeichnet diese Publikation in der Deutschen Nationalbibliografie; detaillierte bibliografische Daten sind im Internet über http://dnb.ddb.de abrufbar.

Die kirchliche Druckerlaubnis erteilte am 28. November 1950:
† Christianus Caminada, Bischof von Chur.

Erstmals erschienen im Benziger Verlag, Einsiedeln-Zürich-Köln 1951.

MEDITATIONEN ÜBER MATTHÄUS
Richard Gutzwiller
Media Maria Verlag, 5. Auflage 2023
Alle Rechte vorbehalten
© Media Maria Verlag, Illertissen 2022
ISBN 978-3-9454014-1-5

www.media-maria.de

AUFBAU DES MATTHÄUSEVANGELIUMS

TEIL I:
Verkündigung des Gottesreiches an Israel

I. Die Einführung des Messias
Einführung in die Welt (Mt 1–2,23)
Einführung ins öffentliche Wirken (Mt 3,1–4,25)

II. Der Geist des Messias
Die Bergpredigt (Mt 5,1–7,29)
Ihre Beglaubigung durch Wunder (Mt 8,1–9,35)

III. Die Sendung
Sendung der Jünger (Mt 9,36–10,42)
Sendung Jesu selbst (Mt 11,1–12,50)

IV. Die Scheidung der Geister
Die Gleichnisrede (Mt 13,1–13,52)
Der Rückzug vom Volk (Mt 13,53–16,12)
Die entscheidende Wende (Mt 16,13–16,20)

TEIL II:
Verkündigung des Gottesreiches trotz Israel

V. Die besondere Unterweisung der Jünger
Gesetz des Kreuzes (Mt 16,21–17,21)
Autorität (Mt 17,22–20,16)
Geheimnis des Opfers (Mt 20,17–20,28)

VI. Das Gericht
Gericht über die Führer Israels (Mt 20,29–23,39)
Gericht über die Welt (Mt 24,1–25,46)

VII. Tod und Sieg des Messias
Der Tod (Mt 26,1–27,54)
Der Sieg (Mt 27,55–28,20)

Inhalt

TEIL I
VERKÜNDIGUNG DES GOTTESREICHES AN ISRAEL

TEIL II
VERKÜNDIGUNG DES GOTTESREICHES TROTZ ISRAEL

VORWORT

Diese Meditationen sind für Menschen bestimmt, die mitten in der Welt stehen und sich doch nicht an die Welt verlieren wollen, Priester und Laien. Für die Kontemplativen in den Klöstern ist genügend gesorgt. Sie haben die Atmosphäre der Stille und Sammlung und die nötige Zeit und Muße, die es ihnen ermöglichen, ohne große Schwierigkeiten die Worte der Heiligen Schrift betend zu überdenken. Sie haben außerdem die großen Werke der Kirchenväter und der Mystiker, durch die sie Anregung und Hilfe in Fülle haben. Aber die Menschen, die im Lärm der Städte und in der Hast ihrer Berufsarbeit stehen, haben weder Zeit noch Kraft, sich in die Folianten (»große, dicke Bücher«, Anm. d. Verl.) der großen Theologen und Schrifterklärer zu vertiefen. Und doch haben sie ein inneres Verlangen, ihre religiöse Haltung am Wort Gottes immer wieder zu erneuern. Wenn sie aber zur Bibel greifen, sind sie entweder zu müde, um in gedanklicher Arbeit tiefer in ihren Sinn einzudringen, oder sie stoßen auf so viele Fragen und Schwierigkeiten, dass sie deswegen den Mut verlieren. Die folgenden Meditationen wollen ihnen behilflich sein, in den religiösen Sinn und Gehalt eines biblischen Buches, und zwar des ersten Evangeliums, tiefer einzudringen.

Dementsprechend sind diese Meditationen kurz gehalten. Es leben heute viele, vorab in der jüngeren Generation, die sich täglich eine Viertelstunde Zeit nehmen, um im Evangelium auf das Wort Gottes zu hören. Wenn sie das einigermaßen regelmäßig tun, wird ihre religiöse Haltung allmählich eine Vertiefung und Verinnerlichung erfahren, die sich notwendig befruchtend und gestaltend auf ihr Leben auswirken.

Es ist in diesen kurzen Kapiteln das Gedankliche stark betont. Es sollen eben die Gedanken des Evangeliums aufgezeigt werden als Anregungen zum eigenen Nachdenken vor Gott. Affekte, Entschlüsse und eigentliches unmittelbares Sprechen zum Herrn und Angesprochenwerden durch den Herrn ist persönliche Aufgabe des Einzelnen und Geheimnis der Gnade.

Zur tieferen theologischen Begründung der im Folgenden dargelegten Gedanken verweise ich auf mein Buch »Jesus der Messias«[1].

Wenn es diesen Meditationen gelingt, die Liebe zur Heiligen Schrift und das besinnliche Nachdenken über den fordernden und beglückenden Anruf des Gotteswortes zu wecken und zu fördern, ist der Zweck erreicht.

[1] Richard Gutzwiller, *Jesus der Messias. Christus im Matthäusevangelium*, Benziger Verlag 1949.

VORWORT ZUR NEUAUFLAGE

Ein lang ersehnter Wunsch hat sich seit meinem Theologiestudium in dieser Neuauflage verwirklicht: die Meditationen über Matthäus von Richard Gutzwiller neu aufzulegen und dem heutigen Menschen wieder zugänglich zu machen. Diese Meditationen waren mir in meinem Studium zu einem wahren Schatz geworden, den ich täglich zur Hand nahm und dadurch immer tiefer in das Geheimnis des Evangeliums eindringen durfte. Da ich schon immer einen einfachen Zugang zu den Evangelien suchte, die mir zu oft, gerade in den Gleichnissen, wie ein versiegeltes Buch erschienen, hat mich die Vorsehung zu diesen Meditationen geführt. Sie sind meines Erachtens so frisch und zeitnah geschrieben, dass sie bis heute nichts an Aktualität verloren haben. Im Gegenteil muss man feststellen, dass die Meditationen von Richard Gutzwiller zeitlos geschrieben sind, als hätte er sie für die heutige Zeit und für den heutigen orientierungslosen Menschen verfasst. Seine kurzen und auf den Punkt gebrachten Auslegungen fordern uns heraus, unser ganzes Leben im Geiste Jesu zu erneuern und unsere falschen Gesinnungen zu ändern. Der heutige Mensch möchte kurze und knappe Auslegungen und will nicht ganze Bibliotheken wälzen, um den geistlichen Sinn des Evangeliums zu verstehen. Deshalb hat Gutzwiller diese Meditationen für Menschen bestimmt, die mitten in der Welt stehen, sich aber nicht an den Zeitgeist verlieren wollen, Laien und Priester. Ein Meisterwerk der Einfachheit und Knappheit, das der reizüberflutete und zeitknappe Mensch heute umso mehr braucht!

Dieses Interesse an den Meditationen hat sich seit 1951 ausgeweitet. Sie sind in verschiedene Sprachen übersetzt und so mehr Menschen in anderen Ländern zugänglich gemacht worden. Dem Jesuitenorden in der Schweiz sei an dieser Stelle ein herzliches Dankeschön gesagt, dass er dem Media Maria Verlag die

Erlaubnis gab, die Meditationen neu aufzulegen und dass somit die Verbreitung weitergehen darf. Auch möchte ich den vielen danken, die bereit waren, diese Neuauflage mit ihrer finanziellen Hilfe zu unterstützen, damit dieses Projekt überhaupt verwirklicht werden konnte. So wünsche ich vielen Menschen beim Lesen ein brennendes Herz, wie es auch die Emmausjünger hatten, als Jesus ihnen den Sinn der Schrift erschloss.

Mariä Verkündigung 2016

Pfarrer Werner Fimm

TEIL I

VERKÜNDIGUNG DES GOTTESREICHES AN ISRAEL

DER ANFANG

Mt 1,1–17: Buch der Herkunft Jesu, des Messias, des Sohnes Davids, des Sohnes Abrahams.

Abraham zeugte den Isaak, Isaak zeugte den Jakob, Jakob zeugte den Judas und seine Brüder, Judas zeugte den Phares und Zara durch Thamar, Phares zeugte den Esron, Esron zeugte den Aram, Aram zeugte den Amminadab, Amminadab zeugte den Naasson, Naasson zeugte den Salmon, Salmon zeugte den Booz durch Rahab, Booz zeugte den Obed durch Ruth, Obed zeugte den Jesse, Jesse zeugte David, den König.

David zeugte den Salomo durch die Frau des Urias, Salomo zeugte den Roboam, Roboam zeugte den Abias, Abias zeugte den Asa, Asa zeugte den Josaphat, Josaphat zeugte den Joram, Joram zeugte den Ozias, Ozias zeugte den Joatham, Joatham zeugte den Achaz, Achaz zeugte den Ezechias, Ezechias zeugte den Manasse, Manasse zeugte den Amon, Amon zeugte den Josias, Josias zeugte den Jechonias und seine Brüder zur Zeit der Wegführung nach Babylon.

Nach der Wegführung nach Babylon zeugte Jechonias den Salathiel, Salathiel zeugte den Zorobabel, Zorobabel zeugte den Abiud, Abiud zeugte den Eliakim, Eliakim zeugte den Azor, Azor zeugte den Sadok, Sadok zeugte den Achim, Achim zeugte den Ehud, Ehud zeugte den Eleazar, Eleazar zeugte den Mathan, Mathan zeugte den Jakob, Jakob zeugte den Josef, den Mann Marias, durch welche Jesus geboren wurde, der genannt wird der Messias.

Im Ganzen sind es also an Geschlechtern: von Abraham bis David vierzehn Geschlechter, von David bis zur Wegführung nach Babylon vierzehn Geschlechter und von der Wegführung nach Babylon bis zum Messias vierzehn Geschlechter.

Das Evangelium beginnt mit drei großen Namen: Abraham, David, Jesus. Abraham, der Mann der Berufung, der Verheißung und des Glaubens, Stammvater aller Gläubigen. David, der im Namen des Herrn der Heerscharen die Schlachten Gottes schlägt, Jerusalem zur Stadt Gottes macht und das Reich mit königlichem Glanz begründet. Jesus, die Erfüllung der beiden anderen. Er ist als *Logos* der von Gott Gerufene schlechthin, ist der Erfüller aller Verheißungen. Er bringt eine neue Welt des Glaubens und begründet das neue Gottesvolk derer, die an ihn glauben. Wie David ist er der Überwinder aller geistigen Feinde Gottes, Bringer des neuen Jerusalem und Gründer des geistigen Gottesreiches. Er ist der Christus, der Gesalbte Gottes.

Nun sollte man erwarten, dass die Heilsgeschichte, deren Anfang, Mitte und Vollendung in diesen drei Namen liegt, im ersten Matthäuskapitel eine ihrer Größe würdige Darstellung des Beginnes finden würde. Man erwartet die Schilderung der Vorbereitung auf das Kommen des Messias, die Geschichte des erwählten Volkes mit ihrem Licht und ihren Schatten, ihren Wellenbergen und Wellentälern, ihren dramatischen Ereignissen, ihrem Siegen und Versagen, mit ihrem unruhigen Drängen hin zu dem, der ihren eigentlichen geheimnisvollen Sinn und Inhalt bildet, zu Christus, dem Herrn.

Aber das ist nicht der Fall. Man fühlt sich beinahe in eine Amtsstube versetzt. Register werden aufgeschlagen, unbekannte Namen notiert, Geschlechterreihen und Verwandtschaftsbeziehungen dargelegt, mit denen wir nicht viel anzufangen wissen. Aktenmäßig, trocken beginnt diese Darstellung.

Ein Erstes: Homo factus est. Gott ist durch die Menschwerdung in Jesus Christus in das ganze Geflecht menschlicher Beziehungen hineingekommen, ganz Mensch geworden, mit der Last menschlicher Vergangenheit und Geschichte. Mit der Erbmasse menschlicher Generationen. Denn wenn hier auch nur ein gesetzliches Register angegeben ist, wissen wir, dass er zugleich auch bluthaft aus dem Geschlecht Davids stammt. Er steht mitten in der Menschheit, ist also nicht mehr fern, sodass unser Rufen zu ihm nicht im Leeren verhallt. Er ist nicht ein sublimes Gebilde, das mit einer Art Scheinleib in vornehmer Distanz über dem Irdischen schwebt, sondern er steht mit beiden Füßen auf dieser harten Erde, ist ins ganze Gewirr des Menschlichen hineingezogen, Mensch unter Menschen. In seinen Ahnen ist menschliche Größe und menschliche Kleinheit zu finden. Es geistert darin auch die Sünde: Davids Ehebruch und Salomos Abfall und die ganze *Chronique scandaleuse* (»Sammlung von Skandal- und Tratschgeschichten«, Anm. d. Verl.) der Könige Israels. Unter den Ahnfrauen, deren Namen in diesem Register genannt werden, sind die blutschänderische Tamar und die Hure Rachab, die ehebrecherische Frau des Urias und die gesetzwidrig ins Volk Israel eingeheiratete Ruth. Es sind unbehauene und unbrauchbare Steine, mit denen Christus nun den Tempel des Vaters bauen soll. Es ist ein sehr gewöhnlicher Text, auf den er die Melodie seiner Frohbotschaft schreiben wird.

Ein Zweites: Der Plan Gottes verwirklicht sich trotzdem. Es ist eine geradezu mathematische Sicherheit, mit der sich alles erfüllt. Matthäus redet von den dreimal vierzehn Generationen. Der Messias kommt trotz Israel und das Reich Gottes kommt trotz mangelhafter Vorbereitung. Mitten in den Geschlechtsregistern steht das Wort von der Babylonischen Gefangenschaft, also dem Ende aller Hoffnungen und der Zertrümmerung aller Werke. Immer wieder reißt der Faden ab, aber immer wieder knüpft Gott ihn neu. Er hat die Verheißung gegeben. Er erfüllt sie. Er ist treu, auch wenn Israel treulos wird. Und zugleich ist es doch, als ginge durch diese Geschlechterreihe ein geheimnisvolles Raunen von Ohr zu Ohr, als würde die Fackel weitergegeben von Hand zu Hand, bis sich die Botschaft erfüllt und das Feuer Gottes in Christus hell aufflammt. Abraham hat die Verheißung einer großen Nachkommenschaft, Juda die Verheißung, dass das Zepter nicht von ihm weiche, bis sich das Wort erfülle, David die Verheißung eines ewigen Königtums. Und selbst in der dunkelsten Zeit der Verbannung, an den Flüssen Babels, verkünden die Propheten den Bau eines neuen Jerusalem, eines neuen Tempels und eines neuen Gottesreiches. Die Hoffnung stirbt nicht, der Funke verlöscht nicht. Und gerade in der Stunde, wo der Glanz verblichen, die Größe geschwunden ist, erfüllt sich Gottes Wort. Denn Jesus ist der Messias, die Hoffnung und Erfüllung, der Traum und die Wirklichkeit Israels.

So enthält die trockene Aufzählung dieser Namen doch eine verhaltene Glut und verkündet eine erste Frohbotschaft, dass nämlich in Christus Gott Mensch wird trotz menschlichen Sündigens und Versagens. Aus diesem ersten Matthäuskapitel wissen wir nun für alle Zukunft, dass uns Gott trotz allem gebrauchen kann und gebrauchen wird, dass eine dunkle Vergangenheit dem nicht im Wege steht, dass persönliche Unfähigkeit kein Hindernis ist, sondern dass alles Kleine groß, alles Hässliche rein, alles Nichtige bedeutend und alles Menschliche ins Göttliche einbezogen wird in und durch Christus, den Gesandten und Gesalbten des Herrn.

DAS WUNDER DER EMPFÄNGNIS

Mt 1,18–25: Mit der Geburt Jesu, des Messias, verhielt es sich folgendermaßen: Als seine Mutter, Maria, mit Josef verlobt war, fand es sich, noch bevor sie zusammenkamen, dass sie empfangen hatte, und zwar vom Heiligen Geist. Da Josef, ihr Mann, gerecht war, sie aber nicht bloßstellen wollte, beschloss er, sie in aller Stille zu entlassen. Als er das im Sinn hatte, siehe, da erschien ihm ein Engel des Herrn im Traum und sprach: »Josef, Sohn Davids, fürchte dich nicht, Maria als deine Frau zu dir zu nehmen. Denn was in ihr gezeugt wurde, ist vom Heiligen Geist. Sie wird einen Sohn gebären und du sollst ihm den

Namen Jesus geben. Denn er ist es, der das Volk von den Sünden erlösen wird.« Alles das ist geschehen, damit das Wort in Erfüllung gehe, das der Herr durch den Propheten gesprochen hat: »Siehe, die Jungfrau wird empfangen und einen Sohn gebären und sie werden ihm den Namen Emmanuel geben, das heißt übersetzt ›Gott ist mit uns‹.« Als aber Josef aus dem Schlaf erwachte, tat er, wie der Engel des Herrn ihm aufgetragen hatte, und nahm seine Frau zu sich. Und er erkannte sie nicht, bis sie einen Sohn gebar. Und er gab ihm den Namen Jesus.

Wer Gott begegnet, begegnet dem Wunder. Denn Gott ist der Wunderbare und Wundervolle. Darum beginnt die Religion mit der Verwunderung und mündet in der Bewunderung. Es ist darum nicht erstaunlich, sondern eigentlich selbstverständlich, dass bei der Menschwerdung Gottes dieses wunderbare Geschehen sich im Wunder kundtut. Und zwar in einer doppelten Weise.

1. Im Wunder des Geschehens: Maria hat empfangen vom Heiligen Geist. Warum nehmen die Menschen immer wieder Anstoß an der jungfräulichen Empfängnis? In Wirklichkeit sind doch menschliche Ehe und Zeugung, Empfängnis und Geburt nur Abbilder. Gott ist das Urbild.

Warum soll er sich denn immer des Abbildes bedienen? Das Erstaunliche ist nicht, dass Gott gelegentlich etwas unmittelbar tut. Erstaunlich ist vielmehr, dass er es meistens bloß mittelbar tut. Paulus schreibt im Epheserbrief, das Geheimnis der Ehe sei ihr Abbildcharakter, dass sie nämlich die Einswerdung von Christus und der Kirche spiegle. Christus ist der Bräutigam, die Kirche die Braut. Darum ist auch Christus ehelos und sind die Priester als eigentliche Vertreter der bräutlichen Kirche ebenfalls ehelos. In Gott selbst ist die eigentliche Urzeugung, denn der Sohn ist aus dem Vater geboren. Jetzt, wo dieser nämliche Sohn aus dem Schoß eines Menschen geboren werden soll, ist es Gott selbst, der durch seinen Geist den Schoß der Jungfrau befruchtet, damit hier Göttliches und Menschliches, Geist und Fleisch, zusammenwirke. Der gleiche Geist, der befruchtend über den Wassern der Urflut schwebte, das heißt dem Urstoff die Kraft der Fruchtbarkeit gab, schwebt hier über dem Schoß der Jungfrau, um ihn fruchtbar zu machen. Wir müssen wieder lernen, die Dinge in ihrem Geheimnischarakter zu sehen, das heißt sie als Abbilder, als Symbole, als äußere Zeichen Gottes und seines Tuns zu schauen. Ein Rationalismus, der alles verstehen will, kann das Innerste und Tiefste gerade nicht verstehen. Wer alles begreifen, das heißt mit seinen menschlichen Begriffen umgreifen will, wird den unbegreiflichen Gott und sein Tun niemals auch nur richtig erahnen. Das Wunder als ein Eingreifen Gottes durchbricht den Ablauf des gewöhnlichen Geschehens und sprengt damit unser gewöhnliches Denken. Aber gerade dieses Aufsprengen des bloß Menschlichen schließt den denkenden Geist auf für das Übermenschliche und wird so zu einem Zeichen Gottes. Im letzten Satz des Stammbaumes Christi ist dieses Durchbrechen der menschlichen Linie schon angedeutet. Es heißt dort:

»Jakob zeugte den Josef, den Mann Marias. Von ihr wurde Jesus geboren.« Während sonst die Zeugungslinie durch Männer weitergeführt wird, scheidet hier plötzlich der Mann aus und es heißt nicht mehr: »Josef zeugte den Jesus«, sondern: Aus Maria wurde er geboren. Was der Mann sonst als Werkzeug Gottes tut, tut hier Gott unmittelbar. Er kann das Werkzeug gebrauchen, kann aber auch ohne Werkzeug wirken. Und dann weiß der Mensch, dass es Werk Gottes ist, ein Wunderwerk im eigentlichen Sinn.

Gott hat auch das im Alten Bund in eigenartiger Weise schon angedeutet. Denn immer wieder wird berichtet, dass die Frauen fruchtbar wurden, wo sie es rein natürlich nicht mehr erwarten und erhoffen konnten. So gebiert Sara in hohem Alter ihren Sohn Isaak. »Sollte ich wirklich noch Mutter werden können, da ich doch alt bin?« Aber die Antwort des Herrn lautet: »Ist denn irgendetwas unmöglich für den Herrn?« (Gen 18,13). Anna empfängt Samuel, nachdem sie unfruchtbar geblieben und die rein menschliche Hoffnung schon aufgegeben hatte. Und auch die unfruchtbare Elisabeth empfängt den Vorläufer des Herrn wider alles Erwarten. Durch diese Andeutungen wird das große Wunder vorbereitet, dass die Jungfrau zu Nazareth, die keinen Sohn erhofft, weil sie »keinen Mann erkennen will«, in Wirklichkeit die Mutter des Gottessohnes wird, sodass sie durch die Empfängnis aus dem Geiste Gottes Gottesgebärerin wird.

2. Zum Wunder der Tat kommt *das Wunder des Wortes*. Zweifach ist es hier vorhanden. Einmal in der Vergangenheit. Gott sprach durch den Propheten: »Siehe, die Jungfrau wird empfangen und einen Sohn gebären und man wird ihm den Namen Emmanuel geben, das heißt ›Gott mit uns‹« (Jes 7,14). »Zu vielen Malen und auf vielerlei Weise hat Gott zu den Vätern durch die Propheten gesprochen« (Hebr 1,1). In Bildern, Liedern, Reden, Briefen, Sprüchen. Es war immer Hinweis auf das Kommende, Blick in die messianische Zukunft. Der Prophet Jesaja, der Evangelist unter den Propheten, spricht im Namen Gottes von der jungfräulichen Empfängnis und Geburt des Messias. Gott ist sonst in der Ferne, aber er wird in die Nähe kommen, in der Mitte seines Volkes und der Menschheit wohnen, sodass er den Namen »Gott mit uns« tragen wird. Prophetisches Sprechen als Voraussage der Zukunft ist ein Wunder des Geistes.

Dazu kommt das Sprechen Gottes zu Josef durch einen Engel.

»Josef, Sohn Davids, trage keine Bedenken, Maria als deine Frau zu dir zu nehmen, denn was in ihr gezeugt ist, ist vom Heiligen Geist. Sie wird einen Sohn gebären und du sollst ihm den Namen Jesus geben, denn er wird sein Volk erlösen von den Sünden.« Gott selbst erklärt durch das Wunder seines Wortes das Wunder seines Werkes. Denn hier, wo das Wort Fleisch wird, wird diese Fleischwerdung durch das Wort kundgetan. Jetzt, wo der eigentliche Sohn Davids die Verheißungen erfüllt, soll Josef als Abkömmling Davids dieses Kommen des eigentlichen Davidsohnes wissen. Sein Name soll Jesus sein, zu Deutsch »Jahwe ist das Heil«, denn dieser Jesus ist der Heilsbringer, der die Sünde heilt und die Menschheit heiligt. Der Mensch hat Scheu, in die geheiligten Bezirke Gottes zu treten. Aber hier wird er durch das Wort Gottes aufgefordert, diese Scheu abzulegen. Jeder soll sich in seiner Weise, das heißt in der Weise, die Gott will, für die Erfüllung der Pläne Gottes gebrauchen lassen.

Josef hat dem Wunder des Werkes und des Wortes gegenüber die richtige Haltung. Er ist weder wunderscheu noch wundersüchtig. Er kann das, was er an Maria sieht, nicht deuten, will aber nicht stürmisch in das Geheimnis eindringen, sondern sich in scheuer Ehrfurcht zurückziehen. Alles Weitere überlässt er Gott. Wie er aber dann durch Gottes Wort das Wunderbare erfährt, hat er weder Bedenken noch Abwehr, sondern »er tut, wie der Engel des Herrn ihm geboten hatte«. Nur wer die aufgeschlossene Bereitschaft gegenüber Gott hat, wird sein Wort hören und an seinem Werk mitwirken können. Denn nur wer zu hören versteht, weiß auch zu gehorchen. Wo das rein Menschliche verstummt, ist die Hellhörigkeit und Bereitschaft für Gott am größten. Darum spricht der Engel zu Josef im Schlaf, also in der Stille der Nacht, im Ruhen des Körperlichen und im Abklingen des bloß Menschlichen.

Wir müssen wieder den Sinn für das Geheimnisvolle des göttlichen Sprechens und des göttlichen Tuns bekommen.

SCHEIDUNG DER GEISTER

Mt 2,1–23: Als aber Jesus in Bethlehem, im Gebiete Judäa, in den Tagen Herodes, des Königs, geboren war, siehe, da kamen Weise aus dem Morgenland nach Jerusalem und sagten: »Wo ist der neugeborene König der Juden? Denn wir haben seinen Stern im Morgenland gesehen und sind gekommen, ihn anzubeten.« Als der König Herodes das hörte, erschrak er und ganz Jerusalem mit ihm. Und er rief alle Hohenpriester und Schriftgelehrten des Volkes zusammen, um von ihnen zu erfahren, wo der Messias geboren werde. Sie sagten ihm: »Zu Bethlehem in Judäa. Denn so ist durch den Propheten geschrieben:

›Und du Bethlehem im Lande Juda, bist keineswegs die geringste unter den Fürstenstädten Judas, denn aus dir wird der Herrscher hervorgehen, der mein Volk Israel weiden wird.‹« Darauf ließ Herodes heimlich die Weisen kommen und erforschte von ihnen genau die Zeit, da ihnen der Stern erschienen war. Dann schickte er sie nach Bethlehem und sprach: »Ziehet hin und forscht genau nach dem Kindlein. Wenn ihr es gefunden habt, meldet es mir, damit auch ich komme, es anzubeten.« Als sie den König angehört hatten, reisten sie ab. Und siehe, der Stern, den sie im Morgenland gesehen hatten, zog vor ihnen her, bis er über den Ort kam, wo das Kindlein war. Dort blieb er stehen. Als sie den Stern erblickten, ergriff sie eine sehr große Freude. Sie gingen in das Haus, sahen das Kindlein mit Maria, seiner Mutter, fielen nieder und beteten es an. Dann öffneten sie ihre Schätze und brachten ihm Gaben dar: Gold und Weihrauch und Myrrhe. Da sie im Traum die Weisung erhielten, nicht zu Herodes zurückzukehren, zogen sie auf einem anderen Weg in ihr Land zurück.

Als sie weggezogen waren, siehe, da erschien ein Engel des Herrn im Traum Josef und sprach: »Steh auf! Nimm das Kindlein und seine Mutter und fliehe nach Ägypten und bleibe dort, bis ich es dir sage. Denn Herodes will das Kindlein suchen, um es umzubringen.« Er stand auf, nahm das Kindlein und seine Mutter in der Nacht und zog nach Ägypten und blieb dort bis zum Tode des Herodes, damit erfüllt würde, was vom Herrn durch den Propheten gesagt worden war: »Aus Ägypten habe ich meinen Sohn gerufen.« Als dann Herodes sah, dass er von den Weisen hintergangen sei, geriet er in heftigen Zorn, sandte hin und ließ in Bethlehem und dessen ganzer Umgebung alle Knaben im Alter von zwei Jahren und darunter töten, entsprechend der Zeit, die er von den Weisen in Erfahrung gebracht hatte. So erfüllte sich, was durch den Propheten Jeremias gesagt worden war: »Eine Stimme hört man in Rama, viel Weinen und Klagen. Rachel weint um ihre Kinder und will sich nicht trösten lassen, weil sie nicht mehr sind.«

Als aber Herodes gestorben war, siehe, da erschien ein Engel des Herrn im Traum Josef in Ägypten und sprach: »Steh auf, nimm das Kindlein und seine Mutter und zieh in das Land Israel, denn gestorben sind, die dem Kindlein nach dem Leben trachten.« Und er stand auf, nahm das Kindlein und seine Mutter und zog in das Land Israel. Als er aber hörte, dass Archelaus anstelle seines Vaters Herodes in Judäa regierte, fürchtete er sich, dorthin zu gehen. Als er im Traum Weisung erhalten hatte, ging er in das Gebiet von Galiläa, kam in eine Stadt namens Nazareth und ließ sich dort nieder, damit sich erfülle, was durch die Propheten gesagt worden ist: »Er wird Nazaräer heißen.«

Dass sich beim Kommen Christi die Geister scheiden, ist nicht erstaunlich. Jeder Große gewinnt Anhang und weckt Widerspruch. Christus gewinnt den größten Anhang und weckt den schärfsten Widerspruch. Wohl aber ist erstaunlich, in welcher Art sich die Geister scheiden, genauer, wer für ihn und wer wider ihn ist. Der König der Juden wird zum Verfolgten. Heiden aus dem fernen Osten werden Anbeter. Schon jetzt zeigt es sich, dass Suchende finden und Besitzende verlieren. Fernste werden zu Nächsten und Nächste zu Fernsten, Letzte zu Ersten und Erste zu Letzten.

Die Magier aus dem Osten sind ehrliche Sucher. Als Chaldäer wissen sie den Sternenhimmel zu beobachten und finden ein Gestirn, das sie rein natürlich nicht erklären können. Es entzieht sich jeder Berechnung und jedem Gesetz. Sie sind nicht so verblendet, dass sie Tatsachen leugnen, begnügen sich auch nicht mit einem billigen *Ignoramus et ignorabimus* (»Wir wissen es nicht und werden es niemals wissen«, Anm. d. Verl.), sondern wissen um die Grenzen menschlichen Erkennens. Wo eine natürliche Erklärung nicht möglich ist und die Tatsache doch erklärt werden muss, bleibt nur eine übernatürliche Deutung möglich. Bileam, Vertreter ihres Volkes, hatte seinerzeit das große Wort gesprochen, dass ein Stern aufgehen werde als Himmelszeichen eines Königs von Juda. An dieses prophetische Wort halten sie sich und setzen ihr Forschen und Fragen fort. Sie lassen sich davon nicht abbringen, holen Rat bei den Menschen, die etwas wissen können, und fragen sich durch, bis sie das Haus gefunden haben und darin das Kind und Maria, seine Mutter. Ihr Suchen endet im Finden, ihr Forschen in der Anbetung. Die Gaben, die sie darbringen, sind wie eine hilflose Geste der Anerkennung des höchsten Herrn. Die Schenkenden werden beschenkt. »Sie freuten sich mit besonders großer Freude.« Und unter Gottes Schutz ziehen sie ihres Weges.

Gott lässt sich suchen und finden. Das Finden ist die Erfüllung eines jeden Menschenlebens. *Ex umbris et imaginibus in veritatem* (»Aus Schatten und Bildern zur Wahrheit«, Anm. d. Verl.) John Henry Newman). Es ist das Schreiten von der Finsternis in das Licht und von der Sorge in die Freude.

Ganz anders *Herodes*. Er ist der erste Neinsager und Christenverfolger durch Staatsgewalt. Bei ihm zeigt sich eine völlige Umkehr aller Dinge. Er ist ein Idumäer und doch König der Juden. Ein Sohn Esaus herrscht damit über die Söhne Jakobs. Und doch lautete damals das Wort Gottes: »Ich habe Esau gehasst und Jakob geliebt. Der Ältere wird dem Jüngeren dienen.« Jetzt ist es umgekehrt. Esau triumphiert in Herodes und der Jüngere, Jakob, muss dem Älteren dienen. Die Pläne Gottes sind durchkreuzt. Verkehrtheit aber noch in einem anderen Sinne: Herodes trägt den Titel »der Große«, denn er hat die Krone erkämpft, sein Reich ausgeweitet, den Tempel neu gebaut, prächtige Straßen und gewaltige Paläste errichtet. So ist er groß in den Augen der Menschen. Zugleich aber ist er klein in den Augen Gottes. Denn er sucht die eigene Ehre, nicht die Ehre Gottes. Er ist vom kleinen Ich gefangen und hat das große Du aus den Augen verloren. Hinter seiner äußeren Größe birgt sich innere Kleinheit des Charakters. Er ist das Bild des Tyrannen und Diktators, gewalttätig und misstrauisch. Die eigene Gattin hat er erdrosselt, mehrere seiner Söhne ermorden lassen aus Angst vor Rivalen. Die Meldung, dass ein neuer König der Juden geboren sei, schürt bei ihm diese misstrauische Angst. Mit List und Gewalt schlägt er zu. Mit politischer Klugheit will er die fragenden Magier ausnutzen und in seinen Dienst nehmen. Gewalttätig geht er aufs Ganze und lässt kurzerhand alle Kinder in Bethlehem und Umgebung umbringen, um so den neugeborenen Judenkönig im Blut zu ersticken.

Äußerlich ist er Sieger. Josef muss mit dem Kind und der Mutter fliehen. Man hört nichts mehr vom neuen Thronanwärter.

Und doch steht Gott über allem und alles fügt sich zu seiner Verherrlichung. Nicht nur die Huldigung der Magier, dieser ersten Vertreter der Heidenvölker, die den Glanz Christi als des Herrn der Welt und die Größe der Kirche als der Weltkirche sichtbar machen, sondern auch Herodes dient als Christenverfolger in Wirklichkeit Christus. Denn er erfüllt, ohne es zu wissen und zu wollen, alte Prophezeiungen: »Aus Ägypten habe ich meinen Sohn gerufen«, und das Wort des Jeremias von der Klage Rachels. Gott lässt das Böse zu, um Gutes daraus zu machen. Alles steht in seinem Dienst, auch die Sünde. Wer gegen ihn arbeitet, steht ebenfalls in seinem Dienst. Er ist der Herr schlechthin. Die Geister scheiden sich, aber alle huldigen ihm. Auch die Verworfenen müssen ihn als Herrn anerkennen. Und wer seine Pläne zu durchkreuzen glaubt, führt sie in Wirklichkeit aus. Er ist der Herr, dem alles und alle dienen.

WEGBEREITUNG

Mt 3,1–12: In jenen Tagen trat Johannes der Täufer auf und predigte in der Wüste Judäas: »Ändert eure Gesinnung! Denn das Himmelreich ist nahe herbeigekommen.« Er ist es, von dem das Wort des Propheten Jesaja sagt: »Stimme eines Rufenden: In der Wüste bereitet den Weg des Herrn, macht eben seine Pfade!«

Johannes trug ein Gewand aus Kamelhaaren und einen ledernen Gürtel um die Hüften. Seine Nahrung waren Heuschrecken und wilder Honig. Es zog zu ihm hinaus ganz Jerusalem, ganz Judäa und das ganze Land am Jordan. Und sie ließen sich von ihm im Jordanfluss taufen, wobei sie ihre Sünden bekannten. Als er auch viele Pharisäer und Sadduzäer kommen sah, sprach er zu ihnen: »Ihr Schlangenbrut! Wer hat euch gezeigt, wie ihr dem kommenden Zorn entrinnt? Bringet nun Frucht, die der Gesinnungsänderung entspricht! Und glaubt nicht, dass ihr bei euch sagen könnt: ›Wir haben Abraham zum Vater.‹ Denn ich sage euch: Gott kann aus diesen Steinen Kinder Abrahams erwecken. Schon ist die Axt an die Wurzel der Bäume gelegt. Jeder Baum, der nicht gute Frucht bringt, wird umgehauen und ins Feuer geworfen. Ich taufe euch im Wasser, zur Sinnesänderung. Der aber, der nach mir kommt, ist stärker als ich und ich bin nicht würdig, ihm die Schuhe nachzutragen. Er wird euch im Heiligen Geist und im Feuer taufen. Er hat die Wurfschaufel in der Hand, wird seine Tenne reinigen und seinen Weizen in die Scheune sammeln, die Spreu aber in unauslöschlichem Feuer verbrennen.«

Die Geschichte Israels, wie die Bibel sie darstellt, ist nicht Profangeschichte, sondern Heilsgeschichte. Dementsprechend ist alles Geschehen in diesem Volk Vorbereitung auf die Zukunft, auf das Kommen des Messias und den Anbruch des messianischen

Reiches. Alles hat Symbolcharakter. Das Gelobte Land ist Zeichen und Vorbereitung auf den Besitz des geistigen Gottesreiches. Das irdische Königtum ist Symbol der königlichen Herrschaft Jahwes, die durch den Messias in ihrer Kraft und Größe hergestellt wird. Tempel, Opfer und Kult sind Hinweise auf das Wohnen des Herrn inmitten seines Volkes durch die Menschwerdung und auf die blutige Opferfeier, wenn das Lamm Gottes geschlachtet wird. Darum reden in Israel die Propheten auch immer wieder vom kommenden messianischen Reich. Sie sind Seher, die in die Zukunft blicken, Künder kommender Dinge, Vorläufer des Herrn.

In dieser gleichen Linie liegt es nun, wenn Johannes der Täufer als letzter Prophet dem Messias unmittelbar vorausgeht, um zu verkünden, dass nun die große Stunde gekommen, dass »das Himmelreich nahe ist«. Er ist der Größte aller von einer Frau Geborenen, weil er den Abschluss der majestätischen Reihe der Propheten, dieser großen Gottesmänner, bildet.

Er predigt *durch sein Leben*. Denn er zieht sich in die Wüste zurück, so wie Israel aus dem Kulturland Ägypten fort und in die Wüste hineingeführt wurde, um bereitet zu werden für das Kommen des Herrn am Sinai. Wüste besagt Loslösung von der äußeren Zivilisation, vom Lärm und vom Getriebe, um ganz frei zu sein zum Hören auf Gott und seine Stimme. Von der Wüste her ist Israel ins Gelobte Land gezogen. Und Jesaja hat das Kommen Gottes zu Israel als ein sieghaftes Schreiten durch die Wüste nach Jerusalem geschildert: »Stimme eines Rufenden: In der Wüste bereitet dem Herrn einen Weg!« Drunten an der Jordanfurt predigt der Täufer, denn dort hat das Volk den Fluss überschritten, um einzuziehen ins Land der Verheißung. Nun soll der Messias kommen, um Führer zu sein ins geistige Land der Verheißung.

Der Täufer kleidet sich mit dem Gewand von Kamelhaaren und dem ledernen Gürtel, also mit dem Gewand, das Elias getragen hat. Er gibt dadurch zu verstehen, dass er im unerbittlichen Feuergeist jenes großen Gottesboten reden will, der dem Erdgott Baal den Kampf angesagt hat im Namen des Himmelsgottes Jahwe. Er nährt sich von Heuschrecken und wildem Honig, um die Menschen auf dem Weg der Entsagung zum wahren Reichtum zu führen und die Bedürfnislosigkeit allem Irdisch-Materiellen gegenüber als Vorbereitung für das Erfülltwerden von Gott aufzuzeigen.

Johannes tauft. Er nimmt also den uralten Ritus vor, durch den der Mensch seinem Bedürfnis nach Reinigung und Läuterung Ausdruck gibt. Der Sünder wird untergetaucht, bis das Wasser über seinen Kopf hinwegspült. Und dann wird er vom Taufenden wieder emporgehoben als Ausdruck des »Stirb und werde!«. Der Mensch muss sich selbst sterben, um Gottes zu sein. Die Wasser müssen alles Sündhafte von ihm wegspülen, damit er als Geläuterter und Geheiligter aus den Fluten emporsteigen kann. So ist alles Tun des Täufers Hinweis auf Abkehr und Umkehr, Führen auf einen neuen Weg, den Weg Gottes.

Außerdem predigt der Täufer *durch sein Wort*. Es ist die Predigt der Buße. Seine Worte haben anderen Klang, als die Frohbotschaft Christi es haben wird. Er kennt, wie alle Propheten, kein zweimaliges Kommen des Herrn, jetzt und dann wieder am Ende der Zeiten, sondern das zweimalige Kommen des Herrn fällt bei ihm in eins zusammen. Und darum ist das Kommen Gottes im Messias ein Kommen zum Gericht und ist die messianische Zeit der Tag des Zornes Gottes – *dies irae*. Für das Volk Israel gilt das auch in Wirklichkeit. Denn wenn es durch das Neinsagen zum Messias den zweiten Sündenfall begeht, erfolgt die zweite Austreibung. Die erste war die Vertreibung aus dem Paradies. Die zweite ist Israels Vertreibung aus dem Gelobten Land. Es ist die Axt des göttlichen Holzfällers an die Wurzel seines aufragenden Baumes gelegt. Keine Generation wird es mehr dauern, bis der Tempel zerstört, Jerusalem verbrannt und Israel aus seiner Heimat verjagt ist. Dieses Schicksal des Volkes soll den anderen Völkern zur Warnung und Mahnung dienen. Ein Trost ist das Wort, das Paulus im Römerbrief geschrieben hat, dass der heilige Ölbaum, das heißt die Kirche, den Alten und Neuen Bund umfasst, als Kirche von Anbeginn in Israel grundgelegt ist, als Kirche der Völker emporwachsen und als Kirche aus Juden und Heiden die Vollendung finden wird. Die Wurzel wird nicht ausgerodet, sondern die jüdischen Zweige werden ausgerissen. An ihre Stelle werden die Zweige der Heidenvölker aufgepfropft. Und am Ende der Tage, wenn Israel als Warnungssignal seine Aufgabe erfüllt hat, wird sein Rest dem alten Ölbaum wieder aufgepfropft.

Von diesem Trost sagt Johannes noch nichts, denn noch ist das Nein nicht gesprochen. Darum bleibt seine Warnung in voller Unheimlichkeit bestehen. Äußere Zugehörigkeit zum Volke Abrahams genügt also nicht, denn Gott kann aus Steinen Kinder Abrahams erwecken. Die geistige Zugehörigkeit durch die rechte Gesinnung des Herzens wird gefordert. Er sieht den Messias als Richter kommen. Wie der Bauer mit der Wurfschaufel seine Tenne fegt, den Weizen in die Scheune bringt und die Spreu verbrennt, so wird der Messias die reifen Ähren bereiter Menschen in die Scheune seines himmlischen Vaters tragen, die unbrauchbare Spreu im unauslöschlichen Feuer verbrennen.

So hat die Predigt dieses letzten Propheten in Tat und Wort einen unheimlichen Klang. Es ist der Ruf zur Buße, zur Änderung der Gesinnung. Es ist die Pflugschar, die den Boden lockert und die Schollen aufreißt, damit der Messias als Sämann Gottes die Saat seines Wortes ausstreuen kann. Ohne Buße gibt es keine Bereitschaft für Gott, sein Wort und sein Reich. Die Änderung der Gesinnung, Umkehr von falschen Wegen, das Eingestehen der eigenen Sündhaftigkeit sind wesentliche Voraussetzungen. Die Wegbereitung des Täufers gilt für alle Menschen und alle Zeiten.

DAS ERSTE AUFTRETEN

Mt 3,13–17: Da kam Jesus von Galiläa an den Jordan zu Johannes, um sich von ihm taufen zu lassen. Er aber wollte ihn davon abhalten und sprach: »Ich habe nötig, mich von dir taufen zu lassen, und du kommst zu mir.« Jesus antwortete ihm: »Lass es jetzt geschehen! Es ziemt sich für uns, dass wir alles erfüllen, was recht ist.« Da ließ er ihn machen. Als aber Jesus getauft war, stieg er sofort aus dem Wasser. Und siehe, die Himmel öffneten sich und er sah den Geist Gottes wie eine Taube herabsteigen und auf sich kommen. Und siehe, eine Stimme wurde vom Himmel hörbar: »Dieser ist mein Sohn, der Geliebte, an dem ich Wohlgefallen habe.«

In fünf kurzen Versen ist ein doppeltes, unerhörtes und unbegreifliches Geschehen zusammengefasst.

Das *erste* Geschehen ist die Tatsache, dass Jesus sich unter die Sünder reiht und die Taufe der Buße empfängt. Der Täufer selbst gibt seinem maßlosen Erstaunen Ausdruck. »Ich hätte es nötig, von dir getauft zu werden, und du kommst zu mir.« Der Täufer ist selbst ein Sünder. Dem Prediger muss selbst gepredigt werden. Der Priester, der von Sünden losspricht, muss selbst die Lossprechung empfangen. Keiner ist heilig als Gott allein. Und jeder muss als Sünder durch Gott geheiligt werden. Wir sind alle nur Ringe in der gleichen Kette, Zweige am gleichen sündigen Stamm, Welle im gleichen Strom der Sünde. Nur einer ist davon ausgenommen: Er, der allein der ganz Andere ist. Der allein von oben kommt, aus dem Heiligen Geist gezeugt ist und nicht von unten aus dem sündigen Menschengeschlecht.[2] Die Begründung, die Jesus gibt, ist sehr merkwürdig. »Lass es geschehen! Es ziemt

[2] Die Unbefleckte Empfängnis und Sündlosigkeit Mariens kommt nur aus ihrer Sonderbeziehung zu Christus und ist damit wieder ein Erweis der Bedeutung seiner Sündlosigkeit.

sich für uns, die ganze Gerechtigkeit zu erfüllen.« Es ist somit eine Rechtssatzung Gottes, dass der Sündenlose sich unter die Sünder reiht. Der gerechte Gott fordert für die Sünde Sühne. Der allein Unberührte taucht in die Sündenflut unter, wird ein Glied des sündigen Kollektivs der Menschheit. Das Steigen in die Flut des Jordan ist nur ein Zeichen dessen, was durch die Menschwerdung bereits erfolgt ist: ein Herabsteigen Gottes in die sündige Menschheit, das Werden wie einer von uns. Der Text betont, dass Jesus sofort wieder aus der Flut heraufstieg. Damit ist zum ersten Mal die Sünde durchbrochen. Er taucht nur unter in die Sündenflut, um die Sünder herauf- und herauszuholen. Er ist der Einzige, der nicht in der Sünde ertrinkt und nicht von ihr weggeschwemmt wird, sondern in eigener Kraft emporsteigt, um die anderen mit sich emporzuziehen. Er wird im Tod völlig in der dunklen Flut der Sünde untergehen, um sofort in der Auferstehung sich aus ihr zu erheben und die anderen mit sich ins neue Leben zu führen.

In diesem Augenblick geschieht das *Zweite:* Der Himmel öffnet sich. Die Sünde hat ihn verschlossen. Die Überwindung der Sünde durch Christus öffnet ihn wieder. Der Geist Gottes steigt herab. Der Ungeist der Sünde und hinter ihr der widergöttliche Geist Satans hat den Menschen den Heiligen Geist genommen. Aber der aus dem Heiligen Geist gezeugte Christus ist Träger des Gottesgeistes. Durch ihn kommt der Geist des Herrn wieder auf die Menschheit. Der Geist, der über der Urflut schwebte, kommt hier im Symbol der schwebenden Taube über die sündige Flut des Jordan, ruht wieder in der Fülle in dem einen Heiligen und damit auf allen, die durch ihn und in ihm geheiligt werden. Die Stimme des Vaters wird hörbar: »Dieser ist mein geliebter Sohn.« Durch die Sünde ist die Gotteskindschaft verloren gegangen. Durch Christus, der die Sünde auf sich nimmt, um sie zu tilgen, wird sie den Sündern wiedergegeben. Durch den Sohn werden sie wieder Söhne. Durch den Geliebten werden sie wieder geliebt. Vater, Sohn und Geist sind hier als die Dreifaltigkeit sichtbar. Der

Geist ist die Liebe zwischen Vater und Sohn und darum geht er aus dem Vater und dem Sohn hervor. Das Kommen des Sohnes in die Welt bringt auch die Sendung des Geistes in die Welt mit sich. »Er sah den Geist auf sich zukommen.« Er erfährt hier erlebnishaft, überwältigend die Tatsache, dass er der geliebte Sohn des Vaters ist und die Fülle des Geistes in sich hat. Dieses Erlebnis ist so gewaltig, dass es ihn nicht länger hier hält, sondern dass dieser Geist ihn unwiderstehlich in die Einsamkeit treibt, wo er mit dem Vater und dem Geist allein ist in der äußeren Einsamkeit und inneren Fülle der Dreisamkeit.

Das Wort des Vaters heißt aber nicht: »Du bist mein geliebter Sohn«, sondern: »Dieser ist mein geliebter Sohn«. Das Wort ist somit Kundgabe nicht an Christus, sondern an die Menschen. Es ist hochfeierliche Beglaubigung der Sendung Christi durch den Vater. Die Stunde der Erniedrigung in die Sündhaftigkeit der Menschen hinein ist zugleich die Stunde der Erhöhung durch das Zeugnis des Vaters und seiner Liebe, des Geistes und seines Ruhens in Christus. Gottes Wohlgefallen ruht auf ihm und damit wieder auf allen, die zu ihm gehören und in ihm sind.

So ist dieses Geschehnis von unfasslicher Größe. Das Licht, das hier aufstrahlt, wird über dem ganzen Leben Jesu leuchten. Die Stimme, die hier ertönt, wird nicht mehr verhallen. Die Gerechtigkeit, die von den Menschen her verletzt und zerbrochen war, wird von Gott her wiederhergestellt. Durch ihn, der als Gerechter die Ungerechtigkeit auf sich genommen hat, um die Ungerechten wieder gerecht zu machen. So wird die Gerechtigkeit erfüllt.

VERSUCHUNG

Mt 4,1–11: Dann wurde Jesus vom Geist in die Wüste hinausgeführt, um vom Teufel versucht zu werden. Er fastete vierzig Tage und vierzig Nächte. Nachher hungerte ihn. Der Versucher trat zu ihm und sprach: »Wenn du Sohn Gottes bist, so sprich, dass diese Steine Brot werden.« Er aber antwortete ihm: »Es steht geschrieben: Nicht vom Brot allein lebt der Mensch, sondern von jedem Wort, das aus dem Munde Gottes kommt.« Danach nahm ihn der Teufel mit in die Heilige Stadt, stellte ihn auf die Zinne des Tempels und sprach zu ihm: »Wenn du Sohn Gottes bist, stürze dich hinab. Denn es steht geschrieben: Seinen Engeln befehlt er deinetwegen und sie werden dich auf den Händen tragen, damit du deinen Fuß nicht an einen Stein stoßest.« Jesus aber sprach zu ihm: »Es steht ebenfalls geschrieben: Du sollst den Herrn, deinen Gott, nicht versuchen.« Wieder nahm ihn der Teufel mit auf einen sehr hohen Berg und zeigte ihm alle Reiche der Welt und ihre Herrlichkeit und sprach zu ihm: »All das will ich dir geben, wenn du niederfällst und mich anbetest.« Da sagte Jesus zu ihm: »Hinweg, Satan! Denn es steht geschrieben: Du sollst den Herrn, deinen Gott, anbeten und ihm allein dienen.« Da verließ ihn der Teufel. Und siehe, es kamen Engel und dienten ihm.

Das Erlebnis am Jordan war überwältigend. Denn zum überströmenden Bewusstsein der Gottessohnschaft und der Geistesfülle kam die feierliche Kundgebung dieser Tatsache an die Menschen. Da hält es den Herrn nicht mehr unter den anderen. Es treibt ihn in die Einsamkeit. Er muss sich ganz der Liebe seines himmlischen Vaters hingeben und sich völlig überwältigen und überfluten lassen von den Strömen des Gottesgeistes. Er achtet nicht mehr auf Essen und Trinken, denn er lebt in Gott, ist in der Ekstase wie über sich hinausgehoben und taucht völlig unter in der Herrlichkeit des dreifaltigen Gottes. Aber gerade da erfolgt die Versuchung. Dem Geist Gottes tritt der Geist Satans, des Gottesfeindes, gegenüber. In der Zeit, da Gott in Christus Mensch geworden ist, erfolgt auch eine Art Inkarnation Satans, der zuerst in geistiger Gestalt und später durch die Besessenen in Menschengestalt ihm entgegentritt. Das Wort vom Wohlgefallen des Vaters hat den Geist aus dem Abgrund gerufen, auf dem der Fluch des Vaters liegt. Christus steht als Mittler auf dieser Erde zwischen Himmel und Hölle. Jetzt, in der Nähe des Feindes, ist er wieder seiner Menschlichkeit überlassen und spürt den menschlichen Hunger.

Die *erste Versuchung* Satans greift genau diesen schwachen Punkt an. Denn wenn Christus Sohn Gottes ist, kann er sich doch nicht menschlicher Schwäche und Bedürftigkeit überlassen. »Wenn du der Sohn Gottes bist, so befiehl, dass diese Steine Brot werden.« Jesus soll die Gottheit gebrauchen, um sich dem Menschlichen zu entziehen. Er soll also nicht ganz Mensch sein mit der Armseligkeit und Mühsal des Menschentums. Er soll es sich leicht machen, sodass sein Menschenleben nicht ist wie das unsere. Und wenn er zum Volk geht, soll er auch diesem das Menschsein erleichtern und ihm in erster Linie den materiellen Reichtum und die Befriedigung körperlicher Bedürfnisse bringen. Unter dem Schein des Emporhebens über die menschliche Kleinheit birgt sich die Versuchung des Absinkens von der göttlichen Größe und des Aufgehens im Materiellen. Materialismus ist immer wieder die Versuchung des Menschen, der durch die Verbindung von Geist und Körper allzu leicht den Geist vernachlässigt und dem Körper den Vorzug gibt. Wirtschaft ist dann wichtiger als Religion, die Materie wichtiger als der Geist und das äußere Wohlbefinden wesentlicher als der seelische Reichtum. Damit wird der Mensch zum *Adamiten* (Angehörigen einer Sekte, die sich nackt zum Kult traf, um den paradiesischen Zustand wiederherzustellen, Anm. d. Verl.), zum Schollenmenschen, und vernachlässigt den Odem des Lebens, den Gott eingehaucht hat. Er gibt dem Hang nach unten nach, anstatt nach oben zu streben. Er wird von der Erde gefangen, anstatt sich in die Freiheit Gottes hinaufführen zu lassen. Und er endet im Sturz in die Tiefe, wo er doch den Ruf in die Höhe hat. Es ist Wendung zu Satan und damit Abwendung von Gott.

Dementsprechend ist die Antwort Christi: »Der Mensch lebt nicht vom Brot allein, sondern von jedem Wort, das aus dem Mund Gottes kommt.« Gewiss braucht der Mensch auch das Brot und Jesus wird zur rechten Zeit sogar das Wunder der Brotvermehrung wirken, aber das muss dem Wort Gottes untergeordnet sein. Er, Christus, ist selbst das Mensch gewordene Wort Gottes und darum ist er gekommen, dieses Wort den Menschen zu bringen. Er will den tiefsten Hunger des Menschen stillen, den Hunger nach Gott. Und damit wird er die menschliche Enge sprengen, die menschliche Kleinheit überwinden und den Menschen in die Weite und Größe der Welt Gottes hineinführen. Wort Gottes ist Licht ins Dunkel, ist Leben in den Tod hinein, ist Sprechen in die erwartungsvolle Stille, ist Wegweiser an der Straße, ist Nahrung für den seelischen Hunger und ist die wahre Umwandlung nicht von Steinen in Brot, sondern von irdischen Menschen in Kinder Gottes. Das ist seine Sendung. Er wird ihr entsprechen. Darum sein klares Nein zur teuflischen Versuchung.

Die *zweite Versuchung* greift noch höher. Sie will Jesus, der den Versucher abgelehnt hat, selbst zum Versucher machen. Er soll Gott versuchen, indem er ohne Grund und Zweck das Wunder fordert. Christus wird später das Wunder nicht ablehnen. Aber er wird es nie gebrauchen als Sensation und Zurschaustellen höherer Kräfte, sondern nur als Zeichen der Beglaubigung seiner Worte als Gottesworte. Satan will ihn veranlassen, seine Macht als Gottessohn zu missbrauchen. Er soll sich von den Händen der Engel tragen lassen und auf diesem außergewöhnlichen Weg dem Volk sichtbar werden, wo doch Christus in Wirklichkeit schlicht und einfach als Bruder unter Brüdern leben soll.

Das Wunder muss das Außergewöhnliche bleiben und darf nicht zur gewöhnlichen Erscheinungsform Christi werden. Das Volk soll glauben, nicht schauen. Es soll auf das Wort Gottes hören und nicht der Sensation des Wunderbaren nachlaufen. Es soll lernen, in schlichtem Glauben den gewöhnlichen Alltag zu einem Dienst Gottes zu machen, und nicht das Außergewöhnliche, Besondere, Wunderbare als Wesen der Religion betrachten. Es soll in den Gefahren des Lebens sich dem Schutz Gottes empfehlen und auf Gottes Hilfe bauen, aber nicht dauernd Wunder fordern, die wie ein *Deus ex Machina* (»Gott aus der Theatermaschine« – im antiken Theater schwebten die Götter an einer kranähnlichen Flugmaschine auf die Bühne, Anm. d. Verl.) die Schwierigkeiten überwinden. Es würde dem Leben der Ernst und die gottgewollte Schwere genommen. Die Religion würde zu göttlichem Menschendienst und nicht zu menschlichem Gottesdienst. Es wäre eine Umkehr der Ordnung Gottes. Es wäre der Versuch, Gott zu verleiten, von seinem heiligen Wollen abzugehen, und wäre damit das Unglaubliche einer Versuchung Gottes.

Darum lautet die Antwort Jesu: »Du sollst den Herrn, deinen Gott, nicht versuchen.« Gott ist der Herr, nicht der Diener der Menschen. Darum soll der Mensch sich nach dem Willen Gottes richten und nicht Gott nach dem Wunsch der Menschen. Gott bleibt Gott und der Mensch bleibt Mensch. Christus ist nicht gekommen, dieses Verhältnis zu ändern und damit die rechte Ordnung in Unordnung zu verwandeln, sondern er ist gekommen, dieses Verhältnis in seiner Größe und Heiligkeit wieder aufzuzeigen und damit die Unordnung und Verwirrung, die der Teufel gebracht hat, in die rechte Gottesordnung umzuwandeln, das Wunder als das Außergewöhnliche zu belassen und den Gottesdienst als das Gewöhnliche hinzustellen.

Die *dritte Versuchung* appelliert an den Willen zur Macht. Nach Gottes Willen soll Christus durch die Ohnmacht des Kreuzes die Macht der Sünde brechen. Satan will ihn veranlassen, der

Dämonie der Macht zu erliegen und damit nicht dem allmächtigen Gott die Ehre zu geben, sondern im Vertrauen auf die irdische Macht die Selbsterlösung der Menschheit in Gang zu setzen. Das Gottesreich ist Reich Gottes und nicht eine Zusammenballung menschlicher Reiche zu irdischem Machtbezirk. Israels irdische Machtträume und des Menschen menschliche Machtgelüste sind nicht die Wege Gottes. Die Versuchung im Paradies ging darauf hinaus, dass die Menschen ihre Grenzen nicht anerkennen, sondern dem Wunsch nachgeben sollten, zu sein wie Gott. Steigerung der Macht übersteigert sich zum Willen nach Allmacht und wird damit zum sündigen Wunsch, Gott gleich zu sein. Menschliche Macht ist gottgegeben und soll im Dienste Gottes stehen. Löst man die Macht aus ihrer Gottverbundenheit, sodass sie nicht mehr von Gott kommt, sich nicht mehr nach Gottes Willen richtet und nicht mehr Gottes Verherrlichung zum Ziel hat, so wird sie zur Dämonie und endet in der Ohnmacht der Verworfenheit. Sie gibt Gott nicht mehr die Ehre, denn sie anerkennt ihn nicht mehr als Ursprung und Quelle aller Macht. Sie betet damit Gott nicht mehr an als den allmächtigen Herrn, sondern wird zum Bewunderer der eigenen Menschenmacht. Sie vergötzt, was doch nur gottgegeben ist, und wird damit zum Anti-Gott.

Die Antwort Jesu lautet darum kurz und klar: »Hinweg, Satan! Du sollst den Herrn, deinen Gott, anbeten und ihm allein dienen.« Menschliches Herrschen erstreckt sich auf die Erde, nicht auf Gott. Es wird nur dann zur richtigen Herrschaft, wenn es Gott dient. Darum wird auch jedes menschliche Herrschen, das nicht im Dienste Gottes steht, zu einer Vergewaltigung der Erde und der Mitmenschen. Nur die Macht im Dienste Gottes ist gut und segensreich. Selbstherrliche Macht ist böse und wird zum Fluch.

Hinter allen Versuchungen, die nicht nur unter dem Schein des Guten, sondern des Gottgewollten auftreten, verbirgt sich das gottfeindliche Wesen Satans. Darum das klare und harte

»Hinweg, Satan!« Christus ist der Machtvolle, der seine Macht vom Vater hat, sie im Dienste des Vaters gebraucht und gerade in diesem Gehorsam die Menschen aus der Vergewaltigung durch die Macht Satans befreit und in die Freiheit der Macht Gottes zurückführt.

Die Versuchung endet mit dem Weichen Satans und dem Kommen der Engel, deren Führer Michael Satan gestürzt hat mit dem Wort »Wer ist wie Gott?«.

DER BEGINN DES WIRKENS

Mt 4,12–22: Als er (Jesus) hörte, dass Johannes gefangen genommen war, zog er sich nach Galiläa zurück. Er verließ Nazareth und kam nach Kapharnaum, das am See liegt, im Gebiet von Zabulon und Nephtalim, und ließ sich dort nieder, damit sich so erfülle, was durch den Propheten Jesaja gesagt wurde: »Land Zabulon und Land Nephtalim, gegen den See hin, jenseits des Jordan und Galiläa der Heiden: Das Volk, das in Finsternis sitzt, hat ein großes Licht gesehen. Und denen, die im Lande und im Schatten des Todes sitzen, ist ein Licht aufgegangen.« Von da an begann Jesus zu predigen und zu sagen:

»Ändert eure Gesinnung, denn das Himmelreich ist nahe herbeigekommen.«

Als er am Galiläischen See entlangging, sah er zwei Brüder: Simon, genannt Petrus, und Andreas, seinen Bruder, wie sie gerade das Netz ins Meer warfen. Sie waren nämlich Fischer. Und er sprach zu ihnen: »Folget mir nach und ich werde euch zu Menschenfischern machen.« Sie verließen sofort ihre Netze und folgten ihm. Als er von dort weiterging, sah er zwei andere Brüder: Jakobus, den Sohn des Zebedäus, und seinen Bruder Johannes. Sie waren im Boot mit ihrem Vater Zebedäus und reinigten ihre Netze. Er rief sie. Sie verließen sofort das Boot und ihren Vater und folgten ihm nach.

Das Wirken Jesu ist immer wieder anders, als man es erwartet. Das gilt schon für seinen Beginn.

Der Ort der Tätigkeit ist bereits eine Überraschung. Jesus beginnt seine Predigt nicht in Jerusalem, der Heiligen Stadt des Tempels und der Propheten, in der David seinen Thron errichtet und Herodes den alten Tempel neu aufgebaut hat. Jesus beginnt nicht einmal in Judäa, wo doch der Täufer die messianische Bewegung in Gang gesetzt hat, sondern in der »Provinz« Galiläa, bei jener halb heidnischen Bevölkerung der Bauern und Fischer. Es lassen sich verschiedene Gründe dafür namhaft machen. Einmal ist es ein Zurückweichen, denn Jesus geht nach Galiläa, weil er hört, dass Johannes gefangen gesetzt sei. Die Lage in Judäa ist ihm zu gefährlich und zu unruhig. So sind schon zu Beginn der Predigt des Herrn die dunklen Schatten des Widerstandes und der Kampf der Gewalt gegen den Geist vorhanden. Ein anderer Grund ist die Erfüllung jener Jesaja-Prophezeiung, die das Evangelium anführt, dass nämlich gerade bei der Bevölkerung Galiläas das Licht aufleuchten und der Friedensfürst kommen werde. Und schließlich gilt das Gesetz, dass Gott an kein Gesetz gebunden ist, sondern in Freiheit sich den Ort, die Zeit und die Menschen wählt, ohne auf menschliches Denken und Erwarten Rücksicht zu nehmen. Es ist oft genug das Kleine und Unscheinbare, das er zu Großem benutzt. Galiläa hatte für jüdische Ohren einen schlechten Klang. Jesus wird den Namen »Galiläer« unsterblich machen. Gott erwählt Kleines, um Großes zu beschämen, und das Nichtige, um das, was groß zu sein scheint, zunichtezumachen. Jeanne d'Arc ist ein Bauernmädchen aus Domrémy. Franziskus, der große Reformator der Kirche, kommt aus dem kleinen Assisi, betreibt keine Studien und erneuert als Bettler die zu reich gewordene Kirche. Der Pfarrer von Ars ist der unbegabteste aller Studenten im Priesterseminar.

Und der größte Eidgenosse lebt in der kleinen Hütte im Obwaldnerland.

Umso größer ist der *Inhalt der Predigt Jesu:* »Ändert eure Gesinnung! Das Himmelreich ist nahe herbeigekommen.« Die innere Umkehr eines Gesinnungswandels ist erste Forderung. Der Mensch muss sich bekehren, das heißt eine Wendung um 180 Grad vollziehen. Er muss sich von der Erde weg- und Gott zuwenden. Muss sich vom eigenen Ich abkehren, um den Menschen zu dienen. Die Eigenliebe gegen die Gottesliebe vertauschen. Muss umlernen und umdenken, bis es ihm aufgeht, dass vor Gott Erste Letzte und Letzte Erste sind und dass nach Gottes Maßstab menschlich Großes oft sehr klein und menschlich Kleines sehr groß sein kann. Im Christentum heißt dienen herrschen und herrschen dienen. Reichtum führt häufig zu seelischer Armut und Armut zu seelischem Reichtum. Anklammerung an das Leben führt zum Tod und das Sterben zum Leben. Pochen auf eigene Kraft ist Schwäche vor Gott und Eingeständnis der Schwäche macht bereit für die Kraft der Gnade. Nächste können zu Fernsten werden und Ferne durch die Liebe zu Nächsten.

Zur Forderung kommt die Verheißung: Das Himmelreich ist nahe. Bisher hat Israel in die Zukunft geblickt. Jetzt ist diese Zukunft Gegenwart. Die Hoffnung der Propheten wandelt sich in Wirklichkeit. Das Himmelreich ist nahe gekommen. Christus, der soeben die irdischen Reiche abgelehnt hat, bringt das überirdische Reich der Himmel. Das Zepter ist von Juda gewichen, denn der Fremdling, der heidnische Römer, hat die Gewalt in Händen. Aber gerade da wird Israel zur ursprünglichen Gottesherrschaft zurückgeführt und es wird diese Herrschaft grundsätzlich ausgeweitet über die ganze Welt. Die Umwandlung in ein irdisches Königtum war durch Samuel und durch Gott selbst als Abfall von Gott gebrandmarkt worden. Jetzt erfolgt die Rückkehr zum Königtum Jahwes. Der Sinai-Bund wird erneuert, aber in ganz anderer Gestalt, denn das irdische Israel wird abgelöst durch das geistige Israel der Kirche.

Darum gehört zum ersten Wirken Christi auch der *Beginn der Kirche*. Es werden zwar erst die Steine gebrochen, die dann später zum Bau der Kirche Verwendung finden, aber es geschieht schon nach klarem Plan und in bestimmter Absicht.

Der Herr sammelt die ersten Jünger. In bezeichnender Weise wird als Erster Simon genannt, und zwar schon gleich mit seinem amtlichen, kirchlichen Zunamen »Petrus«. So ist der erste Stein, den Christus wählt, der Grundstein. Neben ihm steht sein Bruder Andreas. Wir wissen aus dem Johannesevangelium, dass Andreas der Erste war, der am Jordan Jesus gesucht hat. So wird er auch hier unter den beiden Ersten genannt. Sie sind beide Fischer und sollen nun zu Menschenfischern werden. Petrus wird »der große Fischer« sein und die anderen werden ihm helfen. Christus selbst ist der eigentliche Menschenfischer. Nach seinem Geheiß werden seine Jünger seine Netze in das Gewässer dieser Zeitlichkeit auswerfen, nicht um die Fische an die todbringende Trockenheit zu ziehen, sondern um sie aus den Tümpeln des bloß Menschlichen in die unendlichen Meere Gottes zu versetzen. Wenn die Menschen in seine Netze gehen, fürchten sie zuerst, ihre freie Beweglichkeit zu verlieren, und setzen sich oft genug zappelnd zur Wehr.

In Wirklichkeit ziehen die Menschenfischer sie nur aus ihrer Enge heraus, um sie in der Weite des Gottesgeistes in die wahre Freiheit zu versetzen. Wenn der Mensch den Widerhaken des Gotteswortes in seiner Seele verspürt und das Anziehen der Angel, ist es in Wirklichkeit ein Angezogenwerden durch Christus und der Mensch wird die Beute einer ewigen Liebe.

Auch das zweite Brüderpaar, die Zebedäus-Söhne Jakobus und Johannes, sind Fischer und werden vom Herrn gerufen. Sie sollen ihr Fischerboot verlassen, um von jetzt an im Schiff der Kirche Dienst zu tun. Ihren Vater Zebedäus müssen sie verlassen, weil sie nun Söhne des himmlischen Vaters werden.

Es ist Berufung zu Großem und Größtem. Aber die Berufung ist zugleich Forderung. Bei beiden Gruppen heißt es, dass sie sofort Netze, Boot, bisheriges Leben und alles verlassen und in die Gefolgschaft Jesu treten. Gott nimmt die Menschen völlig in Beschlag. Für die ganze Jüngerschaft gibt es keine Halbheit. Und die Antwort auf den Ruf Gottes darf kein Zaudern und Zögern kennen. Es ist die restlose Hingabe in völliger Bereitschaft. Christliches Leben ist Nachfolge Christi.

So sind der Ort der Tätigkeit, der erste Inhalt der Verkündigung und die erste Jüngerberufung überraschend, aber vielsagend. Man spürt bei den ersten Schritten des Herrn ein bewusstes, planmäßiges und sicheres Schreiten.

DIE STIMMUNG

Mt 4,23–25: Er zog in ganz Galiläa umher, lehrte in ihren Synagogen und verkündete die frohe Botschaft vom Reich und heilte alle Krankheiten und jedes Gebrechen im Volk. Sein Ruf ging von dort durch ganz Syrien. Sie brachten ihm alle Leidenden, die mit verschiedenartigsten Krankheiten und Gebrechen behaftet waren: Besessene, Mondsüchtige, Gelähmte, und er heilte sie. Große Volksscharen folgten ihm aus Galiläa und dem Gebiet der Zehn Städte und aus Jerusalem und Judäa und dem Land jenseits des Jordan.

Frohbotschaft. Es geht ein Erwachen durch Israel. Aus dumpfer Müdigkeit richten sie sich empor und lauschen der Botschaft aus einer anderen Welt.

Schon lange hat das Hämmern der Propheten aufgehört. Aber die beklemmende Stille göttlichen Schweigens war viel bedrückender als das ängstliche Sichducken unter den Peitschenhieben der Gottesmänner. Nun endlich hört man wieder Gottes Stimme. Aber diesmal hat das Wort einen ganz anderen Klang.

Es ist Frohbotschaft. Die Last des Gesetzes wird vom Nacken genommen. Die drückende Enge der 613 Vorschriften ist zu Ende. Die Ströme vom Blut der Opfertiere am Altar werden versiegen. Die neue Zeit bricht an. »Er zog in Galiläa umher, lehrte in ihren Synagogen und verkündete die Frohbotschaft vom Reich.«

Das Wort vom Königtum Jahwes weckt die Erinnerung an Israels Heldenzeit. Als Gideon siegreich aus der Schlacht zurückkehrte, bot ihm das Volk die Krone an. Aber er hat sie von sich gewiesen mit dem stolzen und doch demütigen Wort: Jahwe selbst ist König Israels. Unter diesem Königtum hat es sein Land erobert, die Feinde vor sich hergetrieben, die Götzenaltäre zerstört, Baal und Astarte vernichtet. Die Einführung irdischen Königtums war eine Vermenschlichung des Denkens gewesen und falsche Anpassung an die Völker der Umwelt. Schon der erste König Saul wurde ein von Gott Verworfener, geistig Umnachteter, der nach der Niederlage sich ins eigene Schwert gestürzt hat. Wohl hatte David der Krone Glanz und dem Reich Größe gegeben, aber viel Blut klebte an seinen Händen und der Ehebruch hatte seinen Königsmantel befleckt. Salomo hat zwar den Tempel gebaut und dem Herrn geopfert, aber im Abfall von Jahwe geendet. Und dann war die blutige Geschichte des israelitischen Königtums gekommen, die Spaltung des Nord- und Südreiches, Hofintrigen, diplomatisches Ränkespiel, kostspielige und blutige Kriege, drückende Steuern, verwüstete Felder, verbrannte Dörfer, die Zerstörung Jerusalems, Pest, Hunger und Krieg, bis der letzte König mit ausgestochenen Augen, an Händen und Füßen gefesselt, in Gefangenschaft nach Babylon geschleppt worden war. Nach kurzem Aufflackern der Freiheitskämpfe unter den Makkabäern waren römische Truppen in die Heilige Stadt marschiert. Die Fremdherrschaft war das Ende. Und nun verkündet Jesus wieder das Königtum Jahwes, des Herrn. Mussten diese Worte nicht kühnste Hoffnungen wecken? Nun schien die Freiheit zu winken, der alte Glanz aufzuleuchten und die alte Kraft sich zu erneuern. Nun musste doch Jahwe die Feinde schlagen und die Weltherrschaft Israels bringen. Das Land musste fließen von Milch und Honig. Die Zeit musste anheben, in der sie die Schwerter umschmieden zu Pflugscharen und die Lanzen zu Sicheln. Schaf und Löwe werden friedlich lagern und ein Kind kann sie hüten. Ein langer Winter ist zu Ende und mit ihm geistiges Dunkel, religiöse Kälte und Todesstarre bloßer Gesetzlichkeit. Es geht wie ein Aufatmen durchs Volk. Endlich war die Zeit erfüllt.

Heiland der Welt. Die Begeisterung wächst ins Unbeschreibliche, denn er heilt alle Krankheiten. Er ist der Heiland, der alles heilt. Gesund und wohlgestaltet ist der Mensch aus Gottes Schöpferhand hervorgegangen. Muss der Mensch gewordene Gott die Menschen nicht zu ihrer gottgewollten Ursprünglichkeit körperlicher und seelischer Gesundheit zurückführen? So bringen sie ihm die Kranken aus allen Hütten und Häusern. Und alles Elend, das sich um ihn häuft, wird durch sein segnendes Wort und seine heilende Hand gesund. Die Besessenen werden Satan entrissen und als freie, frohe Menschen dem Besitz Gottes zurückgegeben. Mondsüchtige, das heißt geistig umnachtete, psychisch anormale, belastete und labile Menschen, erhalten ihr klares, ruhiges, ausgeglichenes Seelenleben zurück. Lahme, als Ausdruck körperlicher Ohnmacht und Gebrechlichkeit, werden hilflos auf Bahren zu ihm getragen und kehren singend und Gott preisend mit gesunden Gliedern von ihm zurück. Eine Erneuerung des Kosmos scheint anzuheben und die Pforten des Paradieses springen auf.

Die Wirkung. Eine Woge der Begeisterung erfasst die Menschen. Die Kunde geht von Dorf zu Dorf. Die messianische Bewegung ist im Gang. Unaufhaltsam pflanzt sie sich fort. Sie wächst ins Große. »Gewaltige Scharen folgen ihm aus Galiläa, dem Zehnstädtebund, aus Jerusalem, Judäa und vom Lande jenseits des Jordan.« Ja, sein Ruf geht »durch ganz Syrien«, greift also über die Grenzen Israels hinaus. Das Christentum hat zwar an einem kleinen Ort angefangen, aber es wächst von Anfang an ins Große. Es ist keine Winkelsache und kein *Konventikel* (»private religiöse Zusammenkunft«, Anm. d. Verl.), keine kleine Sekte und keine Geheimlehre für ein paar Auserwählte. Es ist Volksbewegung und soll zur Weltkirche werden. So steht Christus mitten im Volk, allen zugänglich, von allen gesehen und gehört, alle rufend und allen die Frohbotschaft bringend, dass Gottes Reich anhebt.

In dieser Frühlingsstimmung blühender Hoffnung und kühnster Träume, jungen Wachstums und froher Entfaltung verkündet der Herr die Bergpredigt, dieses gewaltige Programm seines Geistes, dieses neue Gesetz seines Reiches, die Frohbotschaft Gottes.

MENSCH UND GOTT

Mt 5,1–6: Als er die Scharen sah, stieg er auf den Berg und setzte sich nieder. Seine Jünger traten zu ihm und er öffnete seinen Mund, lehrte sie und sprach: »Selig die Armen im Geiste, denn ihrer ist das Reich der Himmel. Selig die Trauernden, denn sie werden getröstet werden. Selig die Sanftmütigen, denn sie werden das Land besitzen. Selig, die hungern und dürsten nach der Gerechtigkeit, denn sie werden gesättigt werden.«

Christus lehrt unter freiem Himmel, am Hang des Berges, auf dem Lehrstuhl eines Felsens sitzend. Um ihn der engere Kreis seiner Jünger und der weite Kreis der Volksscharen. So wird Christus bis zum Ende der Zeiten der geheimnisvolle Lehrer der lehrenden und der hörenden Kirche sein. Zuerst zeichnet er den neuen Menschen, denn er ist der Menschenverwandler, wie es keinen zweiten gab, gibt und geben wird. Seine Reform beginnt im Inneren der Herzen. Die Umwandlung der äußeren Verhältnisse muss sich dann von innen her ergeben. Der neue Geist muss sich neue Formen schaffen. Die neue Gesinnung wird sich im Werk auswirken. Darum ist Gesinnungsänderung das Erste.

Christus sieht den Menschen nicht in sich selbst als ein isoliertes, auf sich selbst gestelltes Gebilde, sondern in seiner Gottbezogenheit.

Die Seligpreisung der *Armut im Geiste* ist das Erste. Der scheinbar große, reiche und starke Mensch hält den Vergleich mit Gott nicht aus, sondern schrumpft vor Gott in ein Nichts zusammen.

Geschöpf ist er und er wird sich beim Blick auf Gott seiner eng gezogenen Grenzen bewusst. Was ist sein Wissen neben dem Allwissenden? Was ist seine Macht neben dem Allmächtigen? Der Mensch hängt als relatives Sein in seinem eigentlichen Wesen vom allein absoluten Sein Gottes ab. Und alles Tun des Menschen ist nur möglich, wenn das Tun Gottes vorausgesetzt wird. So ist der Mensch in doppelter Abhängigkeit. Es gibt keine menschliche Selbstständigkeit. Der Wahn, in sich groß zu sein, ist Größenwahn. Und alle Bildung, die sich dessen nicht bewusst wird, ist Einbildung. Demut ist Wahrheit als nüchterne Anerkennung dieser Wirklichkeit.

Aber das ist nicht alles. Zur Geschöpflichkeit kommt die *Sünde*. Der Mensch ist ein gefallenes Geschöpf, eine gebrochene Existenz, ein zersplitterter Spiegel, ausgelaufener Stausee und ausgebrannter Vulkan. Es lastet auf ihm die Hypothek der Erbschuld und er steht dazu noch mit dem schlechten Gewissen persönlicher Sünde vor Gott. Darum ist die Zöllnerhaltung die allein mögliche: Herr, sei mir armem Sünder gnädig! Dieses Bewusstsein der Sündhaftigkeit und damit der inneren Armseligkeit ist die Voraussetzung für ein richtiges Hintreten vor Gott. Alles falsche Menschentum mit der Täuschung der Selbstherrlichkeit oder einer unberührten Humanität wird in der ersten Seligpreisung weggewischt und an seine Stelle die christliche Haltung der Armut im Geiste gefordert.

Die Armut im Geiste hat also nichts zu tun mit intellektueller Dürftigkeit und meint auch nicht in erster Linie die seelische Unabhängigkeit von materiellem Besitz, sondern sie ist das Gegenteil von pharisäischer Selbstgerechtigkeit. Es ist die Anerkennung, dass Gott allein der Gerechte ist und darum eine Rechtfertigung nur durch Gott erfolgen kann. Armut im Geiste ist die negative Vorbereitung der Gnade. Sündenbewusstsein ist Voraussetzung für die Heiligkeit.

Die zweite Seligpreisung fordert die *Trauer.* Es ist damit kein müder Pessimismus gemeint und keine dumpfe Melancholie. Kein trübseliges Kopfhängertum und kein Lamentieren über schlechte Zeiten und schlechte Sitten. Es ist kein Weltschmerz der Enttäuschten und kein Zynismus der Wissenden. Was Christus fordert, ist das schmerzliche, ernst stimmende, echte Trauer weckende Wissen um die Macht des Bösen. Das Böse bewirkt die Gottesferne, wo doch Gott nahe sein sollte. Es ist die verheerende Wirkung der Sünde, die das Ideal der Heiligkeit zerstört. Das Böse entweiht den inneren Tempel Gottes in der Seele, feiert aber auch in der Welt seine zerstörenden Triumphe. Keine glänzende Fassade darf darüber hinwegtäuschen, denn die Dämonie der Macht, des Geldes und des Triebes beherrscht weithin die Welt. Satan ist »der Fürst dieser Welt«. So steht hinter dem Bösen der Böse, das heißt Satan, der Lügner und Mörder von Anbeginn. Der Christ muss ein Wissender sein, darf somit vor dieser Wirklichkeit die Augen nicht verschließen. Je nüchterner und unbestechlicher er aber die Wirklichkeit des Bösen sieht, desto mehr erfüllt ihn diese Erkenntnis mit Trauer. Mensch und Welt sollten nach Gottes Plan anders sein als sie sind. Nur tänzelnde Oberflächlichkeit, leichtsinniges Nicht-sehen-Wollen und falschfröhliche Genusssucht können den Menschen so verblenden, dass ihn diese Trauer nicht erfüllt. Christus will wissende und sehende Menschen. Darum diese Forderung des Lebensernstes, der um das Allzumenschliche und die Abgründe des Untermenschlichen weiß. Alle Illusionen werden in dieser Seligpreisung dem

Menschen genommen. Die Wirklichkeit steht so vor ihm, wie sie ist. Und doch ist es Seligpreisung. Denn der Christ weiß, dass das Böse durch das Gute überwunden wird, der Tod durch das Leben, die Sünde durch die Gnade, Satan durch Gott. Und so wird er im Glauben getröstet. Die Frohbotschaft vertieft und überwindet zugleich diese Trauer des Herzens.

Die Sanftmütigen werden in der dritten Seligpreisung gelobt. Damit sind nicht die charakterlichen Schwächlinge, weichlichen Nachgeber und ängstlichen Kompromissmacher gemeint. Christentum ist keine Krücke für Kranke, kein Geländer für Schwindlige, kein Ersatz für Zukurzgekommene. Und darum ist das Evangelium kein Lobpreis saft- und kraftloser Existenzen, sondern es geht um die widerstandslose Bereitschaft Gott gegenüber, um das völlige Sichanschmiegen an seinen Willen. Diese Seligpreisung rühmt somit das Gegenteil des wilden Aufbegehrens, eines Rechtens mit Gott, einer trotzigen Selbstbehauptung und eines störrischen Eigenwillens. Der Mensch, der freudig und bedingungslos Ja sagt zu Gott, wird Instrument in seiner Hand. Er lässt Gott machen, bemüht sich darum, immer nach den Absichten Gottes zu fragen und darauf einzugehen. Die Sanftmut ist die Willfährigkeit gegenüber Gottes Willen. Es ist der Mensch als offene Furche, nicht als harter, gefrorener Boden; als Schwamm, der die Wassertropfen des Herrn weich und gierig aufsaugt, im Gegensatz zum felsigen Boden, auf dem die Tropfen hart aufschlagen und über den sie abfließen. Sanftmut ist das Wissen, dass Gott das Entscheidende tut, und der Wille, ihn das Entscheidende tun zu lassen. Die Seligpreisungen der Bergpredigt erhalten immer dann ein falsches Gesicht, wenn man sie nicht in ihrer Beziehung zum lebendigen Gott sieht.

Die vierte Seligpreisung fordert den *Hunger und Durst nach der Heiligkeit.* Sie ist Gegensatz zu satter Selbstzufriedenheit und zur Genügsamkeit in falschem Sinne. Sie fordert Menschen, die unter der Unheiligkeit des eigenen Ich und der anderen leiden und darum nach dem heiligen Gott Ausschau halten. Ewigkeitsmenschen, denen die Zeit zu kurz ist. Unendlichkeitsmenschen, denen die Welt zu klein ist. Menschen, die einen Ruf vernommen haben und darum nicht mehr geruhsam zu Hause sitzen können. Menschen mit einer brennenden Leidenschaft und einem verzehrenden Verlangen. Gott ist ihnen alles. Ohne Gott ist das Leben leer und dunkel. Von Hunger und Durst redet Christus. Also vom Verlangen nach Heiligkeit, wie der ausgetrocknete Boden auf den Regen wartet und »der Hirsch nach der Wasserquelle lechzt«. Der Mensch, der die Wahrheit sucht und doch weiß, dass unser Erkennen nur Stückwerk ist, kommt nicht mehr zur Ruhe, bis er Gott als Fülle der Wahrheit gefunden hat. Der Mensch, der von der Schönheit gefangen wird, spürt, dass alle Schönheit nur Abbild ist, und darum sucht er unaufhaltsam nach dem göttlichen Urbild. Der Mensch, der um die Güte weiß, erfährt immer wieder, dass »nur einer gut ist«, Gott. Darum haben gerade die geistigen Menschen dieses Verlangen nach Gott, diesen Hunger und Durst. Aber nicht nur die geistigen, sondern auch und gerade die sündigen Menschen, soweit sie ihrer Sündhaftigkeit sich bewusst sind und darunter leiden. Sie sind die verlorenen Söhne mit dem ewigen Heimweh nach dem Vater. Sie sind die Verbannten, welche die Heimat suchen. Schiffbrüchige, die nach dem Ufer Ausschau halten. Auch die Mittelmäßigen können diesen Hunger und Durst verspüren, wenn sie einmal erfasst haben, was Heiligkeit besagt, und dann schmerzlich die Unzulänglichkeit ihrer Kraft und das Ungenügende ihres Mittelmaßes empfinden. Sie möchten dann die Fesseln sprengen, eng gezogene Schranken niederlegen, aus dem Gefängnis der Armseligkeit hinausstürmen in die Freiheit Gottes. All das ist Hunger und Durst nach Heiligkeit. Wer diesen nagenden Hunger und brennenden Durst verspürt, der hat schon die Gottesliebe in sich und ist auf dem Weg zu Gott. Darum wird er gesättigt werden durch den, der allein der Seele genügen kann, durch Gott. Gott lässt die Satten leer ausgehen und erfüllt die Hungernden mit Gütern. Selig, wer um die Leere irdischer Fülle weiß und um das Erfülltwerden einer Seele, die alles ausleert, was nicht von Gott ist. Wer das erfasst hat, kann an nichts mehr Genüge finden, außer an Gott. Und so wird er von Gott angezogen wie das Eisen vom Magneten und der Vogel vom warmen Süden. Und je näher er Gott kommt, desto stärker ist die magnetische Kraft, desto unwiderstehlicher der Zug der Liebe, bis im Besitz Gottes sich das Wort der Schrift erfüllt: »Sie werden nicht mehr hungern und nicht mehr dürsten.«

MENSCH UND MENSCH

Mt 5,7–16: Selig die Barmherzigen, denn sie werden Barmherzigkeit finden. Selig, die reinen Herzens sind, denn sie werden Gott schauen. Selig die Friedensstifter, denn sie werden Söhne Gottes heißen. Selig, die um der Gerechtigkeit willen verfolgt werden, denn ihrer ist das Reich der Himmel. Selig seid ihr, wenn sie euch schmähen und verfolgen und lügnerisch alles Schlechte von euch aussagen um meinetwillen. Freut euch und frohlockt, denn euer Lohn ist groß in den Himmeln. Denn so haben sie die Propheten verfolgt, die vor euch gewesen sind.

Ihr seid das Salz der Erde. Wenn aber das Salz schal geworden ist, womit soll es salzig werden? Es taugt zu nichts, als dass es hinausgeworfen und von den Menschen zertreten wird.

Ihr seid das Licht der Welt. Eine Stadt, die oben auf dem Berge liegt, kann nicht verborgen sein. Man zündet kein Licht an und stellt es unter den Scheffel, sondern auf den Leuchter, damit es allen, die im Hause sind, leuchte. So soll euer Licht vor den Menschen leuchten, damit sie eure guten Werke sehen und euren Vater verherrlichen, der in den Himmeln ist.

Auch im Verhältnis Mensch zu Mensch ist der Blick auf Gott entscheidend. Beide, Mensch und Mitmensch, sind eins durch die gleiche Beziehung zum einen Gott. Darum können sie sich nicht gleichgültig gegenüberstehen.

Die *Barmherzigkeit* ist die erste Seligpreisung der zwischenmenschlichen Beziehungen. Auch hier geht Jesus vom Geist und von der Gesinnung aus und fordert eine Revolution der Herzen. Statt Hartherzigkeit will er Barmherzigkeit, statt Selbstsucht selbstlose Liebe, statt Kreisen um das eigene Ich Hingabe an das Du. Der Mensch wird verantwortlich gemacht für den Mitmenschen. Er ist Hüter seines Bruders. Auch der Fernste muss ihm Nächster sein, wenn er in Not ist. Der Mensch kann nicht im wirtschaftlichen Rennen hemmungslos seine Ellbogen gebrauchen. Darf nicht jeden Gegner rücksichtslos k. o. schlagen, sondern soll einen offenen Blick, eine offene Hand und vor allem ein offenes Herz für die Not der anderen haben und bereit sein, die Last der anderen mitzutragen. Barmherzigkeit löst die geballten Fäuste, dämpft gehässige Worte und führt zu helfender Tat. Das Motiv ist die Barmherzigkeit Gottes, auf die wir alle angewiesen sind. Vor einem hartherzigen Gott können wir nicht bestehen. Gott wird aber gegen uns barmherzig sein, wenn auch wir es sind gegen andere. Es ist die Seligpreisung der Liebe als des inneren Geheimnisses Christi und des Christentums.

Herzensreinheit ist die zweite Forderung für die Begegnung mit den Mitmenschen. Man soll also dem Nächsten nicht mit verborgenen Absichten und geheimen, selbstsüchtigen Zielen gegenübertreten. Nicht mit dunklen Intrigen und verborgenem Ränkespiel. Nicht undurchsichtig, voll Verstellung, sondern klar, gerade und durchsichtig. Loyales Verhalten männlicher Geradheit und ehrliche Klarheit werden gefordert. Zum unreinen Herzen gehört auch, wenn auch nicht in erster Linie, die sexuelle Begierde, die im Mitmenschen nur die Möglichkeit zur Befriedigung eigener Lust sucht. Nur wer in sauberer Klarheit den Mitmenschen gegenübertritt, ist imstande, auch in Sauberkeit das Licht und Wort Gottes aufzunehmen. Aus der Gesinnung muss dann aber die Tat folgen. Darum gilt die siebte Seligpreisung den *Friedfertigen*, also denen, die für den Frieden tätig sind und Frieden schaffen.

Es gibt einen Pazifismus von Mensch zu Mensch, der die Gegensätze überbrückt, Differenzen beseitigt, Streitigkeiten aus der Welt schafft und die Hand zur Versöhnung bietet. Es handelt sich oft nur darum, wer den ersten Schritt tut, das erste Wort spricht. Das Christentum fordert dazu auf. Es gibt einen Pazifismus zwischen den Familien. Oft sind es tief verwurzelte, alte Feindseligkeiten, oft auch Missverständnisse, Worte, die falsch weitergetragen, Taten, die missdeutet, Verleumdungen, die geglaubt wurden. Man muss falschen Familienstolz überwinden können, um Feindseligkeiten zu begraben. Es gibt einen sozialen Pazifismus. Der Klassenkampf widerspricht dem Evangelium. Die Versöhnung der Klassen ist die Forderung. Wer mithilft, soziale Unterschiede wirtschaftlich und geistig zu überbrücken und auszugleichen, dem Arbeitgeber und dem Arbeitnehmer Verständnis für die andere Gruppe zu vermitteln, den sturen Kollektivegoismus der Unternehmerschaft und der Arbeiterschaft durch einen Blick auf das Ganze des Unternehmens, das Ganze des Volkes und das Ganze der Menschheit zu überwinden, wirkt für den Frieden. Es gibt einen Pazifismus zwischen den Völkern und Staaten. Er fordert nicht Waffen- und Wehrlosigkeit, aber ehrlichen Willen zum Frieden und den Einsatz von Waffen nur im letzten Notfall, wenn es um Verteidigung der Existenz, der Freiheit und des Rechtes geht. Es ist unchristlich, den Hass zu schüren, in selbstsüchtigem Nationalismus die Leidenschaften aufzupeitschen, im eigenen Volk nur das Gute und im anderen nur das Schlechte zu sehen. Es ist gegen das Evangelium, den Krieg zu verherrlichen und den Frieden zu verachten. Es gibt einen Pazifismus zwischen den Konfessionen. Er hat nichts zu tun mit dogmatischer Grenzverwischung, mit dem Beiseiteschieben der Wahrheitsfrage, mit der Aufweichung der

Grundsätze. Aber er hat ebenso wenig zu tun mit konfessioneller Scharfmacherei, konfessioneller Machtpolitik, mit Verhetzung gegen Andersgläubige, mit Fanatismus und Intoleranz. Es müssen Vorurteile abgebaut und Missverständnisse aus der Welt geschafft werden. Man muss in ein ehrliches Gespräch kommen und auch durch Gebet für den Frieden ebendiesem Frieden dienen.

Die Forderung innerer Friedfertigkeit darf sich aber keiner Täuschung hingeben. Denn nicht umsonst gilt die letzte Seligpreisung den *Verfolgten.* Wer der Gerechtigkeit dient, muss darauf gefasst sein, Unrecht zu erleiden. Die Liebe kann mit Hass beantwortet werden und der Friedenswille durch das Hohnlachen brutaler Gewalt. Barmherzigkeit kann missbraucht, Ehrlichkeit kann ausgenutzt werden. Wer als Christ lebt, darf nicht überall auf Sympathie hoffen. Statt Anerkennung erntet er oft Verkennung, statt Erfolg Verfolgung, statt Anhängerschaft Widerstand. So ist es dem Meister ergangen, so ergeht es den Jüngern.

Das Bild des neuen Menschen, das Christus zeichnet, ist klar umrissen. Es ist der Mensch, der vor Gott steht und dort sich seiner Sündhaftigkeit bewusst ist, den Schmerz über das Widergöttliche, Böse trauernd verspürt, sich ganz in Gottes Hand und Gottes Willen fügt und immer sehnsüchtiger nach Gott Ausschau hält.

Wenn der Mensch so vor Gott steht, begegnet er dem Mitmenschen mit gutem Herzen, mit lauterer Absicht, will nicht den Kampf aller gegen alle, sondern erstrebt den Frieden aller mit allen. In ruhiger Bereitschaft und ohne dadurch enttäuscht oder verbittert zu werden, rechnet er mit Undank, Verleumdung und Verfolgung. Solche Menschen mögen eine Minderheit bilden, aber sie sind das Salz der Erde. Ohne sie ist alle Humanität schal und ungenießbar. Sie sind das Licht der Welt. Ohne sie ist das aufgeklärteste Zeitalter mit allen möglichen Erkenntnissen der Wissenschaft ein Jahrhundert des Dunkels. Sie sind die Stadt auf dem Berge. Man muss zu ihnen aufschauen und sich an ihrem Geist und Beispiel orientieren können. Sie dürfen so wenig im Winkel bleiben, als das Licht unter dem Scheffel bleiben darf. Sie müssen den Mut haben, zu ihrem Glauben zu stehen und der Sendung zu den Menschen zu entsprechen. Denn die Denkenden werden sich doch ihre Gedanken machen. Und wenn sie diese echten Kinder Gottes sehen, werden sie »den Vater preisen, der im Himmel ist«.

GESETZ ODER GEIST

Mt 5,17–20: Denkt nicht, ich sei gekommen, das Gesetz oder die Propheten aufzuheben. Ich bin nicht gekommen, aufzuheben, sondern zu erfüllen. Denn wahrlich, ich sage euch: Bis der Himmel und die Erde vergehen, wird nicht auch nur ein Jota oder ein einziges Strichlein des Gesetzes vergehen, bis alles erfüllt ist. Wer nun auch nur eines dieser geringsten Gebote aufhebt und die Menschen so lehrt, wird der Geringste heißen im Reich der Himmel. Wer sie aber hält und lehrt, der wird groß heißen im Reich der Himmel. Denn ich sage euch: Wenn eure Gerechtigkeit nicht größer ist als die der Schriftgelehrten und der Pharisäer, werdet ihr nicht in das Reich der Himmel kommen.

Es gibt eine geistlose und geisttötende *Gesetzlichkeit*. Paragrafenseelen wollen durch Reglements das Leben meistern. In Wirklichkeit ersticken sie es. Buchstabenreiter können auf Gesetzen so lange herumreiten, bis sie ihr Pferd zuschanden geritten und blühendes Land gutwilliger Bereitschaft unter den Hufen ihrer klappernden Paragrafenmähre zerstampft haben. Pedanten können mit dem dürren Finger ihrer schulmeisterlichen Weisheit und dem wachsbleichen Gesicht ihrer Stubengelehrsamkeit so lange auf Bestimmungen, Verordnungen und Erlasse hinweisen, bis sie selbst glauben, diese gedrechselten Sätze seien wichtiger als die Frohbotschaft Gottes. Spät geborene Pharisäer des Neuen Bundes umgeben die Freiheit der Kinder Gottes mit so vielen gesetzlichen Schranken, dass man den Alten Bund auferstanden glaubt und mit ihm die Scheinwichtigkeit dieser wortklaubenden Schriftgelehrten. Das *ius* (»Recht«) ist ihnen wichtiger als das Evangelium: *Fiat iustitia, et pereat mundus* (»Es geschehe Gerechtigkeit, und ginge die Welt darüber zugrunde«, Anm. d. Verl.), Freiheit bedeutet für sie Gefahr. Darum beschützen sie die ihnen anvertrauten Menschen mit tausend Schutzbestimmungen und Schutzmaßregeln und bemerken nicht, dass sie die freien Söhne Gottes in Schutzhaft nehmen. Solch verstaubte und verstockte Verächter und Verderber der Freiheit gibt es in Kirche und Staat, in der Welt und in den Klöstern. Sie haben vom Geist des Evangeliums keinen Hauch verspürt. Sie sind Karikaturen des Christentums und Vogelscheuchen auf den Äckern Gottes. Lebendige Verkünder sollten sie sein und sind abschreckende Beispiele. Unter dem Bücherstaub ihrer Gesetzeswerke verblasst alle Schönheit. Unter dem Wust ihrer Regeln erstirbt alles Leben. An den Mauern ihrer sichernden Bestimmungen zerschellt alle Initiative und in den Drahtverhauen ihrer Paragrafen verblutet das Leben echten Geistes. Das »Wehe« des Herrn an die Schriftgelehrten gilt auch einem großen Teil von ihnen. Sie sterben nicht aus. Denn es gibt nun einmal Menschen, die engbrüstig sind und darum für das kühne Schreiten Christi zu wenig Atem haben. Sie machen ihr kleines Format zum Maßstab für die anderen und leugnen die Größe des Geistes Christi, weil sie in ihrem Krähwinkel unfähig sind, diese Größe auch nur zu sehen. Und sie glauben, Gott einen Dienst zu erweisen.

Ihnen stehen die *freien Geister* gegenüber, die dem anderen Extrem verfallen. Sie fühlen sich über jedes Gesetz erhaben. Als Verächter des Gesetzes spielen sie die lächerliche Rolle der

Bornierten, welche lieber abirren, als die Wegweiser zu beachten. Sie berufen sich auf ihr Gewissen im Gegensatz zur Autorität. Kommen sich dabei als große Geister vor und merken nicht, dass es nur Dünkel und Eigenwille ihres Größenwahns ist, der sie zu klein macht, um die Größe des Gehorsams zu verstehen. Sie durchstoßen alle sichernden Dämme, bis die Flut sich verheerend über alle Wiesen ergießt. Sie entfernen alle Warnsignale und verschulden so die Entgleisung ganzer Züge und den moralischen Tod Tausender. Im Namen der Freiheit bringen sie das Chaos, das dann seinerseits den Terror ruft. Im Namen des Geistes entfesseln sie die ungeistige Welt der Triebe. Sie wollen nicht wissen, dass es im Menschen Abgründe gibt, die man nicht ungestraft öffnen kann. Sie glauben nicht an das Böse, um dann zu spät einzusehen, dass es Geister gibt, die man nicht mehr loswird, wenn man sie gerufen. Ohne es zu wissen, stehen sie durch ihr Neinsagen zum Gesetz im Dienste des Geistes, der stets verneint. Durch ihren unbändigen Freiheitswillen sprengen sie jedes Band, auch das Band der Zucht und der Ordnung. Sie haben die Staatsautorität untergraben und die Kirche als Feind der Freiheit geschmäht. Sie haben das moralische Gesetz als unwürdigen Eingriff in die persönliche Freiheit hingestellt, bis schließlich der Tanz um die Freiheitsbäume zum tollen Tanz der entfesselten Triebe und zum Totentanz unseres Jahrhunderts geworden ist.

Forderung nach möglichst vielen Gesetzen verkennt die Würde des freien Menschen und unterschätzt den Menschen. Forderung nach Gesetzlosigkeit verkennt die Wirkung der Erbsünde und überschätzt den Menschen.

Christus hält sich von beiden frei und weist den allein richtigen Weg. Es ist der Weg der Ehrfurcht vor dem Gesetz, aber der Erfüllung des Gesetzes nicht aus Zwang, sondern aus innerer Geisteshaltung.

Gesetz muss sein. Scharf wird das von Christus betont. Er ist nicht gekommen, das Gesetz aufzuheben, sondern um es zu erfüllen. Kein Jota und kein Strichlein vom Gesetz darf vergehen, bis alles erfüllt ist. Und gegen alle Libertinisten spricht er den warnenden Satz: »Wer nur eines dieser Gesetze, und sei es das geringste, aufhebt und die Menschen so lehrt, wird der Geringste heißen im Himmelreich.« Christus ist die Erfüllung des Gesetzes in doppeltem Sinne. Einmal in dem Sinne, dass er, der über dem Gesetz steht, sich unter das Gesetz stellt, und dass er, als der Freie, sich freiwillig an das Gesetz bindet. Er ist die Erfüllung aber noch in einem größeren Sinne, denn das Gesetz ist Vorbereitung auf ihn, ist Wegweiser zu ihm hin. Er ist somit des Gesetzes eigentliches Ziel und sein Inhalt. Wer gegen jede Gesetzlichkeit ist, widerspricht dem Geist Christi.

Ist das einmal in aller Schärfe und Klarheit gesagt, so kann nun Christus umso deutlicher das Zweite betonen, dass nämlich bloß äußerliche Gesetzeserfüllung nicht genügt, dass bloße Legalität vor Gott nicht zählt, sondern dass der Geist wichtiger ist als das Gesetz, die innere Gesinnung wichtiger als das äußere Tun. Der Geist muss den Buchstaben beleben. Paragrafen ohne Gesinnung sind tot. Christentum ist wesentlich Gesinnungsethik. Und diese Forderung einer neuen Gesinnung ist die Weiterführung des in den acht Seligpreisungen gezeichneten neuen Menschen. Mit dieser neuen Gesinnung befassen sich die folgenden Ausführungen der Bergpredigt.

GEIST DER VERSÖHNLICHKEIT

Mt 5,21–26: Ihr habt gehört, dass den Alten gesagt wurde: Du sollst nicht töten. Wer aber tötet, soll dem Gericht verfallen sein. Ich aber sage euch, dass jeder, der seinem Bruder zürnt, dem Gericht verfallen ist. Wer seinem Bruder sagt: Du Dummkopf!, soll dem Hohen Rat verfallen sein. Wer ihm sagt: Du Narr!, soll der Hölle und ihrem Feuer verfallen sein. Wenn du nun deine Gabe zum Altar bringst und dir dort bewusst wirst, dass dein Bruder etwas gegen dich hat, lass deine Gabe dort am Altar und geh zuerst hin und versöhne dich mit deinem Bruder und dann komm und bring deine Gabe dar. Zeige deinem Gegner rasch Entgegenkommen, solange du noch mit ihm unterwegs bist, damit dich dein Gegner nicht dem Richter übergibt und der Richter dem Gerichtsdiener und du ins Gefängnis geworfen wirst. Wahrlich, ich sage dir: Du wirst von dort nicht herauskommen, bis du den letzten Rappen bezahlt hast.

Als tüchtige Juristen verstanden es die Schriftgelehrten vorzüglich, den genauen Tatbestand der verschiedenen Delikte festzustellen, die Überweisung an die entsprechenden Gerichtshöfe anzuordnen und die entsprechend gestufte Strafe auszusprechen. Anders für Mord als für Totschlag, anders für fahrlässige Tötung als für Schlägerei und Rauferei und wieder anders für herausfordernde Worte und Reden. Das ist an sich in Ordnung und wird auch bei unseren Gerichten nicht anders gehandhabt. Christus will die Rechtsordnung keineswegs umstoßen. Er sagt auch grundsätzlich nichts gegen Richter und Gerichte, Strafbestimmungen und Strafmaß. Aber er weist auf etwas ganz anderes, auf das vor Gott Entscheidende und Wichtige hin: auf die innere Gesinnung. Aus falscher Gesinnung entstehen beleidigende Worte, Streitigkeiten, Mord und Totschlag. So können äußerlich verschiedene Handlungen doch die innerlich gleiche Ursache haben. Und diese ist das Wichtigste. Wenn man diese nicht entfernt, wird das Unkraut nur oben weggeschnitten, die Wurzel bleibt. Um diese Wurzel geht es. Wenn diese Wurzel einer verkehrten Gesinnung im Herzen steckt, ist der betreffende Mensch eigentlich durch jeden Gerichtshof abzuurteilen. Die richtige Gesinnung, die der Mensch haben müsste, ist die Versöhnlichkeit. Rechthaberisch zu sein heißt, nur auf sich zu schauen und darum sein Recht unter allen Umständen durchsetzen zu wollen. Versöhnlich zu sein heißt, auf den anderen zu schauen und darum unter Umständen auf sein eigenes Recht zu verzichten. Selbstsucht steht gegen Liebe. Mit Justiz allein ändert man die Welt nicht, wohl aber könnte man sie ändern durch eine Umwandlung der Menschen und ihrer inneren Gesinnung. Darum braucht es neben dem Staat und seinen Gerichtshöfen die Kirche und ihr seelsorgliches Wirken. Der Staat schützt in erster Linie die Rechtsordnung. Die Kirche wirkt für die Gesinnungsreform. Es stehen sich hier nicht Widersprüche gegenüber, sondern eines ergänzt das andere. Hat ein Mensch den Geist der Versöhnlichkeit im Herzen, wird er harte Worte entweder nicht gebrauchen oder, wenn sie ihm entschlüpft sind, sie wieder zurücknehmen. Er wird den Hass, der zu Mord und Totschlag führt, nicht aufkommen lassen, weil die Liebe stärker ist.

Dieser Geist ist nach Jesu Wort wichtiger als der Kult im Tempel. Der Kult, der nicht aus richtigem Herzen gefeiert wird, hat vor Gott keinen Wert. Die Reform der Herzen ist wichtiger als die Reform der Riten. Es gibt Menschen, die alle Zeremonien und Rubriken bis in die letzten Feinheiten hinein beobachten und jeden Verstoß gegen eine liturgische Vorschrift mit größter Gewissenhaftigkeit registrieren und dabei den Mitmenschen gegenüber ein seelisches Dickhäutertum haben, das mit dem Evangelium unvereinbar ist. Es scheint bei ihnen, als ob das Christentum auf das Gotteshaus beschränkt sei und als ob man sich außerhalb des Gotteshauses nach ganz anderen Verhaltensmaßregeln richten müsse. Christus aber betont, dass man lieber die Opfergabe liegen lassen solle, als sie darzubringen im Bewusstsein, mit irgendjemandem im Streit zu leben.

Und das Motiv? Es ist wieder der Blick auf Gott und unsere Beziehungen zu ihm. Gott ist unser Richter. Wir sind die Angeklagten. Wir können vor seinem Gericht nur Gnade finden, wenn wir selbst bei anderen Gnade vor Recht ergehen lassen. Und da wir nicht wissen, wann die Stunde schlägt, in der wir vor die Schranken Gottes zitiert werden, sollen wir uns unverzüglich mit dem Feind versöhnen. Wir sind auf dem Weg zum Gericht.

Es ist somit hohe Zeit. Damit legt Christus etwas Drängendes und Eindringliches in seine Forderung nach dem neuen Geist. In diesem merkwürdigen Wort über den Verzicht auf das eigene Recht zugunsten der Liebe steckt nicht eine Anarchie und ein Chaos, das alle Rechtsverhältnisse durcheinanderwirft, wohl aber die Erkenntnis, dass das Recht allein nicht genügt und das Rechthabenwollen unter allen Umständen das menschliche Zusammenleben verunmöglicht. Die Macht der Liebe ist größer als die Macht des Rechtes.

Christus selbst erleidet das größte Unrecht, weil er, der allein im vollen Sinne des Wortes Gerechte, durch irdische Gerichtshöfe von Juden und Heiden zu Unrecht zum Tode verurteilt und durch den Hass seiner unversöhnlichen Gegner hingerichtet wird. Und doch stirbt er im Geist der Versöhnlichkeit, betet sterbend für seine Feinde: Vater, verzeih ihnen! Dann erst legt er seine Seele in die Hände seines himmlischen Vaters. Er, der Einzige, der das Gericht nicht zu fürchten hat, weil er selbst der Richter ist, will nicht die Schwelle des Todes und des neuen Lebens überschreiten, ohne zuvor dieses Wort der Versöhnung gesprochen zu haben. Und wir?

SANIERUNG DER EHEN

Mt 5,27–32: Ihr habt gehört, dass gesagt wurde: Du sollst nicht ehebrechen. Ich aber sage euch, dass jeder, der eine Frau anschaut, um sie zu begehren, in seinem Herzen mit ihr schon Ehebruch begangen hat. Wenn dein rechtes Auge dich zur Sünde verführt, reiß es aus und wirf es von dir! Denn es ist für dich besser, dass eines deiner Glieder verloren gehe, als dass dein ganzer Leib in die Hölle geworfen wird. Und wenn deine rechte Hand dich zur Sünde verführt, hau' sie ab und wirf sie von dir!

Denn es ist für dich besser, dass eines deiner Glieder verloren gehe, als dass dein ganzer Leib in die Hölle kommt.

Es ist gesagt worden: Wer seine Frau entlässt, soll ihr den Scheidebrief ausstellen. Ich aber sage euch, dass jeder, der seine Frau entlässt, außer wegen Unzucht, sie zur Ehebrecherin macht. Und wer eine Geschiedene heiratet, begeht Ehebruch.

Unsere Ehen leiden an drei Krankheiten: an äußerem Zerfall, an innerer Schrumpfung und an Verweltlichung. Der äußere Zerfall zeigt sich in der ständigen Zunahme der Ehescheidungen und der ehelichen Untreue durch Seitensprünge und innere Zerwürfnisse auch dort, wo die äußere bürgerliche Fassade noch gewahrt wird. Die innere Schrumpfung zeigt sich im ständigen Rückgang der Geburten, im Schwinden der Großfamilien. Und hinter beiden steckt als letzte Ursache die Säkularisierung. Man hat die Ehe ihres sakramentalen Charakters beraubt und sie zu einem »weltlichen Ding« und zu einer Institution gemacht, die im Grunde genommen Privatsache ist und höchstens noch das Standesamt interessiert.

Zur Zeit Christi war das anders. Die Ehe war etwas Religiöses. Kinder galten als ein Segen Gottes und Kinderlosigkeit als ein Fluch Jahwes. Je größer die Kinderzahl, desto größer der Segen. Auch der Ehebruch war an sich verboten und wurde unter Umständen sogar mit dem Tode bestraft. Wohl aber gab es immer wieder eheliche Untreue und dazu noch den gesetzlichen Ausweg, dass der Mann seiner Frau einen Scheidebrief ausstellen und sie dadurch in aller Form entlassen konnte, um eine andere zu heiraten. Sanierung tat somit not.

Christus geht auch hier von innen nach außen. Er greift ins Innerste der Gesinnung und heilt die Wurzel. »Wer eine Frau anschaut mit innerem Begehren, hat in seinem Herzen die Ehe bereits gebrochen.« Es genügt also nicht, die äußere Tat des Ehebruchs zu verurteilen und zu brandmarken. Er will die Quelle verstopfen, aus der diese trüben Wasser fließen. Er will das unheilige Feuer löschen, aus dessen schwelender Glut ehebrecherische Leidenschaften aufflammen. Darum verbietet er das innere ungeordnete Begehren und fordert eine Ordnung, Überwachung und Heiligung der geheimsten inneren Triebe und des inneren Verlangens, soweit es in der Gewalt des Menschen steht. Seine Forderung ist radikal ernst zu nehmen. Eher soll der Mensch sich die rechte Hand abhacken, die er doch für seine Arbeit braucht, eher soll er sich ein Auge ausreißen, als sich der Gefahr zum Ehebruch durch Hand oder Auge auszusetzen. Denn es steht hinter dem Ehebruch die drohende Gefahr der Verdammnis zur Hölle. Darum heißt es: lieber ein Glied seines Leibes zu verlieren, als mit dem gesunden und ganzen Leib in die Hölle geworfen zu werden. Ernster und drohender könnte die Forderung des Herrn nicht lauten. Wer sich im Leben umsieht, muss immer wieder feststellen, dass die Katastrophen zerbrochener Ehen, zerstörten Familienfriedens und eines aufgelösten Heimes im Kleinen ihren Anfang genommen haben. Hätte dann rechtzeitig der Radikalismus eingesetzt, den Christus hier fordert, wäre das Abgleiten auf die schiefe Ebene aufgehalten worden. Vielleicht beginnt es mit einem Film, einem Roman, einer Ferienreise, mit der Anstellung einer neuen Sekretärin, mit einem Besuch zu Hause, mit einer Skitour usw. Wird dann nicht den Anfängen gewehrt mit dem Ernst, den Christus verlangt, flackert das Feuer auf und wird zur Feuersbrunst, die man nicht mehr löschen kann. Nicht eine mangelnde Ehegesetzgebung ist das Übel, auch nicht unsere Wirtschaftsordnung und nicht unsere Wohnverhältnisse, sondern vor allem die mangelnde innere Gesinnung einer Heilighaltung der Ehe und der ehelichen Treue. Auch hier geht es um Gesinnungsreform.

Dann erst kommt Christus auf den eigentlichen Bestand der Ehe zu sprechen. Und auch hier ist er radikal. Eine gültige Ehe darf nicht gelöst werden. Den Scheidebrief erkennt Christus nicht an. »Wer seine Frau entlässt, macht sie zur Ehebrecherin, und wer eine Entlassene heiratet, ist selbst Ehebrecher.« Es gibt nur eine Ausnahme, nämlich eine Ehe, die keine ist. Christus ist in seiner Forderung unerbittlich. Wo es um Dinge geht, die für den Bestand des Volkes und der Menschheit von Wichtigkeit sind, kennt er keine falsche Rücksicht. Gewiss beinhaltet diese Unerbittlichkeit in Einzelfällen tragische Situationen.

Aber wo es um das Ganze geht, darf man sich nicht vom Blick auf Einzelfälle bestimmen lassen. Ärzte und Richter dürfen nicht von falschem Mitleid geleitet werden, sondern müssen nach Grundsätzen handeln. Und erst recht die Priester, welche verantwortlich sind für die Verkündigung der Forderungen Christi. Falsches Mitleid bringt unsägliches Elend, gibt Grundsätze preis und reißt damit Schranken nieder, die aufgerichtet bleiben müssen, sprengt Staudämme, die man Tag und Nacht bewachen müsste. Jeder Christ hat die Verantwortung, in den Ehefragen die unerbittliche Forderung Christi unerbittlich zu verkünden und zu betätigen. Mitleidiges Nachgeben vermehrt das Übel. Und nur die Unerbittlichkeit Christi steuert dem Unheil entgegen. Christus hat die Ehebrecherin nicht gerichtet, aber er hat ihren Ehebruch verurteilt und an sie die unerbittliche Forderung gestellt: Sündige nicht mehr! Man muss Verständnis und Güte haben gegenüber den Irrenden, aber nicht gegenüber dem Irrtum. Man wird Geduld haben mit dem Ehebrecher, aber nicht mit dem Ehebruch. Man muss das Schwarze schwarz und das Weiße weiß nennen. Eine Aufweichung der Linien, ein Preisgeben der Prinzipien ist nicht Liebe, sondern Schwäche, wirkt auf weite Sicht nicht helfend, sondern zerstörend. Der Geist Christi ist Radikalismus aus Liebe. Und jeder Christ muss sich um diesen Geist bemühen.

EHRFURCHT

Mt 5,33–37: Ihr habt gehört, dass den Alten gesagt wurde: Du sollst keinen Meineid leisten, sollst aber dem Herrn deine Schwüre halten. Ich aber sage euch, dass ihr überhaupt nicht schwören sollt. Weder beim Himmel, denn er ist der Thron Gottes, noch bei der Erde, denn sie ist der Schemel seiner Füße, noch bei Jerusalem, denn es ist die Stadt des großen Königs. Du sollst auch nicht bei deinem Kopf schwören, denn du vermagst auch nicht ein einziges Haar weiß oder schwarz zu machen. Es soll vielmehr euer Wort sein: Ja sei Ja, Nein sei Nein. Was mehr ist als das, kommt vom Bösen.

Das Schwören war in Israel an der Tagesordnung. Nur die gröbsten Missstände wurden eingedämmt, und zwar durch die beiden Bestimmungen, dass ein geleisteter Eid der Wahrheit entsprechen müsse und dass ein Schwur zu halten sei. Weil das Gesetz in aller Strenge den Missbrauch des Gottesnamens verbot, fand man kasuistische Auswege. Man schwor nicht bei Gott, sondern beim Himmel oder bei der Erde oder bei Jerusalem usw. Von all dem will Jesus nichts wissen. Kasuistik liegt ihm ohnehin nicht. Seine Moral ist wesentlich Gesinnungsmoral. So auch hier. Die Gesinnung, die er fordert, ist die innere *Ehrfurcht vor Gott* und allem Göttlichen.

Ehrfurcht besagt nicht ein immer größer werdendes Pathos der Distanz, sodass Gott nur noch ein Erlebnis seltener Stunden wird. Denn diese Ehrfurcht mündet schließlich in religiöse Gleichgültigkeit. Ehrfurcht besagt auch nicht ein sich immer mehr Hineinsteigern in einen Gottesbegriff der Absolutheit und des schlechthin Anderen, sodass die Nähe unerträglich wird und das Sündenbewusstsein gegenüber dem heiligen Gott sich derart übersteigert, bis alles in jansenistischer Kälte endet.

Ehrfurcht besagt auch nicht, dass man Gott überhaupt nicht im Alltag begegnen darf. Gewiss soll man das Sakrale nicht profanieren, wohl aber das Profane sakral machen. Der heilige Gott soll nicht in oberflächlichem und gewohnheitsmäßigem Geschwätz in die kleinlichen und unheiligen Dinge herabgezogen werden. Wohl aber kann man in richtigem und heiligem Denken auch die kleinsten Dinge im Lichte Gottes sehen und in die Welt Gottes miteinbeziehen. Alles stammt von Gott, ist Bild oder Spur Gottes und ist auf Gott hin erschaffen und so kann und soll alles ihn verherrlichen: *Omnia ad maiorem Dei gloriam* (»Alles zur größeren Ehre Gottes«, Anm. d. Verl.). Man kann Gott und die Welt nicht so auseinanderreißen, dass die Welt praktisch keine Beziehungen mehr zu Gott hat und der Mensch gezwungen ist, ein Doppelleben zu führen: ein religiöses Leben der Gottbezogenheit einerseits und ein völlig in der Welt sich verlierendes, profanes Leben anderseits. Man kann vielmehr in allem Gott suchen und finden, um in allem den Vater zu preisen, der im Himmel ist.

Das *Beispiel Christi* ist hier die beste Auslegung der Forderung Christi. Niemand redet so häufig vom himmlischen Vater wie er und doch redet niemand mit solcher Ehrfurcht von ihm wie er. Gerade Christus muss sich aber nicht erst in ein religiöses Erlebnis steigern oder eine Stunde der Ergriffenheit abwarten oder den Tempel betreten, um vom Vater zu sprechen. Im Gegenteil! Gerade in den gewöhnlichsten Dingen des täglichen Lebens findet er die Beziehung zum Vater: in den Spatzen auf dem Dach und in den Blumen des Feldes; in der Frau, die ein verlorenes Geldstück sucht oder den Sauerteig in die Teigmasse mischt; im Perlenhändler und im pflügenden Bauern; im Senfkorn und in der reifenden Feige; im Sämann und im Pächter; in der Brautjungfer und im rechnenden Baumeister; im Unkraut auf dem Acker und im Netz voller Fische; im Arbeitslosen und im König. Es gibt eigentlich nichts, in dem Jesus nicht eine Beziehung zu Gott und zum Reich Gottes sieht. Aber Jesus ist es auch, der dann immer wieder von allem Äußeren wegflieht in die Einsamkeit nächtlichen Betens auf den Bergen, um sich wieder in die

Unendlichkeit des Vaters zu verlieren und mit neuer Ehrfurcht staunend vor der Wunderwelt Gottes zu stehen. Darum ist sein Sprechen über Gott nie Leerlauf, Routine, ausgeleierte Platte, Gewohnheitsphrase, Rezitation von Auswendiggelerntem. Es kommt immer aus einem glühenden Herzen und einer lebendigen Begegnung. Auf allem liegt der Schauer der Unendlichkeit und die Fülle des Wirklichen.

Die *Kirche* erzieht zur Ehrfurcht. Wenn der Mensch das Haus Gottes betritt, umfängt ihn das Schweigen, das Ehrfurcht weckt. Das Weihwasser mahnt ihn, alles unheilige Denken wegzuspülen und sich mit geläutertem Herzen Gott zu nähern. Wenn er das Knie beugt, ist es eine ehrfürchtige Huldigung vor der Majestät Gottes. Wenn er die Hände faltet, löst er die ruhelosen Finger aus irdischer Geschäftigkeit, um sie an Gott zu binden, damit in der Ruhe des Körpers Geist und Seele sich umso freier betätigen können, in jener Freiheit, die sich über das Irdische emporhebt und, von schweren Fesseln befreit, den Weg zu Gott sucht und findet. Ehrfurcht lehrt die Kirche besonders dem Wort Gottes gegenüber. Ihre Mönche haben die Bücher der Heiligen Schrift Buch um Buch, Satz um Satz, Wort um Wort, Buchstabe um Buchstabe mit Eifer und Sorgfalt abgeschrieben, die Initialen in Linien und Farben kunstvoll gestaltet. Und heute stellt die Kirche kostbarste Drucke ihrer Bibeln und *Missalien* (»Messbücher«, Anm. d. Verl.) her, bindet sie in feinstes Leder, trägt sie im Hochamt, von Lichtern umgeben, in feierlicher Prozession vom Altar zum Volk hin, inzensiert den Text der Gottesworte mit Weihrauch und lässt durch den Gesang des Diakons in getragener Feierlichkeit die unsterblichen Worte jubelnd durch die geweihten Hallen erklingen. Dann schickt sie den Priester auf die Kanzel, um dem Volk das Wort zu deuten. Und der Subdiakon trägt inzwischen den heiligen Text zum Zelebranten am Altar, der in Ehrfurcht das geschriebene Gotteswort küsst.

Selbst die Sachen und Gegenstände, die mit dem Gottesdienst Beziehung haben, werden von der Kirche mit besonderer

Ehrfurcht behandelt: Kelche werden konsekriert, liturgische Gewänder mit besonderer Kunstfertigkeit der Paramentenstickerei hergestellt, die Altäre werden geschmückt, das ewige Licht brennt vor dem Altar, Ministranten leisten im Chor ihren feierlichen Dienst. Architekten sollen Räume gestalten, in welchen die Gemeinde zu einer Einheit der Opferfeier zusammenschmilzt, oder Kapellen, die in ihrem Stimmungsgehalt zur Andacht zwingen. Selbst die liturgische Sprache der Kirche, das Latein, ist wie ein geheimnisvoller Schleier, der über das Mysterium gebreitet ist. Bischofsstäbe und päpstliche Tiara, Zeremonien und Rituale bei der Spendung der Sakramente und Sakramentalien, alles sind Hilfsmittel, dem irdisch gesinnten Menschen von einer anderen, überirdischen Welt zu sprechen, dem Rationalisten vom Geheimnis zu reden, dem sinnlichen Menschen das Portal des Geistigen aufzustoßen und so den Menschen, der sich Gott nähern will, zur Ehrfurcht zu erziehen.

Wer mit wachem Geist und Herzen durch diese Schule der Kirche geht, wer im Evangelium das Beispiel des Herrn meditiert, kann den Namen Gottes nicht leichtsinnig und unsinnig gebrauchen. Er ist gefeit gegen falschen oder leicht formulierten Eid. Auch da begnügt sich Christus nicht mit äußeren Verboten und Reglements. Er erneuert alles von innen her. Reform aus dem Geiste.

»WENN DICH EINER AUF DIE RECHTE WANGE SCHLÄGT ...«

Mt 5,38–42: Ihr habt gehört, dass gesagt wurde: Aug um Aug, Zahn um Zahn. Ich aber sage euch, dass ihr dem Bösen nicht widerstehen sollt. Wer dich auf die rechte Wange schlägt, dem halte auch die andere hin. Und wer mit dir vor Gericht gehen will und dir deinen Rock nehmen, dem lass auch deinen Mantel. Und wer dich zwingt, eine Meile weit zu gehen, mit dem geh zwei. Dem, der dich bittet, gib, und wer von dir borgen will, den weise nicht ab.

Soll man sich einfach ausnutzen, missbrauchen und misshandeln lassen? Wird das Leben dann nicht unmöglich? Was soll dann ein Geschäftsmann? Er kann im unerbittlichen Kampf, in welchem jeder Vorteil wahrgenommen und ausgenutzt werden muss, unmöglich bestehen. Und was soll dann das Militär? Die Forderung Christi lähmt die Moral der Truppe: verweichlicht echte Männlichkeit, macht forsches Draufgängertum unmöglich. Und was will der Rechtsanwalt, wenn es heißt: »Will jemand mit dir vor Gericht gehen und um deinen Rock prozessieren, gib ihm noch den Mantel dazu«? Ist die Forderung Christi nicht geradezu eine Unterstützung des Lasters? Denn wenn man jedem geben soll, der borgen will, wird eine Borgerei sondergleichen losgehen und ist die Christenheit bald an den Bettelstab gebracht, es sei denn, dass einige, die mit ihrem Christentum nicht ernst machen, die Situation retten! Wird nicht bei dieser Forderung deutlich, dass man nur nach der Bergpredigt leben kann, wenn man ins Kloster flüchtet, wo im Wesentlichen gesorgt ist? Oder ist die Bergpredigt ein Ideal für die paradiesische Menschheit ohne Sündenfall? Also Traum der Vergangenheit oder Hoffnung auf die Zukunft? Oder ist vielleicht der Sinn der, dass der Mensch absichtlich und bewusst und wesentlich überfordert wird, um an diesem Ideal zu zerbrechen, die Unfähigkeit zur Bezwingung dieser majestätischen Gipfel einzusehen, um dann »allein aus Gnade« das Heil zu finden? Ist die Bergpredigt eine Art göttlicher Ironie?

Auf diese Ideen muss man kommen, wenn man die Bergpredigt als ein Gesetz nimmt, nach dem man sich im äußeren Verhalten unter allen Umständen zu richten hat, ein unerbittliches Moralprinzip zur Regelung einzelner Kasus. Aber so ist die

Bergpredigt nicht gemeint. Das wäre ein Zurückfallen in die Gesetzlichkeit, von der sich Christus distanziert. Es geht auch hier um die Forderung einer Gesinnung. Die konkreten Fälle und Beispiele werden nur genannt, um die Gesinnung zu erläutern. Das ergibt sich aus dem Beispiel Christi selbst. Er hat sich keineswegs immer nach den Wünschen, Bitten und Forderungen der Menschen gerichtet. Oft genug hat er die Menschen abgelehnt. Als sie ihn zurückhalten wollten, weil sie ihn dringend brauchten, hat er auf die anderen verwiesen, die er heimholen müsse. Einer, der ihn zu Hilfe rief, damit er in einem Erbstreit und somit in einer Frage, die immerhin die Moral berührt, entscheide, hat von ihm eine scharfe Ablehnung erfahren. Der Kanaanäerin hat er erklärt: »Ich bin nur zu den verlorenen Schafen des Hauses Israel gesandt.« Dem Mann, der ihm vor dem Gericht des Annas auf die rechte Wange schlug, hat er keineswegs die linke hingehalten, sondern ihn sehr energisch zur Rede gestellt: »Hab ich unrecht geredet, beweise es! Habe ich recht geredet, warum schlägst du mich?« Die Verleumdungen und Angriffe der Pharisäer hat er nichts weniger als ruhig hingenommen. Mit einer Schärfe, die ihresgleichen sucht, hat er ihnen geantwortet und sie vor allem Volk bloßgestellt als Heuchler und Scheinheilige. Es geht somit auch in dieser Forderung um die Gesinnung. Das äußere Tun soll aus dieser Gesinnung gestaltet werden und diese Gesinnung ist Nachgiebigkeit. Aber auch diese gilt nur dann, wenn nicht der Wille Gottes etwas anderes fordert. Dieser Wille Gottes tut sich in Berufspflichten, in Verantwortung für anvertraute Menschen oder Dinge, im natürlichen Sittengesetz und in anderen Forderungen des Evangeliums und der Kirche kund. Man darf ein Einzelwort der Bergpredigt nicht aus dem Zusammenhang reißen, für sich allein stellen und es als einzige Norm betrachten, sonst kommt man zu unmöglichen Folgerungen. Dann freilich wird das Leben unmöglich und das Zusammenleben erst recht. Denn wenn der Satz: »Widersteht nicht dem Böswilligen« nur für sich allein genommen wird, müssen alle Polizisten entlassen, jeder Ordnungsdienst aufgelöst, alles Militär abgebaut, alle Richter pensioniert, alle Gefängnisse geöffnet und alle Prozesse niedergeschlagen werden. Der Triumph des Bösen ist dann die Folge. Stellt man aber die Einzelsätze der Bergpredigt und somit auch diesen Satz in den Zusammenhang der Gesamtlehre Christi, so ergibt sich sein Sinn klar und eindeutig. Es ist dann etwas, was mit Gottes Gnade im Bereich des Möglichen liegt, aber doch ein erstaunlich hohes, den letzten Einsatz an Anstrengung forderndes Ideal ist. Es ist die Forderung hochherziger Bereitschaft. Es ist das Geben, ohne zu zählen. Das Arbeiten, ohne Ruhe zu suchen. Das Kämpfen, ohne sich um Verwundung zu kümmern. Es ist die Befreiung von allem Knausrigen, Egoistischen, Muffigen, die Überwindung von allem Kleinbürgerlichen. Es ist wie ein neues Atmen und anderes Schreiten. Es ist die Weite und Größe. Es ist Gesinnung, die sich ausgibt und sich hingibt und sich opfert. Es ist die Liebe, die von sich aus schrankenlos ist und schrankenlos sein will und ihre Schranken nur findet im klaren Willen Gottes, sooft dieser anderes fordert.

Zugegeben: Diese Haltung ist selten zu finden. Wer sie wirklich hat, ist ein Heiliger. Und die Heiligen laufen nicht zuhauf in den Straßen herum.

FEINDESLIEBE

Mt 5,43–48: Ihr habt gehört, dass gesagt wurde: Du sollst deinen Nächsten lieben und deinen Feind hassen. Ich aber sage euch: Liebet eure Feinde und betet für die, die euch verfolgen, damit ihr Söhne eures Vaters in den Himmeln werdet, der seine Sonne über Bösen und Guten aufgehen lässt und über Gerechte und Ungerechte regnen lässt. Denn wenn ihr die liebt, die euch lieben, was habt ihr dann für einen Lohn? Machen nicht die Zöllner dasselbe? Und wenn ihr nur eure Brüder grüßt, was tut ihr Besonderes? Machen nicht die Heiden dasselbe? Ihr sollt vollkommen sein, wie euer Vater im Himmel vollkommen ist!

Hier erklimmt die Bergpredigt ihren Gipfel. Die Forderung der Feindesliebe wird von den einen ängstlich gemieden und umgangen, von den anderen in scheuer Ehrfurcht aus der Entfernung bewundert, wieder von anderen leidenschaftlich bekämpft und abgelehnt, von den wenigsten betätigt.

Ein Erstes ist zu beachten. Es geht um eine Gesinnungsforderung. Man hat Gandhis Methode des gewaltlosen Widerstandes in die Nähe der Bergpredigt bringen wollen. Ganz zu Unrecht. Denn dem Mahatma ging es nur um eine praktische Methode. Hinter dieser Methode verbarg sich eine Gesinnung, die mit Feindesliebe nichts zu tun hatte, sondern Ablehnung, ja teilweise Hass gegen die Engländer war. Bei der Bergpredigt geht es gerade nicht um Methode und Taktik, sondern um die Gesinnung der Liebe. Es ist denkbar, dass Soldaten aufeinander schießen und doch die Gesinnung der Bergpredigt haben. Sie sind von beiden Seiten überzeugt, dass sie Land und Volk und Freiheit verteidigen. Sobald sie daher wissen, dass der Gegner diese lebenswichtigen Güter nicht mehr angreift, sind sie sofort bereit, Frieden zu schließen und sich zu verständigen. Echter Krieg lebt nicht vom Hass, sondern von der Liebe zur Heimat und zur Freiheit. Auch der kämpfende Soldat kann wissen, dass die anderen nicht nur anständige Menschen, sondern Kinder Gottes sind. Die Bergpredigt verlangt weiterhin nicht die Abschaffung der Gerichte und Prozesse. Denn unter Umständen ist die Verteidigung des Rechtes etwas durch das Gewissen Gefordertes und Gottgewolltes. Dabei kann im Herzen die Gesinnung lebendig sein, den Gegner persönlich zu achten und zu lieben. Man führt den Prozess um die Sache, die man nicht preisgeben darf. Wer die Bergpredigt einseitig auffasst, missbraucht sie zu Chaos und Anarchie.

Nun aber *das Zweite:* Hat man festgestellt, dass es um Gesinnung geht, so muss diese Gesinnung nun unerbittlich und ohne Abstrich gefordert werden. Und diese Forderung ist wahrhaftig von fast übermenschlicher Größe. Es ist schon viel, nicht in unmittelbarer Reaktion zurückzuschlagen, Gleiches mit Gleichem zu vergelten, Hass mit Hass zu beantworten. Und es braucht Selbstbeherrschung, um nicht dem Gesetz von *actio* und *reactio* einfach nachzugeben.

Es ist auch viel, die aufsteigende Wut hinunterzuwürgen, erlittenes Unrecht nicht dauernd nachzutragen, unter vergangene Rechnungen einen Strich zu machen und eine zur Versöhnung ausgestreckte Hand nicht zurückzuweisen.

Es ist weiterhin schon ein Zeichen charakterlicher Größe, dem Gegner in Ruhe und mit menschlichem Verständnis gegenüberzutreten und Zwistigkeiten als Gentleman zu erledigen.

Aber das alles ist nicht die Bergpredigt. Denn diese fordert wesentlich mehr. Sie verlangt etwas Positives: die eigentliche Liebe zum Feind. Das andere »tun ja auch die Heiden«. Der anständige Mensch mit einer gewissen Charaktergröße kann dem Gegner loyal und großzügig entgegentreten. Christus verlangt mehr. Er fordert die Liebe. Nicht die Liebe als Gefühl und sentimentale Angelegenheit, sondern die Liebe als ehrliches Wohlwollen. Das ist nur möglich, wenn der Mensch aus dem engen Gehäuse und Gemäuer seines Ich heraustritt, über sich selbst hinauswächst, die Dinge nicht mehr aus dem eigenen Gesichtswinkel sieht, sondern alles von Gott her betrachtet. Dann sieht er meistens, dass Recht und Unrecht gar nicht so eindeutig und einseitig verteilt sind. Er sieht weiterhin, dass die Dinge, um die der Streit geht, nicht entfernt so wichtig sind, wie er bisher geglaubt hat. Denn was ist wichtig neben Gott und dem Reich Gottes? Und er sieht, dass auf weite Sicht und auf das Ganze gesehen der Friede wichtiger ist als die Durchsetzung und Geltendmachung des eigenen Standpunktes. Vor allem aber sieht er, dass der Geist Gottes anders ist als der Menschengeist. Und so wächst er in diesen Geist Gottes hinein, wie er in Christus sichtbar geworden ist, kommt aus der Enge in die Weite, aus der Kleinheit in die Größe, aus der Selbstsucht in die Liebe und dann wird die Feindesliebe möglich und wirklich.

Damit ist *das Dritte* gegeben: »Seid vollkommen wie euer Vater im Himmel!« Gott ist das Urbild. Er ist der Meister. Gott ist aber nie kleinlich. Er sendet seine warme Sonne Sündern und Heiligen. Gott ist nie rechnerisch. Sein befruchtender Regen fällt auf die Äcker der Guten und Bösen. Der Mensch, der auf Gott schaut und sich nach dem Geiste Gottes richtet, wird allmählich etwas von dieser seelischen Größe und geistigen Spannweite bekommen und darum alle menschlichen Streitigkeiten, Auseinandersetzungen, Disputationen und Kämpfe nicht mehr so wichtig und tragisch nehmen, sondern er wird nur Sünde und Satan als eigentlichen Feind sehen. Und dort ist nicht die Liebe, sondern der Hass, nicht das Ja, sondern ein schroffes Nein die Forderung Gottes.

Ein Viertes: Christ sein heißt christusförmig werden. Christus ist der Mensch gewordene Geist Gottes und so hat er in seiner Menschheit diese geistige, göttliche Größe der Feindesliebe gezeigt und geübt. Er war angefeindet wie wenige, und zwar durch eine Feindschaft, welcher alle Mittel recht waren und die mit leidenschaftlichem Hass seine Vernichtung als ihr Ziel bis zum blutigen Ende verfolgt hat. Und doch hat Christus die Feindesliebe geübt. Nicht nur in der Bitte um Verzeihung, die er sterbend am Kreuz an den Vater gerichtet hat, sondern durch das Werk und die Tat seiner Erlösung. Denn aus dem Justizmord, durch den seine Feinde triumphiert haben, hat er die Quelle der Gnade und der Erlösung für die ganze Menschheit und somit auch für seine Feinde gemacht. Er hat Böses nicht mit Bösem vergolten, sondern aus Bösem Gutes gemacht. Das ist die Kraft und die Größe göttlichen Geistes. Hier wird die Kraft des Hasses durch die größere Kraft der Liebe überwunden. Das Böse hört nicht auf, aber es wird durch die Liebe in Gutes umgewandelt. Wo immer die Feindesliebe geübt wird, vollzieht sich diese Metamorphose, dieses Wunder der Verwandlung, das nur in der Kraft Gottes möglich ist.

ALMOSEN

Mt 6,1–4: Gebt acht, dass ihr eure Gerechtigkeit nicht vor den Menschen übt, um von ihnen gesehen zu werden, sonst habt ihr keinen Lohn bei eurem Vater, der in den Himmeln ist.

Wenn du also Almosen gibst, posaune es nicht aus, wie die Heuchler es tun in den Synagogen und auf den Gassen, damit sie von den Menschen gepriesen werden. Wahrlich, ich sage euch, sie haben ihren Lohn schon erhalten. Wenn du Almosen gibst, soll deine linke Hand nicht wissen, was deine rechte tut, damit dein Almosen im Verborgenen bleibe. Dein Vater, der ins Verborgene sieht, wird es dir vergelten.

Das Almosen hat keinen guten Klang. Die Arbeiterschaft will auf keinen Fall Almosen empfangen, sondern macht einen Rechtsanspruch geltend. Man kann das durchaus verstehen. Aber es geht hier im Evangelium weder um die soziale Frage noch um Billigung oder Missbilligung einer bestimmten Wirtschaftsordnung, sondern es geht hier in diesem Text um etwas ganz anderes. Christus will ganz einfach sagen: Wenn jemand Almosen gibt, soll er es im rechten Geist geben. Das Almosen wird nie aussterben, denn es wird immer Menschen geben, die mehr haben als andere. Und es wird immer Notleidende geben, die der Hilfe bedürfen. Folglich werden die, die mehr haben, immer wieder denen geben müssen, die weniger haben. Das gilt sowohl für den materiellen Besitz wie auch für geistige Überlegenheit, ja selbst für moralische und religiöse Hilfe.

Ein Doppeltes liegt in den Worten des Herrn. Zuerst *das Negative*. Christus verurteilt die falsche Art, Gutes zu tun. »Posaune es nicht vor dir her!« Wer Gutes tut, darf nicht im Geheimen sich selbst suchen. Es gibt ein Almosen, das getarnte Eitelkeit ist. Es gibt eine Liebe, die im Tiefsten sich selbst sucht und dabei die Karitas als Etikette benutzt. Es gibt ein Wohltun, das nicht vom Wohlwollen diktiert ist, sondern von selbstsüchtiger Propaganda. Wer Gutes tut, soll es nicht an die große Glocke hängen, soll nicht fordern, dass es zu Protokoll genommen und in feierlicher Sitzung verdankt wird, soll nicht auf einer Veröffentlichung in der Presse bestehen und nicht meinen, alle Welt müsse davon wissen. Je diskreter die Hilfe geleistet wird, desto besser. Christus gebraucht das köstliche Bild: »Deine Rechte soll nicht wissen, was die Linke tut.« Also selbst im vertrautesten Kreis soll es nicht bekannt sein. Das heißt nicht, dass jede Hilfeleistung anonym sein muss. Bisweilen ist den Menschen nicht geholfen, wenn bloß ein materieller Schaden behoben wird, sondern das gute Wort und die verständnisvolle Gesinnung, die die Hilfe begleiten, sind oft noch wichtiger. Man soll in der Karitas die Dinge nicht einfach als »Fall« registrieren und routinehaft, rein geschäftlich erledigen. Es soll immer das Persönlich-Menschliche beteiligt sein. Wenn der Empfänger spürt, dass es dem Gebenden eine wirkliche Freude macht und ein Bedürfnis ist zu helfen, empfindet er die Hilfe nicht als Demütigung und nimmt sie freudiger und dankbarer auf. Wer die Not des anderen missbraucht, um die eigene Freigebigkeit ins Rampenlicht zu stellen und für sich Reklame zu machen, handelt denkbar unchristlich. Man soll Almosen auch nicht von oben herab, mit Gönnermiene spenden, soll aber ebenso wenig einen anderen mit professoraler Wichtigtuerei eines Menschen, der alles besser weiß, belehren, soll, wenn man einem Mitmenschen ins Gewissen reden muss, das nicht mit dem Gefühl tun, als spreche ein Reiner zu Unreinen und ein Heiliger zu Sündern. Das Verhältnis des Ich zum Du tritt völlig zurück und verschwindet durch den Gedanken an den Vater im Himmel.

Ein Zweites liegt in den Worten des Herrn: »Dein Vater, der im Himmel ist, sieht ins Verborgene.« Das Motiv für das Helfen soll also Gott sein, folglich auch nicht die rein menschliche Not des Mitmenschen. Denn wer sich nur dadurch bestimmen lässt, kann unter Umständen dem Missbrauch Tür und Tor öffnen. Er wird abhängig von augenblicklicher Laune und Stimmung, ist heute hilfsbereit und morgen verschlossen. Oder lässt sich von Sentimentalität bestimmen und hilft dann denjenigen, die ihre Not am eindrucksvollsten, rührseligsten, womöglich noch mit Übertreibungen ins Licht zu rücken verstehen. Auf diese Weise hilft man den Unverschämten und hat nicht mehr den Blick für die größere, aber verschämte Not. Wenn dagegen Gott das Motiv ist, wird man sich vor Gott fragen, wem und wie man helfen soll. Und dann wird es Hilfe am rechten Ort, zur rechten Zeit und in der rechten Weise sein.

Der religiöse Mensch hat für all das ein Gespür. Durch den Blick auf Gott wird er es richtig machen. Wer aber die Religion pharisäisch missbraucht, um heilig zu scheinen, macht als Scheinheiliger das Christentum zur Karikatur. Das Warnsignal Christi »Nicht vor den Menschen« ist auch heute keineswegs überflüssig.

Überraschend klingt für viele Ohren, dass Christus hier das Lohnmotiv gelten lässt. »Dein Vater, der ins Verborgene sieht, wird es dir vergelten.« Ist diese Lohnmoral christlich? Nun, es ist nicht zu leugnen, dass Christus in voller Deutlichkeit davon spricht und es billigt. Gewiss soll der Mensch das Gute in erster Linie um Gottes willen tun. Aber es gibt auch einen berechtigten religiösen Blick auf das eigene Ich, nämlich den Wunsch, Gott nicht zu verlieren, sondern ihm immer näherzukommen. Gott selbst ist der Lohn des Christen. Wer diesen Lohn sucht, sucht Gott und handelt somit richtig. Es ist also nicht das Suchen nach irdischem Vorteil, den man von Gott erwartet, sondern es ist das Suchen Gottes selbst. Der Vater wird es vergelten durch das Geschenk seiner eigenen Liebe. Hier fallen Verherrlichung Gottes und menschliche Seligkeit in eins zusammen. Gott suchen, um in ihm das Glück zu finden, ist echt christlich und von Christus selbst anerkannt und belobigt.

»GEH IN DEIN KÄMMERLEIN ...«

Mt 6,5–6: Wenn ihr betet, seid nicht wie die Heuchler, die sich gern in den Synagogen und an den Straßenecken aufstellen, um zu beten, damit sie von den Menschen gesehen werden. Wahrlich, ich sage euch: Sie haben ihren Lohn schon erhalten. Wenn du betest, geh in dein Kämmerlein, schließe die Tür und bete zu deinem Vater im Verborgenen. Dein Vater, der ins Verborgene sieht, wird es dir vergelten.

Missbrauch der Karitas zu selbstsüchtigen Zwecken ist Entstellung des Göttlichen. Aber Missbrauch des Gebetes, um die eigene Frömmigkeit zur Schau zu stellen, ist geradezu Blasphemie. Denn hier ist das Gebet nicht mehr ein heiliger Gottesdienst, sondern Gott wird in den Dienst unheiliger Menschenabsichten gestellt. Das Persönlichste und Intimste, das innerste Geheimnis der Seele wird profaniert und zu einem Tun »als ob« erniedrigt. Sich in Gebetspose zu stellen, um heilig zu scheinen, bewirkt eine Scheinwerferheiligkeit schlimmster Sorte. Denn der Scheinbetende schauspielert eine Heiligkeit, die nur Pose ist. Der wirklich Betende zieht sich von den Menschen und ihrem Geschwätz, von Lärm und Betriebsamkeit zurück in die Stille und Einsamkeit, wo er Gott finden kann. Wer aber dieses stille Suchen nach Gott in einer Art seelischer Bloßstellung auf den Markt stellt, heuchelt Sammlung in der Zerstreuung und Stille im Lärm, wo er in Wirklichkeit weder Sammlung noch Stille erträgt, sondern Zerstreuung und Lärm sucht. Gebet heißt, die Seele Gott zuzuwenden. Der Heuchler tut »als ob«, während er in Wirklichkeit seine Seele der Welt zuwendet. Der Betende öffnet sich Gott, der Heuchler verschließt sich Gott. In seiner Perversität des Geistes verdreht er alles ins Gegenteil. »Wenn du beten willst, geh in dein Kämmerlein.« Der Mensch braucht in der Äußerlichkeit des Lebens einen gelegentlichen Rückzug ins Reduit der Sammlung. Und er muss bisweilen aus seinem Zimmer ein Kloster machen, um nicht zu verweltlichen. Wer nicht von Zeit zu Zeit in die Stille flüchtet, verkommt im Lärm. Wie die Klöster mitten in der Welt geistige Kornkammern und religiöse Reservoirs sind, so muss jeder Christ im Gebet eine Quelle finden, die nicht versiegt, und einen Jungbrunnen des Geistes. Dies wird er nur dann finden, wenn er von Zeit zu Zeit äußerlich in die Stille geht, um dort wieder auf die Stimme von oben zu hören, und sich in die Einsamkeit zurückzieht, um die Zweisamkeit mit Gott zu vertiefen. In den schreienden Farben der Lichtreklamen haben wir das richtige Sehen verlernt und im Lärm, der aus tausend Lautsprechern brüllt, sind wir taub geworden. Denn wir sehen das Entscheidende nicht mehr, das, was hinter der äußeren Erscheinung der Dinge liegt, die geheimnisvolle Welt Gottes. Und wir hören die allein maßgebende Stimme nicht mehr, die Stimme des Herrn. Nur der Rückzug in die Einsamkeit gibt uns das rechte Sehen und Hören zurück. Geh in dein Kämmerlein! Beten ist nie Zeitverlust. Gebet ist konzentrierteste Aktivität. Ist Aufspeichern potenzieller Energien, die dann während des Tages in kinetische umgesetzt werden. Gebet ist ein Füllen der seelischen Staubecken. Wenn sie leer sind, versagt der Strom und alle Motoren stehen still.

Es ist überraschend, dass Christus vom Gebet im Kämmerlein spricht, nicht vom Gebet im Tempel oder in der Synagoge. Als Reaktion auf den Individualismus des liberalen Zeitalters macht sich auch im Religiösen heute das entgegengesetzte Bestreben bemerkbar. Man lässt nur noch das Liturgische gelten, will von einer stillen Privatmesse nichts wissen. Beurteilt das persönliche betrachtende Gebet als zweitrangig. Begnügt sich mit dem liturgischen *Confiteor* (»Schuldbekenntnis«) als Vorbereitung auf die Feier der Messe und mit der kurzen *Postcommunio* als Danksagung. Gegen diese Übertreibungen steht eindeutig das Wort des Herrn: Geh in dein Kämmerlein! Dieses Christuswort ist nicht nur eine Rechtfertigung, sondern geradezu eine Forderung des persönlichen, privaten, individuellen Betens. Es ist kurzsichtig und einseitig, nur eine Form des Betens gelten zu lassen. Der Mensch ist eine Persönlichkeit und damit ein in sich geschlossenes Ganzes. Darum gehört das persönliche, subjektive Beten zu seinem Wesen. Er ist aber außerdem wesentlich auch Glied der Gemeinschaft und darum muss er auch das Beten und Opfern in Gemeinschaft tun. Nur der Mensch, der beides hat, das individuelle und das gemeinschaftliche Gebet, die subjektive und die objektive Frömmigkeit, erlangt den ganzen Reichtum und die ganze Fülle des Betens. Liturgischer Dienst, der nicht durch persönliche Frömmigkeit beseelt ist, sinkt langsam ab zu bloßer Rubrikentreue. Betrachtendes Beten, das nicht in die Gemeinschaftsfeier des Opfers mündet, führt zu religiöser Isolierung und Abkapselung. Beides ist erforderlich, das Beten im Kämmerlein und der Gang in den Tempel.

»MACHT NICHT VIELE WORTE«

Mt 6,7–8: Wenn ihr betet, plappert nicht wie die Heiden, denn sie glauben, durch ihr Wortemachen Erhörung zu finden. Macht es nicht wie sie. Euer Vater weiß, was ihr braucht, noch bevor ihr darum bittet.

Das Christentum kennt keine Gebetsmühlen. Quantität spielt beim Beten keine Rolle, weder die Quantität der aufgewendeten Zeit noch die Quantität der Worte.

Wenn Rosenkranz und Litanei, lange Andachten und endlose Predigten zu Geplapper werden, sind sie unchristlich. Das heißt nicht, dass sie in sich schlecht seien. Der Rosenkranz ist ein besinnlich betendes Nachdenken über die Geheimnisse des Lebens, des Leidens und des Siegens unseres Herrn. Ist ein Gang durch die Wunderwelt des Lebens Jesu, und zwar unter der Führung der Mutter Christi, die wie kein anderer Mensch ein besonderes Verständnis ihres Sohnes hat und vermittelt. Wer dabei einen sinnlosen Wortschwall macht, nimmt dem Gebet die Besinnung und den Sinn. Eine Litanei ist das Öffnen immer neuer Fenster und damit Ausblick in immer neue Schönheiten des Wunderlandes und der blühenden Gärten Christi. Es ist das immer neue Betrachten und Bewundern derselben, nie völlig erfassten und nie genug bewunderten Gestalt des Gottessohnes und ist dadurch eine Methode zu immer tieferer Kenntnis und immer größerer Liebe. Wird die Litanei sinnlos gebetet, so ist sie ihres eigentlichen Sinnes beraubt. Sie muss das Abfließen aufgestauter Wasser sein und das Funkensprühen eines heiligen Feuers. Wird sie aus innerer Leere gesprochen, so ist sie nur äußere Form und damit Formelkram und seelenlose Wörterreihe, tönendes Erz und Schellengeklingel.

Das Gebet muss entweder aus der Stille aufbrechen oder zur Stille führen, muss aus der Frömmigkeit geboren sein oder Frömmigkeit gebären. Alles, was nach Leistung und Rekord, Addition und Summierung massierter Worte ausschaut, ist dem Geist echter Religiosität völlig zuwider.

Unser Beten soll kindlich sein. Auch das Kind macht bisweilen viele Worte, wenn es zur Mutter spricht. Aber dieses Plaudern ist Ausdruck der Liebe und diese ist dem Christentum nicht fremd, sondern bildet sein innerstes Wesen. Viele Worte, die aus vollem Herzen der Liebe strömen, sind Verherrlichung Gottes und

Reichtum des Menschen. Viele Worte, die aus liebeleerem und lieblosem Herzen kommen, sind Gott ein Gräuel. Mechanismus ist tot. Das schlagende Herz ist lebendig. Auch hier geht es somit nicht um eine äußerliche Regelung der vielen oder der wenigen Worte, sondern um die rechte Gesinnung. Ob lange oder kurze Gebete: Sie seien immer besinnlich gebetet.

Was Christus hier vom mündlichen Gebet sagt, gilt auch vom innerlichen Beten und von der religiösen Lesung. Es gibt Bücher, die man in der Diagonale lesen kann. Aber religiöse Lektüre muss anders gestaltet sein. Sie muss sich an das Wort des heiligen Ignatius halten: »Nicht das viele Wissen sättigt die Seele und gibt ihr Genügen, sondern das innere Verkosten und Erfahren der Dinge.«

Wer eine Bildergalerie abschreitet, nimmt nichts mit als den zweifelhaften Ruhm, dort gewesen zu sein. Wer aber die gleiche Zeit darauf verwendet, nur ein einziges Bild richtig zu betrachten und zu studieren, hat dauernden Gewinn. Wie man eine Landschaft zuerst als Gesamteindruck aufnimmt und dann in den Einzelheiten betrachtet und studiert, so soll der Mensch im betrachtenden Beten nicht eine Menge lesen, nicht gewissermaßen einen religiösen Film vor dem Geist vorüberziehen lassen, wo ein Eindruck den anderen jagt, sondern er soll bei Einzelheiten verweilen können. Er muss der Saat des Gotteswortes die Möglichkeit geben und die Zeit lassen, Wurzeln zu schlagen. Das übersetzte Tempo des modernen Aktivismus darf nicht aufs Religiöse übertragen werden. Auch hier heißt es: Macht innerlich nicht viele Worte! Entscheidend ist der Geist und die Gesinnung des Herzens. Das heißt: Geist und Gesinnung, aus denen die Worte entstehen, Geist und Gesinnung, die durch die Worte vertieft werden. Es gibt ein Wort, das ein einziges ist und bleibt und alle anderen Worte übertönt: das Mensch gewordene Wort Gottes. Alle Menschenworte müssen um dieses eine Wort kreisen und sich in ihm verlieren. *Verbum caro factum est* (»das Wort ist Fleisch geworden«).

»SALBE DEIN HAUPT«

Mt 6,16–18: Wenn ihr fastet, dann blickt nicht finster drein wie die Heuchler, denn sie entstellen ihr Angesicht, damit die Menschen sehen, dass sie fasten. Wahrlich, ich sage euch: Sie haben ihren Lohn schon erhalten. Wenn du fastest, salbe dein Haupt und wasche dein Angesicht, damit die Menschen nicht sehen, dass du fastest, sondern nur dein Vater im Verborgenen. Dein Vater, der ins Verborgene sieht, wird es dir vergelten.

Dass man fasten soll, ist für Christen selbstverständlich. Weniger selbstverständlich ist aber die Gesinnung, in der es geschieht oder doch geschehen soll.

Zur Schau getragene Askese ist lächerlich und widerlich zugleich, denn in ihr wird die Buße zur Sünde. Der Mensch will dann als Asket gelten, ohne es in Wirklichkeit zu sein. Es ist entweder Vorspiegelung falscher Tatsachen oder raffinierte Ausnutzung einer Tatsache. Denn entweder fastet der Asket gar nicht, dann ist sein Tun »als ob« eine bewusste Irreführung. Oder er fastet, aber nur, um als Asket zu gelten. Dann entweiht ein unheiliger Zweck ein heiliges Mittel.

Sichtbare Buße ist eine gefährliche Sache. Denn allzu leicht geschieht sie nur um dieser Sichtbarkeit willen und ist dann religiös verbrämte Selbstsucht, moralisch getarnter Egoismus. Jede Maske entstellt, aber am hässlichsten ist die Maske des Religiösen. Denn sie entstellt nicht nur den Träger, sondern sie gibt die Religion selbst dem Gespött preis.

Freilich darf man auch nicht ins andere Extrem verfallen und jede sichtbare Buße verwerfen. Missbrauch berechtigt nicht zur Verurteilung des Gebrauchs. Man soll also fasten, aber mit der rechten Absicht. Man faste um der Ehre Gottes willen, nicht um der eigenen Ehre willen. Ein Asket, der keiner ist und doch einer scheinen will, ist nicht ein Mensch der Entsagung, sondern der

Begierde. Er verzichtet zwar auf die Befriedigung materiellen Appetites, aber nur, um den Appetit nach Ehre umso mehr zu befriedigen. Es ist gekünstelte Askese und Heiligkeit im Rampenlicht. Demütigung aus Stolz ist Überheblichkeit im Lügengewand der Erniedrigung und ist asketisch maskierte Weichlichkeit. Denn der Beweggrund ist dann nicht Gott, sondern das eigene Ich. Der Fromme wird auf solche Weise ein lobeshungriger Wolf im Schafspelz der Entsagung. Es ist Verleugnung Gottes aus Eigenliebe und sollte doch Selbstverleugnung aus Gottesliebe sein.

Wir gewinnen die Menschen nicht durch abstoßende Buße, sondern durch gewinnendes Äußeres. Es ist oft mehr Buße erforderlich, sein Äußeres, unabhängig von Ereignissen und Stimmungen, in Kleidung, Haltung und Auftreten gewinnend zu machen. Tägliche Toilette, reinliche Kleidung und freundliche Miene sind oft härtere Buße als schlampiges Sich-gehen-Lassen unter dem Schein der Weltverachtung. Denn diese Nachlässigkeit ist nicht Zucht, sondern Mangel an Zucht. »Salbe dein Haupt!«

Religiöse Eitelkeit, die aus allen Löchern selbst gewählter Lumpen schielt, ist eine Lächerlichkeit, die nicht ein Fasten ist, sondern eine Fastnacht. Wahre Buße ist zu wichtig und zu ernst, als dass man sie spielerisch zu Selbstruhm entwürdigen dürfte. Hohlwangigkeit ist kein Beweis religiösen Geistes und Abmagerung ist nicht proportional zum Wachstum der Seele.

Der Blick auf Gott und seinen Willen muss entscheiden. Es gibt nach Gottes Willen Zeiten, um Feste zu feiern, und Zeiten des Fastens. Beide sollen zu Gott führen. Sie tun es nur dann, wenn in beidem, im Festen und im Fasten, Gott gesucht wird. »Dein Vater, der im Himmel ist, sieht ins Verborgene.« Menschen kann man täuschen. Gott, der ins Verborgene des Herzens sieht, kann nicht getäuscht werden. Asketische Heuchler gewinnen allenfalls Lob und Lohn der Menschen, verlieren aber das Lob und den Lohn Gottes. Der Pseudoasket steht letztlich im

Dienste des »Lügners von Anbeginn«. Darum heißt es: Faste, aber faste im rechten Geist! Und darum: Wenn du fastest, salbe dein Haupt!

DAS VATERUNSER

Mt 6,9–15: So sollt ihr beten:
Vater unser, der du bist in den Himmeln,
geheiligt werde dein Name,
es komme dein Reich,
es geschehe dein Wille,
wie im Himmel, so auf der Erde.
Unser tägliches Brot gib uns heute
und vergib uns unsere Schuld,
wie auch wir vergeben unseren Schuldnern.
Und führe uns nicht in Versuchung,
sondern erlöse uns von dem Bösen.
Denn wenn ihr den Menschen ihre Verfehlungen vergebt, wird euer himmlischer Vater auch euch vergeben. Wenn ihr aber den Menschen nicht vergebt, wird auch euer Vater eure Verfehlungen nicht vergeben.

Das Vaterunser sprengt schon rein äußerlich den Rahmen des Matthäusberichtes, denn es nimmt einen breiteren Raum ein als die kurzen Darlegungen über das Beten, Fasten und Almosengeben. Auch formal ist es ganz anders. Während dort Belehrungen gegeben werden, geht es hier um das unmittelbare Beten. Und doch knüpft es an das Bisherige an und führt es höher hinauf. Denn beim Almosengeben, beim Beten und beim Fasten war immer als Gesinnung der ausschließliche Blick auf den Vater im Himmel gefordert. Und von diesem Vater ist nun die Rede, aber jetzt so, dass Christus, der Herr, selbst in dieses Geheimnis des Vaters betend hineinführt.

Vater. Auch die Antike kannte Gott. Aber das war entweder nur ein Begriff, die Spitze einer Ideenpyramide, etwa bei Platon das Gute, bei Aristoteles der erste Beweger. Oder es war ein dunkel geahntes, unheimliches Schicksal, ein *Fatum,* eine *Ananke,* unausweichlich und zwingend. Oder es war so etwas wie eine Weltseele, mehr innerweltlich als überweltlich. Wo es aber ein persönlicher Gott war, da wurde er zu sehr in der Art menschlicher Persönlichkeiten gesehen, vermenschlicht wie die Götter des Olymps. Israel kannte den einen lebendigen Gott. Es kannte ihn auch als Vater, aber nur als Vater des Volkes, nicht als Vater des Einzelnen. Jesus ist der Erste, der uns ganz anders beten lehrt. Zu einer Idee oder einem unklaren Etwas kann man nicht beten. Zu Jahwe konnte man beten, aber mit anderem Klang und in anderer seelischer Haltung. Jesus lehrt uns beten zu Gott als dem Vater eines jeden Einzelnen. Und was für einen wunderbaren Klang hat dieses Wort, wenn es aus dem Herzen und über die Lippen Jesu fließt! Er ist der eingeborene Sohn des Vaters, in ewiger Geisteszeugung aus dem Vater geboren, diesem Vater wesensgleich, das unendliche Abbild jenes unendlichen Urbildes. Und Vater und Sohn hauchen als eine Einheit den Heiligen Geist der Liebe. Wenn darum Jesus zum Vater spricht, ist das ein Sprechen von unsagbarem geistigem Reichtum und von einer unfasslichen, unendlichen Liebe. Zum Vater spricht er mitten in seinem Wirken, Predigen und Heilen. Vom Vater nimmt er den Kelch des Leidens entgegen und in die Hände des Vaters legt er sterbend seine Seele. Ein ruhiges Vertrauen der Geborgenheit, eine völlige Einheit des Wollens und Nichtwollens, eine gänzliche Hingabe liegen in diesem Beten Jesu zum Vater.

Auch wir sind Söhne dieses Vaters im Himmel. Nicht von Natur und nicht wesentlich, darum ganz anders als Christus. Wir sind es durch Gnade und in Ähnlichkeit zu Christus. Und so sollen und dürfen auch wir beten zu Gott als unserem Vater. Das ist nicht mehr ein Rufen, das ins Leere verhallt, ist nicht mehr demütig auf dem Antlitz liegende Verehrung der Majestät Gottes, sondern vertrauendes, frohes Gehen zum Vater. Damit ist das Beten auch nicht mehr ein gelegentliches Sicherinnern an Gott, die Erfüllung einer Pflicht und Schuldigkeit, sondern ein selbstverständlicher, täglicher Verkehr mit dem Vater, der alles wissen darf und soll, aus dessen Händen man alles empfängt und in dessen Hände man alles zurückträgt. Es ist nicht mehr das Beten aus der Distanz, sondern das kühne, aber kindlich selbstverständliche Sprechen zu einem Du. Es ist das Beten in ruhig-schlichter Geborgenheit mit dem lächelnden Vertrauen, mit dem Wissen, dass man immer wiederkommen darf und -kommen soll, und doch zugleich voll tiefer Ehrfurcht, denn selbst in unserem Stammeln muss etwas von der heiligen Größe des Betens Jesu klingen und schwingen.

Der Vater ist das zeugende Prinzip und so wissen wir, dass er der Vater alles Lebendigen ist und dass alles, was da ist, aus ihm hervorgeht, endliches Bild seiner Unendlichkeit, fernes Leuchten seines Lichtes, schwache Spur seines Schreitens, Zeuge seines Zeugens. Wo immer wir Leben finden, spricht es uns von ihm, dem Vater von allem, was da lebt. Und nun wissen wir auch, dass über unserem persönlichen Leben, über dem Schicksal unseres Volkes und über der Geschichte der Menschheit nicht ein dunkles *Fatum* liegt und dass nicht alles dem Zufall und dem blinden Spiel der Kräfte ausgeliefert ist, sondern dass die Vorsehung eines unendlichen Geistes und eines liebenden Herzens alle Pläne entworfen hat und alle Verwirklichung gestaltet. Der Pessimismus weicht, die Tragik löst sich, die ängstliche Verkrampfung wird gelockert. Das Leben wird ein frohes Schreiten in der Liebe des himmlischen Vaters.

Und selbst wenn wir als Sünder zu Gott kommen und als verlorene Söhne zurückkehren, ist es Gott, der Vater, der auf uns wartet und im Himmel Feste feiert bei unserer Heimkehr. Die Frömmigkeit bekommt eine neue Wärme, das Leben wird durchstrahlt von Liebe und das Sterben wird Heimkehr in das Haus des Vaters.

Vater unser. Aus der Vertikalen gestaltet sich die Horizontale. Der Mensch steht nicht allein vor Gott, sondern inmitten seiner Brüder. Gerade dadurch, dass Gott unser Vater ist, sind wir und werden wir untereinander zu Brüdern. Brüderlichkeit ist ohne den Glauben an den gemeinsamen Vater eine Phrase, ein Schlagwort und leeres Geschwätz. Die gleiche Abstammung aus Gott, das gleiche Aufschauen zu Gott und das gleiche Beten zu Gott als dem Vater verbindet uns innerlich zu einer Familie von Brüdern und Schwestern. So reißt das Vaterunser das ganze Gemäuer egoistischen und bloß individualistischen Betens nieder, lässt uns die Hände ausstrecken nach rechts und nach links, bis wir gemeinsam mit unseren Brüdern und Schwestern vor dem gemeinsamen Vater stehen, verbunden in Glaube und Liebe. Das Gebet wird sozial. Wir tragen nicht nur die eigene Last, sondern die Lasten der anderen vor Gott hin. Und das Beten wird weltweit, denn es ist nicht nur eine kleine Gruppe, die Gott als gemeinsamen Vater hat, sondern wir alle beten zu Gott als unserem Vater. Es ist wie ein großes Atmen und herrliches Schreiten, das in dieses weit ausgreifende, alles umfassende, umspannende und zur Einheit in Gott machende Wort »Vater unser« mündet. Hier werden Gräben zugeschüttet, Schranken niedergerissen, trennende Drahtverhaue entfernt, aller Unterschied der Farbe, der Rasse und der Sprache, alles Trennende politischer Zugehörigkeit und sozialer Schichtung wird überwunden. Denn das Gemeinsame desselben einen Vaters lässt uns über alles andere hinwegsehen und hinweggehen, bis wir uns finden auf derselben Straße des gleichen Gehens zu Gott. Wer das Vaterunser betet, muss seinen Egoismus drangeben und aus den engen Winkeln und Gassen seiner privaten Existenz herauskommen, um aufs weite Meer Gottes hinauszufahren und ins weite Land Gottes zu schreiten. Es ist wie das Ablegen eines eng verschnürten Panzers, wie das Entfernen hemmender Scheuklappen. Es ist nicht nur sentimentales »Seid umschlungen, Millionen«. Es ist nicht proletarische Schicksalsgemeinschaft. Es ist nicht naturhaftes Verbundensein aller, die Menschenantlitz tragen, sondern es ist der gleiche Adel göttlichen Ursprungs, das gleiche lockende Ziel des Vaterhauses und die gleiche Liebe, welche die große Gottesfamilie aller Gotteskinder einigt. Gibt das Beten zum Vater der Frömmigkeit ihre Größe, so gibt ihr unser aller Beten zum Vater von uns allen die christliche Weite.

Der du bist in den Himmeln. Es ist nicht das Firmament und der Sternenhimmel gemeint, überhaupt nicht in erster Linie das räumliche Sein, denn Gott, der Unendliche, ist an keinen Ort und Raum gebunden. Der Himmel ist die Seligkeit unendlichen Glückes und unsagbaren Jubels. Gott ist der sich selbst Genügende, weil im unendlichen Glück des Erkennens und Liebens Lebende. Gerade dadurch wird uns aber bewusst, dass er der ganz Andere ist. Und so verbindet sich hier mit dem staunenden Aufschauen in dieses wogende Licht und Feuer der Seligkeit das Bewusstsein der Distanz und damit ein Beten ehrfürchtigen Staunens und staunender Ehrfurcht. Himmel ist das, was wir nicht kennen und nicht schauen, nicht erfahren und nicht verkosten, aber das, was wir erträumen und erhoffen und was aller Sehnsüchte Erfüllung ist. Aber es liegt in der Ferne. Und so ist das Beten zum Vater im Himmel das Aufschauen in eine andere Welt und das Ausschauen in ein Dereinst. Für den Vater ist es Wirklichkeit, für uns ist es Hoffnung. Und so verbindet sich mit dem Wort »Der du bist in den Himmeln« ein stiller, verborgener Jubel mit einem leisen, tiefen Schmerz des Gerufenseins und der Verheißung, aber des Wartenmüssens und des »Noch-nicht«.

Geheiligt werde dein Name. Der Name ist die Formulierung des Wesens einer Sache. Darum heißt es im Schöpfungsbericht, dass Adam allen Dingen einen Namen gab. Er wollte damit ihr Wesen erfassen und kundgeben. Name Gottes ist Kundgabe des Wesens Gottes. Aber wie soll der geschaffene Mensch das Wesen des Schöpfers verstehen, der Endliche den Unendlichen, der

Zeitgebundene den Ewigen, der Irdische den Himmlischen? Gott ist unbegreiflich und darum mit keinem menschlichen Begriff völlig umgreifbar. Er ist unaussprechlich und kann darum mit keinem Namen voll ausgesprochen werden. Wenn der Name Gottes heilig ist, so heißt das, er, dessen Name genannt wird, ist immer doch der ganz Andere. Er wohnt in einem abgetrennten Bezirk, in den niemand hineinkommen kann. Der Unnahbare im unzugänglichen Licht. »Geheiligt werde dein Name« ist aber nicht ein Vorsatz, den der Mensch fasst, sondern eine Bitte, die er an Gott richtet. Gott soll uns also seinen Namen heiligen, das heißt, wir bitten ihn, dass er uns die Heiligkeit seines Namens immer deutlicher zeigen, dass er sich selbst immer strahlender kundtun, dass seine Größe, seine unberührte Schönheit, seine unsagbare Majestät und seine unfassliche Unendlichkeit uns immer lebendiger vor der Seele stehen möge. Gott darf nichts Gewöhnliches werden, sondern muss uns immer mehr das Ungewöhnliche und Außergewöhnliche, alles Gewöhnliche Sprengende, Überragende, Erfüllende und Durchstrahlende werden. Er muss immer mehr die entscheidende, einzige Wirklichkeit sein, durch die allein anderes wirklich ist. Es muss uns alles durchsichtig werden, sodass wir durch alles hindurch ihn sehen, den heiligen Gott. Wir verlieren uns immer wieder ins Sichtbare und Greifbare. Und doch ist der unsichtbare und ungreifbare Gott das, was wir mit brennendem Herzen und ruhelosem Geist suchen müssen. Darum bitten wir ihn, dass er sich offenbare und sich uns kundtue. Durch das innere Licht der Seele, durch das Wort seiner heiligen Kirche, durch sein Wirken in der Welt und in der Geschichte der Menschheit, bis der Tag anbricht, an dem wir ihn von Angesicht zu Angesicht schauen und dann staunend erkennen, wie heilig sein Name ist, um mit allen Engeln und seligen Geistern ins dreimal Heilig einzustimmen zur Verherrlichung des dreieinigen Gottes.

Zu uns komme dein Reich. Reich Gottes besagt die Herrschaft Gottes. Gott hat von Rechts wegen die Herrschaft über alles und alle. Aber er hat sie noch nicht in Wirklichkeit, weil er die Freiheit des Menschen achtet und ihn nicht zwingt, diese seine Herrschaft anzuerkennen. Das Reich Gottes ist durch Satan, den Fürsten dieser Welt, bekämpft. Aber Christus als Sohn Gottes ist gekommen, Satan zu überwinden und das Reich Gottes aufzurichten. Seine erste Predigt lautet: Ändert eure Gesinnung, das Reich Gottes ist nahe herbeigekommen! So ist das Kommen Christi der erste Advent des Gottesreiches, aber noch in Verborgenheit. Die Wiederkunft Christi wird der zweite Advent sein, das Kommen des Gottesreiches in Herrlichkeit. Zwischen beiden Adventen liegt die Zeit der inneren und äußeren Ausbreitung des begonnenen, aber nicht vollendeten Reiches Gottes. Innerlich soll das Reich Gottes in der Menschenseele errichtet und entfaltet werden. Denn Gott soll immer mehr die Herrschaft haben über unser Denken, unser Wollen, unsere Gesinnung und Lebensgestaltung. Er soll der Herr sein, dem alles unterstellt ist, das Meer, in das alle Bäche unserer Freiheit münden. Nach außen soll das Reich Gottes sich ausbreiten von Volk zu Volk. Die Weltmission der Kirche liegt in dieser Vaterunser-Bitte, die Erfüllung der Forderung Christi »Macht alle Völker zu Jüngern!«. Dieser Auftrag des Herrn kann nur mit der Hilfe des Herrn verwirklicht werden. Es gibt in dieser Zwischenzeit zwischen dem ersten und dem zweiten Kommen Christi kein Stillstehen und keine Ruhe, kein Zufriedensein mit dem Erreichten, kein passives Warten. Das tägliche Beten um das Wachstum des Gottesreiches muss Impuls sein zum täglichen Einsatz für dieses Reich der Gnade und der Liebe des Herrn.

Noch ein anderes birgt sich in dieser Vaterunser-Bitte: das Gebet um Beschleunigung der eschatologischen Wirklichkeit. Der Christ hofft nicht, dass diese Weltzeit möglichst lange dauere und das Ende der Welt möglichst spät komme, sondern er betet täglich um Abkürzung dieser Weltzeit und Beschleunigung des Kommens Gottes im neuen Äon, mit dem neuen Himmel und der neuen Erde. Denn dann ist das Reich Gottes vollendet und diese Vollendung muss Inhalt unseres Hoffens und Betens sein, nicht ein Hinausschieben, sondern ein Herbeibringen ist unser Wunsch. Die Sehnsucht der Urkirche »Komm, Herr Jesus« ist in dieser Bitte spürbar. Der Mensch soll das Antlitz des Herrn nicht fliehen, sondern ersehnen. Irdische Reiche kommen und gehen, Dynastien erstarken und verschwinden, die Geschichte der Völker steigt in steilen Kurven an, um bald wieder abzufallen. Alles ist dem Wellengang unterworfen. Aber mitten im Auf und Ab, im Blühen und Welken, im Leben und Sterben gibt es eine unaufhaltsam ständig steigende Linie der Aufwärtsentwicklung. Es ist das Wachstum des Reiches Gottes, das ständig zunimmt an der Zahl der Erwählten, am Reichtum der Gnade und an der Verherrlichung des Herrn, bis es seine volle Größe erreicht, die der Herr bestimmt hat und von der es kein Absinken gibt. Dieses Aufsteigen der Linie erbitten wir vom Herrn.

Dein Wille geschehe. Diese Vaterunser-Bitte hat einen besonders ernsten Klang, denn der Herr hat sie selbst in der schwersten Stunde seines Lebens, in der Stunde seiner Todesnot am Ölberg, gesprochen. »Vater, nicht mein Wille geschehe, sondern der deine« (Lk 22,42). Es war der Widerstreit zwischen menschlichem und göttlichem Wollen. Aber nicht ein Widerstreit als Auflehnung, sondern als ein Horchen, aus dem das Gehorchen wird, und zwar der Gehorsam bis zum Tod am Kreuz. Es war das große, tapfere Jawort zum unfasslichen Willen des Vaters, der in seinem Heilsplan den Tod des Sohnes fordert, um den Söhnen wieder das Leben zu schenken. Es war der Gehorsam gegen Gottes Willen und Gebot, als Sühne für den Ungehorsam gegen Gottes Gesetz im Paradies. Das Nein des ersten Adam wird überwunden durch das Ja des zweiten Adam.

Menschlicher Ungehorsam gegen Gott erscheint bisweilen als Kraft und Größe und ist doch immer Schwäche und Kleinheit. Denn es ist trotziges Aufbegehren aus Mangel an Herrschaft über das eigene Ich. Es ist ein Sichdurchsetzen des Menschen, anstatt sich einzusetzen für den Willen Gottes. Gottes Wille ist immer Weisheit und des Menschen Wollen oft genug Torheit. Gottes Wille ist immer Liebe, menschliches Wollen oft genug Selbstsucht. Was nützt das Aufbieten aller Energien, wenn die Kraft sich nicht auf der Straße Gottes bewegt! Freiheit heißt Selbstentscheid zum Guten. Gott allein ist aber gut im Vollsinn des Wortes. Darum ist wahre Freiheit immer Entscheidung für Gott, Sicheinfügen in seinen Willen. Alles andere ist Missbrauch der Freiheit und ist Irrweg, auf den der Mensch sich durch den Schein des Guten locken lässt, anstatt dem wahrhaft Guten zu folgen, der rufenden Stimme Gottes, des Herrn.

Die Vaterunser-Bitte will Gottes Willen im eigenen Leben und Schicksal erfüllen, bemüht sich aber auch, nach Gottes Willen zu fragen in der Gestaltung der Ehe, im Aufbau der sozialen Ordnung, im politischen Handeln und in der Planung und Entfaltung der gesamten Kultur. Ohne die Frage nach dem Willen Gottes fehlt der Mittelpunkt des Geschehens. Dann wirbeln die Einzelnen oder die Kollektivgebilde um das eigene Ich und stoßen hart im Raum aufeinander, um schließlich im Kampf aller gegen alle zugrunde zu gehen. Wenn sich aber alle wieder ausrichten auf den einen Punkt, den Willen Gottes, kommt Ordnung ins Chaos, Aufbau und Gliederung ins Durcheinander, Linienführung in den Wirrwarr, Architektur in den Steinhaufen. Gottes Wille verwirklicht sich in der physischen Ordnung durch die Naturgesetze, soll aber in der moralischen Ordnung durch den freien Entscheid des Menschen nach der Anordnung des Sittengesetzes verwirklicht werden. Diese Freiheit des Menschen ist die Einbruchstelle der Schöpfung. Hier ist der Ansatz zum Chaos, die Möglichkeit zur Zerstörung. Diese Freiheit ist aber auch die Möglichkeit zur Verherrlichung Gottes, wenn nämlich der Mensch in Freiheit Gott als den Herrn anerkennt, ihm damit die Ehre gibt und die Huldigung freien Gehorsams. Es ist nicht ein Sklavendasein, ein knirschendes Dienenmüssen, eine Fron unter dem Joch des Gesetzes, Einengung durch gesetzliche Schranken, sondern es ist die Ordnung der Liebe, das Jawort, das aus freier

Liebe strömt. Denn Gottes Wille soll auf der Erde so erfüllt werden, wie er im Himmel erfüllt wird. Dieses Wort, das Christus der Bitte beifügt, zeigt die vollendete Ordnung in der Freiheit durch die Liebe. Die Liebe ist es, aus der Christus als der Sohn dem Vater das Jawort des Gehorsams gegeben hat, und zwar eine Liebe bis ans Ende. Liebe ist es, aus der wir als Söhne Gottes freudig den Gottesdienst des Gehorsams leisten, um so das Rebellische eines zerstörenden Nein durch die Liebe eines aufbauenden Ja zu überwinden. Nur dort, wo Gottes Wille als höherer und höchster Wille anerkannt wird, hat das Leben Sinn und Ordnung. Und nur dort, wo Gottes Wille als höchste Norm auch für den staatlichen Willen und die Gesetze politischer Machthaber Anerkennung findet, ist der Einzelmensch in seiner Freiheit und Menschenwürde gesichert und geachtet, ist das Gemeinwohl erstrebt, ist das Recht sittlich untermauert und ist der Friede garantiert. Denn Friede ist Ordnung in ruhigem Besitz. Ordnung ist aber nur dort, wo die Hinordnung auf Gott und damit die Einordnung in den Willen Gottes gegeben ist. So hat diese Vaterunser-Bitte Bedeutung für alle Bereiche des menschlichen Lebens.

Die Linie der drei ersten Bitten führt vom Wesen Gottes über das Reich Gottes und damit von oben hinunter ins Menschliche und vom Reich Gottes in die Erfüllung des Willens Gottes auf dieser Erde, und zwar so, wie dieser Wille erfüllt wird im Himmel. So ist die Verbindung von Gott und Mensch, von Himmel und Erde, von göttlichem Herrschen und menschlichem Dienen hergestellt. Alles aus der Sicht von oben, nicht aus der engwinkligen und engstirnigen Fehlsicht von unten.

Gib uns heute unser tägliches Brot. Viele werden an Gott irre, weil sie zu wenig zum Leben haben, und viele verlieren Gott durch ihr Zuviel. Lastende Sorge kann den religiösen Funken löschen und bei Schlemmern erstickt er im Fett. Und doch muss der Mensch sich ums Brot kümmern. Im Schweiße seines Angesichtes soll er sein Brot essen, in harter Arbeit es verdienen. Ein großer Teil seiner Zeit, seiner Kraft und seines Lebens geht auf in der Mühe um den materiellen Lebensunterhalt. Brotfragen sind Existenzfragen. Das tägliche Schaffen besorgter Väter und die müden Augen abgehärmter Mütter, Lohnkämpfe und die Fragen der Volkswirtschaft, soziale Bestrebungen und politische Programme der materiellen Besserstellung des Volkes und der Menschheit, all das ist mit eingeschlossen in diese große Vater-unser-Bitte, die nicht umsonst unter den sieben Bitten im Gebet des Herrn die Mittelstellung einnimmt. Es geht um die Existenzbasis. Es geht um die nüchterne Wirklichkeit auf dieser harten Erde. Christus verschließt sich dieser Frage nicht. Aber er nimmt der Sorge den Stachel und er gibt dem Kampf ums Brot den rechten Platz. Denn die Brotfrage steht nicht an erster Stelle, sondern zuerst kommt Gott, sein Wesen, sein Reich und sein Wille, dann erst des Menschen Existenz und seine Lebenssorge. Diese Existenz und diese Sorge soll der Mensch in ruhigem Vertrauen in die Hände des Vaters im Himmel legen. Er wird auch dann schaffen, rechnen und sorgen müssen. Aber die Verzweiflung und Erbitterung, das Wilde, Kämpferische, das Sichverbohren und -versteifen, das Verkommen in Materialismus ist behoben. Wenn der Mensch über sich eine ewige Liebe weiß und einen sorgenden Vater, wird er noch mancherlei Kummer haben, aber er kann ihn in die Hände des Vaters im Himmel legen. Er hat die Kraft von oben, alles zu tragen. Seine Mühen, Sorgen und Arbeiten haben einen neuen Sinn und haben Ewigkeitscharakter. Nicht umsonst haben die wirtschaftlichen Kämpfe eine besondere Bitterkeit, seitdem der Glaubensgeist aus dem Volk geschwunden ist. Seitdem ist die Wirtschaft eben das Letzte, während sie dem gläubigen Menschen nur das Vorletzte ist. In allen Arbeiten gibt diese Vaterunser-Bitte eine innere Gelöstheit und Gelassenheit, bei allem Blicken in die Zukunft, selbst in düsteren Zeiten, ein Vertrauen und mitten in der Unruhe dieses Lebens ein Ruhen in Gott. Der Mensch bittet nicht um Luxus, wohl aber um Brot. Er bittet nicht einmal um Sicherung für die

Zukunft oder auch nur für die nächste Woche, sondern ganz einfach um das tägliche Brot für heute und morgen. Er wird vielleicht in Armut leben, aber nicht in Verzweiflung. Er wird Sorgen haben, aber nicht ohne Hoffnung sein. Er wird seine Hände gebrauchen, aber er wird sie auch falten. Er wird sich auf dieser Erde umsehen und umtun müssen, aber deswegen nicht den Himmel aus den Augen verlieren. Er lebt nicht vom Brot allein, sondern zuerst und vor allem vom Wort Gottes.

Vergib uns unsere Schuld, wie auch wir vergeben unseren Schuldnern. Der Betende steht als Sünder vor Gott, als Schuldner vor seinem Gläubiger. Sünde ist ein Neinsagen zu Gott. Ob Gott ein nachheriges Ja noch annimmt, steht nicht in der Macht des Menschen. Sünde ist das Wegwerfen der Gnade. Weil es aber Gnade war, kann der Mensch das Weggeworfene nicht von sich aus zurückholen. Gnade ist Übernatur, geht also über die Kräfte der Natur hinaus und kann somit durch die natürlichen Kräfte nicht wieder beschafft werden. Sünde ist Verlust des Lebens aus Gott, also seelischer Tod. Nur Totenerweckung kann diese Katastrophe beheben. Sünde ist Absturz in die Tiefe. Wenn der Mensch mit gebrochenem Rückgrat im Abgrund liegt, kann er nicht aus eigener Kraft die Höhe wieder erklettern. So bleibt nur die Bitte um Vergebung, Appell an die Barmherzigkeit Gottes. Der Mensch ist nicht Partner Gottes, sondern Schuldner Gottes. Gebet ist darum nicht Begegnung von Schöpfer und Geschöpf, sondern von heiligem Gott und sündigem Geschöpf. Nicht die Pharisäerhaltung selbstbewussten Auftretens, sondern die Zöllnergesinnung: »Herr, sei mir armen Sünder gnädig!«, ist Voraussetzung für das Hintreten vor Gott.

Unsere Schulden. Der Mensch steht auch in der Sünde nicht allein vor Gott. Er ist verflochten in eine sündige Menschheit und mitverantwortlich für die Sünden anderer. Er hat an der gemeinsamen Last mitzutragen, ist an der gemeinsamen Hypothek beteiligt. Die Kollektivschuld der Erbsünde liegt auf jedem Menschen. Es gibt im Beten keine vornehme Distanz des Reinen vom

Sünder, des Unschuldigen vom Schuldigen. Vom Marsch durch die Sümpfe sind alle bespritzt und beschmutzt.

Wie auch wir vergeben unseren Schuldnern. Wieder wird der Zusammenhang der Vertikalen mit der Horizontalen aufgezeigt. Das Verhältnis des Menschen zu Gott ist bestimmend für das Verhältnis Mensch zu Mensch und umgekehrt. Das Soziale ist ins Religiöse eingebaut und wird von ihm bestimmt. Und das Religiöse ist seinerseits vom Sozialen nicht zu trennen. So wie Gottesliebe und Nächstenliebe zusammengehören, sind Gottes Gnade und menschliches Ungnädigsein nicht miteinander vereinbar. Wenn der Mensch ans Herz Gottes appelliert, darf er selbst nicht herzlos sein. Wenn er auf Barmherzigkeit angewiesen ist, muss er Barmherzigkeit üben. Das Gleichnis vom unbarmherzigen Knecht, der Barmherzigkeit erlangt hat und sie anderen verweigert, ist ein Kommentar Christi zur fünften Vaterunser-Bitte. Wer mit den Mitmenschen aus eigener Schuld im Kriegszustand lebt, kann mit Gott nicht im Frieden leben. Man kann nicht Gutes empfangen, um Schlechtes weiterzugeben. Man kann nicht Gott bitten, Gnade vor Recht ergehen zu lassen, wenn man zugleich den Mitmenschen gegenüber nur den Rechtsstandpunkt betont und wie Shylock (ein hartherziger Geldverleiher) auf dem Schein besteht. Das Wort »wie auch wir« hat etwas Erschreckendes. Denn wenn Gott mit uns nicht gnädiger verfährt als wir mit anderen, ist es eigentlich um uns geschehen. Wenn Gott mit unseren Maßen misst, kommen wir schlecht weg. Wenn er unsere Gedanken denkt, haben wir nicht viel zu erwarten. Es soll aber umgekehrt sein. Wir sollen uns im Verhalten zum Nächsten nach Gott richten. Sein Maßstab soll der unsrige werden, sein Austeilen unser Vorbild. Sein Geben, ohne zu zählen, soll unser rechnerisches Wohltun beschämen. Sein Vergeben siebzigmal siebenmal soll unser kleinliches Nachtragen und unser Nicht-vergessen-Können überwinden. An der Größe Gottes soll unsere Kleinheit wachsen und die Weite Gottes soll unsere Enge sprengen.

Führe uns nicht in Versuchung. Die Bitte klingt beim ersten Anhören unverständlich, ja beinahe blasphemisch. Führt denn Gott in Versuchung? Ist nicht Satan der Versucher? Aber Gott lässt Satan gewähren, weil er den Menschen die Freiheit mit der Möglichkeit zum Missbrauch gegeben hat. Noch ist diese Freiheit nicht vollkommen in der Liebe und darum ist ein Herausfallen aus ihr möglich. Das Neinsagen-Können macht das Jasagen zu einer Verherrlichung Gottes. Aber das Neinsagen-Können ist die Gefährlichkeit menschlichen Lebens, denn damit wandert der Mensch am Rande eines Abgrundes. Er hat zu wählen zwischen Licht und Finsternis, Leben und Tod. Und die Finsternis wirkt mit einer fast magischen Kraft auf ihn. Der Tod tarnt sich mit Lebenslust und lockt. Darum der Ruf zu Gott um Herausführung aus dieser Gefahrenzone oder wenigstens um Nicht-angezogen-Werden vom Bösen. Diese Bitte ist Anerkennung der eigenen Schwäche, Ausdruck des Misstrauens gegen sich selbst. Die verbotene Frucht hat im Menschen den Appetit nach dem Bösen geweckt. Die Erkenntnis des Guten und Bösen hat in Wirklichkeit das Erkennen des Guten geschwächt und das Erkennen des Bösen geschärft, freilich nur in dem Sinne, dass der Mensch seitdem einen besonderen Blick für das Böse hat und immer wieder von ihm eingenommen und gefangen wird. Die verbotenen Früchte schmecken süß. Der betende Mensch weiß aus schmerzlicher Erfahrung um diese Tatsache, darum die Bitte um Hilfe. Im Menschen selbst schwelen die Gluten ungebändigter Triebe, die immer wieder als gefährliche Stichflammen aufzischen können: der ungebändigte Trieb nach Besitz, der Trieb nach der Frau, der Trieb nach der Macht. Und um den Menschen herum macht das Ungöttliche und das widergöttliche Leben sich breit und stellt das Leben ohne Gott als eine Selbstverständlichkeit hin, in welcher der Gläubige sich wie ein Fremdkörper und Hinterwäldler vorkommen muss. Die Sünde wird zur Alltäglichkeit, das Böse zur Selbstverständlichkeit und damit die Versuchung wie von selbst zum Fall. Denn wer sich unter lauter Gefallenen bewegt, vergisst schließlich, dass er ein Gefallener ist. Und hinter allem steht Satan. Nachdem er im Himmel Gott die Herrschaft nicht entreißen konnte, geht nun sein Bestreben auf der Erde dahin, wenigstens eine Teilung der Macht zu erreichen und somit seine eigene Herrschaft aufzurichten, neben dem Reich Gottes sein satanisches Reich, neben der Macht Gottes die Dämonie seiner Macht, neben dem Reich des Lichtes sein Reich der Finsternis und neben dem Triumph der Liebe den Triumph des Hasses. Darum die Verführung, denn sie ist Eroberung der Menschen für sein Reich, Ausdehnung seiner Herrschaft, Erweiterung seiner Macht. So ist der kleine Mensch großer Gefahr ausgesetzt und steht der schwache Mensch der Macht des Bösen gegenüber. Darum die Wendung zu Gott und die Bitte um Hilfe gegen die Versuchung.

Auch hier ist es nicht nur Bitte für das selbstsüchtige Ich, sondern Gebet auch für die anderen. »Führe *uns* nicht in Versuchung.« Seitdem selbst Christus, der Herr, versucht wurde, wissen wir, dass keinem die Versuchung erspart wird. Jeder hat also Grund, diese Vaterunser-Bitte für sich selbst zu sprechen. Er soll aber auch an die anderen denken. Vor allem an diejenigen, die in besonderen Gefahren sind. Wir denken an die Jugend in Sturm und Drang, die in Versuchung steht, dem Sex-Appeal in falscher Weise zu verfallen. Wir denken an die Eheleute, dass sie nicht der Versuchung erliegen, durch unnatürliche Methoden der Geburtenbeschränkung, die als selbstverständliche Schutzmittel propagiert werden, zu fallen. Wir denken an Eltern, die um des Lebensgenusses willen die Familie vernachlässigen oder, des immer gleichen Ehepartners müde, Seitensprünge machen wollen. Wir denken an Mädchen und Frauen, die allein im Berufsleben stehen und sich mühsam ihren Weg christlicher Sauberkeit frei halten. Wir denken an Geschäftsleute, die im heutigen wirtschaftlichen Ringen immer wieder in Versuchung geraten, die Schranken der Moral zu überschreiten oder wenigstens auszubiegen und auszubuchten. Wir denken an die Arbeiterschaft, die der roten Propaganda ausgesetzt ist. Wir denken an die Männer und Frauen, die im öffentlichen Leben stehen und an die immer wieder die Versuchung herantritt, falsche Kompromisse zu machen oder sich enttäuscht zurückzuziehen oder den eigenen Vorteil oder nur die eigene Ehre zu suchen. Wir denken an die Priester, die von Berufs wegen den Kampf gegen die Sünde führen und dadurch mit der Sünde bisweilen in gefährlichen Kontakt geraten oder durch den Aktivismus der heutigen Seelsorge der Gefahr der Veräußerlichung ausgesetzt sind. Wir denken an die Christen in heidnischen Ländern, die als kleine, verschwindende Minderheit einen harten Kampf zu bestehen haben. Wir denken an die Christen in den Ländern der Verfolgung, deren Eigentum, Familie und Existenz bedroht sind. Wir denken an die Enttäuschten, die des Lebens überdrüssig werden, an die vielen Kranken und seelisch Leidenden, an die Sterbenden, deren letzte Stunden die Entscheidung bringen. Sie alle sollen in unser Beten eingeschlossen sein. In aller Namen und für alle richten wir an den Herrn die Bitte, uns nicht in Versuchung zu führen.

Sondern erlöse uns von dem Bösen. Die siebte Vaterunser-Bitte schließt an die sechste an und führt über diese hinaus. Im Wörtchen »sondern« ist dieser eigenartige Anschluss gegeben. Es genügt dem Bittenden nicht, dass er vor dem Bösen bewahrt werde, sondern er möchte, dass das Böse überhaupt verschwinde. Es ist Ruf nach der Freiheit: *Libera nos!* (»Befreie uns!«, Anm. d. Verl.). Das Böse schlägt den Menschen in Fesseln.

Das gilt vor allem für das innere Leben des Menschen. Die Sünde ist wie eine Last, die ihn niederdrückt. Er möchte sie abschütteln. Sie ist wie eine Fessel, die ihm das freie Schreiten verunmöglicht. Er möchte sie lösen, damit sein Schritt wieder beschwingt wird. Das Böse schlägt den Menschen in die Bande der Gewöhnung, bis er nicht mehr aus ihr herauskommt. Die Sünde ist wie sumpfiger Boden, der mit seiner schlammigen, lehmigen Zähflüssigkeit den Fuß festhält und nicht mehr freigibt. Das Böse hat eine unheimliche Saugkraft, der sich der Mensch kaum entziehen kann. In guten Stunden wird sich der Mensch dessen bewusst, hat aber nicht mehr die Kraft, sich frei zu machen. Er ist umgarnt wie der Vogel und ist auf den Leim des Bösen gekrochen. Er ist in die aufgestellte Falle gegangen und kommt nicht mehr heraus. Die Bibel redet von den Netzen und Angeln, von den Fallgruben und Käfigen der Sünde. Gegen all das erhebt sich die siebte Vaterunser-Bitte als sehnsüchtiger Ruf nach der Freiheit. Vergewaltigte Menschen und versklavte Völker halten nur durch, solange sie die Hoffnung auf den Tag der Freiheit haben und wenigstens in der Ferne das Schlusslicht ihres langen Tunnels sehen. Zur Freiheit ist der Mensch geboren und um seine Freiheit bittet er. Je mehr er die schmerzliche Erfahrung macht, dass er sich selbst nicht befreien kann, desto eindringlicher wird seine Bitte um Gottes Hilfe. Die Freiheit der Kinder Gottes und die Freiheit eines Christenmenschen ist nicht nur Freiheit von einengenden Verordnungen und Gesetzesparagrafen, sondern vor allem seelische Freiheit des inneren Menschen von den Bindungen durch das Böse.

Auch hier steht aber das Wörtchen »uns«. Es geht also auch um die Herrschaft des Bösen in der Menschheit, die Bindung der Christenheit, der Kirche und der Menschheit durch das Böse. Der Triumph der Ungerechtigkeit empört einen Menschen, der noch Sinn für das Recht hat. Wirtschaftliche, soziale, politische Vermachtung und Gewaltanwendung sind ein schreiendes Unrecht, gegen das jeder sich auflehnt, der für das Recht einer freien Menschheit kämpfen will. Die schwüle Atmosphäre der Sinnlichkeit bedrückt jeden, der gewohnt ist, saubere Luft zu atmen. Der um sich greifende Atheismus ist wie der Holzwurm, der am Gebälk der Menschheit nagt, ist wie ein Maulwurf, der die Äcker Gottes durchwühlt, ist wie ein Schädling, der die Wurzeln göttlicher Pflanzungen zerfrisst. Der Boden, auf dem der Bau einer wirklichen Kultur errichtet werden soll, zerbricht. Der gesunde Organismus der Menschheit wird von den Bazillen des Bösen durchsetzt. All das sieht der denkende Mensch des Glaubens. Er leidet darunter, stemmt sich umsonst gegen diese Felsblöcke, deren Absturz blühende Felder verwüsten wird. Darum sein Ruf zu Gott um Hilfe gegen die übermächtige Gewalt des Bösen. Wer will diese Sümpfe trockenlegen? Wer will die Dämme gegen diese Schmutzflut bauen? Wer will diese Lawine aufhalten? Es übersteigt die Kräfte des Menschen und der Menschheit. Darum die Bitte: *Libera nos a malo!* (»Erlöse uns von dem Bösen!«, Anm. d. Verl.).

Und hinter dem Bösen in der Seele des Menschen und im Leben der Menschheit steckt der Böse schlechthin, Satan. Die Apokalypse redet von der Fesselung Satans durch Christus. Seine Fesselung ist unsere Befreiung und seine Freiheit ist unsere Fessel. Darum besagt die letzte Vaterunser-Bitte in ihrem tiefsten Sinne die Befreiung von der Macht Satans. Christus ist Erlöser und damit Führer in die Freiheit. Wenn Christus den Satan »Fürst dieser Welt« nennt, sollen die Kinder dieser Welt von ebendiesem Fürsten befreit werden, um in der Herrschaft Gottes das Reich der Freiheit zu finden. So ist es Bitte um den Sieg der Macht Gottes gegen die Macht Satans.

Damit hat das Vaterunser die ganze Breite, Höhe und Tiefe allen Seins durchmessen und durchschritten. Von der Herrlichkeit des Namens Gottes hinab zu den Bedürfnissen des Menschen auf dieser harten Erde und tiefer hinab in die Abgründe des Bösen bis hinunter in die finstere Welt des Satanischen und Dämonischen. Und alles wird mit kindlichem Vertrauen in die Hände des himmlischen Vaters gelegt, sodass der Mensch des Vaterunsers zwischen Himmel und Hölle, zwischen Gott und Teufel ruhig über diese Erde schreitet im Vertrauen auf die Hilfe dessen, der die Liebe ist, auf die Hilfe unseres Vaters, der da ist in den Himmeln.

UM DEN MAMMON

Mt 6,19–24: Sammelt euch nicht Schätze auf der Erde, wo Motte und Wurm sie vernichten und wo Diebe einbrechen und stehlen. Sammelt euch vielmehr Schätze im Himmel, wo weder Motte noch Wurm sie vernichten und wo Diebe nicht einbrechen und nicht stehlen. Denn dort, wo dein Schatz, ist, da ist auch dein Herz.

Das Licht des Körpers ist das Auge. Wenn nun dein Auge gesund ist, ist dein ganzer Körper im Licht. Wenn dein Auge aber krank ist, ist dein ganzer Körper in Finsternis. Wenn nun das innere Licht in dir Finsternis ist, wie groß ist dann die Finsternis!

Niemand kann zwei Herren dienen. Entweder wird er den einen hassen und den anderen lieben oder dem einen anhängen und den anderen verachten. Ihr könnt nicht Gott dienen und dem Mammon.

Auf die Worte des Herrn über das Verhältnis des Menschen zu Gott folgen seine Ausführungen über das Verhältnis zur Welt. Das Ganze ist eine Warnung. Es ist keineswegs das unbeschwerte »Macht euch die Erde untertan«, denn seit jenem Wort ist der Sündenfall erfolgt und in seinem Gefolge die Bindung des Menschen an die Erde. Der *Adamit* hat sich so der Scholle zugewandt, dass sein Blick von Gott abgewandt ist. Er vergräbt sich förmlich in die Erde und vergisst den Himmel. So tut ein Warnsignal not.

Drei Motive führt Christus an. Das erste ist die Vergänglichkeit des Irdischen. Kostbare Stoffe werden von Motten zerfressen und das Metall vom Rost. Nichts ist vor dem Zugriff des Diebes gesichert. Und was nicht in sich selbst zerfällt, wird durch Kriege zerstört, durch Steuern weggeschöpft, durch Revolutionen entrissen und auf alle Fälle durch die diebische Hand des Todes weggenommen. Alle Versicherungen können keine letzte

Sicherheit bieten. Wozu dann nach den Wellen greifen, die zerfließen, nach Nebelschwaden, die zerflattern! *Sic transit gloria mundi* (»So vergeht der Ruhm der Welt«, Anm. d. Verl.).

Das zweite Motiv: Das Irdische verdunkelt den Geist. Der Mensch, der im Bann des Materialismus steht, hat keinen Blick mehr für das Geistige. An die Erde gebunden, sieht er den Himmel nicht mehr. Ans Zeitliche verloren, geht er der Ewigkeit verlustig. Er ist vom Schein geblendet und hat nicht mehr den Blick für das eigentliche Sein. Er hält die Schatten für Licht, das Vorläufige für das Letzte. Die Umgarnung der Menschen ist so fortgeschritten, dass sie dieses Garn wünschen und ihren goldenen Käfig als Freiheit betrachten. Die Reichen möchten reicher sein. Die Armen möchten reich werden. Die Besitzenden bangen um ihren Besitz. Und die Nichtbesitzenden gieren nach Besitz. Wer nichts hat, will etwas haben. Wer hat, will mehr haben. Habgierig sind sie alle. Selbst in den Klerus und in die Klöster hat der Materialismus Eingang gefunden.

In der Öffentlichkeit beherrschen die wirtschaftlichen Fragen immer mehr das ganze Interesse. Die sozialen Kämpfe und die Programme der politischen Parteien befassen sich immer mehr nur mit wirtschaftlich-materiellen Dingen. Man hat den Primat des Ökonomischen verkündet. Der Materialismus ist Evangelium geworden. Zufriedene sind selten. Menschen, die nur das wollen, was sie brauchen, sind weiße Raben. Das Schielen nach Mehr gilt nicht mehr als Augenkrankheit. Wer nicht mehr schielt, sieht nicht normal. Lebenstüchtige versuchen jedem, dessen Blick nicht vom Materiellen gefangen ist, den Star zu stechen. Die Verblendung ist so fortgeschritten, dass die Sehenden als blind gelten.

Ein drittes Motiv: Es geht um die Entscheidung zwischen Gott und dem Mammon. Der Feuerkopf Elias hat im Namen Jahwes gegen Baal gekämpft. Baal war der Gott des Bodens und Astarte die Göttin der Fruchtbarkeit. Es ging also um das Irdisch-Materielle einerseits und um Jahwe, den Herrn des Himmels, andererseits. Vor diese Entscheidung war das Volk gestellt.

Inzwischen ist Baal abgelöst durch den Mammon. Aber es sind im Grunde genommen nur veränderte Namen für die gleiche Sache. Es geht um die Entscheidung: Gott oder die Welt. Viele haben sich längst gegen Gott und für die Welt entschieden. Viele glauben, Gott und dem Mammon dienen zu können. Diese Diener zweier Herren haben es oft nicht leicht, beide Herren zu befriedigen. Eine Weile geht das, dann müssen sie sich doch entscheiden. Und weil die Lockungen des Mammons größer sind, fällt dann die Entscheidung meist zu seinen Gunsten aus. Oder sie schließen den Kompromiss eines Nacheinander. Sie wollen im Leben dem Mammon dienen, um im Sterben dann zu Gott zurückzukehren. Sie fahren mit tausend Masten auf dem Meer des Materialismus und Lebensgenusses, um dann im Schiffbruch des Todes, an ein paar Balken geklammert, doch noch das Gestade Gottes zu erreichen. Christentum ist aber Entscheidung. Mit dem Sowohl-als-auch ist weder Gott verherrlicht noch ist dem Menschen geholfen. Wer keine Entscheidung trifft, weiß nicht, was Gott ist.

WELTFREMD?

Mt 6,25–34: Darum sage ich euch: Seid nicht ängstlich besorgt um euer Leben, was ihr essen, und um euren Leib, was ihr anziehen werdet. Ist das Leben nicht mehr als die Nahrung und der Leib nicht mehr als die Kleidung? Betrachtet die Vögel des Himmels: Sie säen und ernten nicht und sammeln nicht in Scheunen und euer himmlischer Vater ernährt sie. Seid ihr aber nicht viel mehr wert als sie? Und wer von euch kann mit seinen Sorgen seiner Lebenslänge auch nur eine Elle beifügen? Und was seid ihr ängstlich besorgt um die Kleidung? Lernt von den Lilien des Feldes, wie sie wachsen. Sie arbeiten nicht und spinnen nicht. Ich sage euch aber, dass selbst Salomo in all seiner Pracht nicht gekleidet war wie eine einzige von ihnen. Wenn aber Gott das Gras des Feldes, das heute steht und morgen in den Ofen geworfen wird, so kleidet, wird er das nicht viel mehr auch euch tun, ihr Kleingläubigen! Sagt also nicht ängstlich besorgt: Was werden wir essen? Was werden wir trinken? Womit werden wir uns kleiden? Auf all das gehen die Heiden aus. Euer himmlischer Vater weiß, dass ihr all das braucht. Suchet zuerst sein Reich und seine Gerechtigkeit und all das wird euch dazugegeben. Seid nicht ängstlich besorgt um den morgigen Tag. Denn der morgige Tag sorgt für sich selbst. Jeder Tag hat genug an seiner Plage.

»Sorget nicht ängstlich: Was werden wir essen, was sollen wir trinken, womit sollen wir uns bekleiden? – Betrachtet die Vögel des Himmels und die Lilien des Feldes.«

Ist das nicht der Rat eines weltfremden Träumers, höchstens begreiflich aus dem geruhsamen Leben des Orients vor zweitausend Jahren? Aber jedenfalls kein Rezept für Mütter von fünf und sechs Kindern und überhaupt für das Leben in abendländischen Großstädten. Binnen kürzester Frist würden sämtliche Christen der Armenpflege zur Last fallen.

Nun könnte man zwar darauf hinweisen, dass auch die Pflanzen das Ihre tun, um zu wachsen. Und wer den Vögeln auch nur eine Viertelstunde lang zuschaut, weiß, welche Rolle die Nahrungssuche in ihrem Dasein spielt. Aber darum geht es nicht. Aus den Worten Jesu ein Gesetz für das äußere Tun zu machen, ist ein großes und verhängnisvolles Missverständnis. Auch ein gläubiger Christ soll arbeiten, rechnen, disponieren und für die Zukunft sorgen. »Wer nicht arbeitet, soll auch nicht essen«, schreibt Paulus, und wer für die Seinen nicht sorge, sei schlimmer als ein Heide. Es geht Christus in seinen Worten nicht um das äußere Tun, sondern um die innere Gesinnung. Und diese Gesinnung, die er hier fordert, ist das Arbeiten in gläubigem

Vertrauen auf Gottes Hilfe. Nicht das Sorgen als solches wird verurteilt, sondern das ängstliche Besorgtsein.

Ein Erstes, das dem Christen die Angst nimmt, ist der Glaube, dass er bei seinem Arbeiten und Sorgen nicht allein steht, sondern dass der himmlische Vater ihm hilft. Wer die Sorge ums tägliche Brot und die Verantwortung für seine Familie als eine Aufgabe aus Gottes Hand entgegennimmt, sie an Gottes Hand zu lösen sucht und immer wieder alles in Gottes Hände legt, wird durch sein Sorgen nicht von Gott weggeführt, sondern kommt immer näher zu Gott. Er sucht zuerst das Reich Gottes, sucht es aber so, wie Gott es von ihm will, nämlich durch die Arbeit und die tägliche Sorge für sich und die Seinen. Er weiß sich nie völlig verlassen. Ist nicht auf sich allein gestellt. Sein Beten glättet immer wieder die Furchen seiner Sorgen und löst immer wieder das innere Bangen des Herzens. Er weiß zwar nicht, was die Zukunft bringt, aber er weiß, dass auch in der Zukunft ihm die Hilfe Gottes zur Verfügung steht, und so schreitet er ruhig vertrauend die vielleicht harte Straße seines Lebens.

Ein Zweites kommt dazu: Der gläubige Mensch weiß, dass alles Irdische nicht das Letzte ist. Darum kämpft er nicht verzweifelt um dieses Irdische. Denn selbst wenn es ihm entgleiten sollte in politischen Katastrophen, im Flüchtlingsschicksal, in unheilbarer Krankheit, so weiß er, dass das entscheidende, seelische und ewige Leben in den Händen seines himmlischen Vaters geborgen ist. Der Nihilismus weckt die Verzweiflung. Denn wer der Überzeugung ist, dass dieser Pfad ins Nichts abbricht, wird sich mit der Kraft eines Verzweifelnden an diese kurze Lebensstrecke klammern. Wer nur irdische Dinge hat und sie schwinden sieht, wird von der Lebensangst geschüttelt. Die Zunahme der Angst ist proportional zur Abnahme des Glaubens. Glaubensarme Zeiten sind angstvolle Zeiten. Wer sich den Gang zur Kirche abgewöhnt hat, gewöhnt sich oft genug an den Gang zum Nervenarzt.

Ein Drittes, das für den Gläubigen zugleich beruhigende Erkenntnis und beunruhigende Forderung ist, liegt im Wort Christi:

»Suchet zuerst das Reich Gottes.« Beruhigend ist diese Lehre, denn das Reich Gottes wird nicht in erster Linie durch unser Mühen und Sorgen gebaut und entfaltet, sondern durch Gott selbst. Hier ist also ängstliches Sorgen auf keinen Fall nötig. Und selbst das Suchen nach dem Gottesreich braucht nicht mit Angst und Bangen, ängstlicher Skrupulosität und nervöser Torschlusspanik erfolgen. Denn wer richtig sucht, hat im Grunde genommen schon gefunden. Wer Gott sucht, hat schon die Gottesliebe im Herzen und gehört damit schon zum Reich Gottes. So ist das Suchen des Gottesreiches nichts, was uns beunruhigen und ängstlich machen sollte. Anderseits ist die Forderung des Herrn insofern beunruhigend, als sie eine Wertskala an unser Leben legt, die oft genug nicht die unsere ist. Wir dürfen uns nicht zuerst mit dem Irdischen befassen und dann, soweit noch Zeit und Kraft übrig bleibt, mit dem Überirdischen. Wer zuerst das Reich Gottes suchen will, muss ihm in seinem Denken und Lieben den Vorrang geben. Ein Auch-Christentum, Alters-Christentum, Feierabend-Christentum oder bloßes Sonntags-Christentum ist mit der Bergpredigt unvereinbar. Der Primat Gottes und des Gottesreiches fordert von uns eine Umwertung der Werte und damit eine Umstellung des inneren Suchens und Sorgens. Und gerade um diese Umstellung, um diese Gesinnungsänderung ist es Christus zu tun. Er ist der Lehrer des Umlernens. Die nur von der Erde reden, sind Giftmischer. Wir müssen dem Himmel treu bleiben. Sucht zuerst das Reich Gottes!

VOM BALKEN IM AUGE

Mt 7,1–5: Richtet nicht, damit ihr nicht gerichtet werdet. Denn mit dem Gericht, mit dem ihr richtet, werdet ihr gerichtet werden. Und mit dem Maß, mit dem ihr messt, werdet auch ihr gemessen werden. Was siehst du den Splitter im Auge deines Bruders und siehst in deinem Auge den Balken nicht? Oder was sagst du zu deinem Bruder: Lass mich den Splitter aus deinem Auge ziehen. Und siehe, der Balken ist in deinem Auge. Du Heuchler! Entferne zuerst den Balken aus deinem Auge, dann magst du den Splitter aus dem Auge deines Bruders ziehen.

Christus spricht zum Volk. Darum drückt er seine Gedanken nicht in farblosen, abstrakten Worten aus, sondern in anschaulichen Bildern und Vergleichen. Er sagt nicht: »Warum siehst du die kleineren Fehler bei deinem Nächsten und siehst die großen bei dir selbst nicht?«, sondern er sagt: »Warum siehst du den Splitter im Auge deines Bruders und bemerkst nicht den Balken in deinem Auge?«. Wortklauberische Pedanten könnten das eine Übertreibung nennen. Und doch ist gerade durch dieses Bild die Verurteilung eines falschen Kritisierens mit einer Einprägsamkeit gezeichnet, die man nicht mehr vergessen kann. Ein Dreifaches wird vom Herrn gefordert.

Man soll mit Kritik bei sich selbst beginnen. Wer den strengen Maßstab, mit dem er andere misst, zuerst an sich selbst legt, wird meistens das Messen bleiben lassen. Ein Unerzogener darf nicht Erzieher sein. Wer gegen sich kritiklos ist, hat kein Recht, anderen kritisch zu begegnen. Wer rau und roh ist, darf nicht an anderen hobeln. Ein Schmutziger soll nicht Reinheit predigen. Und wer anderen einen Spiegel vorhält, schaue zuerst selbst hinein. Sittenlose Sittenprediger sind ein Hohn. Reform ist recht, aber sie beginne beim eigenen Ich. Wer durch häufiges Kritisieren ein geschärftes Auge bekommen hat, richte es auf sich selbst. Er wird ganze Balken sehen und mit ihrem Abschleppen, Zersägen und Verbrennen so lange zu tun haben, dass die Mitmenschen eine Weile Ruhe haben!

Ein Zweites: *Die Kritik soll im Geist der Liebe geschehen.* Christus will nicht sagen, dass jede Beurteilung der Mitmenschen verboten sei. Eltern müssen die Fehler der Kinder sehen.

Erzieher müssen den Blick für das haben, was ihren Schutzbefohlenen fehlt. Und Vorgesetzte müssen unter dem Versagen der ihnen Anvertrauten leiden. Ein Verbot jeglicher Kritik führt zur Verantwortungslosigkeit der einen und zum moralischen Zerfall der anderen. Auch hier geht es in der Forderung Christi um die rechte Gesinnung. Und dieses ist die Liebe. Hat der Mensch bei sich selbst begonnen, so kann und darf er auch beim Mitmenschen beginnen. Er braucht auch nicht zu warten, bis er mit sich selbst fertig ist, sonst müsste er warten bis zum Jüngsten Tag. Aber wer an andere Forderungen stellt, muss an sich selbst wenigstens die gleichen stellen. Dann darf er mit seiner Kritik des anderen beginnen. Tut er es aus Liebe, dann wird er den rechten Ort zum Kritisieren finden, also womöglich unter vier Augen und nicht in der Öffentlichkeit. Er wird die rechte Zeit zum Ansetzen seines Meißels suchen, also nicht, wenn der Mitmensch ohnehin geschlagen und niedergedrückt ist oder ganz unempfänglich für jede kritische Bemerkung. Und er wird die rechte Form, das rechte Wort finden. Es gibt auch eine seelische Anästhesie, die womöglich der Behandlung vorausgehen soll. Der Patient wird den Schmerz weniger empfinden, wenn eine verständnisvolle Liebe ihn vorbereitet hat. Und ist der chirurgische Eingriff einer notwendigen Kritik geschehen, so muss eine Wundbehandlung folgen, die schonend und geduldig ist. Und schließlich muss man dem Heilungsprozess Zeit lassen. Je mehr der Patient zum Seelenarzt Vertrauen hat, desto leichter wird die ganze Operation der Splitterentfernung vonstattengehen. Hat der Patient gesehen, dass der Arzt sich selbst ganze Balken wegoperiert hat, wird er sich die Splitteroperation gern gefallen lassen. So ist also nicht die Kritik als solche verboten, sondern das harte Urteilen eines lieblosen Sittenrichters.

Ein Drittes: *In der Forderung Christi ist der Blick auf Gott.*

»Richtet nicht, damit ihr nicht gerichtet werdet!« Der eigentliche Richter ist Gott. Und wir alle können vor seinem Gericht nur bestehen, wenn er unsere Splitter übersieht und sogar unsere

Balken nicht auf die Waagschale seines Urteils legt, wenn er durch Gnade freispricht, wo er durch Recht verurteilen müsste. Der religiöse Mensch, der die Dinge von Gott her sieht und auf Gott bezieht, wird im Urteil über andere dementsprechend gnädig sein, weil er selbst auf den gnädigen Gott angewiesen ist.

DISKRETION

Mt 7,6: Gebt das Heilige nicht den Hunden und werft die Perlen nicht vor die Schweine, damit sie sie nicht mit ihren Füßen zertreten, sich umwenden und euch zerreißen.

Das Christentum ist keine Geheimlehre für ein Grüppchen Erwählter, sondern Botschaft der Weltkirche. Es gibt somit ein Predigen von den Dächern und eine Glaubensverbreitung in großem Stil.

Es gibt aber auch eine Diskretion. Sie ist zwar nicht jedermanns Sache, aber echt christlich. »Gebt das Heilige nicht den Hunden preis und werft die Perlen nicht vor die Schweine!«

Das gilt im religiösen Gespräch von Mensch zu Mensch. Religiöses Bearbeitetwerden gewinnt nicht, sondern stößt ab. Apostolische Zudringlichkeit ist widerlich. Man wird höchstens überredet, aber nicht überzeugt. Vergewaltigte werden beim ersten Hahnenschrei zu Verrätern. Über religiöse Dinge zu sprechen, hat nur dann Sinn, wenn der Gesprächspartner ein fragender Mensch ist. Das heißt nicht, dass er unbedingt eine Frage formulieren muss, aber die Frage muss ihm irgendwo auf der Seele liegen und im Herzen brennen. Nur dann hört er innerlich zu und ist aufnahmefähig. Man streut die Saat nicht auf den Asphalt.

Der Christ soll ohne Menschenfurcht zu seinem Glauben stehen. Aber er soll ihn nicht als Firmenschild aushängen und nicht als Fahne vor sich hertragen. Gewiss gehört die Frömmigkeit nicht bloß ins Gotteshaus und in die Sakristei, aber man kann auch nicht in jeder Gesellschaft gewaltsam ein religiöses Gespräch anknüpfen. Und es gibt Restaurants, in welchen diejenigen, die vor Tisch ein großmächtiges Kreuz schlagen, kein Bekenntnis ablegen, sondern die Religion dem Gespött ausliefern. Apostolische Draufgänger schaden mehr, als sie nützen. Man meidet sie wie ansteckende Kranke. Echte Frömmigkeit erzieht zu innerer Feinheit des Empfindens. Es gibt in der christlichen Seele Räume, die ein Heiligtum sind und in welchen ein geheimnisvolles Schweigen herrscht. Der Zutritt dahin darf nicht öffentlich sein.

Das gilt auch für die religiöse Propaganda im Großen. Alles Reklamehafte, Marktschreierische ist dem Christentum zuwider. Die Kirche ist keine Messbude, vor welcher die religiöse Ware mit lauter Stimme ausgeschrien und marktschreierisch angepriesen wird.

Religiöse Tagebücher haben einen großen Wert, wenn der Verfasser die Aufzeichnungen für sich selbst macht, um sich Rechenschaft zu geben über das, was der Herr zu ihm spricht, und um die kostbaren Worte des Herrn nicht zu verlieren. Sie haben weiterhin einen Sinn als literarische Form. Wenn sie aber von Sensationslüsternen zu Geschäftszwecken missbraucht und ins grelle Licht der Öffentlichkeit gezerrt werden, wird das Heilige entweiht. Und wenn sie dann Psychologen in die Hände fallen, die selbst das Übernatürliche sezieren, oder gar gewissen Psychoanalytikern, die alles nur durch die sexuelle Brille sehen und selbst im Heiligen Sexualität wittern, so muss man wirklich an das Wort des Herrn von den Perlen und den Schweinen denken. Stigmatisierte im Film vorzuführen heißt, das Geheimnis des Königs auf den Markt tragen. Und wenn in Illustrierten der betende Papst von allen Seiten fotografiert und in großer Aufmachung wiedergegeben wird, überschreitet das oft genug die Grenzen dessen, was nördlich der Alpen tragbar ist.

Wallfahrten, Prozessionen, machtvolle religiöse Kundgebungen haben einen tiefen Sinn. Sie sind ein Glaubensbekenntnis in der Öffentlichkeit und können wertvolle Hilfe sein zur Glaubensstärkung des Einzelnen und zur Verchristlichung der Öffentlichkeit. Wenn sie aber machtpolitisch missbraucht werden oder nur eine Nachahmung weltlicher oder neuheidnischer Vermassung sind, so wird ein erlaubtes Mittel zu einem unheiligen Zweck missbraucht und damit entweiht. Wenn man über das verborgene Leben im Kloster einen Film herstellt, um es auf der Leinwand der bloßen Neugier preiszugeben, so mag das finanziell rentabel sein, mit Religion hat es nichts zu tun.

Indiskrete Propaganda ist zwar eine Aktion, aber sie weckt nur die Reaktion und ist keine Verkündigung der Frohbotschaft, welche die Herzen erobert. Glaube ist nicht ein Schauen. Er beruht somit nicht auf dem Staunen über Nahrungslosigkeit, Stigmata und wunderbare Marienerscheinungen, sondern auf dem Wort Gottes. Ausbreitung des Glaubens geschieht durch Gebet und Buße, durch Verkündigung in Wort und Schrift, durch Bereitung der Herzen, aber nicht auf dem Weg der Sensation, des Trommelfeuers und der indiskreten Nötigung. Glaube ist eine Gnade. Man kann die Menschen empfänglich machen. Aber man kann und soll sie nicht zwingen. Indiskrete Verkündigung mag Augenblickserfolge verbuchen. In Wirklichkeit vergrößert sie das Defizit und schadet mehr, als sie nützt. Das liegt im drastischen Wort Jesu: »Sie werden sich umwenden und euch zerreißen.«

BITTET UND IHR WERDET EMPFANGEN

Mt 7,7–12: Bittet und es wird euch gegeben. Suchet und ihr werdet finden. Klopft an und es wird euch aufgetan. Denn jeder, der bittet, empfängt. Wer sucht, der findet. Und wer klopft, dem wird aufgetan. Oder wo ist unter euch ein Mensch, der seinem Sohn, der ihn um Brot bittet, einen Stein gibt? Oder der ihm eine Schlange gibt, wenn er um einen Fisch bittet? Wenn nun ihr, die ihr doch böse seid, euren Kindern gute Gaben zu geben wisst, wie viel mehr wird euer Vater in den Himmeln denen, die ihn bitten, Gutes geben! Alles nun, was ihr wollt, dass die Menschen euch tun, das tut ihnen. Denn darin bestehen das Gesetz und die Propheten.

Hinter diesem Christuswort stehen Legionen Enttäuschter. Tausende und Abertausende haben sich auf dieses Wort verlassen, haben gebetet, gefleht. Ohne Erfolg. In Stunden der Not, in Tagen der Krankheit und in Jahren des Krieges, in seelischer Bedrängnis haben sie sich an den Vater im Himmel gewandt und sind nicht erhört worden. Und es ging ihnen dabei keineswegs um Kleinigkeiten, um ein Examen, das zu bestehen war, um gutes Wetter für die Ferien, sondern um ernste Dinge, ja oft genug um Existenzfragen. Und trotzdem ist der Sohn im Krieg gefallen, ist die Ehe zerbrochen, haben sie als Flüchtlinge Heim und Heimat verloren, ist ihr Volk der Katastrophe nicht entgangen, ist die Kirche in ihrem Land verfolgt und fast vernichtet worden. Sie haben mit Vertrauen gebetet und im Namen Jesu, mit einem Berge versetzenden Glauben und mit Berufung auf diese Verheißung. Aber die bitteren Tatsachen haben dieses Jesuswort widerlegt.

Es hilft auch nichts, die Ausflucht etwa darin zu suchen, dass man dem Bittgebet, auch wenn es keine äußere Erhörung findet, doch wenigstens eine innere Beruhigung des Herzens zuschreibt, eine Lösung des inneren Krampfes, eine Beschwichtigung verzweifelter Stimmung, ein Wegnehmen der grauen Angst. Das alles ist schön und recht. Aber es bleibt im Psychologischen und rein Naturhaften hängen. Wer seine Angst mit anderen Mitteln bannen, seine Einsamkeit auf natürlichem Weg überwinden kann, braucht dann nicht zu beten. Er kann sich ja mit anderen

Krücken vorwärtshelfen. Psychologie löst die religiösen Fragen nicht.

Es geht in Wirklichkeit um etwas ganz anderes. Christus beruft sich darauf, dass selbst wir bösen Menschen unseren Kindern, wenn sie bitten, nur Gutes geben und dass infolgedessen der wesentlich gute Gott, unser Vater im Himmel, den Menschen, die als seine Kinder um etwas bitten, auch nur Gutes geben wird. Hier liegt das Entscheidende. Gott ist gut. Sein Wesen ist das Gutsein. Darum gibt er dem, der bittet, nur Gutes. Ausdrücklich betont es Christus: »Euer Vater im Himmel wird denen, die ihn bitten, Gutes geben.« Kein verantwortungsbewusster Vater und keine wirklich gute Mutter erfüllt dem Kind einen Wunsch, wenn die Erfüllung für das Kind gefährlich oder schädlich wäre. Wahre Liebe muss in solchen Fällen Nein sagen. Nicht jede Gewährung einer Bitte ist Zeichen von Wohlwollen. Gott ist gut und er allein weiß, was für uns gut ist.

Aber das ist noch nicht die ganze Antwort. Im gleichen Text heißt es im Lukasevangelium (11,13): »Wenn ihr, die ihr böse seid, euren Kindern nur Gutes zu geben wisst, wie viel mehr wird der himmlische Vater denen, die bitten, den Heiligen Geist geben.« Das ist das Entscheidende. Jedem, der mit rechtem Herzen bittet, gibt Gott den Heiligen Geist und damit die größte Gabe und die herrlichste Erhörung. Neben Gott verschwindet alles andere. Gott ist der allein Unendliche. Wer seinen Heiligen Geist empfängt, dessen Bitten sind in überschwänglicher Weise erhört worden. Hat der Mensch wirklich den Geist Gottes empfangen, so ist er auch völlig in den Willen Gottes eingefügt. Will nur noch, was Gott will, und will nicht, was Gott nicht will. Und so weiß er dann auch, nachdem er das Große empfangen hat, dass das Kleine, um das er gebetet hatte, ihm dann gegeben wird, wenn es dem Heiligen Geist Gottes entspricht, und ihm dann nicht gegeben wird, wenn es diesem Geist nicht entspricht. Die Erhörung des Bittgebetes ist in dem Sinne jedem Bittenden sichergestellt und gewährt, dass ihm Größtes gegeben wird, dass ihm aber auch das Kleinere gegeben wird, wenn es für ihn besser ist und ihn näher zu Gott führt. Und dass es ihm verweigert wird, wenn es für ihn nicht besser ist und ihn nicht näher zu Gott führt. Jeder christlich Denkende ist mit dieser Erhörung mehr als einverstanden. Und so führt gerade dieses Christuswort der Bergpredigt wieder in das eigentliche Hauptanliegen aller dieser Darlegungen Christi hinein, in die rechte Gesinnung des Herzens. Die Erlangung dieser Herzensgesinnung wird als eine Gnade aufgezeigt, die dem betenden Menschen gegeben wird. Erfüllung der Bergpredigt ist nur für den Betenden möglich. Sie ist für ihn aber möglich, weil ihm eben das Gute, der Geist Gottes, gegeben wird. So ist hier der eigentliche Weg zur Erfüllung aufgezeigt. Aus dem Vaterunser ergibt sich das Wesen der Kindschaft Gottes und aus ihr ergibt sich das rechte Beten zu Gott, in welchem um etwas gebetet wird, aber die Erhörung mit vollem Vertrauen von der Liebe des Vaters im Himmel so erwartet wird, wie es eben seiner Liebe entspricht. Damit erhält das Gebet erst recht das eigentliche Vertrauen, den wirklich religiösen Charakter. Es führt den Menschen zu Gott und lässt ihn alles von Gott erhoffen und erwarten, aber immer im Geist des Glaubens an Gottes Weisheit und in der Liebe zu Gottes Willen. Christenleben ist nur dann Leben nach der Bergpredigt, wenn es gottverbundenes Leben ist, also ein Leben, das von Gott durchwirkt ist. Empfängt der Betende das Kleine, um das er gebetet hatte, so dankt er dem Herrn und wächst in der Liebe. Empfängt er es nicht, so weiß er, dass die Erfüllung ihn nicht Gott nähergebracht hätte, und so dankt er Gott ebenfalls, dass er in unendlicher Weisheit auf die törichten Bitten nicht eingegangen ist und trotzdem den Betenden erhört hat, weil er ihm Größeres, unendlich Größeres schenkt, den Heiligen Geist. Das ist die gelassene Vertrauenshaltung und liebende Gottverbundenheit christlichen Betens.

NUR WENIGE

Mt 7,13–14: Tretet ein durch die enge Pforte! Denn breit ist das Tor und bequem der Weg, der zum Verderben führt. Und viele beschreiten ihn. Schmal aber ist die Pforte und eng ist der Weg, der zum Leben führt. Und wenige sind es, die ihn finden.

Hier steht es nun, dieses unheimliche Wort: »Schmal ist der Weg, der zum Leben führt, und nur wenige finden ihn.« Nur wenige! Ist also das Christentum eine Geheimlehre für einen geschlossenen Kreis Erwählter? Eine kleine Jüngergemeinde, die sich um ihren Meister schart? Aber wie kann dann die Sendung Christi heißen: »Gehet hin in alle Welt und lehret alle Völker, predigt das Evangelium jeglicher Kreatur!« Und was heißt es dann, dass der Menschensohn gekommen ist, sein Leben als Lösegeld für viele zu geben? Und was besagt das Wort des Johannesprologs: »Christus erleuchtet jeden Menschen, kommend in diese Welt«? Und das Pauluswort: »Gott will, dass alle Menschen selig werden«? Und wie kann die Apokalypse sagen, dass um den Thron Gottes eine Schar steht aus allen Völkern, Stämmen und Nationen, eine Menge, die niemand zählen kann?

Müssen wir uns mit einem Widerspruch in der Bibel abfinden, weil die einen Texte von wenigen und die anderen von vielen reden? Aber dann ist sie nicht Wort Gottes. Und selbst als Menschenwort wäre sie dann von einem Mangel an Folgerichtigkeit, der in einer so wesentlichen Frage nicht ohne Weiteres vorausgesetzt werden darf. Denn das große Thema der Bibel ist die Frage nach dem Heil. Es geht hier also nicht um Nebensächliches.

Oder ist es am Ende so, dass Christus am Anfang seiner Verkündigung von froher Hoffnung getragen war, dann aber mehr und mehr ernüchtert wurde, um schließlich in würgender Enttäuschung zu enden? Aber selbst wenn man die Möglichkeit einer solchen Illusion voraussetzt, wäre es dann möglich, schon in der Bergpredigt, die ja noch in der Zeit seiner blühenden Hoffnung gehalten wurde, dieses Wort von den wenigen zu finden? Oder will der Herr lediglich sagen, dass ohne ihn und sein Kommen der Weg schmal und die Pforte eng gewesen wäre, dass er aber nun den Weg erweitert und eine große Bresche in die verschlossene Mauer der Ewigkeit geschlagen hat? Auch diese Ausflucht ist unmöglich, denn es ist die Lehre der Bibel, dass ohne Christus überhaupt kein Heil möglich ist. »In keinem anderen ist Heil. Es ist uns kein anderer Name gegeben.«

Andere versuchen, eine Art Zweistockwerk-Theorie zu konstruieren und darin eine Lösung zu finden. Danach wäre für die Erlangung des Heils nicht sehr viel notwendig, praktisch nur die Beobachtung der Zehn Gebote Gottes in ihren gröbsten Forderungen. Wer dagegen das ganze Christentum will, also das Ideal der Heiligkeit, der müsste auf einem schmalen Weg und durch eine enge Pforte gehen. Auch dieser Lösungsversuch ist untauglich. Denn der Herr redet ausdrücklich vom Weg zum Leben und vom Weg ins Verderben, also von einer kleinen Zahl der Geretteten und einer großen Zahl der Verworfenen.

Wieder andere suchen die Lösung darin, dass sie dieses Wort des Herrn nur auf Israel beziehen, das ihn bei der Bergpredigt lauschend umsteht. Man dürfte es demnach nicht ohne Weiteres auf die ganze Menschheit anwenden. Diese Erklärung ist möglich. Aber sie enthält immerhin die große Schwierigkeit, dass man dann auch bei anderen Christusworten nie mit Sicherheit sagen könnte, ob sie nur für Israel Gültigkeit haben oder für die ganze Menschheit. Es wird damit praktisch der Ernst der gesamten Bergpredigt infrage gestellt.

Aber was nun?

Vorerst müssen wir anerkennen, dass die Frage der Erwählung und der Verwerfung ein Geheimnis ist, dessen Lösung uns die Bibel im Letzten gar nicht aufzeigt. Der Mensch soll die Zahl der Erwählten nicht kennen. Er soll im Glauben einerseits den Ernst der Entscheidung aufnehmen, um den es hier geht, und andererseits die Kraft der Erlösung anerkennen und darauf sein Vertrauen setzen.

Dazu kommt ein Zweites. Das Verlorensein einerseits und das Gerettetwerden durch den Herrn andererseits müssen in ihrer ganzen Größe, Tiefe und Weite aufgenommen werden. Das ist wohl nirgendwo so gewaltig zusammengefasst wie im Wort des Römerbriefes: »Gott hat alle der Sünde überantwortet, um sich aller zu erbarmen.« Hier ist von einer Universalität der Sünde und damit der Verwerfung die Rede und doch zugleich von einer Universalität der Gnade und damit des Heils. Nur auf diesem Boden der Anerkennung eines Geheimnisses, und zwar eines Geheimnisses umfassender und umspannender Größe und Weite, kann man überhaupt über diese Dinge nachsinnen.

Ein Drittes: Im Neuen Testament überwiegt zweifellos das Element der Gnade und des Heils. Es gelingt weder der Sünde noch Satan, das Schöpfungswerk Gottes zu zerstören oder infrage zu stellen. Und die Tatsache der Menschwerdung und des Erlösungstodes Christi ist etwas so Gewaltiges, dass seine Kraft nicht nur wenigen zustattenkommt. Wenn es wirklich eine kleine Zahl Erwählter ist, sind letztlich Schöpfung und Erlösung kaum oder eigentlich kaum mehr zu erklären.

Ein Viertes: In den Worten der Bergpredigt geht es dem Herrn gar nicht darum, uns eine theoretische, dogmatische Wahrheit zu verkünden, also etwa die Zahl der Erwählten. Sondern es geht ihm um etwas Ethisches, um eine Mahnung. Er will die Menschen veranlassen, wirklich den Weg des Heils zu suchen und auf ihm voranzuschreiten. »Tretet ein!« Das ist sein erstes und entscheidendes Wort. Und um nun den Ernst und die Wichtigkeit dieses Fragens und Suchens, Findens und Eintretens möglichst zu betonen, zeichnet er den Gegensatz der schmalen und der weiten Pforte, des engen und des breiten Weges. Dieser Gegensatz birgt nicht eine Offenbarung über die große oder kleine Zahl derer, die das Heil finden, sondern ist nur die Basis für die moralische Forderung, ernstlich nach dem Heil zu suchen. Nur so steht das Wort im Zusammenhang der ganzen Bergpredigt. Dass dieses Suchen wichtig ist, ergibt sich dann daraus, dass er, Christus, selbst der Weg und die Pforte zum Heil ist, dass also jeder ernstlich nach ihm fragen und ihn suchen muss. Denn wer ihn findet, ist gerettet, und wer ihn nicht findet, ist verloren. Es geht somit um die Forderung, Christus und sein Wort zu finden. In Israel waren es, aufs Ganze gesehen, wenige, die gefunden haben, und daraus ergibt sich der Ernst der Mahnung des Herrn an alle Menschen, damit es, aufs Ganze der Menschheit gesehen, nicht wenige seien, sondern viele. Nur so ist das Wort richtig gedeutet, wenn man es nicht als Mitteilung einer Tatsache und einer Zahl, sondern als ernste und entscheidende Forderung an die Menschen versteht. Wir wollen uns bemühen, zu den wenigen zu gehören, die ehrlich und ernstlich suchen, zu den wenigen, die klar und eindeutig Stellung beziehen und es dann der Barmherzigkeit Gottes überlassen, was er mit den vielen macht, von denen man den Eindruck hat, dass sie weder ehrlich suchen noch sichtbar finden. Damit haben wir als Christen die rechte Haltung. Dem Ernst der Forderung des Herrn ist dann entsprochen und zugleich das Geheimnis seiner Erwählung in die Größe seiner Barmherzigkeit gelegt.

WÖLFE IN SCHAFSPELZEN

Mt 7,15–20: Hütet euch vor den falschen Propheten, die in Schafskleidern zu euch kommen, innen aber reißende Wölfe sind! An ihren Früchten werdet ihr sie erkennen. Sammelt man etwa Trauben von Dornen und Feigen von Disteln? So trägt jeder gute Baum gute Früchte. Ein kranker Baum aber trägt schlechte Früchte. Ein guter Baum kann keine schlechten Früchte tragen und ein kranker Baum kann keine guten Früchte tragen. Jeder

Baum, der keine guten Früchte trägt, wird umgehauen und ins Feuer geworfen. So könnt ihr sie also an ihren Früchten erkennen.

Das Bild, das der Herr braucht, ist außerordentlich treffend zur Bezeichnung verharmloster Gefährlichkeit. Die Apokalypse zeichnet ein ähnliches Bild, wenn sie vom Geist, der sich in den Dienst Satans stellt, sagt, er sei ein Lamm, führe aber die Sprache des Drachens. Es geht in beiden Bildern um das Gleiche, um den Geist der Finsternis, der als der Engel des Lichts auftritt, um christlich maskiertes Antichristentum. Das Tun »als ob« ist immer widerlich. Wenn es aber religiöses Gepräge hat und als Scheinheiligkeit mit dem Schein des Heiligen höchst Unheiliges umkleidet, ist es Widergöttliches, das sich als göttlich ausgibt, und damit Missbrauch Gottes selbst. Verführung tarnt sich als Führung. Sturz in die Tiefe gibt sich als Aufstieg zur Höhe.

Die Priester im Tempel sprachen den Gläubigen von Brandopfern und Liturgie, meinten aber den eigenen Geldbeutel. Die Pharisäer redeten von der Ehre Gottes, meinten aber die eigene Ehre vor den Menschen. Die Schriftgelehrten sprachen vom Gesetz Jahwes, meinten aber ihre eigene Menschensatzung, durch welche sie die Religion aus einer Lust zu einer Last, aus einem Dürfen zu einem Müssen machten und dadurch das Wesen Gottes selbst entstellten. Die Führer Israels beteten zum Vater und mordeten zu gleicher Zeit den Sohn. Sie warteten auf den Gesalbten des Herrn und schlugen ihn inzwischen ans Kreuz. Sie verkündeten das Königtum Jahwes und verurteilten zu gleicher Zeit Christus, den König der Juden, zum Tod, nur um den kläglichen Rest ihrer eigenen irdischen Herrschaft zu retten.

Die Formen wechseln, aber immer bleibt die Sache, die Verführung des Volkes durch die Tarnung mit Harmlosigkeit. Sie reden von Freiheit und versklaven unter diesem Schein die Menschen und Völker. Sie verheißen das Wohl des Volkes und machen hinter dieser Fassade aus dem Volk eine willenlose Masse und missbrauchen sie, um den eigenen Willen zur Macht an ihr abzureagieren. Andere gebrauchen die Formel der Humanität und der Würde des Menschen, haben aber zu gleicher Zeit durch ihren Atheismus dem Menschen seine eigentliche Würde als Bild Gottes genommen. Und während sie ihm das freie Schreiten nach oben genommen haben, sind zu gleicher Zeit die Abgründe nach unten geöffnet worden und anstelle der Humanität ist die Bestialität gekommen und aus der Menschlichkeit wird die Unmenschlichkeit.

Oder sie reden von der Befreiung der Kirche und ihrer Lösung aus falschen politischen Bindungen. In Wirklichkeit wollen sie die Kirche in Sakristeien und Gotteshäuser einschließen und sie durch Erstickungstod aus dem Weg schaffen. Diese Kirche verkündet die seelische Freiheit. Dem Wolf im Schafspelz geht es aber weder um die Seele noch um die Freiheit.

Wieder andere gebrauchen die großen Worte »Toleranz« und »Freiheit des Geistes«, um den Absolutheitsanspruch der christlichen Wahrheit aufzulösen und anstelle des geoffenbarten Gotteswortes ein Gemisch aus verschiedenen Religionen und Konfessionen zu machen, das ihrem eigenen Geist schmeichelt. Das Göttliche ist durch Menschliches ersetzt, also das Große durch das Kleine, das Weite durch das Enge, und all das unter dem Schein der geistigen Größe und Weite.

Es gibt auch Wölfe im Schafspelz, die unter dem Schein des Christlichen ebendieses Christentum von innen her aushöhlen. Sie reden von Christus, meinen aber nicht den Gesalbten Jahwes, sondern einen religiösen Menschen, der ihren eigenen Ideen oder Sentimentalitäten entspricht, und nehmen damit dem Gesalbten die Salbung durch die Gottheit. Sie reden von Kirche, meinen aber nicht die Gemeinde des Herrn, den Bund der Erwählten, den mystischen Leib Christi, sondern den Zusammenschluss Gleichgesinnter, also etwas, das von unten her gebaut ist, wo doch die Kirche von oben her gestaltet ist. Sie vermenschlichen das Göttliche und verirdischen das Himmlische. So bezeichnen sie mit dem gleichen gottgegebenen Namen etwas völlig anderes, das keineswegs gottgegeben ist. Sie reden von Gnade, meinen aber nicht die Wasser, die aus Gott quellen und die leeren Schalen und Brunnen der Menschen füllen. Sie meinen nicht den Feuerstrom, der sich aus Gott in die Menschenseele ergießt, sondern nur ein gnädiges Herabblicken Gottes auf den sündigen Menschen. Mit Berufung auf Vernunft, Wissenschaft und Geist wird die Größe der Mysterien Gottes entstellt und damit das ganze Christentum seiner eigentlichen Kraft beraubt. Und das alles durch Lehrer der Theologie und Verkünder des Gotteswortes.

Das Warnsignal Christi ist wahrhaftig berechtigt. Und das Kennzeichen, durch das man das Wahre vom Falschen, das Echte vom Unechten unterscheiden kann, sind die Wirkungen der Lehren. »An den Früchten werdet ihr sie erkennen.« Am Dornengestrüpp reifen keine Trauben und aus den Wurzeln von Disteln wachsen keine süßen Birnen. Schöne Reden sind noch kein Echtheitsbeweis. Gute Taten, die in selbstloser Liebe getan werden, sind Hinweis auf Gott. Denn nur in der Verbundenheit mit ihm kann der Mensch auf die Dauer Gutes tun.

GEHORSAM

Mt 7,21–23: Nicht jeder, der zu mir sagt: Herr, Herr!, wird ins Reich der Himmel eingehen, sondern wer den Willen meines Vaters im Himmel tut. Viele werden an jenem Tag zu mir sagen: Herr, Herr, haben wir nicht in deinem Namen als Propheten geredet und in deinem Namen Teufel ausgetrieben und in deinem Namen viele gewaltige Dinge gewirkt? Dann werde ich ihnen erklären: Ich habe euch nie gekannt. Weichet von mir, die ihr tut, was gegen das Gesetz ist!

Die Bergpredigt fordert Gesinnungsethik. Immer wieder kommt Christus auf die Gesinnung zurück. Ist die Gesinnung aber richtig, dann muss aus ihr auch die Tat folgen. Darum ist nun zum Schluss zweimal von dieser Tat die Rede. Sie muss Erfüllung des göttlichen Willens sein. Christus zeigt die Wichtigkeit solchen Tuns durch die Gegenüberstellung zu anderem, das religiös eindrucksvoll erscheint.

Gehorsam ist *wichtiger als Gebet.* »Nicht jeder, der da sagt: ›Herr, Herr!‹, wird ins Himmelreich eingehen«, und wäre es auch kontemplatives Beten in völliger Versunkenheit des Geistes und mit der Glut eines Seraphs. Wäre es jubelndes Psalmengebet ohne Zerstreuung und in tiefster Ergriffenheit. Wäre es auch Feier des Messopfers inmitten einer betenden Gemeinde. Und wäre es eine *Missa solemnis* (»feierliche Messe«, Anm. d. Verl.) als rauschender Hymnus auf die *Gloria Dei* (»Ehre Gottes«, Anm. d. Verl.). Ohne die Erfüllung des Willens Gottes zählt es nicht vor Gott. Gehorsam ist wichtiger als Beten.

Er ist auch *wichtiger als prophetischer Geist.* Hätte der Mensch ein Wissen, das er nur durch Gottes Offenbarung erlangen kann, und würde er sprechen mit der mitreißenden Gewalt eines Propheten, eifernd wie Elias, wortgewaltig wie Jesaja, erschütternd wie Jeremias, es wäre nichts, wenn es nicht Erfüllung göttlichen Willens ist.

Gehorsam ist *wichtiger als Macht über die Dämonen.* Man möchte doch vermuten, dass nur ein Heiliger den unheiligen Geist vertreiben kann. Und doch ist es nicht so. Denn der heilige Gott kann auch mit unheiligen Werkzeugen Heiliges wirken. Teufelsaustreibung besagt noch nichts über die innere Heiligkeit des Besens, den Gott gebraucht.

Gehorsam ist *wichtiger als Wunder.* Das ist nun doch das Erstaunlichste. Sind denn Wunder nicht ein Erweis der Kraft Gottes? Ja, aber nur in dem Sinne, dass sie eine Bestätigung dafür sind, dass Gott am Werke ist. Aber wieder kann Gott für sein Werk auch unheilige Werkzeuge benutzen. Prophezeiung,

Teufelsaustreibung und Wunder sind nur Funktionen im Reich Gottes und besagen nichts über den inneren Stand dessen, der die Funktion ausübt. Nicht das, was in die Augen springt, und noch weniger das eigentlich Auffallende bestimmen Heil und Heiligkeit des Menschen, sondern sein Tun, das im Gehorsam gegen Gottes Willen geschieht.

Gott hat die Welt und in ihr den Menschen erschaffen, um seine Liebe anderen mitzuteilen. Der Sinn des Menschenlebens ist somit die freie Antwort der Liebe auf das Wort der Liebe Gottes. Der Mensch soll horchen, um zu gehorchen. Der Horchende vernimmt das Wort der Liebe, jener Liebe, die schenkt und fordert. Sie schenkt sich selbst und fordert, dass der Mensch in Liebe sich selbst schenke. Die einzig würdige Antwort des Menschen kann also nur eine in Freiheit sich schenkende Liebe sein. Das ist das Erfüllen göttlichen Willens. Gott ist die Liebe. Sein Wollen ist Liebe. Sein Fordern ist Liebe. Darum ist der Gehorsam der Liebe der tiefste Sinn und das wunderbare Geheimnis der Bergpredigt. Solche Liebe ist nun freilich wichtiger als Beten, Prophezeien, Teufelsaustreibung und Wunderwirken. Denn die echte Liebe der Tat und das Tun aus Liebe und in Liebe sind das Geheimnis des Lebens. Nur wer sich darum bemüht, wird ins Himmelreich eingehen. Von allen anderen wird es heißen: »Ich habe euch nicht gekannt. Hinweg, ihr Übeltäter!« Also selbst große Beter, prophetische Prediger, vom Volk verehrte Wundertäter können verworfen sein, wenn nicht das Geheimnis liebenden Gehorsams ihrem Leben die Sinnerfüllung gibt. Der Mensch ist durch das Wort ins Dasein gerufen. Sein Dasein muss Antwort auf jenes rufende Wort sein. Das Wort war schöpferische Liebe. Die Antwort muss tätige Liebe sein.

CHRISTENTUM DER TAT

Mt 7,24–27: Jeder, der diese meine Worte hört und danach handelt, gleicht einem vernünftigen Mann, der sein Haus auf den Felsen gebaut hat. Es fiel der Regen und es kamen Wasserströme und es brausten die Stürme und fielen über das Haus her. Aber es stürzte nicht ein. Denn es war auf den Felsen gebaut. Und jeder, der diese meine Worte hört und nicht danach handelt, gleicht einem törichten Mann, der sein Haus auf den Sand gebaut hat. Es fiel der Regen, es kamen Wasserströme und es brausten die Stürme und fielen über das Haus her. Und es stürzte ein. Und sein Sturz war groß.

Der Katholizismus hält in der Frage nach dem Sinn des menschlichen Tuns die Linie der Mitte ein. Der Glaube allein genügt nicht. Denn ein Glaube, der sich nicht im Werk auswirkt, ist nicht wirklicher Glaube. Er ist wie eine Wolke, aus der kein Regen fällt, wie eine Knospe, die nicht aufgeht, wie ein Funke, der nicht zündet. Werkheiligkeit, richtig verstanden, ist echt biblisch. Heilige ohne Werke sind unwirklich.

Aber auch das andere Extrem ist falsch. Werke ohne Glauben sind kraftlos. Sie sind wie ein erstklassig gebauter Wagen ohne Treibstoff. Wie ein in der Retorte hergestellter Homunkulus (künstlich hergestellter Mensch) oder wie ein technisch vollendeter Roboter ohne Seele. Denn ohne Glauben bleibt alles menschliche Tun auf der Ebene des bloß Menschlichen. Es zählt nicht vor Gott. Gott allein ist gut. Wenn darum in den Werken des Menschen nichts Göttliches ist, sind sie nicht gut. Darum sind gute Werke ohne gottgegebenen Glauben keine guten Werke.

Die katholische Linie der Mitte lautet somit: Glaube als ein Jasagen zum Wort Gottes, aber ein Jasagen der Tat. Also Werke aus dem Glauben.

Erste Voraussetzung ist somit das Wort Gottes: »Wer diese meine Worte hört …« Der erste Schritt wird durch Gott getan, und zwar durch sein Wort. Hören als innere Aufnahmebereitschaft ist eine wesentliche Bedingung vonseiten des Menschen.

Dann kommt aber als eigentlich Wesentliches das Zweite: »Wer diese meine Worte hört *und* danach handelt …« Das Wort Gottes ist nicht unverbindliches Sprechen, sondern verpflichtender Anruf. Darum weckt es beim Menschen die Notwendigkeit, eine Antwort zu geben, und somit die Verantwortung. Das Wort Gottes ist überhaupt nicht bloß ein Sprechen, sondern ein Tun: Gott sprach und es ward! Sein Tun ist ein Sprechen und sein Sprechen ist ein Tun. Denn das Wort ist Fleisch geworden. Darum muss auch die Antwort des Menschen, wenn sie aus wirklicher Verantwortlichkeit gegeben wird, das Tun sein. Worte sind zu billig. Theoretische Erklärungen zählen nicht. Nur die Antwort der Tat ist lebendige Antwort auf den Anruf des Lebens.

Und das Wort Gottes ist Sprechen und Tun aus Liebe. Darum muss die Antwort der menschlichen Tat das Tun aus Liebe sein. Paulus spricht vom »Glauben, der in Liebe wirksam ist«. Darin rundet sich die Bergpredigt ab. In ihr spricht das Mensch gewordene Wort, die Tat gewordene Liebe Gottes. Wer diese Worte hört und danach handelt, gibt die Antwort liebender Tat und damit wirklicher Hingabe an die Mensch gewordene Liebe.

Nur dieses Christentum ist auf Fels gebaut. Denn es steht auf dem unerschütterlichen Boden des Wortes und des Tuns und damit der Liebe Gottes. Jedes andere Christentum, und mag es noch so tiefsinnig theologisch formuliert und von noch so lebendigen Gefühlen und Erlebnissen getragen sein, ist auf Sand gebaut, denn sein Fundament ist etwas Menschliches. Alles Menschliche aber ist Flugsand.

Christentum, das Antwort tätiger Liebe auf das Gotteswort liebender Tat ist, hält jedem Sturm stand, wie das auf Fels gebaute Haus, auch dem Sturm des Jüngsten Gerichts am Tag des

Zornes Gottes. Denn es ist dann eine Begegnung nicht mit dem Gott des Zorns, sondern mit dem Gott der Liebe.

Das Gesetz des Alten Bundes schloss mit der Androhung von Fluch für den, der es nicht hält, und der Verheißung von Segen für den, der es hält. Das Gesetz des Neuen Bundes, die Bergpredigt, enthält auch Drohung und Verheißung, aber beides, Drohung und Verheißung, erfüllt sich erst am Tage des Gerichts. Das Christentum ist keine Garantie für irdische Wohlfahrt, sondern Hinweis auf die Parusie und damit auf den Tag, an dem das Wort Gottes verdammendes Wort ist für den, der im Unglauben oder im unwirksamen Glauben Nein gesagt und damit sich selbst verurteilt hat – »Wer nicht glaubt, ist schon gerichtet.« Es ist aber auch Hinweis auf den Tag, an dem das Wort Gottes einladende Liebe ist – »Kommet zu mir, ihr Gesegneten!« – für den, der in lebendigem Glauben die Antwort der Liebe gegeben und damit sein Leben auf den Boden Gottes gestellt und sein Schicksal völlig in die Hände Gottes gelegt hat in liebender Hingabe an die ewige Liebe. Die Entscheidung fällt hier und jetzt. Sichtbar wird sie aber erst drüben und dereinst.

»WIE EINER, DER MACHT HAT«

Mt 7,28–29: Als Jesus diese Worte beendet hatte, staunten die Volksscharen über seine Lehre. Denn er lehrte sie wie einer, der Macht hat, und nicht wie ihre Schriftgelehrten.

Als der Herr die Bergpredigt beendet hatte, »wurden die Volksscharen von Staunen hingerissen«. Und als Grund wird die Art seines Sprechens angegeben: »Er lehrte wie einer, der Macht hat.« Christus spricht nicht in undurchsichtiger Problematik wie die Philosophen, nicht in blutleeren abstrakten Begriffen und klassisch geschliffenen Syllogismen wie die Sophisten. Seine Worte sind auch nicht salbungsvolle Frömmigkeit, die in Wirklichkeit sich selbst zur Schau stellt und in gespreizter Feierlichkeit wie ein Pfau das Rad persönlicher Eitelkeit schlägt, wie die Pharisäer es tun. Seine Darlegungen sind auch nicht ermüdende Moralkasuistik, in welcher Gesetzesparagrafen auf künstlich ausgeklügelte und konstruierte Fälle angewandt werden, fern vom wirklichen Leben und noch ferner von echter Frömmigkeit. Das war die Art der Schriftgelehrten. Er spricht auch nicht wie die Demagogen, die den Massen schmeicheln, die Leidenschaften aufwühlen, letztlich nur, um dem eigenen Willen zur Macht zu frönen. Christus spricht ganz anders. Er spricht nicht wie einer, der die Macht sucht, sondern wie einer, der Macht hat. Und er hat sie in der Tat. Er ist vom Allmächtigen bevollmächtigt. Seine Person ist der *Logos,* das Wort Gottes. Und darum ist er *das* Sprechen Gottes. Die Menschwerdung des Wortes ist das Sprechen des Gotteswortes in die Menschheit hinein. Und so taucht hinter seinen Worten seine Persönlichkeit auf. Die Kraft und Größe dieser Persönlichkeit sind das Geheimnis seines Sprechens. Er ist der Allmächtige. Darum spricht er als einer, der Macht hat. Seine Persönlichkeit ist es auch, welche die Massen mitreißt. Er ist nicht nur der Verkündiger, sondern auch die Verkörperung der Bergpredigt, ihr eigentlicher Interpret. Sein Leben ist der Kommentar zu seinen Worten. Die acht Seligkeiten haben in ihm Gestalt angenommen. Er ist das Salz der Erde und das Licht der Welt. Er ist die weithin sichtbare Stadt auf dem Berge. Sein Leben ist Leben aus Gesinnung. Denn bei ihm ist alles beseelt vom Geist der Liebe. Wenn er Gutes tut, geschieht es nie aus Selbstsucht, sondern im Blick auf den Vater im Himmel. Er hat uns die rechte Haltung dem Irdischen gegenüber vorgelebt, hat um materielle Schätze sich nicht gekümmert, ist nie der ängstlichen Sorge um Nahrung und Kleidung verfallen, hat auch das Verhältnis zu den Mitmenschen uns sichtbar werden lassen durch seine Liebe bis ans

Ende. An seinen Früchten erkennt man die Güte seines Stammes und seiner Wurzel. Und darum hat er in der Kirche das Haus gebaut, das auf Fels steht und nicht auf Sand. Der Sturm des Karfreitags und alle Stürme der Kirchengeschichte haben es nicht zu erschüttern vermocht.

So ragt in der Bergpredigt die geheimnisvolle Macht Gottes auf und wird in ihr das machtvolle Auftreten Jesu sichtbar. Daher die unwiderstehliche Macht seines Wortes. Wer diesen Worten lauscht, ohne voreingenommen zu sein, kann ihnen nicht widerstehen. Wer nicht alle Türen seines Herzens verrammelt und alle Fenster seines Geistes vernagelt hat, wer nicht von vornherein sich auf die Abwehrhaltung festgelegt hat, wer nicht grundsätzlicher Neinsager ist, weil er besessen ist vom Geist, der stets verneint, kann sich der Größe, Schönheit und Kraft der Worte Christi nicht entziehen. Die Scharen wurden hingerissen durch die hinreißenden Worte des Herrn. Wer beim Lesen und Meditieren der Bergpredigt nicht innerlich in Bewegung gerät, hat sie nicht verstanden und von ihrer Dynamik nichts verspürt. Die Macht dieser Gottesworte muss uns aus falscher Geruhsamkeit aufrütteln und in die Unruhe zu Gott bringen. Alle Seen, Teiche und Tümpel geraten in Bewegung und werden wieder zu rauschenden Bächen, die unwiderstehlich zum ewig wogenden Meer strömen, zum unendlichen Gott.

DIE BERGPREDIGT – EINE GEISTIGE REVOLUTION

Die Bergpredigt hat etwas Mildes, Gütiges. Sie preist die Sanftmütigen, die Barmherzigen, die Friedensstifter, verkündet die Versöhnung und die Feindesliebe. Und doch bedeutet sie in der Geschichte der Frömmigkeit eine geistige Revolution. Äußerlich klingt das an in dem ständig wiederholten »Ich aber sage euch« und innerlich ist es eine völlige Verlagerung der Gewichte.

Ein Erstes: Der Gottesbegriff ist völlig neu. Gott ist nicht mehr das unfassliche Etwas, vor dem man mit dem Gefühl schlechthinniger Abhängigkeit steht, nicht mehr Jahwe, vor dem man die Schuhe löst und das Angesicht verhüllt, sondern es ist der Vater im Himmel. Auch im Alten Testament wird Gott Vater genannt, aber immer nur Vater des Volkes, nicht des Einzelnen. Wenn einmal gesagt wird: »Er wird mir Sohn sein und ich werde ihm Vater sein«, so gilt das von Salomo nicht als privater Person, sondern als König, der das Volk verkörpert. In den Worten Christi ist Gott der Vater eines jeden Einzelnen. Damit erhält die Frömmigkeit einen personalen Charakter und etwas Intimes, Warmes, Lebendiges.

Ein Zweites: Die Religion ist nicht mehr Menschendienst Gottes, sondern Gottesdienst des Menschen. Die zentrale Stellung des Menschen ist völlig überwunden. Gott steht im Zentrum. Alles ist auf ihn bezogen. Religion ist nicht mehr der Versuch, Gott gnädig zu stimmen, damit es dem Menschen gut geht, sondern es ist ein wirklicher Dienst, den der Mensch Gott leisten muss, leisten darf und leisten will. Es ist das ständige Hinblicken auf Gott. Das Hungern und Dürsten nach Gott. Man sucht zuerst das Reich Gottes. Gott ist in allem das Motiv.

Ein Drittes: Die Gewichte werden verlagert vom Ritus aufs Ethos. Der Kult wird nicht abgeschafft, aber er ist nicht mehr das Wichtigste. Das Ethos ist wichtiger. Dienst Gottes ist somit nicht in erster Linie gottesdienstliche Feier, sondern ein Dienst des Herzens. Schon die Propheten haben immer wieder das Ethos dem Kultus vorgezogen. Aber in der Bergpredigt ist das mit einer Größe und Selbstverständlichkeit vollendet, in welcher das Kämpferische um diese Frage völlig zurücktritt, weil das Ergebnis sich aus dem rechten Gottesbegriff ohne Weiteres ergibt. Die Forderung »Lass deine Gabe am Altar und gehe zuerst hin und versöhne dich mit deinem Bruder« ist der deutlichste Ausdruck dafür. Der primitive Mensch will durch Magie und Riten die Gottheit versöhnen. Sind die Opfer dargebracht, so ist sein Gottesdienst vollendet. Das persönliche Leben hat damit nichts oder wenig zu tun. Bei Christus ist es umgekehrt. Gottesdienst ist in erster Linie Herzenssache.

Ein Viertes: Im Ethos werden die Gewichte vom Werk auf die Gesinnung verlegt. Das Tun ist wichtig. »Nicht jeder, der zu mir sagt: ›Herr, Herr!‹, wird ins Reich der Himmel eingehen, sondern wer den Willen meines Vaters tut, der im Himmel ist.« Aber die Gesinnung ist wichtiger. Gegen pharisäische Werkheiligkeit wird mit aller Entschiedenheit der Vorrang der inneren Gesinnung betont. Damit erhält die Religion ihre Verinnerlichung und damit das allein Gotteswürdige und Menschenwürdige.

Ein Fünftes: Innerhalb der Gesinnung ist die Liebe das Größte. Und weil es Liebe ist, die aus Gott strömt, darf sie vor nichts und vor niemandem haltmachen. Damit ist die Nächstenliebe in die Gottesliebe eingebaut. Das Verhalten des Menschen zum Menschen wird aus dem Verhältnis des Menschen zu Gott gestaltet.

Damit ist die Bergpredigt ein einheitliches, geschlossenes Ganzes von gewinnender Einfachheit, heller Durchsichtigkeit und erhabener Größe.

Wer sich in der Religionsgeschichte etwas auskennt und wer die Sprache der Rabbis Israels kennt, weiß, welch unerhörter Schritt in der Bergpredigt getan wird. Es ist ein eigentlicher Umsturz des Denkens, eine Revolution im religiösen Bezirk. Das Volk hat das instinktiv gespürt und darum gestaunt über die einfache und doch machtvolle Sprache Jesu. Diese Revolution ist seitdem in vollem Gange. Sie muss in jedem einzelnen Menschen immer wieder vollzogen werden. Und nur dort, wo sie vollzogen wird, ist Christentum.

WUNDER

Mt 8,1–4: Als er vom Berg herabstieg, folgten ihm große Volksscharen. Siehe, da kam ein Aussätziger, fiel ihm zu Füßen und sagte: »Herr, wenn du willst, kannst du mich reinigen.« Da streckte er seine Hand aus, berührte ihn und sprach: »Ich will, sei rein!«, und auf der Stelle wurde er vom Aussatz gereinigt. Da sprach Jesus zu ihm: Gib nun acht und sage es niemandem, sondern gehe hin, zeige dich dem Priester und bring die Gabe dar, die Moses angeordnet hat, ihnen zum Zeugnis!

Der Gegensatz springt in die Augen. In der Bergpredigt die frohe Stimmung der Seligpreisungen, die Größe Christi, die Wucht seiner Sprache, die Begeisterung des Volkes. Hier der Aussätzige in seinem Elend und seinem Jammer, ein Ausgestoßener, Einsamer. Die ganze Düsterkeit eines hoffnungslosen Schicksals.

Aber Matthäus fügt diesen Bericht nicht der Bergpredigt an aus Liebe zur Schwarz-Weiß-Malerei oder aus literarischem Kunstgriff des jähen Umschlages, auch nicht einmal, um die Barmherzigkeit Christi zu zeigen. Das Wunder soll vielmehr eine Bestätigung sein, ein Zeichen und Zeugnis. Und zwar nicht in erster Linie oder wenigstens nicht nur, um zu zeigen, dass Christus das Gesetz hält und somit kein Gesetzesbrecher ist, sondern es soll den Priestern, den geistigen und religiösen Führern Israels, gewissermaßen ein Ausweis unterbreitet werden. Sie sollen erkennen, dass Christus seine Worte nicht in eigener Machtvollkommenheit spricht, sondern im Auftrag Gottes, der ihn durch ein Wunder als seinen Boten bezeugt. Die Lepra ist bis heute unheilbar (sie konnte in den 1990er-Jahren durch Medikamente weitgehend zurückgedrängt werden, Anm. d. Verl.). Und erst recht ist sie unheilbar durch ein bloßes Wort und einen Willensakt: »Ich will: Sei rein!« Wenn also die Priester den Fall prüfen und untersuchen, müssen sie zum Ergebnis gelangen, dass dieser

Kranke wirklich aussätzig war und wirklich durch ein bloßes Wort in einem Augenblick völlig geheilt wurde. So geheilt, dass halb verfaulte Glieder wieder ergänzt sind und der ganze Mensch in voller Gesundheit dasteht. Ein überwältigendes Zeichen!

Aber das Wunder kann und will den Glauben nicht erzwingen. Wo der gute Wille fehlt, bleibt immer eine Ausflucht offen. Sie können entweder leugnen, dass der Geheilte wirklich aussätzig war, können die Glaubwürdigkeit dieses Mannes bezweifeln, die Zuverlässigkeit der anderen Zeugen infrage stellen oder können die übernatürlichen Kräfte auf dämonischen Ursprung zurückführen. Modern formuliert, würde man sich auf Magie, okkulte Kräfte oder parapsychische Phänomene berufen oder wenigstens grundsätzlich erklären, dass wir nicht wissen, welche Kräfte im Menschen ruhen und was somit innerhalb der Natur möglich oder nicht möglich sei. Es braucht somit zur Anerkennung eines Wunders die seelische Bereitschaft, das heißt einerseits eine geistige Unvoreingenommenheit und anderseits den Mut, aus Tatsachen die Konsequenzen zu ziehen. Es gibt Menschen, für welche die Unmöglichkeit des Wunders ein Dogma ist. Sie bestreiten dann einfach blindlings die Tatsachen. Und wo das nicht möglich ist, weigern sie sich, eine Erklärung der Tatsachen zu geben. Sie flüchten in das *Ignoramus et ignorabimus* (»Wir wissen es nicht und werden es niemals wissen«, Anm. d. Verl.) und verweigern den Glauben.

Das Wunder beweist nicht den Glauben, denn bewiesener Glaube ist kein Glaube. Das Wunder bestätigt nicht einmal direkt die Richtigkeit einer Aussage, sondern es beweist nur, aber auch wirklich, die Glaub*würdigkeit* desjenigen, der behauptet, im Namen Gottes zu reden, und als Ausweis Werke vollbringt, die er im Namen Gottes tut und die man mit natürlichen Kräften nicht tun kann, wenigstens nicht in der Art, wie sie getan werden. Wenn ein Mensch Gott zum Zeugen anruft und als Zeugnis Wunder verrichtet, ist es Gott selbst, der den Sprechenden beglaubigt. Von der Glaubwürdigkeit zum Glauben ist aber noch ein großer Schritt. Und ebendieser Schritt wird nicht erzwungen, sondern nur als logisch und vernünftig aufgezeigt. Somit bleibt der Glaube ein freier Akt des Menschen und ist gerade dadurch Verherrlichung Gottes. Das ist der Sinn des Wunders. Und darum ist das Wunder selten. Gott durchbricht nicht dauernd die Naturgesetze, die er selbst gegeben hat. Wenn Christus Wunder wirkt, so tut er es immer wieder zum Zeugnis und als Ausweis seiner göttlichen Sendung.

Im ersten Wunder, das Matthäus berichtet, wird dieser Ausweis nur den Priestern gegeben. Es handelt sich also nicht darum, das Volk zu begeistern. Jesus verbietet im Gegenteil dem Aussätzigen, über das Wunder zu sprechen. Aber die verantwortlichen Führer sollen keine Ausrede haben. Für sie ist das Zeichen gewirkt. Sie können von jetzt an wissen, woran sie sind.

Wundersucht ist unchristlich, aber Wunderflucht ebenfalls. Eine unvoreingenommene sorgfältige Prüfung, aber aufgrund einer solchen dann auch die Anerkennung göttlichen Wirkens, ist die allein christliche Haltung. Dass der wunderbare Gott Wunder wirkt, ist nicht verwunderlich. Verwunderlich wäre, wenn er nie Wunder wirkte. Ebenso verwunderlich wäre, wenn die Wunder etwas Alltägliches wären. Es ist für den Christen wichtig, in dieser Frage des Wunders eine nüchterne, klare Haltung einzunehmen. Es gibt wundersüchtige und es gibt wunderscheue Zeiten. Allein nüchterne Glaubenshaltung ist eines Christen würdig.

UNGLAUBE DER GLÄUBIGEN, GLAUBE DER UNGLÄUBIGEN

Mt 8,5–13: Als er nach Kapharnaum kam, trat ein Hauptmann zu ihm und bat ihn: »Herr, mein Diener liegt zu Hause gelähmt und erduldet große Qualen.« Da sprach er zu ihm: »Ich will kommen und ihn heilen.« Der Hauptmann aber antwortete: »Herr, ich bin nicht würdig, dass du unter mein Dach kommst. Sprich nur mit einem Wort und mein Diener wird gesund. Denn auch ich bin ein Mensch, der unter Vorgesetzten steht und ich habe Soldaten unter meinem Kommando. Wenn ich zum einen sage: ›Marsch!‹, so marschiert er, zu einem anderen: ›Komm!‹, so kommt er, und zu meinem Sklaven: ›Tu das!‹, so tut er es.« Als Jesus das hörte, wunderte er sich und sagte zu denen, die ihm folgten: »Wahrlich, ich sage euch, bei niemandem in Israel habe ich solchen Glauben gefunden. Aber ich sage euch: Viele werden von Osten und Westen kommen und mit Abraham und Isaak und Jakob im Reich der Himmel zu Tische sitzen. Die Söhne des Reiches hingegen werden hinausgeworfen in die Finsternis draußen. Dort wird Heulen und Zähneknirschen sein.« Und zum Hauptmann sprach Jesus: »Geh! Wie du geglaubt hast, soll dir geschehen.« Und der Diener wurde in jener Stunde geheilt.

Es bleibt für immer ein Geheimnis, dass das gläubige Israel, als Ganzes genommen, dem Herrn den Glauben verweigert hat und die ungläubige Heidenwelt zum Glauben gekommen ist. Matthäus deutet es an, wenn er in den ersten zwei Wundern nach der Bergpredigt diese Scheidung der Geister aufblitzen lässt. Die Priesterschaft verweigert den Glauben, obwohl sie in der Heilung des Aussätzigen ein Zeichen erhalten hat, wie es deutlicher nicht mehr sein könnte. Und der römische Hauptmann als ein völlig Außenstehender kommt zu einer Glaubensgröße, die selbst Christus Bewunderung abnötigt.

Israel war ein Volk des Glaubens. Das Wort Gottes war ihm alles: Gesetz, Wissenschaft, Grund seiner nationalen Hoffnungen, Ursache seiner Auserwählung, die eigentliche Lebenskraft des ganzen Volkes. Es war im Glauben erzogen und groß geworden. Aber dieser Glaube war weithin ausgeleiert und im Institutionellen veräußerlicht, im Tempel, in den Festfeiern, im Kultus. Den Priestern war der Glaube die äußere Existenzbasis. Bei den Schriftgelehrten war er zur Wortklauberei erstarrt und Versuchung zur Selbstüberhebung. Das Volk war zu sehr in Abhängigkeit von den Führern geraten und ohne selbstständiges Urteil. Der Glaube war wie ein sicheres Gehäuse, in dem sich alle geborgen wussten. Aber es war nicht mehr ein lebendiges Stehen vor dem lebendigen Gott. Nicht mehr ein Angerufensein durch die unausweichliche Stimme des Herrn. So haben sie langsam das Gespür verloren für das wirkliche Wort Gottes und haben damit nicht mehr die Empfänglichkeit, wenn in Christus dieses Gotteswort neu an sie ergeht. Sie wollen nur eine Bestätigung dessen, was sie sich allmählich selbst zurechtgelegt haben. Gerade das bringt aber Christus nicht. Er stellt im Gegenteil das äußere Gehäuse infrage, fordert und bringt das neue Leben aus Gott, und diesen Schritt aus einer falschen Sicherheit heraus und in Gott hinein wollen sie nicht machen. Sie verweigern die Gefolgschaft und verweigern damit Gott den Gehorsam des Glaubens.

Anders der römische Hauptmann. Er ist Heide, weiß sich von Israel ausgeschlossen und wird gerade dadurch ein Fragender und Suchender. Er hat sich die von Natur aus auf Gott angelegte Seele bewahrt und weiß, dass über allem ein Herr und Herrscher steht, dem der Mensch bedingungslos Gehorsam zu leisten hat. Er denkt in militärischen Begriffen. Wie der Offizier den Soldaten einen Marschbefehl gibt, so kann Gott als der Höchstkommandierende den Krankheiten und selbst dem Tod Befehle erteilen. Gott ist so groß, dass der Mensch unwürdig ist, ihn unter dem eigenen kleinen Dach zu empfangen. Gott kommt nicht zum Menschen, um sich ihm anzupassen, wie Israel es will, sondern der Mensch muss seine Behausung verlassen, um zu Gott zu kommen, wie dieser Heide es bildhaft ausdrückt. Das Verhältnis von Schöpfer und Geschöpf, Herr und Knecht, Vorgesetztem und Untergebenen, Gott und Mensch ist in den Worten dieses Soldaten in schlichter, ungebrochener und unverdorbener Selbstverständlichkeit sichtbar. Das wird zur Folge haben, dass die im Hause Gottes Wohnenden, die in Wirklichkeit nicht mehr Gott dienen, sondern denen Gott dienen muss, hinausgeworfen werden. Die Draußenstehenden dagegen werden »von Orient und Okzident kommen – und im Himmelreich zu Tische sitzen«, also Hausgenossen Gottes werden. Die drinnen sind, müssen hinaus, die Draußenstehenden kommen herein.

Das Ganze ist eine Mahnung für uns. Wir haben den Glauben an Gott den Dreifaltigen, an die Menschwerdung Gottes in Christus, an die Kirche, an die Sakramente, an das ewige Leben. Aber auch wir stehen in der Gefahr, dass dieser Glaube zu Katechismusformeln erstarrt, die wir auswendig gelernt haben, die in unserem Kopf sitzen, aber das Herz nicht umformen. Wir leben in der Kirche und wissen uns in ihr gesichert. Aber vielleicht in einer falschen Sicherheit, denn eine äußerliche Zugehörigkeit zum Reich Gottes, ein äußeres Wohnen im Hause Gottes macht noch lange nicht die innere Kindschaft. Wir sprechen die Gebete, die der Glaube uns lehrt, aber sie gleiten nur wie ein Nachen über die Oberfläche unserer Gewässer und müssten doch Ströme sein, die immer wieder neu das Staubecken unserer Seele füllen. Wir empfangen die Sakramente, aber es ist zu viel Gewohnheit dabei, zu wenig ein wirkliches Sichöffnen für das Licht und die Kraft Gottes. Wir hören die Predigt, aber die Saatkörner der Gottesworte fallen unter das Dornengestrüpp unserer Weltlichkeit und ersticken oder auf die dünne Humusschicht unserer oberflächlichen Religiosität und können dort nicht richtig Wurzeln schlagen. Wir sind in der Kirche und verurteilen die Draußenstehenden, die vielleicht innerlich drinnen sind, während wir innerlich draußen stehen. Ein bloßes Traditionschristentum, ein Katholizismus der äußeren Formen und Formeln, womöglich noch mit einem falschen Gefühl der Sicherheit, kann die Folge haben, dass man nie in vollem Ernst vor Gott steht, nicht sein Wort als Anruf vernimmt und sich nicht persönlich entscheidet zu einem Ja oder Nein und damit zu Glauben oder Unglauben. Wir müssen die Kapsel sprengen, die Schale öffnen, um mit wachem Geist seelischer Aufnahmebereitschaft und innerlicher Lebendigkeit für die Begegnung mit Gott bereit zu sein. Der Glaube ist eine persönliche Entscheidung, die jeder Einzelne treffen muss. Und dieser Glaube oder Unglaube, dieses Ja oder Nein oder auch das Ausweichen vor einem Ja oder Nein entscheidet darüber, ob ein Mensch zum Reich Gottes gehört oder nicht. »Wer nicht glaubt, ist schon gerichtet.«

Die soldatische Haltung schlichter Echtheit, wie dieser römische Hauptmann sie zeigt, wird uns bei jedem *Domine, non sum dignus* (»Herr, ich bin nicht würdig«, Anm. d. Verl.) vor dem Kommunionempfang und in jeder Messe in Erinnerung gerufen. Die Krankheit des Menschen und der Menschheit wird nur geheilt, wenn die Erkenntnis der eigenen Heillosigkeit in unserer Demut vor Gott, dem Herrn, zum Ausdruck kommt. Nur das *Domine, non sum dignus* führt zum tröstlichen *et sanabitur anima mea* (»und so wird meine Seele gesund«, Anm. d. Verl.).

GESUND UND KRANK

Mt 8,14–17: Als Jesus in das Haus des Petrus kam, fand er dort dessen Schwiegermutter im Fieber darniederliegen. Er ergriff ihre Hand und das Fieber verließ sie. Sie stand auf und bediente ihn. Als es Abend wurde, brachte man ihm viele Besessene. Er trieb durch sein Wort die Geister aus und heilte alle, die krank waren, sodass sich das Wort erfüllte, das durch den Propheten Jesaja gesprochen wurde: »Er selbst hat unsere Schwäche weggenommen und unsere Krankheiten getragen.«

Zwei Gedanken sind in diesen paar Versen besonders hervorgehoben. *Zuerst* die Tatsache, dass Jesus heilt. Und zwar greift dieses Heilen diesmal ins Weite. Es ist nicht nur ein Einzelfall wie beim Aussätzigen oder beim Knecht des Hauptmanns, sondern neben der Schwiegermutter des Petrus heilt er viele Besessene. Und schließlich heißt es: »Er machte alle Kranken gesund.« Das Heilen gehört zur Tätigkeit Jesu, und zwar so sehr, dass er auch den Seinen bei der Aussendung den Auftrag gibt: Heilet die Kranken! Krankheit ist nichts Selbstverständliches. Sie widerspricht dem Wesen Jesu. Der Mensch ist gesund aus der Schöpferhand Gottes hervorgegangen, gesund an Seele und Leib. Erst die Sünde als Todeskrankheit der Seele hat auch die Krankheit des Leibes zur Folge gehabt. Nach der Auferstehung des Fleisches, in der Vollendung des Gottesreiches, wird es keine Krankheit mehr geben. Aber in der Zwischenzeit zwischen Sündenfall und Vollendung hat der Mensch an der Krankheit zu leiden. Er ist wesentlich kranker Mensch. Jesus bringt den Anfang der Vollendung und lässt darum den endgültigen Zustand der Vollendung von Zeit zu Zeit aufleuchten. Darum heilt er die Kranken. Es scheint ein Widerspruch in der Tatsache zu liegen, dass das Christentum die Menschen mahnt, die Krankheiten in Geduld zu tragen, und dass anderseits Christus die Kranken heilt und damit zeigt, dass Krankheiten nicht dem Willen Gottes entsprechen. Und doch ist es kein Widerspruch. Der Christ soll die Krankheiten tragen, weil Gott die Menschen die Folgen der Sünde tragen und ertragen lässt. Krankheit hat damit Gehorsams- und Sühnecharakter und somit moralischen und religiösen Sinn. Aber zugleich weiß der Christ, dass Kranksein etwas Vorübergehendes ist und dass es dereinst für den auferstandenen Menschen keine Krankheit mehr gibt. Darum findet er sich mit der

Krankheit ab und weiß doch, dass sie nicht eine selbstverständliche Gegebenheit ist und sein darf. Er findet sich persönlich damit ab und kämpft doch im Geist Christi und im Auftrag Christi gegen die Krankheit. Alle Kunst der Ärzte, alle medizinische Forschung, alle Errungenschaften der Pharmazeutik, alle Entwicklung der Chirurgie und Chemie, alle Arbeit in Spitälern und Sanatorien, alle Anstrengungen des Pflegepersonals entsprechen der Forderung Christi: Heilet die Kranken! Und doch wissen wir, dass wir mit diesen Anstrengungen nie an ein Ende kommen. Es wird immer Kranke und Krankheiten geben, weil wir eben in diesem Zwischenstadium zwischen dem Damals und dem Dereinst stehen, zwischen der ursprünglichen und der dereinstigen Gesundheit des Menschen. Im Zwischenstadium herrscht die Krankheit. Wir bekämpfen sie unermüdlich, obwohl wir wissen, dass wir nie darüber Herr werden. Ergebung und Kampf bilden hier eine merkwürdige Einheit, die zum Wesen des Christentums gehört.

Ein *zweiter* Gedanke. Matthäus sieht im heilenden Christus das geheimnisvolle Wort des Propheten Jesaja über den leidenden Gottesknecht verwirklicht. Beim ersten Anblick überrascht dieses Zitat. Denn wenn es bei Jesaja heißt: »Er hat unsere Krankheiten getragen«, so besagt das doch vorerst, dass auch er krank werde, aber um unseretwillen. Matthäus gräbt hier in die Tiefe und sagt, dass er krank werde, damit wir gesund würden. Das äußere Kranksein und die äußere Heilung des Körpers sind also für ihn nur Zeichen des inneren Krankseins und des inneren Heilens der Seele. Und beides bildet eine Einheit. Christus nimmt im Leiden die Leiden der Menschen auf sich und nimmt zugleich ihre Sünden auf sich, um sie zuerst von den Sünden und dereinst auch von den Krankheiten zu heilen. So ist hier nicht nur ein wesentlicher Zusammenhang zwischen Sünde und Krankheit vorausgesetzt, sondern zugleich gezeigt, dass Christus in allem der Heilende und damit der Heiland der Welt ist. Er trägt, um uns zu entlasten. Er leidet, um uns zu heilen. Er stirbt, damit wir leben. Er ist eben das Haupt und wir sind die Glieder seines Leibes. Ohne ihn sind der Mensch und die Menschheit wesentlich krank und in ihm und durch ihn werden Mensch und Menschheit wesentlich gesund. Die Vereinigung mit Christus, paulinisch formuliert das Sein in Christus, ist das Heilmittel der Menschheit.

GEFOLGSCHAFT

Mt 8,18–22: Als Jesus die Volksmassen sah, die ihn umgaben, befahl er, ans andere Ufer zu fahren. Da trat ein Schriftgelehrter zu ihm und sprach:

»Meister, ich werde dir folgen, wohin du gehst.« Jesus aber sprach zu ihm: »Die Füchse haben Höhlen und die Vögel des Himmels Nester. Der Menschensohn aber hat nichts, wo er sein Haupt hinlege.« Ein anderer Jünger sprach zu ihm: »Herr, gestatte mir zuerst noch wegzugehen, um meinen Vater zu begraben.« Jesus aber sprach zu ihm: »Folge mir und lass die Toten ihre Toten begraben!«

Ein Schriftgelehrter meldet sich zur Jüngerschaft des Herrn. Man sollte erwarten, dass Christus mit beiden Händen zugreift. Endlich ein qualifizierter Mitarbeiter! Ein Jünger, der das nötige Rüstzeug mitbringt. Einer, der dem Kollegium der Apostel Ansehen verschaffen kann. Eine Bresche in die Mauer der Feinde.

Aber die Antwort Jesu wirkt im Gegenteil denkbar ernüchternd. Seine Jüngerschaft ist nicht bloß eine Ideengemeinschaft zwischen Meister und Schüler, sondern fordert volle Hingabe. Wer in den engsten Kreis seiner Jüngerschaft treten will, muss ausschließlich Christus gehören und infolgedessen alles ausschließen, was nicht Christus ist. Es ist völliges In-Besitz-genommen-Werden. Der Jünger darf nur noch das behalten, von dem er weiß, dass Christus will, dass er es behält. Es ist bedingungslose Auslieferung.

Die Füchse haben ihre Höhlen. Wenn es gefährlich wird, können sie sich in diese Schlupfwinkel zurückziehen. In der Kälte haben sie dort ein warmes Loch. Die Vögel haben ihre Nester, in die sie sich kuscheln können. Der Menschensohn hat aber nichts, wo er sein Haupt hinlege. Er ist nirgendwo daheim, nirgendwo geborgen, nirgendwo in Sicherheit. Sein Leben ist wesentlich unstet und ohne Sicherung. Dementsprechend muss auch das Leben der Jünger sein. Es ist Auslieferung in Unsicherheit und damit Ausdruck des Lebens der Christen in dieser Zeit. Wir haben hier keine Heimat, kein irdisches Bleiben. Gegenüber aller Klebrigkeit, allem Hang zum Stehenbleiben, allem Bestreben, sich dauernd einzurichten, verweist Christus auf die Tatsache, dass irdisches Leben wandern heißt. Auf treibender Eisscholle baut man kein Haus. Leben in dieser Zeit ist aber ein Treiben auf dem Strom, der rastlos zu den Meeren der Ewigkeit treibt.

Ein Zweiter meldet sich zur Jüngerschaft. Bei ihm ist das Hindernis nicht irdische Bequemlichkeit, sondern familiäre Verbundenheit. Seine Forderung erscheint uns als selbstverständliche Pflicht der Pietät. Er will mit der Nachfolge nur warten, bis sein alter Vater tot ist. Aber Christus erhebt den göttlichen Anspruch, vor dem jeder menschliche Anspruch verstummen muss. Wenn der Anruf Gottes an einen Menschen ergangen ist, darf dieser nur mehr auf Gott schauen und keine Rücksicht mehr nehmen. Der lebendige Gott ist etwas so Gewaltiges, dass neben ihm alles andere tot ist und darum nicht mehr zählt. Auch hier ist der Blick auf die Ewigkeit maßgebend. Denn im ewigen Leben gibt es keine Ehe. *Neque nubent, neque nubentur* (»Weder werden sie heiraten noch verheiratet werden«, Anm. d. Verl.). Die rein menschlichen Beziehungen irdischer Liebe fallen dann dahin. Darum sollen sie für den, der sich ganz der Jüngerschaft Christi widmet, schon jetzt dahinfallen. Er gehört nicht mehr der kleinen Familie, weil er in der großen Gottesfamilie der Erlösten in Dienst genommen ist. Wie Christus Nazareth verlässt, um »in dem zu sein, was des Vaters ist«, so muss der Jünger Christi das Nazareth des familiären Lebens drangeben, um im lebendigen Gott die *familiaritas cum Deo* (»den vertrauten Umgang mit Gott«, Anm. d. Verl.) zu finden.

So ist Jüngerschaft nicht ein Ausschnitt oder Abschnitt innerhalb des menschlichen Lebens, sondern es ist Ganzheit, völliges Beanspruchtsein und darum totale Hingabe. Die Ganzheit ist die allein mögliche Antwort auf den besonderen Anruf Gottes.

Bei beiden Forderungen hat die Formulierung des Herrn einen herrischen Ton. Einerseits weil er eben der Herr ist, der allein solche Forderungen stellen kann und sie als Herr auch wirklich stellt. Er verfügt über die Menschen als über sein Eigentum. Anderseits ist die Forderung so kategorisch, weil Christus weiß, wie schwer es den Menschen fällt, sich von allem zu lösen. Es ist darum für den Menschen geradezu eine Erleichterung, wenn der Radikalismus der Forderung den Schnitt ein für alle Mal vollzieht. Der Jünger muss die Brücken hinter sich abbrechen, die Schiffe verbrennen, damit er in schwachen Stunden nicht zurückfällt. Christus will klare und saubere Lösungen.

»WER IST DIESER?«

Mt 8,23–27: Er stieg ins Boot und die Jünger folgten ihm. Und siehe, es erhob sich ein großer Sturm auf dem Meer, sodass das Boot von den Wellen bedeckt wurde. Er aber schlief. Da kamen sie, weckten ihn und sprachen: »Herr, rette uns, wir gehen zugrunde.« Er aber sprach zu ihnen: »Was seid ihr furchtsam, ihr Kleingläubigen!« Dann stand er auf, drohte den Winden und dem Meer und es entstand eine große Stille. Da staunten die

Leute und sagten: »Wer ist dieser, dass ihm selbst die Winde und das Meer gehorchen?«

So erstaunlich die beiden vorausgehenden Heilungswunder auch waren, besonders die Art und Weise, das Wie der Heilung, so handelte es sich immerhin noch um lebendige Menschen. Es war in ihnen gewissermaßen noch ein Empfänger vorhanden, der auf den Sender Christi reagieren konnte. Es ging ins Lebendige. Es war das Fluidum von Mensch zu Mensch. Das fällt bei der Stillung des Sturmes völlig weg. Hier geht es um leblose Materie. Dem Sturm gegenüber ist der Mensch machtlos. Er kann sich wohl sichern, kann die wilden Kräfte auch eindämmen und regulieren. Aber er kann weder die Stärke noch die Windrichtung des Sturmes beeinflussen. Kann einen Sturm auf dem Meer weder hervorrufen noch dämpfen. Auch nicht mit den ausgefeiltesten Methoden der Technik. Daher das Erstaunen der Menschen, wenn sie beobachten, dass Christus über den Sturm die Herrschaft hat. Er wird von den Naturkräften nicht beherrscht, sondern beherrscht sie. Es zeigt sich, dass die Auffassung des römischen Hauptmanns auf der ganzen Linie richtig ist. Wie der Offizier seinen Soldaten befiehlt Christus den Mächten der Natur. Sie sind ihm untertan. Wenn die Menschen sich über die Macht Christi wundern, wundert Christus sich umgekehrt über die Verwunderung der Menschen. Das, was den Menschen unverständlich ist, ist für ihn selbstverständlich. »Was seid ihr furchtsam, ihr Kleingläubigen!« Das Wunder ist so unerhört, dass die Schrifterklärer alle möglichen Ausflüchte versucht haben. Die einen haben gesagt, es sei die psychische Kraft Christi, der durch das Erwachen den Seinen wieder Mut eingeflößt habe. Andere reden von Legendenbildung. Wieder andere suchen eine natürliche Erklärung durch das Gleiten des Bootes in eine stillere Bucht usw. Jeder unbefangene Leser des Textes kann über solch verzweifelte Ausflüchte nur lächeln. Der Sturm, die Angst der Jünger, das Eingreifen Christi und die Wirkung »Wer ist denn dieser, dass selbst Wind und Meer ihm gehorchen?« sind so schlicht und klar, dass man entweder glauben oder dann alle Berichte des Evangeliums infrage stellen muss. Die »Entmythologisierung« will das Unbegreifliche entfernen. Wenn aber alles begreiflich wird, ist der unbegreifliche Gott ausgeschaltet. Will man aber zwischen möglichen und unmöglichen, wahrscheinlichen und unwahrscheinlichen Wunderberichten unterscheiden, so arbeitet man mit einer bloß menschlichen, willkürlichen Norm. Menschliches Denken wird zum Maßstab göttlichen Sprechens und Tuns. Die Kraft des Glaubens wird gebrochen. In Wirklichkeit ist die Haltung Christi nicht unverständlich, sondern selbstverständlich. Wenn er Sohn Gottes ist, ist er der Herr der Schöpfung. »Alles ist durch ihn geworden und ohne ihn ist nichts geworden von allem, was geworden ist« (Joh 1,3). Ist er aber der Schöpfer, dann ist er auch der Herr aller Kräfte und Mächte dieser Schöpfung. Hat Christus Herrschaft über äußere Stürme der Natur, so hat er sie auch über die inneren Stürme des Herzens und des Lebens und ist auch Herr über die Stürme der Welt- und Kirchengeschichte.

Das auf den Wellen haltlos treibende Boot, die Angst der Jünger, der drohende Sturm und mittendrin der in furchtloser Ruhe befehlende Christus ist das Bild der Kirche in dieser Welt. Selten wird die Fahrt ruhig sein. Ein Sturm löst den anderen ab. Immer wieder wird man die Kleingläubigkeit der Menschen, auch der Jünger des Herrn, tadeln müssen. Denn immer wieder wird es Stunden höchster Gefahr, ja der Todesgefahr, geben. Aber immer steht Christus in seiner Kirche. Darum werden alle Stürme sich legen. Und wer ohne Voreingenommenheit die Fahrt dieser Kirche über die hohe See der Jahrhunderte betrachtet, wird immer wieder staunend fragen müssen: Wer ist denn dieser? Kleingläubige können zweifeln. Wer nur den Blick für die äußere Situation hat und nicht aus dem Glauben weiß, dass Christus in der Kirche steht und lebt, mag unsicher werden. Der gläubige Christ hat aus dem Wunder der Sturmstillung für sein persönliches Leben und für die Beurteilung der Kirche gelernt. Christus mag bisweilen zu schlafen scheinen. Aber er ist immer zugegen und erweist sich in Stunden der Gefahr immer als der machtvolle Herr.

DÄMONEN

Mt 8,28–34: Als er ans andere Ufer ins Land der Gadarener kam, begegneten ihm zwei Besessene, die aus Gräbern kamen. Sie waren sehr bösartig, sodass niemand auf jenem Weg vorübergehen konnte. Und sie schrien: »Was haben wir mit dir zu schaffen, du Sohn Gottes! Bist du hierhergekommen, um uns vor der Zeit zu quälen?« Weit entfernt von ihnen war eine große Schweineherde am Weiden. Die Besessenen baten ihn: »Wenn du uns austreibst, sende uns in die Schweineherde!« Er sprach zu ihnen: »Fahrt hin!« Sie fuhren aus und fuhren in die Schweine hinein. Und siehe, die ganze Herde stürzte den Abhang hinunter ins Meer und kam in den Fluten um. Die Hirten aber flohen, eilten in die Stadt und berichteten alles, was mit den Besessenen vorgefallen war. Da zog die ganze Stadt hinaus, Jesus entgegen, und als sie ihn erblickten, baten sie ihn, er möge ihr Gebiet verlassen.

Auf die Wunder, die der Herr an Menschen und an der leblosen Schöpfung gewirkt hat, folgt das Zeichen seiner Herrschaft über die Dämonen. Drei Dinge fallen in dieser Szene auf.

1. *Die Dämonen.* Für moderne Ohren klingt die ganze Szene legendenhaft. Der Mensch weiß mit Dämonen nicht mehr viel anzufangen oder wusste es wenigstens bis vor Kurzem nicht. Aber im Grunde genommen war es nur Größenwahn des Menschen, wenn er glaubte, die höchste Kreatur zu sein, die Spitze der Schöpfungspyramide. Zweifellos hat der Mensch eine

Sonderstellung, und zwar durch seine Verbindung der geistigen und der materiellen Welt in seinem leib-seelischen Wesen. Aber es gibt Mächte über ihm. Die Bibel, im Alten Testament sowohl wie im Neuen, redet immer wieder von Engeln und Dämonen, das heißt von rein geistigen Wesen, bei denen aber, weil sie in Freiheit erschaffen wurden, auch eine Scheidung zwischen Gut und Böse erfolgt ist. Denn die Freiheit der Geschöpfe ist immer zugleich moralisches Gebundensein an Gott. Die Freiheit ist erschaffen, damit sie dem liebenden Wort Gottes die Antwort der freien Liebe gebe. Freiheit ermöglicht die Verweigerung dieser Antwort und damit das Böse. Und darum gibt es in der Geisterwelt Engel und Dämonen, neben dem Überweltlichen das Unterweltliche. Es wäre Oberflächlichkeit, alles auf die Ebene des bloß Menschlichen beschränken zu wollen. Die Dämonen sind inzwischen in ihrer Wirkung erkennbar geworden. Es fällt darum heute wieder leichter, an sie zu glauben.

Dass im Evangelium immer wieder Besessene auftreten, ist aus zwei Gründen verständlich. Einmal, weil in der Zeit der Menschwerdung Gottes auch eine Art Menschwerdung Satans erfolgt ist: die Besitzergreifung von Menschen durch Dämonen in der Besessenheit. Weiterhin auch darum, weil der Mensch, der in der Entscheidung steht und sich also für oder gegen Gott entscheidet, damit sich auch der Über- oder der Unterwelt ausliefert. Entweder besitzt ihn Gott oder er wird von Satan besessen. Und so begegnen dem Herrn auf seiner irdischen Straße immer wieder Besessene.

Auch die Eigenschaften der Dämonen werden in dieser Szene sichtbar.

Einmal ihre Vielzahl. Es gibt nicht nur Satan, sondern es gibt eine Vielzahl von Teufeln. Es gibt ein eigentliches satanisches Reich mit einer pervertierten Hierarchie, mit dem »Obersten der Teufel« und seinen dienenden Geistern.

Das Satanische ist wesentlich eine feindliche Macht und darum zerstörend. Die Dämonen zerstören im Besessenen den ruhigen

Gebrauch der Vernunft, die friedliche Gesinnung und das seelische Gleichgewicht. Daher das ganze Gehabe der Besessenen. Selbst bei ihrem Ausfahren aus dem Menschen wirken die Dämonen noch zerstörend, denn die Schweineherde rast in den Abgrund und geht im Wasser zugrunde. Auf den verschiedensten Gebieten wirkt sich diese zerstörende Macht in der Welt aus. Die Dämonie der Macht führt zu mörderischem Krieg, die Dämonie des Geistes zu zerstörerischer Skepsis an allem, die Dämonie des Geldes zu innerer Rastlosigkeit, Gebundenheit und wirklicher Besessenheit, die Dämonie des Stolzes zur Überhebung und damit zum Sturz. Selten hat die Menschheit so viele geistige Erkenntnisse, technische Errungenschaften und organisatorische Kräfte entwickelt wie heute. Und doch ist gerade diese Generation einer Zerstörung gigantischen Ausmaßes verfallen. In der Stunde, da sich diese Welt von Gott abgewandt hat, sind die Dämonen Meister über sie geworden.

2. *Die Menschen.* Die Gerasener sind keineswegs gottlos. Sie begegnen Jesus mit Ehrerbietigkeit. Aber die Schweine sind ihnen wichtiger als Christus, der materielle Besitz ist ihnen wichtiger als der religiöse Reichtum. Sie sind nicht besser und nicht schlechter als der Großteil der Menschen. Sie sind keine bloßen Materialisten, aber das Materielle hat bei ihnen den Vorrang vor dem Geistigen. In erster Linie wollen sie nicht zu Schaden kommen, sondern ihren Besitzstand wahren und ihre äußere Existenz sichern. Dann erst kommt das Sittliche und Religiöse. Es ist eine Umwertung der Werte und damit eine Abwertung der Religion. Sie erheben sich nicht gegen Christus, aber sie bitten ihn, »sich aus ihrem Gebiet zu entfernen«. Es ist ihnen wohler ohne Christus. Das Christentum hat etwas Beunruhigendes. Weil aber Christus dem Menschen nicht aus dem Weg geht, geht der in seinem Besitz geruhsame Mensch dem Christentum, wenigstens seinem letzten Ernst, aus dem Weg.

3. *Christus.* Seine Herrschaft über die Dämonen ist unbestritten. Die bösen Geister selbst haben etwas Winselndes in seiner

Nähe. Sie erkennen ihn als Sohn Gottes an. Seine Gegenwart quält sie, denn sie fühlen seine Überlegenheit. Sie können vor ihm nicht bestehen. Merkwürdig ist ihr Wort: »Warum quälst du uns vor der Zeit?«

Sie wissen, dass die Zeit ihrer Qual kommen wird. Diese Zeit beginnt mit dem Tod Jesu. Denn damit wird, wie die Apokalypse sagt, Satan gebunden und mit ihm alle Dämonen. Und zum zweiten Mal kommt die endgültige und darum endlose Zeit ihrer Qual beim zweiten Erscheinen des Herrn in der Parusie. So müssen sie in jeder Hinsicht ihn als den Herrn anerkennen, schon vor seinem Tod, erst recht nach seinem Tod und endgültig nach seiner Wiederkunft. Er bestimmt in souveräner Freiheit, was mit ihnen geschehen soll. Auf sein Geheiß hin müssen sie aus den Menschen ausfahren. Und er bestimmt, ob sie in die Schweineherde fahren oder nicht. Nichts geschieht ohne seinen Willen. Etwas Gebieterisches, völlig Überlegenes tritt in seiner Gestalt gerade in dieser Szene in Erscheinung. Der Herr über Gesundheit und Krankheit, über Wind und Wellen ist auch der Herr über alle Dämonen. Knirschend und schreiend müssen sie seine Herrschaft anerkennen. Er ist der Herr nicht nur der Welt, sondern auch der Unterwelt.

MACHT ÜBER DIE GEWISSEN

Mt 9,1–8: Er stieg in das Boot, fuhr hinüber und kam in seine Stadt. Da brachten sie einen Gelähmten, der auf einer Bahre lag. Als Jesus ihren Glauben sah, sprach er zum Gelähmten: »Mut, mein Sohn, deine Sünden sind dir vergeben!« Einige Schriftgelehrte sprachen zu sich selbst: »Er lästert Gott.« Als Jesus ihre Gedanken erkannte, sprach er zu ihnen: »Was denkt ihr Böses in eurem Herzen! Was ist leichter zu sagen: Deine Sünden sind dir vergeben oder zu sagen: Steh auf und geh umher? Damit ihr aber seht, dass der Menschensohn Macht hat, auf der Erde Sünden zu vergeben, sprach er zum Gelähmten: »Steh auf, nimm deine Bahre und geh in dein Haus.« Er stand auf und ging in sein Haus. Als die Scharen das sahen, wurden sie von Furcht ergriffen und priesen Gott, der den Menschen solche Macht gegeben.

Zwei große Christusworte stehen in dieser Szene.

Man bringt auf einer Bahre einen Lahmen zu Christus. Hilflos liegt er da. Sein Leben ist sinnlos. Er ist sich selbst und seiner Umgebung eine Last. Aber nun ist eine Hoffnung aufgebrochen: Christus könnte ihn heilen. Sollte nicht eine Begegnung mit Christus auch für ihn die große Wende des Lebens bringen? Die Gedanken und Wünsche des Lahmen und der ganzen Umgebung stoßen wie Linien in einem einzigen Punkt zusammen: in der Heilung durch Christus. Aber *das erste Wort,* das Christus spricht, ist höchst erstaunlich. »Mein Sohn, sei getrost, deine Sünden sind vergeben.« Die Menschen haben diesen Lahmen nicht zum Beichtvater bringen wollen, sondern zum Arzt. Sie sind nicht wegen der Sünden gekommen, sondern wegen des lahmen Körpers. Aber Christus urteilt ganz anders. Ob ein Körper krank ist oder gesund, ist Nebensache. Ob die Seele krank ist oder gesund, ob der Mensch seelisch lebendig oder tot ist, das ist die Hauptsache. Der Blick des Herrn durchdringt die körperliche Hülle und sieht das Herz des Menschen. Dort ist die eigentliche Lähmung, die behoben werden muss. Das, worunter ein Mensch leidet, ist nicht so sehr ein körperliches Gebrechen, sondern das Fernsein von Gott. Das macht sein Leben zu einer sinnlosen Last. Und hier greift Christus ein.

Das zweite Erstaunliche ist aber, dass er sich anmaßt, die Gottesferne aufheben zu können, dass er eine Macht beansprucht, die nur Gott zukommt: die Macht, Sünden zu vergeben und

Gnade zu spenden, also die Macht über die Gewissen der Menschen. Die Umgebung hat es verstanden. Darum empfinden sie dieses Wort als Gotteslästerung. Denn ein Mensch beansprucht mit diesem Wort göttliche Macht. Sünde ist das Zuschlagen einer Tür, die man selbst nicht mehr öffnen kann. Man mag daran herumrütteln, darauf hämmern, öffnen kann man sie nicht. Nur wenn einer von der anderen Seite her kommt, kann er diese Tür aufstoßen. Christus kommt also von der anderen Seite, auf der Gott ist. Und er ist doch ein Mensch. In seinem kühnen Wort liegt somit die Behauptung, dass er, der Mensch Jesus, göttliche Macht habe. Er betont es selbst: »Ihr sollt erfahren, dass der Menschensohn die Macht hat, auf Erden Sünden zu vergeben.« Er, der Menschensohn, ist eben zugleich Gottessohn. Daher seine göttliche Macht in menschlicher Gestalt. Er ist der Gottmensch und tritt hier als solcher auf. Das ist entweder Blasphemie oder Wahrheit.

Dann erst kommt *sein zweites Wort*: »Steh auf! Nimm dein Bett und geh nach Hause!« Mit Worten göttliche Macht beanspruchen kann schließlich auch ein anderer, der es mit Gotteslästerungen nicht ernst nimmt. Aber durch plötzliche Heilung eines Lahmen ein Zeichen geben, kann nur einer, der die Macht nicht nur beansprucht, sondern wirklich hat. Und so wird das Kleinere, die körperliche Heilung, Zeichen des Größeren, der seelischen Heilung. Wieder ist das Wunder ein Zeichen.

Zwischen beiden Christusworten besteht aber nicht nur der Zusammenhang des Zeichens, dass das äußere Geschehen das innere kundtut, sondern es liegt darin auch ein seinsmäßiger Zusammenhang. Sünde und Krankheit stehen in innerer Beziehung. Sünde ist der Absturz im Gebirge. Gebrochen liegt der Mensch im Abgrund, völlig hilflos. Weder er selbst noch andere Menschen können ihn wieder in die Höhe führen. Gott allein, der in der Höhe ist, kann den Menschen aus den Tiefen wieder in die Höhe heben. Die äußere Lähmung und Hilflosigkeit ist somit auch ein Zeichen der inneren Trostlosigkeit des seelischen

Zustandes. Die äußere Hilfe ist ein Zeichen, dass innerlich geholfen ist. »Sei getrost, mein Sohn!« So ist dieses Wunder mit den zwei Christusworten auch ein zweifaches Zeichen, das Zeichen der Sünde und das Zeichen der göttlichen Macht. Durch die Hülle äußeren Geschehens soll der Mensch das innere Geschehen schauen. Der Lahme, der in jugendlicher Kraft und mit beschwingtem Schritt mit seiner Bahre nach Hause geht und nun selbst eine Last trägt, er, der eine Last gewesen ist, ist ein Zeichen, was die Begegnung mit Christus bedeutet. Und das ist das dritte Zeichen in dieser Szene. So ist sie voll tiefsinnigster Bedeutung. Sie soll uns den Blick öffnen für das, was das Wichtigste ist. Ohne Christus ist der Mensch in der Gottferne der Sünde. Durch die Begegnung mit Christus wird der Sünder begnadet, wird die Lähmung behoben, beginnt ein neues Schreiten, eine neue Existenz. »Sie priesen Gott.« Das ist die einzig mögliche Wirkung für jeden, dem durch ein solches Zeichen die Augen geöffnet werden. Denn wer Christus begegnet ist, kann nur noch Gott preisen.

MIT ZÖLLNERN UND SÜNDERN

Mt 9,9–13: Als Jesus von dort weiterging, sah er einen Menschen an der Zollstätte sitzen, mit Namen Matthäus. Er sprach zu ihm: »Folge mir nach!« Dieser stand auf und folgte ihm. Als er in jenem Haus zu Tische saß, kamen viele Zöllner und Sünder und saßen mit Jesus und seinen Jüngern zusammen zu Tisch. Als die Pharisäer das sahen, sagten sie zu seinen Jüngern: »Warum isst euer Meister mit den Zöllnern und Sündern?« Als er es hörte, sprach er: »Die Starken brauchen keinen Arzt, wohl aber die Kranken. Geht und lernt, was es heißt: Barmherzigkeit will ich, nicht Opfer. Denn ich bin nicht gekommen, Gerechte zu berufen, sondern Sünder.«

Die Frage: »Warum isst euer Meister mit Zöllnern und Sündern?«, war durchaus verständlich. Zöllner waren Menschen, deren Beruf mit gewissenhafter Erfüllung des Gesetzes des Moses unvereinbar war. Und Sünder waren solche, die offenkundig sich aus Gesetz und Gottesdienst nicht allzu viel machten. Also beides Menschen, denen Religion Nebensache ist. Die Definition der Sünde heißt: Abkehr von Gott. Wie kann nun Gott mit solchen Menschen Tischgemeinschaft halten? Also zu verstehen geben, dass es ihm in ihrer Mitte wohl ist? Dass er zu Sündern kommt, ist selbstverständlich, aber doch nur, um ihnen Bekehrung zu predigen. An sich müsste man ihn in der Tischgemeinschaft mit Gerechten erwarten. Der Heilige mit Heiligen, der Gerechte mit Gerechten. Aber gerade zu diesen kommt er lediglich mit Drohreden und Warnungen. Verkehrte Welt! Das Ärgernis ist mehr als begreiflich.

Aber die Antwort des Herrn zeigt die Lösung. »Die Kranken brauchen den Arzt, nicht die Gesunden – Barmherzigkeit will ich, nicht Opfer.« Es gibt zweierlei Sünder: die Verstockten, die sich aus ihrer Sünde gar nichts machen, sich womöglich darauf noch etwas einbilden und in keiner Weise das Bewusstsein haben, dass ihnen etwas fehlt und dass sie auf ihren falschen Wegen durch Bekehrung umkehren müssten. Daneben gibt es aber Sünder, die sich ihres Zustandes bewusst sind und darunter leiden. Sie kennen ihre Erbärmlichkeit und wissen, dass sie nur durch Erbarmen eines Barmherzigen gerettet werden können. In dieser Lage befindet sich im Grunde genommen jeder Mensch. Man kann tausend Anläufe nehmen, es gelingt bei keinem der Sprung über den Graben. Keine menschliche Anstrengung führt aus sich zu Gott. Aber gerade diese Erkenntnis weckt das Bewusstsein der eigenen Armseligkeit, führt also zur Armut im Geiste und damit zur Bereitschaft für die Gnade. Heil und Heiligkeit sind Gnade und also nur für den zugänglich, der um diesen Gnadencharakter weiß. Sünde und Gnade sind Korrelate. Der Kranke, der um seine Krankheit weiß, hört auf den Arzt.

Wer der Überzeugung ist, er strotze vor Gesundheit, kümmert sich nicht um den Arzt. Selbstgerechte genügen sich selbst und sitzen über andere zu Gericht. Sie sind sich nicht bewusst, als Angeklagte vor dem Gericht Gottes zu stehen, sondern glauben, dass mit ihnen alles in Ordnung sei. Es sind Menschen, die nicht für Gott geöffnet sind, weil sie durch ihre Einbildung verschlossen sind. Sie hören den Anruf nicht, weil sie sich selbst genügen und darum gar nicht auf etwas warten. Der Sünder dagegen braucht Hilfe. Er hört den Ruf und ist bereit, ihn mit Freude aufzunehmen. Darum braucht an den Zöllner Matthäus nur der Ruf zu ergehen: »Folge mir!«, und er steht sofort auf und folgt dem Herrn. Und so kommt es denn, dass Christus bei Sündern, die um ihre Sündhaftigkeit wissen, Gefolgschaft findet, während Gerechte, die um ihre Gerechtigkeit wissen, ihm die Gefolgschaft verweigern. Ohne ein ehrliches Sündenbewusstsein gibt es keine Heiligkeit. Und wo eine Heiligkeit ohne Sündenbewusstsein in Erscheinung tritt, ist sie nicht echt. Nur der heilige Gott kann heiligen. Nur der gerechte Gott kann gerecht machen. Selbstheiligung und Selbstgerechtigkeit sind ein Widerspruch zum Christentum, in welchem das Selbst abgelöst ist durch Gnade, wo man also im Wesentlichen nicht tut, sondern empfängt. Christus ist das Kommen Gottes. Er kommt aber nur dorthin, wo er offene Türen findet, also zu denen, die durch das Wissen um die eigene Schwachheit aufgeschlossen sind für die Kraft von oben. Und darum ist Christus nicht gekommen, Gerechte zu berufen, sondern Sünder. Verstockte Sünde führt zur Verdammnis, denn sie ist bewusstes Neinsagen zu Gott. Bußfertige Sünde führt zu Gott, denn sie ist ein Jasagen zur Gnade. Selbstgerechte sind verstockte Sünder, bußfertige Sünder bieten die erste Möglichkeit zur Heilung. Darum hält der Herr mit diesen Tischgemeinschaft, denn sie wissen, dass der Herr ihr Brotgeber ist, dass sie von ihm zum Hochzeitsmahl geladen sind. Und so sind sie eine dankbare Gemeinschaft der Gerufenen und Beglückten. Das Haus des Herrn ist mit solchen gefüllt. Gerechte genügen sich selbst, halten miteinander Tischgemeinschaft mit ängstlichem Ausschluss der anderen und damit auch mit Ausschluss Gottes. Sie wollen keinen Gast und brauchen keinen Hausherrn, denn sie betrachten sich selbst als Herren im Haus. Darum isst Christus mit Zöllnern und Sündern.

»WARUM FASTEN DEINE JÜNGER NICHT?«

Mt 9,14–15: Dann kamen die Jünger des Johannes und sagten: »Warum fasten wir und die Pharisäer und deine Jünger fasten nicht?« Jesus aber sprach zu ihnen: »Können die Hochzeitsgäste trauern, solange der Bräutigam bei ihnen ist? Es werden Tage kommen, da der Bräutigam von ihnen genommen wird, dann werden sie fasten.«

Die Frage ist berechtigt. Heilige müssen Asketen sein und Asketen müssen fasten. Moses war ein großer Faster. Elias hat gefastet. Johannes der Täufer lebt nur von Heuschrecken und wildem Honig. Die Pharisäer fasten zweimal in der Woche. Das Volk hält es für selbstverständlich, dass Heiligkeit und Fasten zusammengehören. Fasten ist ein Gegengewicht gegen den Materialismus der Schlemmer und Trinker, der Gourmands und Bonvivants, der gedeckten Tafeln, reichen Menüs und erlesenen Weine. Fasten ist Sühne für die Sünden der Alkoholiker, für ihre zerbrochenen Ehen, misshandelten Frauen, verwahrlosten Kinder und ihr vertanes Geld. Fasten ist Herrschaft des Geistes über den Körper, ist Dienstbarmachung des Leibes, ist Zucht und Disziplin. Fasten ist Bereitung für die Gnade. Darum schickt die Kirche jedem Festtag einen Fasttag voraus. Denn im Fasten werden Hindernisse weggeräumt und wird die Seele empfänglich gemacht für die Gaben von oben. Es ist Befreiung von lästigen Fesseln und Öffnung für die Welt des Gottesreiches. In der Präfation der Kirche heißt es, dass Gott durch das Fasten die Sünde unterdrücke, den Geist erhebe, Tugend spende und Lohn verleihe. Und vor allem: Hat nicht Christus, der Herr, selbst vierzig Tage in der Wüste gefastet? So steht also hinter der vorwurfsvollen Frage der Pharisäer und Johannesjünger unser ganzes Verständnis und unser vorwurfsvolles Verwundertsein: Warum fasten deine Jünger nicht?

Die Antwort Jesu ist merkwürdig. Auf all die erwähnten Motive geht er gar nicht ein, sondern stößt ins Wesentliche vor und erklärt, dass die Zeit seines Verweilens auf Erden die Hochzeitsfeier der Menschheit sei. Bei Hochzeiten wird gefestet, nicht gefastet. Christus ist der göttliche Bräutigam, der gekommen ist, sich eine Braut zu suchen und zu wählen. Diese Braut trägt darum auch den Namen *Ecclesia,* die Auserwählte. Er hat sie geholt und begeht nun mit ihr die Verlobungs- und Hochzeitsfeier. Die Jünger sind die Hochzeitsgäste. Sie sind zu dieser weltgeschichtlichen Feier geladen, darum sollen sie in festlicher Stimmung sein und dazu passt das Fasten nun allerdings nicht.

Zugleich fügt aber Christus hinzu: »Es wird die Zeit kommen, da ihnen der Bräutigam entrissen wird. Dann werden sie fasten.« Denn nach Vollendung der Hochzeitsfeier wird Christus zum Vater gehen, um seiner Braut die Wohnung zu bereiten. Und so wartet nun die Kirche als Braut Christi, bis der Bräutigam wiederkommt, um sie heimzuholen. Diese Zwischenzeit, in der die ganze Kirchengeschichte abrollt, also die Zeit zwischen dem ersten und dem zweiten Kommen des Herrn, zwischen seiner Menschwerdung und Parusie, ist geprägt von der eigenartig schillernden Doppelstimmung jubilierender Freude und schmerzlichen Wartens. Darum wechseln Festtage mit Fasttagen. Die Kirche weiß sich als erwählte Braut. Aber noch ist sie nicht im Brautgemach. Darum ihre verzehrende Sehnsucht, ihr ständiges Ausschauen in die zeitliche Ferne und ihr Blick nach dem Himmel.

Und doch zugleich ihr sicheres Wissen um das Erwähltsein. Das gibt allen Gliedern dieser Kirche die innere Haltung der Freude und der Trauer, des Besitzens und des Hoffens, des Habens und Noch-nicht-Habens und darum den Wechsel vom frohen Feiern und trauernden Fasten. Das Fasten ist damit über ein bloß natürliches Training und über rein vernünftige Überlegungen eines Antimaterialismus hinausgehoben und ist Ausdruck tiefsten religiösen Geistes, Symbol schmerzlichen Wartens auf den Herrn. Es ist Vigil der Kirchengeschichte vor dem Fest der ewigen Hochzeit. Alle Vigilfasten vor kirchlichen Feiern und die ganze Fastenzeit vor Ostern sind Mahnung an diese christliche Haltung des Wartens, Ausschauens und Sichbereitens für das große Kommen des Herrn und seinen Ruf zum Hochzeitsmahl des Himmels. Fasten ist also nicht eine Sache der Hygiene, sondern ein Werk der Liebe. Und so liegt in dieser Antwort Jesu der Hinweis auf das Mysterium der Liebe, das dem Festen und dem Fasten den tiefsten Sinn gibt.

NEUER WEIN

Mt 9,16–17: Keiner näht ein Stück neuen Tuches auf ein altes Kleid, denn das neue Stück reißt etwas vom Kleide weg und das Loch wird noch größer. Man füllt auch nicht neuen Wein in alte Schläuche, sonst werden die Schläuche gesprengt, der Wein fließt aus und die Schläuche gehen zugrunde. Man füllt neuen Wein in neue Schläuche. Dann bleiben beide zusammen erhalten.

Die Kirche hat aus der Synagoge vieles übernommen: die heiligen Bücher, vor allem das feierliche Psalmengebet und die gewaltigen Texte der Propheten. Dazu mancherlei Riten für den Gottesdienst und selbst die Festtage Ostern und Pfingsten.

Trotzdem ist Christi Botschaft etwas völlig anderes, radikal Neues. Es ist Neuer Bund mit einem Neuen Testament, ein neues, alleingültiges Opfer, ein neues Beten zum Vater im Himmel. Es ist also nicht nur ein Flicken auf das rissig gewordene Kleid Israels. Und der neue Wein, den der Herr gebracht hat, ließ sich nicht in die alten Schläuche Israels füllen. Das Christentum ist nicht nur eine Reformbewegung des Judentums. Nicht bloß eine Verfeinerung des alttestamentlichen Ethos. Nicht nur eine Vergeistigung des Kultus primitiver Tieropfer, sondern wirklich etwas Neues. Denn Christus ist nicht bloß einer der Propheten, und wäre er auch der größte, sondern er ist der Eine, einziggeborene Sohn Gottes. Und darum sind sein Wort und sein Werk nicht bloß graduell, sondern wesentlich verschieden vom Wort und Werk der Gottesmänner Israels. Gerade weil Jesus etwas völlig Neues gebracht hat, standen die geistigen Führer Israels gegen ihn auf. Daher ihr Widerstand, ihr leidenschaftlicher Kampf und ihr erbitterter Hass. Reform wäre nichts Neues. Aber hier kam Neues, das an die Stelle des Alten trat und damit das Alte als veraltet beiseiteschob.

Darum lebte auch in der Urkirche das Neuheitserlebnis, das der Frömmigkeit, der ganzen Lebenshaltung der ersten Christen das Gepräge gab. Sie betrachteten sich neben Juden und Heiden als das dritte Geschlecht, mit beiden weder zu verwechseln noch zu vergleichen, als etwas völlig anderes und Neues. Es war wie ein Atemholen und morgenfrisches, jugendlich-kühnes, hoffnungsfrohes Ausschreiten. Es war das Anbrechen einer neuen Zeit. Das Wort Christi vom neuen Kleid, vom neuen Schlauch und vom neuen Wein war der bildhafte Ausdruck dieses Neuheitserlebnisses, voll Gestaltungswillen, Kraftgefühl und gottgegebenem Selbstbewusstsein.

So war es damals. *Und heute*? Erweckt das Christentum nicht den Eindruck von etwas Verbrauchtem, Ausgepresstem, gelegentlich auch von etwas Verstaubtem, Müdem, Ausgeleiertem? Wir gebrauchen immer wieder die gleichen Formeln und Formulierungen, auch wenn sie schon wie eine Platte klingen. Spricht oder schreibt einer anders, als es im Katechismus steht, hört man das nur stirnrunzelnd an und fürchtet schon die Häresie. Es muss immer auf dem gleichen Geleise gefahren werden. Es müssen die gleichen Wege beschritten sein, denn sie sind zur Rechten und zur Linken derart mit Schutzvorrichtungen versehen, dass kein Absturz möglich wird. Und Liebe zur Gefahr scheint uns fremd. Wir leben von der Defensive und warten, bis die anderen eine neue Idee oder ein neues Programm entwickeln, um es dann entrüstet als Angriff zu empfinden und mit schroffem und scharfem Nein zu beantworten. Oder wir entschließen uns allenfalls zu einem weisen *distinguo*, scheiden beim Neuen das Wahre vom Falschen, aber wir sind nicht selbst schöpferisch. Wir marschieren nicht an der Spitze, sind keine Bahnbrecher, keine Eroberer. Unser Christentum ist vielfach wie eine mittelalterliche Burg mit hochgezogenen Zugbrücken, von breitem, wassergefülltem Graben umgeben. Hinter den Schießscharten stehen unsere Theologen, um jeden Angriff abzuwehren. Und im Inneren lebt die Christenheit weitab von der Welt da draußen.

Manche leiden unter dieser Lage, finden aber keine rechte Lösung. Mit bloßen Mitteln und Mittelchen lässt sich die Christenheit nicht erneuern. Auch nicht mit neuen Andachten, künstlich ausgelösten »Bewegungen«, kühnen Formulierungen, die oft genug durch ihr lautes Geschrei nur die eigene Schwäche übertönen wie der Bub, der im finsteren Keller pfeift, um sich selbst zu beweisen, dass er keine Angst hat. Mit Programmen ist es auch nicht getan und nicht mit einem forcierten *esprit de conquête* (»Geist der Eroberung«, Anm. d. Verl.).

Sollen wir auf etwas Neues warten? Hat das Christentum wie alle großen Erkenntnisse und Bewegungen seine Zeit gehabt, seine Entwicklungskurve mit steilem Anstieg, verhältnismäßig langer Scheitelhöhe und unaufhaltsamem Abstieg? Ist seine Zeit unwiederbringlich zu Ende? Hat es seine Chance gehabt? Lebt es im Wesentlichen nur noch von Erinnerungen? Und vom Hinweis auf Großtaten seiner Vergangenheit?

Aber der Glaube an ein neues religiöses Zeitalter ist eine Häresie. Denn die Behauptung, das Alte Testament sei das Zeitalter des Vaters, das Christentum das Zeitalter des Sohnes und es werde demnach noch ein neues Zeitalter des Heiligen Geistes kommen, ist ausdrücklich als Irrlehre verurteilt und verworfen worden. Mit dem Kommen Gottes in Jesus Christus ist das Entscheidende und Letzte geschehen, ist ein neuer Äon angebrochen, der bis zum Ende der Tage dauert, ja, der im Grunde genommen bereits der Anfang des ewigen Äons ist. Es gibt kein anderes, neues Kleid mehr und keine anderen neuen Schläuche und keinen anderen neuen Wein. Es gibt nur mehr das Sichtbarwerden dessen, was unsichtbar schon da ist: das Aufstrahlen der Herrlichkeit Gottes.

Bleibt somit nichts anderes übrig, als zu warten? Nein. Das entscheidend Neue, das uns durch Christus gebracht wurde, das nicht altern kann, sondern immer wieder alles erneuert, ist der Heilige Geist, der *Spiritus vivificans,* der Geist Gottes, des Herrn, selbst. Jedes Gefäß ist zu klein und zu dürftig, um diesen göttlichen Wein zu fassen. Jede Generation ist zu schwach und zu armselig, um diesen Geist richtig und ganz aufzunehmen. Müdigkeit stellt sich nur dann ein, wenn man anstelle des Heiligen Geistes zu sehr auf den menschlichen Geist vertraut, das Menschliche überbetont und das Göttliche an die zweite Stelle rückt. Das Neuheitserlebnis wird in jedem Christen und in jeder christlichen Generation lebendig, sobald ein Mensch oder eine Generation sich dem Geist Gottes wieder öffnet, sein Sturmesbrausen durch alle Räume menschlicher Wohnungen fahren lässt und sich völlig als Werkzeug von ihm ergreifen lässt.

Nicht etwas Neues ist die Lösung, sondern Erneuerung durch den ewig neuen Geist Gottes. Wer, nach den Worten des Apostels Paulus, Christus anzieht wie ein Gewand, braucht keine armseligen Flicken mehr daraufzunähen. Denn er hat ein Kleid, das nicht veraltet, und er hat für den Wein Gottes einen Schlauch, der nicht brüchig wird. Der Geist des Herrn ist der Erneuerer des Menschen und der Menschheit.

GLAUBE UND UNGLAUBE

Mt 9,18–34: Als er so zu ihnen sprach, kam ein Vorsteher, fiel ihm zu Füßen und sprach: »Meine Tochter ist soeben gestorben. Komm doch, lege ihr deine Hand auf, dann wird sie leben.« Da machte sich Jesus auf und folgte ihm mit seinen Jüngern. Da trat eine Frau, die seit zwölf Jahren an Blutfluss litt, heran und berührte von hinten die Quaste seines Kleides. Sie sagte zu sich selbst: Wenn ich nur die Quaste seines Kleides berühre, werde ich gesund. Jesus wandte sich um, erblickte sie und sprach: »Mut, meine Tochter, dein Glaube hat dir geholfen.« Und die Frau war von jener Stunde an gesund. Als Jesus in das Haus des Vorstehers kam und die Flötenspieler und das lärmende Volk sah, sprach er: »Geht hinaus! Das Mädchen ist nicht gestorben. Es schläft!« Da lachten sie ihn aus. Als das Volk draußen war, ging er hinein, ergriff die Hand des Mädchens und dieses stand auf. Die Kunde hiervon verbreitete sich in jener ganzen Gegend.

Als Jesus von da weiterging, folgten ihm zwei Blinde und schrien: »Erbarme dich unser, Sohn Davids!« Als er in das Haus hineinging, kamen die Blinden. Und Jesus sprach zu ihnen: »Glaubt ihr, dass ich das tun kann?« Sie antworteten ihm: »Ja, Herr!« Da berührte er ihre Augen und sprach: »Nach eurem Glauben soll euch geschehen.« Und ihre Augen öffneten sich. Jesus drohte ihnen und sagte: »Gebt acht, dass niemand es erfahre!« Sie aber gingen hinaus und machten ihn in jener Gegend bekannt. Als sie hinausgingen, führte man ihm einen Stummen zu, der besessen war. Er vertrieb den bösen Geist. Da redete der Stumme. Die Scharen verwunderten sich und sprachen: »Nie ist Derartiges in Israel gesehen worden.« Die Pharisäer aber meinten: »Im Obersten der Teufel treibt er die Teufel aus.«

In den von Matthäus hier berichteten Heilungswundern ist auffällig der Glaube betont. Eine Frau wird vom Blutfluss geheilt und Jesus sagt zu ihr: »Sei getrost, dein Glaube hat dir geholfen.« Der Synagogenvorsteher, dessen Tochter gestorben ist, bittet gläubig Christus: »Komm, leg ihr deine Hand auf und sie wird leben.« Und der Herr macht die Tote lebendig. Zwei Blinde rufen: »Sohn Davids, erbarme dich unser!« Jesus fragt sie: »Glaubt ihr, dass ich das vermag?« Dann heilt er sie: »Wie ihr glaubt, so geschehe euch.« Ist also der Glaube nur eine psychologische Vorbereitung und Vorbedingung und das Wunder somit nichts anderes als ein psychologisches Phänomen? Lächerlich! Ein Toter wird durch keine Psychologie erweckt und Blinde werden auch durch sehnlichste Wünsche nicht sehend. Der Zusammenhang zwischen Wunder und Glaube ist nicht ein psychologischer, sondern ein religiöser. Und zwar in doppelter Hinsicht. Der Glaube kann dem Wunder *vorausgehen*. Dann ist das Wunder eine Bestätigung für den Glauben, eine Erfüllung seiner Sehnsucht, das Ziel seines Wanderns. Das Wunder ist dann wie eine Vorausnahme des Himmels, zu dem man nur auf der Straße des Glaubens kommt. Der wunderbare Gott tut sich dann im Wunder dem verwunderten Auge des Gläubigen kund. Es ist wie das Schauen, das den Glauben ablöst.

Der Glaube kann aber auch dem Wunder *folgen*. Das Wunder ist dann ein göttlicher Ausweis des menschlichen Sprechers und damit der Nachweis der Glaubwürdigkeit dessen, der spricht. Und so ist dann das Glauben die Konsequenz dessen, der das Wunder sieht. Hier geht das Schauen dem Glauben voraus. Und doch war auch beim auffälligsten Wunder der Unglaube möglich. Während das Volk voll »Verwunderung« ausruft: »Noch nie ist so etwas in Israel vorgekommen«, erklären die Pharisäer: »Im Bund mit dem Obersten der bösen Geister treibt er böse Geister aus.« Beide Beobachter, das Volk sowohl wie die Pharisäer, sind außerstande, das wunderbare Geschehen zu erklären. Beide stellen fest, dass es etwas Außergewöhnliches und Außerordentliches ist. Aber die einen sehen dahinter Gott, die anderen den Teufel. Das Wunder erzwingt also nicht den Glauben, sowenig der Glaube das Wunder erzwingt. Warum eigentlich nicht? Weil der Mensch von Gott in Freiheit erschaffen ist und weil er, der den Menschen als freies Wesen erschaffen hat, dessen Freiheit auch achtet und darum den Menschen nicht zwingt. Die Liebe Gottes ist der Urgrund der Schöpfung. Der Sinn des menschlichen Lebens ist somit, in Freiheit die Antwort der Liebe zu geben. Das Wunder ist wie ein Sichkundtun Gottes, eine Offenbarung der helfenden Gottesliebe. Der Mensch, der das erkennt, soll in Freiheit das Jawort des Glaubens, und zwar eines liebenden Glaubens, geben. Das Wunderbare ist somit nicht so sehr, dass Gott die Naturgesetze gelegentlich durchbricht und den natürlichen Ablauf des Geschehens ändert, sondern das Wunderbare ist, dass er mit seinem Tun vor dem Portal des freien menschlichen Wollens haltmacht, daran pocht, aber es nicht mit Gewalt öffnet. Das Wunderbare ist die Berücksichtigung der menschlichen Freiheit im Planen Gottes. Weil aber der Mensch in Freiheit antworten kann und soll, ist damit auch seine Verantwortung gegeben. Der verantwortliche Mensch öffnet in Freiheit die Pforten seines Herzens für die Liebe Gottes. Oder er verschließt sich in der Selbstliebe, um sich allein zu genügen. Glaube ist darum ein freies Schreiten in eine neue, weite Welt. Unglaube ist Verschlossenheit, ein Sichverkriechen ins eigene Gehäuse. Glaube ist ein liebendes Jasagen, Unglaube ist liebloses Nein. Glaube ist das Tun des Menschen, dem nur das Unendliche genügt. Unglaube ist das Nichtstun des Selbstzufriedenen, dem das eigene Ich genügt. Glaube ist Erweiterung menschlicher Kleinheit hinein in die göttliche Größe. Unglaube ist Schrumpfungsprozess bis zum Nichts der eigenen Nichtigkeit. Sinn und Unsinn der menschlichen Existenz entscheiden sich an diesem Punkt des Glaubens oder Unglaubens und damit des Ja- oder Neinsagens zu Gott und damit eines Lebens mit oder ohne Liebe.

GROSSE ERNTE?

Mt 9,35–38: Jesus zog in allen Städten und Dörfern umher, lehrte in ihren Synagogen, verkündete die frohe Botschaft vom Reich und heilte jede Krankheit und jedes Gebrechen. Als er die Massen sah, wurde er von Mitleid mit ihnen ergriffen, denn sie waren abgehetzt und erschöpft, wie Schafe, die keinen Hirten haben. Da sprach er zu seinen Jüngern: »Die Ernte ist groß und Arbeiter sind wenige. Bittet nun den Herrn der Ernte, dass er Arbeiter in seine Ernte sende!«

Hat sich Christus nicht getäuscht, als er auf eine große *Ernte* hoffte? Wohl flammte das Feuer der Begeisterung auf und es schien, als ob große Massen ihm folgten. Aber unter dem kalten, harten Wasserstrahl der Verfolgung ist das Feuer rasch erloschen. Aufs Ganze gesehen hat Israel sich nicht bekehrt, weder zur Zeit Christi noch durch das Wirken der Apostel in Palästina noch in den paulinischen Gemeinden und auch nicht später im Laufe der Kirchengeschichte. Das Volk mit dem starren Nacken ist in Gesetzlichkeit erstarrt und war darum für die Botschaft der Gnade nicht empfänglich.

Nur eine Minderheit war aufnahmefähig. Aber diese Minderheit war wichtig genug. Es handelte sich in erster Linie darum, diese reifen Garben einzuholen. Aber der Blick Christi geht weiter. Er ist nicht nur für Israel gekommen, sondern für die ganze Menschheit. Sein Blick geht über die Welt und da war freilich eine große Ernte. Von der Weltpolitik war das Heil nicht zu erwarten. Sie hat Kriege und Katastrophen gebracht. Von der griechischen Philosophie auch nicht. Ihre Blütezeit war längst vorüber. Die geistige Kraft hatte sich in die dürftige Lebensphilosophie der Stoa und Epikurs verloren. Die vielen orientalischen Mysterien und Kulte weckten wohl die Sehnsucht nach dem Göttlichen, vermochten es aber nicht zu bringen. So war die Menschheit der damaligen Ökumene in Bereitschaft. Der Augenblick war günstig. Denn durch Rom war die Welt zu einer Einheit geworden und die griechische Sprache schuf als Weltsprache dem Evangelium die Möglichkeit, sich überall hörbar zu machen. Es brauchte Boten, welche die Stunde nützten. Die Ernte war groß. Ist es nicht heute ähnlich? Die Ernte scheint klein. Nur ein Drittel der Katholiken praktiziert religiös. Und auch von diesem Drittel ist noch ein Teil abzuschreiben, alle diejenigen, die nur Traditionskatholiken sind oder ihre Ehe nicht in Ordnung haben oder keine innere Überzeugung im Herzen tragen. Die erste Welle der Verfolgung wird sie wegspülen. Und doch ist in dieser Minderheit eine große Zahl innerlich bereiter Menschen. Man muss ihnen das Wort Gottes bringen, den Anruf Gottes hörbar machen. Die Gnade der Sakramente muss ihnen zugänglich werden.

Und auch jetzt geht es nicht bloß um diese Minderheit innerhalb der Kirche, sondern um die große Ernte, die außerhalb der kirchlichen Mauern bereit ist und auf Schnitter wartet. Denn wieder ist eine große Stunde der Weltgeschichte. Durch die neuen Verkehrsmöglichkeiten wird die Welt zu einer Einheit. Man kann eine Botschaft überall hintragen. Und die englische Weltsprache beginnt überall verständlich zu werden. Auch jetzt ist es so, dass die Menschen falsche Hoffnungen begraben und nach neuen, wirklich helfenden Ausschau halten. Die Menschen haben den Becher des Materialismus in vollen Zügen getrunken und sind vom bitteren Bodensatz, der das Ende des Rauschtranks bildet, angewidert. Sie suchen nach dem reinen Quellwasser. Wo anders soll es entspringen als auf den Bergen Gottes? Der Nihilismus ist das Ende einer Sackgasse, denn das Nichts ist kein Weg und erst recht kein Ausweg. Man sagt den Menschen, dass alles fließend sei. Die Substanz löse sich auf in Funktion. Wo ist dann noch etwas Festes, das Halt bietet? Da erwacht ein neues Verständnis für die Unerschütterlichkeit des Fels Petri. Der Relativismus nimmt alle Sicherheit. Umso sehnsüchtiger schauen sie aus nach etwas Absolutem. Absolut sind aber letztlich nur

Gott und das Wort Gottes. Von der bisherigen Führerschaft erwarten die wenigsten das Heil. Denn die Staatsmänner sind selbst vielfach ratlos oder sie schüren den Nationalismus, der zu neuen Kriegen führt. Die Philosophen haben den Übermenschen verheißen und den Untermenschen geweckt. Sie haben in der Schule Hegels den Staat vergöttert, aber der hat sich als Moloch gezeigt, der das Lebendige verschlingt. Das Jahrhundert des Kultus der Persönlichkeit endet in der Vermassung und damit in der Entpersönlichung und Entmenschlichung. So warten sie auf die Botschaft von der wirklichen Menschenwürde, die nur in der Gottbezogenheit liegt. Wir wissen aus der Lehre über die heiligste Dreifaltigkeit, dass Personsein eine Relation ist, eine Gottesbeziehung. Und so ist auch die menschliche Persönlichkeit in ihrem innersten Wesen Gottbezogenheit.

So sind überall Ansätze zur Verkündigung. Die Furchen sind vom eisernen Pflug der nationalen, wirtschaftlichen und geistigen Zusammenbrüche aufgerissen. Der Acker ist für die Saat bereit. Die Ernte ist groß.

Und die Arbeiter? Man sollte erwarten, dass sich junge Menschen in hellen Haufen zur Verfügung stellen. Denn gibt es etwas Größeres, als sein Leben in den Dienst der Gottesbotschaft zu stellen? Gibt es etwas Wichtigeres und Lockenderes, als der fragenden und bereiten Menschheit das Wort des Heils zu bringen? Aber die Berufung ist Gnade. Vor lauter Geschwätzigkeit hören die Menschen die Stimme Gottes nicht mehr. Der Anruf dringt nicht ins Innerste. Oder, wenn sie den Appell hören, vergessen sie ihn wieder, weil in der unruhigen Gegenwart ein Eindruck den anderen tötet, ein Wort das andere übertönt. Der Ruf bleibt nicht haften und kommt nicht zur Auswirkung. Dazu kommt ein Weiteres. Die Antwort auf die Berufung wäre volle Hingabe, bedingungsloses Sich-zur-Verfügung-Stellen, ehrlicher Wille zum Dienen, Verzicht des Ich zugunsten des göttlichen Du. Mit einer bloßen Anfangsbegeisterung ist es darum nicht getan. Es braucht eine Bereitschaft zum Opfer und zum Kreuz.

Nachfolge Christi ist Schreiten auf dem steilen und steinigen Weg. Bote Christi sein heißt, die Botschaft vom Kreuz nicht nur zu verkünden, sondern sie auch zu leben. Und davor schrecken viele zurück. So bleibt nichts anderes als die Bitte, dass Gott seinen Ruf lauter ertönen lasse und dass er selbst durch seine Gnade jungen Menschen die Fähigkeit gebe zu hören, und die Kraft zur Antwort. »Bittet den Herrn der Ernte, dass er Arbeiter in seine Ernte sende.« Er muss es tun. Man kann nicht aus eigener Initiative predigen. Man kann nicht von sich aus Herold Gottes werden. Man kann sich nicht selbst in den Dienst dieses Herrn aller Herren stellen. Es ist Sendung, die nur von ihm ausgehen kann. Er wählt, ruft und sendet. In seinen Händen liegt es. Darum die Bitte, dass er sende.

DIE ZWÖLF

Mt 10,1–4: Und er rief seine zwölf Jünger zu sich, gab ihnen Vollmacht über unreine Geister, sie auszutreiben und jede Krankheit und jedes Gebrechen zu heilen. Der zwölf Apostel Namen sind folgende: als Erster Simon, genannt Petrus, und Andreas, sein Bruder. Jakobus, der Sohn des Zebedäus, und Johannes, sein Bruder. Philippus und Bartholomäus, Thomas und Matthäus, der Zöllner. Jakobus, der Sohn des Alphäus, und Thaddäus. Simon der Zelot und Judas Ischariot, der ihn verraten hat.

Das Kollegium. Die zwölf Apostel bilden mit Christus eine Einheit. Sie sind so sehr ein Ganzes, dass das Neue Testament selbst nach dem Ausfall des Verräters Judas noch von den Zwölfen spricht, also zu einer Zeit, wo es in Wirklichkeit nur elf waren. Das ist keine bloße Äußerlichkeit. Wie das Volk Israel in zwölf

Stämme gegliedert war, durch die Abstammung von den zwölf Söhnen Jakobs, so bildet der Neue Bund ein geistiges Zwölfstämmevolk durch die zwölf Apostel, die nur Zweige sind an dem einen Stamm, Jesus Christus. In Israel hatten die Zwölf ihr natürliches Leben aus Jakob und die natürliche Sendung, das irdische Land für Israel zu erwerben und zu besitzen. Die Segnungen, die der Stammvater den zwölf Söhnen gab, waren voll irdischer Verheißungen. Hier in Christus haben die zwölf Apostel das neue geistige Leben aus dem Gottmenschen und den Auftrag, die ganze Welt für das neue Gottesvolk und das Reich Gottes zu erobern. Dort ist das Zwölfstämmevolk um Jahwe als die unsichtbare Mitte gruppiert. Hier sind die Zwölf um Christus, den Mensch gewordenen und damit sichtbar gewordenen Gott, als ihre Mitte versammelt. Dort ist der eine Stamm Dan untreu geworden und hat ein neues Heiligtum errichtet, das sich mehr um die irdische Fruchtbarkeit des Bodens kümmerte als um den Willen Jahwes. Hier wird der eine Judas treulos, weil irdischer Gewinn ihm höher steht als Sendung und Wille Christi. Dort war die Verheißung das Wichtigste, denn die zwölf Söhne sind Symbole für Kommendes. Hier ist die Sendung wichtiger, daher ihr Apostelname, denn sie haben Gegenwärtiges zu verkünden und zu bringen. Sie sind Erfüllung der Symbole.

Ein paar Einzelheiten. Als Erster wird Simon genannt mit dem Beinamen Petrus. Er hat seinen Felsennamen nicht aufgrund persönlicher Charakterfestigkeit, auch nicht aufgrund eines felsenfesten Glaubens, denn in beidem erweist er sich als unzuverlässig. Der Name ist ihm vielmehr von Christus gegeben, weil Christus selbst seine Festigkeit sein wird. Simon ist durchsichtig, sodass hinter ihm dauernd der eigentliche Fels, Christus, sichtbar ist. So werden die Päpste oft wankelmütige Menschen sein mit der ganzen Gebrechlichkeit menschlicher Existenz und der ganzen Brüchigkeit menschlichen Wesens. Und doch bilden sie den Felsen, auf dem die Kirche aufgebaut ist, weil sie ein sichtbares Zeichen des unsichtbaren Christus sind, auf dem als dem Fundament die Kirche gebaut ist. So ist der Papst *Vicarius Christi* (»Stellvertreter Christi«, Anm. d. Verl.).

Die Donnersöhne Jakobus und Johannes werden durch die Gnade umgeformt, bis sie nicht mehr die Blitze ihres Zornes schleudern mit den Donnerschlägen der Drohung, sondern bis Johannes der Jünger und Künder der Liebe wird, der die heiligen Feuer der Gottesliebe in seinem Evangelium entzündet und in der Apokalypse selbst die fahlen Blitze und rollenden Donner des Jüngsten Gerichtes in der strahlenden Schönheit des neuen Jerusalem enden lässt. Und sein Bruder Jakobus wird als erster Märtyrer des Apostelkollegiums den Erweis selbstloser Liebe bringen, in welchem grimmiger Zorn umgewandelt ist in Hingabe bis zum Letzten. Unter den Priestern des Herrn wird es immer wieder draufgängerische Naturen geben, ungestüme Charaktere, denen das Blitzen und Donnern näherliegt als die Sanftmut und Demut des Herrn. Aber die Gnade wird in ihnen arbeiten, denn auch die sprödesten Naturen können Werkzeuge Gottes werden, wenn sie sich der umformenden Liebe Gottes ergeben.

Thomas ist der Mann des langsamen, zögernden Glaubens, der aber durch die Wundmale des Herrn eine unbesiegbare Kraft erhält, die ihn zum Glaubensboten an fernsten Völkern macht. Priestertum setzt keineswegs Leichtgläubigkeit voraus, wohl aber ein tiefes Verwurzeltsein in einem Glauben, über dessen Ursprung aus Gott und dessen Bestätigung durch das Wunder des Auferstandenen der Jünger Christi sich klar geworden ist. Glaube kann durch Zweifel hindurchgegangen sein, aber muss wirklich *hindurch*gegangen sein. Dann wird die Verkündigung besondere Kraft haben.

Matthäus ist Zöllner und doch berufen, geheiligter Sünder. Die Priester Christi können eine dunkle Vergangenheit haben, aber das Sündhafte muss durch das Blut Christi abgewaschen sein. Berufene Sünder können durch Demut, die auf persönlicher Erfahrung aufgebaut ist, eine besondere Eignung zur Verkündigung einer Botschaft der Gnade haben.

Der andere Jakobus wird bis zu seinem Tod ein jüdisches Element bewahren. Seine Rede auf dem ersten Apostelkonzil legt davon Zeugnis ab. Und doch ist er voll und ganz Christ geworden. Bei den Jüngern des Herrn sind nicht alle über einen Leisten geschlagen. Der Priester kann und wird seine natürlichen Anlagen bewahren und die natürlichen Elemente seines Wesens in der Art der Verkündigung nicht ganz verleugnen können. Priester sind nicht Engel Gottes, sondern Menschen, die ein göttliches Wort verkünden sollen. Das Menschliche haftet an ihrer Verkündigung. Man darf daran nicht Anstoß nehmen, sondern soll die Gnade Gottes preisen, die das Göttliche trotz aller menschlichen und allzu menschlichen Züge zum Siege führt.

Simon der Zelot ist Mitglied einer politischen Revolutionspartei. Es wird immer wieder Priester geben, die nebenher noch etwas Hoffnung auf die Politik setzen. Aber sie werden wie Simon die Erfahrung machen, dass alle politischen Wächter und Kämpfer umsonst wachen und streiten, wenn der Herr die Stadt nicht schützt.

Und schließlich ist unter den Zwölf Judas genannt mit der Beifügung, dass er der Verräter wurde. Ein Zwölftel der Erwählten ist somit dauernd abgefallen. Darum ist es nicht auffallend, dass es im Priestertum Christi immer wieder Apostaten gibt. Wer da nur auf die wenigen zeigt und die vielen nicht mehr sieht, wer aus dem einen Gefallenen Schlüsse zieht auf die anderen, die stehen, begeht mit seiner Blickverengung ein Unrecht. So wenig man bei Priesterskandalen ein vernichtendes Urteil über den ganzen Stand fällen darf, so wenig kann man immer der Ausbildung die Schuld geben. Denn Christus war der beste Lehrmeister, der idealste Regens eines Seminars, und hat trotzdem den Abfall des einen nicht verhütet. Der Priester bleibt auch in seiner Sendung ein Mensch mit freiem Entscheid, mit der Möglichkeit zu einem Nein, mit der Gefahr eines Sturzes in die Tiefe und mit der Verantwortung, den Glanz zu verdunkeln, die Fahne zu verlassen und die Ehre des Ganzen zu gefährden. Jünger des Herrn können Gefallene sein, die erwählt werden, aber auch Erwählte, die fallen.

Und mitten im Kollegium der zwölf Gesandten steht der Eine, der sendet. Und so steht mitten im Priestertum der Kirche der eine Hohepriester, von dem sie alle ihre Sendung haben. Von ihm geht alles aus, zu ihm kehrt alles zurück. Er ist Anfang und Ende eines jeden Apostolates.

»UNTER DIE WÖLFE«

Mt 10,5–25: Diese Zwölf sandte Jesus aus und unterwies sie folgendermaßen: »Auf den Weg der Heiden geht nicht und in eine Stadt der Samariter geht nicht hinein. Geht vielmehr zu den verlorenen Schafen des Hauses Israel. Gehet hin und verkündet, dass das Reich der Himmel gekommen ist. Kranke heilt, Tote weckt auf, Aussätzige reinigt, böse Geister treibt aus. Umsonst habt ihr empfangen, umsonst gebt. Verschafft euch nicht Gold und Silber und nicht Kupfer in euren Gürteln! Nehmt keine Tasche auf den Weg und keine zwei Röcke, keine Schuhe und keinen Stab! Denn der Arbeiter ist seines Unterhaltes wert. Wenn ihr in eine Stadt oder in ein Dorf kommt, erkundigt euch zuerst, wer darin würdig sei, und bleibt bei dem, bis ihr weiterwandert. Wenn ihr in das Haus kommt, entbietet ihm den Gruß. Wenn das Haus dessen würdig ist, soll euer Friede auf es kommen. Ist es aber dessen nicht würdig, wird euer Friedenswunsch zu euch zurückkehren. Wenn man euch nicht aufnimmt und eure Worte nicht hört, so geht fort aus jenem Haus und aus jener Stadt und schüttelt den Staub von euren Füßen. Wahrlich, ich sage euch: Es wird dem Lande Sodom und Gomorrha am Tage des Gerichtes erträglicher gehen als jener Stadt.

Siehe, ich sende euch wie Schafe mitten unter die Wölfe. Werdet darum klug wie die Schlangen und ohne Falsch wie die Tauben! Nehmt euch in Acht vor den Menschen, denn sie werden euch vor die Gerichte bringen und euch in der Synagoge geißeln. Vor Statthalter und Könige werdet ihr um meines Namens willen gestellt, zum Zeugnis für sie und die Heiden. Wenn sie euch ausliefern, seid nicht ängstlich besorgt, wie und was ihr reden werdet. Denn es wird euch in jener Stunde gegeben werden, was ihr reden sollt. Denn nicht ihr seid es, die da reden werden, sondern der Geist eures Vaters ist es, der in euch redet. Ein Bruder wird seinen Bruder dem Tode überliefern und ein Vater das Kind. Und Kinder werden gegen die Eltern aufstehen und sie in den Tod bringen. Ihr werdet von allen gehasst werden um meines Namens willen. Wer aber ausharrt bis zum Ende, der wird gerettet. Wenn sie euch in einer Stadt verfolgen, flieht in eine andere. Wahrlich, ich sage euch: Ihr werdet mit den Städten Israels nicht fertig werden, bis der Menschensohn kommt. Der Jünger steht nicht über dem Meister und der Sklave nicht über seinem Herrn. Es ziemt sich für den Jünger, dass er werde wie sein Meister und für den Sklaven wie sein Herr. Wenn sie den Hausherrn Beelzebub nennen, um wie viel mehr die Bewohner dieses Hauses!

Die Überraschung. Die Aussendungsrede enthält eine Überraschung. Nicht die Sendung als solche ist überraschend. Es ist gewiss ein Wagnis, dass Gott sein Reich durch Menschen ausbaut. Aber letztlich ist das nur eine Weiterführung der Tatsache der Menschwerdung. Damit ist das Göttliche endgültig ins Menschliche eingebaut. Auch die Vollmacht ist nicht überraschend. Gewiss klingt es kühn, dass nicht nur die Predigt den Auftrag der Jünger bildet, sondern auch das Heilen von Kranken, die Erweckung von Toten und die Macht über die bösen Geister. Aber wenn man weiß, wer der Sendende ist und welche Macht er besitzt, ist die Übertragung solcher Macht nicht mehr etwas Außergewöhnliches.

Auch die Ausstattung für die Sendung ist nicht überraschend. Denn dass die Apostel ohne viel Drum und Dran, schlicht und einfach, wie sie sind, zu den Menschen gehen sollen, ist naheliegend. Das Gottesreich braucht keinen Apparat, keine große Aufmachung und ist in seinem Wesen nicht von der Summe der äußeren Hilfsmittel abhängig.

Sehr überraschend ist dagegen das Schicksal, das Christus den Seinen voraussagt. Christus spricht in geradezu leidenschaftlichem, heftigem Ton darüber. Es ist beinahe etwas Bitteres, das in der ganzen Rede schwingt. »Nehmt euch vor den Menschen in Acht. Sie werden euch den Gerichten ausliefern und euch in den Synagogen peitschen. – Der Bruder wird den Bruder, der Vater das Kind dem Tode überliefern. – Ihr werdet allen verhasst sein. – Wenn man euch in einer Stadt verfolgt, so flieht in eine andere. – Ich bin nicht gekommen, den Frieden zu bringen, sondern das Schwert. – Ich bin gekommen, den Sohn mit seinem Vater zu entzweien und die Tochter mit ihrer Mutter. – Wer sein Leben um meinetwillen verliert, wird es gewinnen.«

Überraschend sind die Voraussage und der Ton, in welchem sie geschieht, denn es ist doch Sendung zum Heilen, Verkündigen der Liebe. Es ist Frohbotschaft der Erlösung. Es ist Predigt des Himmelreiches. Es ist Bringen der Gnade. Wie ist es möglich, dass die Träger solcher Botschaft auf hartnäckigen Widerstand und erbitterte Opposition stoßen? Wie ist es möglich, dass die Liebe mit Hass beantwortet wird und die Friedensbotschaft mit Kampf? Überraschend ist diese Tatsache weiterhin, wenn man bedenkt, dass die Empfänger, also die Menschen, zu denen die Apostel gesandt werden, doch in dieser Botschaft ihre tiefsten Bedürfnisse erfüllt und befriedigt finden. Der Mensch sucht in allem Vergänglichen das Bleibende, in allem Fließenden das Stehende. Er drängt über sich hinaus nach oben. Er hat im Herzen die Unruhe zu Gott, die Friedenssehnsucht und das Verlangen nach Liebe. Alldem kommt die Botschaft, welche die Apostel zu bringen haben, entgegen. Warum wird sie nicht mit offenen

Armen aufgenommen? Warum zieht man ihr nicht mit fliegenden Fahnen entgegen? Warum braust nicht ein einziger Jubel durch die Welt, weil nun endlich die große Zeit gekommen ist, die Hochzeit der Menschen? Das ist die überraschende Frage.

Die Lösung liegt im Wesen der christlichen Botschaft. Das Christentum ist nicht eine Philosophie, die zur Diskussion gestellt wird. Verkündigung theoretischer Wahrheiten, die der Mensch nach Belieben annehmen oder ablehnen kann. Das Christentum ist auch nicht eine Religion neben anderen, den Menschen zur Auswahl unterbreitet, sondern die Verkündigung des Gottesreiches besagt, dass der Herrschaftsanspruch Gottes geltend gemacht wird. Gewiss ist es Gnadenherrschaft, beglückende Herrschaft, aber doch Herrschaft. Gott ist der Herr. Darum verlangt die christliche Botschaft jeden Gehorsam des Glaubens. Es ist kategorische Forderung. Wer ablehnt, ist verloren und richtet sich selbst. Und zwar ist es Herrschaftsanspruch, durch den der ganze Mensch in Beschlag genommen wird in seinem äußeren und inneren Leben, seinem Tun und seiner Gesinnung. Es ist also nicht bloß ein Kult, den der Mensch zu bestimmten Zeiten feiern kann, aber so, dass er außerhalb dieser Zeiten sein Leben weiterführt wie bisher, sondern es ist Revolutionierung der Herzen. Es ist Umgestaltung und Neuschöpfung der Menschen. Annahme dieser Botschaft ist Auslieferung an Gott. Ist ein Verlassen des bisherigen Bodens und ein Bauen auf neuem Boden. Ist Preisgabe des Bisherigen und Annahme von etwas Neuem.

Gegen diesen Machtanspruch Gottes, des Allmächtigen, lehnt sich der menschliche Wille zur Macht auf. Glaube ist Gehorsam. Sobald man aber dem Menschen von Gehorsam spricht, erwacht der Geist des Widerspruchs und ist das *Non serviam* (»Ich werde nicht dienen«, Anm. d. Verl.) die erste Reaktion. Der Mensch will sich nicht ausliefern. Er will die eigenen Ideen zur Geltung bringen, den Eigenwillen durchsetzen, die eigenen Interessen verfolgen. Ob es der Einzelmensch ist oder eine ganze Klasse, wie die Führerschicht Israels, oder ein ganzes Volk, es ist im Grunde genommen immer dasselbe: Es ist die Selbstbehauptung anstelle des Glaubensgehorsams.

Gerade darum wird das Christentum als intolerant empfunden. Es ist keine harmlose Angelegenheit, nicht etwas, das neben dem Leben hergeht, sondern es fordert ein ganzes Ja oder Nein, eine endgültige Entscheidung. Es schneidet ins Lebendige. Es trifft den innersten Nerv des Menschen. Daher der leidenschaftliche Widerspruch, die schroffe Ablehnung, die unerbittliche Auseinandersetzung.

Und noch ein anderes Geheimnis steht hinter der Opposition: das Geheimnis des satanischen Widerspruchs. Der Geist, der stets verneint, will den Menschen das Jawort des Glaubens verunmöglichen. Gegen die Botschaft Christi, durch welche alles der Herrschaft Gottes unterstellt werden soll, erhebt sich die revolutionäre Dämonie, die alles der Herrschaft Gottes entreißen will. Der »Fürst dieser Welt« erhebt sich gegen den Herrn der Welt. Darum weist Christus auch ausdrücklich in dieser Rede auf Beelzebub hin. Denn Satan, der Chaotiker von Anbeginn, verdreht auch hier die Wirklichkeit in ihr Gegenteil und bewirkt, dass man Christus einen Teufel nennt und den Teufel als Heilsbringer betrachtet.

So ist denn die Sendung der Zwölf der Beginn eines gewaltigen Geisteskampfes, der bis zum Ende der Tage dauern wird. Ein mächtiger Felsblock, ja ein Gebirge Gottes, wird mitten in den breiten Strom der Geschichte gestellt. Und nun spritzen die Wasser schäumend auf und müssen sich teilen.

Alle Illusionen friedlicher Eroberung oder eines christlichen Idylls werden von Anfang an verunmöglicht durch das drastische Bild, das Christus wie ein Motto vor seine Sendungsrede schreibt: wie Lämmer unter die Wölfe! Das Lamm im Wolfsrudel ist wahrhaftig in keiner angenehmen Situation. Es muss damit rechnen, vernichtet und zerrissen zu werden, wird aber gerade dadurch zum Heil beitragen. »Wer sein Leben um meinetwillen verliert, wird es gewinnen.« Darum geht es.

»FÜRCHTET EUCH NICHT!«

Mt 10,26–42: Habt aber keine Angst vor ihnen, denn nichts ist verhüllt, was nicht enthüllt wird. Und nichts ist verborgen, was nicht bekannt wird. Was ich euch im Dunkeln sage, das sprecht im Licht. Und was ihr nur ins Ohr hinein hört, das verkündet auf den Dächern. Fürchtet die nicht, die den Leib töten, die Seele aber nicht zu töten vermögen, sondern fürchtet vielmehr den, der Seele und Leib in der Hölle verderben kann. Kauft man nicht zwei Spatzen für fünf Rappen? Und doch fällt auch nicht einer von ihnen zu Boden ohne euren Vater. Bei euch aber sind selbst die Haare eures Hauptes gezählt. Habt also keine Angst! Ihr seid doch viel mehr wert als eine Menge Spatzen. Wer immer sich vor den Menschen zu mir bekennt, zu dem werde auch ich mich vor meinem Vater in den Himmeln bekennen. Wer mich aber vor den Menschen verleugnet, den werde auch ich verleugnen vor meinem Vater in den Himmeln. Glaubt nicht, ich sei gekommen, Frieden auf die Erde zu bringen. Ich bin nicht gekommen, Frieden zu bringen, sondern das Schwert. Denn ich bin gekommen, den Menschen mit seinem Vater zu entzweien, die Tochter mit ihrer Mutter, die Braut mit ihrer Schwiegermutter. Und Feinde des Menschen werden die eigenen Hausgenossen sein. Wer Vater oder Mutter mehr liebt als mich, ist meiner nicht wert. Und wer Sohn oder Tochter mehr liebt als mich, ist meiner nicht wert. Wer nicht sein Kreuz auf sich nimmt und mir nachfolgt, ist meiner nicht wert. Wer sein Leben findet, wird es verlieren. Und wer sein Leben um meinetwillen verliert, wird es finden. Wer euch aufnimmt, nimmt mich auf. Und wer mich aufnimmt, nimmt den auf, der mich gesandt hat. Wer einen Propheten aufnimmt, weil er ein Prophet ist, wird den Lohn eines Propheten erhalten. Wer einen Gerechten aufnimmt, weil er ein Gerechter ist, wird den Lohn eines Gerechten erhalten. Wer auch nur einem dieser Geringen nur einen Becher frischen Wassers reicht, weil er mein Jünger ist, wahrlich, ich sage euch: Er wird seinen Lohn nicht verlieren.«

Christliche Verkündigung ist keine harmlose Angelegenheit. Das Bild von der Sendung unter die Wölfe zeigt es. Aber die Gefährlichkeit wird überwunden durch das Wort des Herrn: »Fürchtet euch nicht!« Es ist zugleich Forderung und Verheißung.

Forderung. Der Gedanke an den Widerstand und an den Kampf bis aufs Letzte darf nicht von der Verkündigung abhalten. Darf sie auch nicht in scheue Winkel verdrängen. »Was ich euch im Finstern sage, das verkündet bei hellem Licht.« Die christliche Botschaft ist nichts Lichtscheues, ist keine bloße Flüsterpropaganda. Sie gehört ins helle Sonnenlicht des Tages und selbst ins Rampenlicht eines Lebens, das alle Blicke auf sich zieht. Denn die Kirche ist kein Konventikel und keine Untergrundbewegung. Der Zeuge Christi darf seine Überzeugung nicht aus Menschenfurcht im Herzenskämmerlein verschließen oder in das Gotteshaus zurückdrängen. Er darf im Berufsleben und in der Politik nicht tun, als ob er ein Heide wäre, um dann nur im Kämmerlein sein Christentum zu betätigen.

»Was man euch ins Ohr flüstert, das predigt von den Dächern.« Die Botschaft muss hörbar werden. Christliche Literatur gehört nicht bloß in den verstaubten Winkel eines kleinen Devotionalienhändlers, sondern auch in die Schaufenster großer Buchhandlungen. Christliche Zeitungen dürfen keine Aschenbrödelblätter sein, die mit einem Tag Verspätung die gleichen Meldungen bringen wie die Weltblätter und dazu noch ein paar kitschige Papstbilder dem Gespött Außenstehender preisgeben. Der Film darf nicht den Zweck haben, durch Sex-Appeal lüsterne Augen auf sich zu ziehen, sondern soll unter anderem auch Schwierigkeit und Größe, Konflikt und Sieghaftigkeit einer Lebensgestaltung aus dem Geist Christi zur Darstellung bringen, um tapfere Herzen zu wecken und den geheimnisvollen Ruf zur Größe hörbar zu machen. Das Radio darf nicht kommunistischer

Lügenpropaganda dienen oder nur von außen kommende Nachrichten in den Äther senden, es soll auch Predigt über den Dächern sein, Kanzel im Äther, Stimme der Weltkirche. Die Botschaft Christi gehört nicht nur in Dienstmädchenvereine, sondern auch in die Salons der Gesellschaft, darf sich aber auch umgekehrt nicht nur auf das Bürgertum beschränken, sondern muss geistig revolutionierend in der Arbeiterwelt wirken. Und die Auseinandersetzung mit den geistigen Strömungen der Zeit muss auch auf hohen Kathedern, vom sicheren Standort christlicher Position ausgeführt werden. Gottesfurcht muss die Menschenfurcht bannen. Und die Sendung, die von Gott ausgeht, darf nicht um der Menschen willen unterbleiben.

Das Wort des Herrn ist zugleich *Verheißung*. Mitten in der Gefährlichkeit christlichen Lebens und Kündens weiß sich der Christ geborgen. Vier Vertrauensmotive nennt Christus.

Das erste ist die Tatsache, dass die Feinde im schlimmsten Fall dem Menschen das körperliche Leben nehmen können. Das seelische Leben bleibt gesichert. Der Spruch der Eidgenossen von St. Jakob an der Birs gilt in höherem Sinne von allen Christen: »Unsere Seelen Gott, unsere Leiber den Feinden.« Die Haltung tapferer Christen in Konzentrationslagern, polizeilichen Verhören, dumpfen Gefängniszellen und auf dem Gang zum Schafott hat das Wort Christi tausendmal bestätigt. Der Bote des Herrn weiß sich von allmächtiger Hand gehalten, von ewiger Liebe umsorgt und von einer geheimnisvollen Stimme gerufen. Was wollen die Menschen ihm antun, wenn er in Gottes Hand ist! Sein eigentliches Ich, seine seelische Existenz, ist gesichert in Gott.

Ein zweites Motiv: Tapferes Bekennen Christi vor den Menschen bewirkt ein Bekennen durch Christus vor Gott. Wer hier zu Christus steht, zu dem steht droben Christus. Menschliche Gerichte mögen den Christen verurteilen, vor dem Gericht Gottes wird Christus ihn freisprechen. Der Zeuge Christi kann im menschlichen Kampf unterliegen, Christus wird ihn als Sieger krönen. Wenn Gott aber für uns ist, wer soll dann gegen uns sein! Gegnerschaft der Menschen besagt nichts, wenn man Partner Christi ist. Gegnerschaft Gottes ist vernichtend, auch wenn man aller Menschen Protektion und Freundschaft hätte.

Ein drittes Motiv: Wer um der Verkündigung Christi willen verfolgt wird, steht in der Nachfolge Christi. »Wer sein Kreuz nicht auf sich nimmt und mir nicht nachfolgt, ist meiner nicht wert.« Diese Nachfolge Christi ist das Entscheidende im Leben. Darum ist der Bote des Herrn bereit, Vater und Mutter, Sohn und Tochter, ja sein eigenes Leben dranzugeben, um bei Christus zu sein. Christus selbst hat bei seiner Verkündigung Widerstand bis zur Hinrichtung auf Golgotha gefunden. Wer widerstandslos durchs Leben schreitet, steht nicht auf dem Weg nach Golgotha. Und umgekehrt: Wer um seines christlichen Zeugnisses willen Schwierigkeiten im Leben findet, Widerstände, Anfechtungen und Feindschaft, wandert auf der Straße des Herrn.

Ein viertes Motiv: Hinter dem Boten Christi steht Christus selbst. Wer darum diesen Boten aufnimmt oder ihm auch nur einen Becher frischen Wassers reicht, tut es Christus und wird von ihm belohnt. Die menschliche Gestalt des Boten wird durchsichtig auf Christus hin. Wer also Zeuge Christi ist und Bote des Herrn, hinter dem steht Christus, der Herr, selbst. Soll er sich dann fürchten?

Wer diese Verheißungen überdenkt, wird der Forderung freudig entsprechen: Fürchtet euch nicht!

»SOLLEN WIR AUF EINEN ANDEREN WARTEN?«

Mt 11,1–19: Als Jesus diese Anweisungen an die zwölf Jünger vollendet hatte, ging er von da fort, um in ihren Städten zu lehren und zu predigen.

Als Johannes im Gefängnis von den Taten Jesu hörte, sandte er durch seine Jünger zu ihm und ließ ihm sagen: »Bist du es, der da kommen soll, oder sollen wir auf einen anderen warten?« Jesus antwortete ihnen und sprach: »Gehet hin und meldet Johannes, was ihr hört und seht: Blinde sehen, Lahme wandeln, Aussätzige werden rein, Taube hören, Tote werden auferweckt und Armen wird die Frohbotschaft verkündet. Selig, wer an mir keinen Anstoß nimmt!«

Als diese weggingen, begann Jesus zu den Scharen über Johannes zu sprechen. »Wozu seid ihr in die Wüste hinausgegangen? Um ein schwankendes Rohr zu schauen? Oder wozu seid ihr hinausgegangen? Einen Menschen in weichen Kleidern zu sehen? Die weiche Kleider tragen, die sind in den Häusern der Könige. Wozu seid ihr dann hinausgegangen? Einen Propheten zu sehen? Ja, ich sage euch: mehr als einen Propheten. Dieser ist es, von dem geschrieben steht: Siehe, ich sende meinen Boten vor deinem Angesichte her, der deinen Weg vor dir bereiten wird.

Wahrlich, ich sage euch: Unter den von einer Frau Geborenen ist keiner größer als Johannes der Täufer. Und doch ist auch der Kleinste im Reiche der Himmel größer als er. Seit den Tagen Johannes' des Täufers bis jetzt bricht sich das Reich der Himmel mit Gewalt Bahn. Gewaltige reißen es an sich. Denn alle Propheten und das Gesetz bis auf Johannes hin haben es geweissagt. Und wenn ihr es annehmen wollt: Er ist Elias, der da kommen soll. Wer Ohren hat zu hören, der höre.

Mit wem soll ich dieses Geschlecht vergleichen? Es gleicht Kindern, die auf dem Marktplatz sitzen und den anderen zurufen: Wir haben euch aufgespielt und ihr habt nicht getanzt. Wir haben Klagelieder gesungen und ihr habt nicht getrauert.

Denn Johannes ist gekommen. Er aß nicht und trank nicht. Und da sagen sie: Er ist besessen. Der Menschensohn kam. Er aß und trank. Und da sagen sie: Seht, ein Schlemmer und Zecher, ein Freund von Zöllnern und Sündern. Die Weisheit ist durch ihre Werke gerechtfertigt worden.

Die Frage ist nicht unbegreiflich. Israel hat gewartet. Hat mehr als tausend Jahre gewartet. Die Propheten haben immer auf die Zukunft gewiesen. Die Psalmen haben von einer kommenden Herrlichkeit gesungen. Opfer und Kultus waren voll geheimnisvoller Andeutungen des großen Kommenden. Ist er nun wirklich die Erfüllung aller Hoffnungen? Ist er das, was man erwartet hat? Warum muss er dann den Seinen Niederlagen, Verfolgungen und Tod voraussagen? Warum treibt er die Gegner nicht zu Paaren? Warum ist er nicht Sturmwind, der alles mitreißt? Donnernde Brandung, der nichts widerstehen kann? Loderndes Feuer, das alles verzehrt? Warum kann es gegen ihn Widerstand geben, und zwar Widerstand, der sich durchsetzt und dem er weichen muss? Ist das der König der Könige? Der Weltenrichter? Der Friedensfürst? Oder ist er vielleicht nur einer in der Reihe der anderen, die vom Kommenden sprechen? Weist auch er über sich hinaus? Die Frage beunruhigt auch heute manche Geister: Ist die Kirche wirklich der fortlebende Christus? Warum strahlt ihr Glanz dann nicht heller? Warum klingt ihre Botschaft nicht sieghafter? Warum setzt sie sich nicht durch? Warum hat sie wie irdische Staaten und Kulturen den Wellengang eines Auf und Ab? Warum liegt dann Staub auf ihren Altären? Warum sieht man Müdigkeit auf den Gesichtern ihrer Gläubigen? Warum sind ihre Boten alltäglich? Ist ihre erobernde Kraft gebrochen? Ist sie wirklich die Beantwortung der Welträtsel und die Lösung der Menschheitsfragen? Oder sollen wir auf etwas anderes warten?

Die Antwort Jesu ist deutlich. Er ist, der da kommen soll. Und er bringt das Endgültige, das Reich Gottes. Nach ihm kommt kein anderer mehr. Denn er erfüllt die Voraussage der Propheten. »Blinde sehen, Lahme gehen, Aussätzige werden rein, Taube hören, Tote stehen auf, Armen wird die Frohbotschaft verkündet.« Er steht also nicht in der Reihe der anderen. Er ist nicht Prolog, sondern Drama. Nicht Herold, sondern König. Nicht Wegweiser, sondern Weg. Johannes der Täufer selbst ist der Beweis, dass

Jesus der Kommende ist. Denn er ist jener Bote, der vor ihm hergeht, ist sein Wegbereiter. Ist also selbst eine Erfüllung, nämlich die Erfüllung, welcher unmittelbar die Fülle auf dem Fuße folgt. Er ist die letzte Vorbereitung, aber wirklich die letzte. Er, der nach ihm kommt, ist nicht mehr Vorbereitung, sondern die Wirklichkeit. »Alle Propheten und das Gesetz bis auf Johannes haben es vorausverkündet.« Jetzt aber ist es gekommen, durch ihn, den Bringer des Gottesreiches.

Dieses Gottesreich ist so groß, dass vor seinem Glanz alles verblasst. So herrlich, dass alles, was vorausgeht, daneben verschwindet, und wäre es auch eine so ragende, mächtige Gestalt wie Johannes der Täufer. Der Kleinste im Himmelreich ist größer als er. Denn das Reich verleiht jedem, der darin lebt, eine neue Würde. Das Menschliche wird jetzt überstrahlt vom Göttlichen. Mit Urgewalt bricht nun das Reich Gottes sich Bahn.

Und noch ein Drittes zeigt, dass er der ist, der da kommen soll. Denn seiner Ankunft soll Elias vorausgehen. Und nun ist Johannes der Täufer, diese Elias-Gestalt, als Feuergeist und rauer Büßer, als Eiferer für Gott da. Christus ist also wirklich der, der da kommen soll.

Der Grund der Ablehnung liegt nicht etwa darin, dass Christus die Erwartung nicht erfüllt oder die Zeichen nicht wirkt oder das Reich Gottes nicht bringt. Der Grund liegt überhaupt nicht bei Christus, sondern bei den Menschen, die ihm mit falscher Einstellung begegnen. Sie sind voreingenommen. Sie haben sich selbst ihre Ideen zurechtgelegt und messen nun alles an diesen ihren eigenen kindischen Maßstäben. Sie sind wirklich wie eigensinnige Kinder, denen man es nicht recht machen kann. Lädt man sie ein, Hochzeit zu spielen, so wollen sie lieber Traurigkeit mimen. Fordert man sie auf, Beerdigung zu spielen, weigern sie sich, Trauerkleider zu tragen. So oder so kann man's ihnen nicht recht machen. Der Täufer kam als Asket und war ihnen zu streng. Christus kommt als einer, der lebt wie sie, und ist ihnen zu wenig asketisch. Die einen wollen einen Christus, der auf alle Feinde Feuer vom Himmel herabruft, und so ist ihnen der wirkliche Christus zu nachsichtig und zu gütig, zu wenig radikal, zu wenig stürmisch. Die anderen wollen ein Christentum, das ihnen das Leben erleichtert, ihnen Wohlstand bringt. Darum ist ihnen der Gekreuzigte zu hart und seine Forderungen der Entsagung unannehmbar. Eigensinnig lassen sie nur ihren eigenen Sinn gelten. Immer wieder messen sie Gott mit dem Maßstab ihrer eigenen Konstruktion, anstatt nach den Maßen Gottes zu konstruieren oder konstruieren zu lassen. Sie wollen sich selbst ein Reich Gottes bauen und merken nicht, dass es nur Menschenreich wäre und dass Gott dann nach dem Bild des Menschen geschaffen wäre. Christus bringt aber das Reich Gottes und will Menschen, die nach Gottes Bild geschaffen sind. Gott passt sich nicht den Menschen an, sondern der Mensch soll sich Gott anpassen. Erst wenn die Menschen die kopernikanische Wende vollziehen, somit Gott sich nicht mehr um sie dreht, sondern sie sich um Gott, haben sie die rechte Haltung, um Christus zu verstehen und aufzunehmen. Ihr Eigensinn muss abgelöst werden durch den Sinn Gottes. Dann erst sehen sie, dass Christus dem Leben und der Geschichte den eigentlichen Sinn gibt, ohne den Leben und Geschichte sinnlos sind. Auf einen anderen warten hieße, den nicht sehen, der gekommen ist, und an der Gegenwart vorübergehen, wo es keine Zukunft mehr gibt, den Tempel des Herrn übersehen, um von Luftschlössern zu träumen. Er war der, der da kommen sollte. Er ist der, der gekommen ist.

VON DER GEFÄHRLICHKEIT DER GNADE

Mt 11,20–24: Damals begann er, den Städten, in denen die meisten seiner Großtaten geschehen waren, zu drohen, weil sie ihre Gesinnung nicht änderten. »Weh dir, Korazain, weh dir, Bethsaida! Denn wenn in Tyrus und Sidon die Großtaten geschehen wären, die bei euch geschehen sind, längst hätten sie in Sack und Asche Buße getan. Aber ich sage euch: Tyrus und Sidon wird es am Tage des Gerichtes erträglicher gehen als euch. Und du, Kapharnaum, bist du nicht bis zum Himmel erhoben worden? Bis zur Unterwelt wirst du hinabfahren. Denn wenn in Sodom die Großtaten geschehen wären, die bei dir geschehen sind, es würde bis zum heutigen Tag noch stehen. Aber ich sage euch: Es wird dem Lande Sodom erträglicher gehen am Tage des Gerichts als dir.«

Gnade ist das Geschenk Gottes. Der Mensch müsste mit beiden Händen zugreifen. Müsste dem Kommen Gottes Tür und Tor öffnen. Er müsste. Aber er muss eben nicht. Das heißt, er sollte es tun, aber er bleibt frei. Gnade ist ein Anruf Gottes. Der Mensch sollte in Freiheit antworten. Da es aber der Anruf des Herrn ist, ist das Verweigern einer Antwort gefährlich. Denn entweder ist es verpflichtender Anruf des Herrn, dann ist das Neinsagen Sünde und eigentliche Abkehr von Gott. Oder es ist Einladung Gottes, dann ist die Verweigerung ein Stehenlassen Gottes. Freilich ist festzuhalten, dass Gott kein pedantischer Schulmeister ist und seine Gnaden nicht mathematisch abzählt. Eine verscherzte Gnade ist darum nichts unwiederbringlich Verlorenes. Immer wieder ruft Gott. Immer wieder pocht er an der Tür. Aber die Haltung des Neinsagens wird schließlich bewirken, dass eines Tages die Zeit der Gnade vorüber ist. Und dann freilich ist der Verlust nicht mehr gutzumachen. »Weh dir, Korozain, weh dir, Bethsaida!« Die Heidenstädte Tyrus und Sidon hatten keinen Tempel des wahren Gottes und selbst in ihrer heidnischen Religiosität wenig Eifer. Aber sie können sich beim Gericht damit entschuldigen, dass ihnen die Gnade des Kommens Gottes gefehlt hat. Und »so wird es Tyrus und Sidon am Tage des Gerichtes erträglicher gehen«. Sodom ist der Begriff der Stadt der Sünde. Aber die Sodomiten können geltend machen, dass sie die Wunder des Herrn nicht schauen durften. Und darum wird es »dem Gebiet von Sodom am Tage des Gerichtes erträglicher gehen«. Wer viel empfängt, von dem wird viel gefordert. Und so ist Gnade für den Empfänger Verantwortung. Sie fordert Entscheidung, Stellungnahme. Wer sich verschließt oder ausweicht oder ablehnt, lädt Verantwortung auf sich.

Noch aus einem anderen Grund kann man von Gefährlichkeit der Gnade sprechen. Je mehr Gnade der Mensch hat, desto höher steigt er, desto mehr nähert er sich Gott und so wird sein Leben zu einer immer größeren Verherrlichung Gottes. Gerade dadurch ist er aber auch besonderen Angriffen Satans ausgesetzt. Die Berichte über die Versuchungen der Heiligen sind keine bloße Legende und keine Übertreibungen. Gebirgswanderungen sind nun einmal gefährlicher als das Marschieren durch ebene Gefilde und sanfte Hügellandschaft. Satan versucht mit Waffen gefährlichster Form. Jede Art geistiger Überhebung, jede Spur von Verachtung anderer, jeder Schatten von Einbildung widerspricht dem innersten Wesen der Hingabe an Gott und kann zum Fall führen.

Und aus einem dritten Grunde hat die Gnade ihre Gefährlichkeit. Sie versucht den Menschen in inneren Spannungen, die bisweilen schier unerträglich sind. Denn je mehr Gnade der Mensch hat, desto größer und lebendiger steht Gott vor ihm und desto kleiner und hässlicher sieht der Mensch sich selbst. So wird der Gegensatz zwischen heiligem Gott und sündigem Ich schmerzlich bis zur Unerträglichkeit. Daher die Selbstverachtung der Heiligen, ihr Sündenbewusstsein. Außenstehenden scheinen diese Aussagen der Heiligen Übertreibung. Sie sind aber in vollstem

Ernst und aus tiefster Überzeugung gesprochen. Soll man somit die Gnade um ihrer Gefährlichkeit willen fürchten? Wer weiß, was Gnade ist, kann nie auf diesen Gedanken kommen. Gnade ist im Tiefsten Liebe. Und Antwort auf die Gnade ist Liebe zu Gott. Ohne Liebe ist das Leben fad und leer. Liebe ist Hingabe. Und jede liebende Hingabe ist ein Abenteuer, in der Ehe sowohl wie im Entschluss zum Ordensstand. Wer die Hingabe halb vollzieht und irgendetwas für sich zurückhält, ist in Gefahr, das Schönste zu verdunkeln, das Heiligste zu entweihen, das Kostbarste zu zerbrechen. Wer aber ganze Hingabe vollzieht und sich völlig in Liebe der ewigen Liebe ausliefert, ist von dieser Liebe gehalten, getragen und geschützt. Und so ist es die Gnade selbst, welche alle Gefahren bannt und alle Gefährlichkeit in sich selbst, das heißt in den Feuern der Liebe verbrennt.

GOTTMENSCHLICHE WORTE

Mt 11,25–30: In jener Zeit antwortete Jesus und sprach: »Ich preise dich, Vater des Himmels und der Erde, dass du das vor Weisen und Klugen verborgen, es aber Unmündigen geoffenbart hast. Ja, Vater, so ist es vor dir wohlgefällig gewesen. Alles ist mir von meinem Vater übergeben. Und niemand erkennt den Sohn außer dem Vater. Und niemand erkennt den Vater außer dem Sohn und wem der Sohn es offenbaren will. Kommt zu mir alle, ihr Mühseligen und Beladenen, ich werde euch Ruhe geben. Nehmt mein Joch auf euch und lernt von mir, denn ich bin sanftmütig und von Herzen demütig. Und ihr werdet Ruhe finden für eure Seelen. Denn mein Joch ist mild und meine Bürde ist leicht.«

Diese fünf Verse des Evangeliums sind von besonderer Dichte und Fülle. Man kann sie nie ausschöpfen. Vier Gedanken drängen sich auf.

Da ist vorerst *das Gebet des Herrn.* Es ist ein Lobpreis des Vaters im Himmel, der es den Kleinen geoffenbart, den Weisen und Klugen aber verborgen hat.

Die Weisen dünken sich selbst als weise. Sie glauben, alles zu wissen, und sind in diesem Wissensdünkel für das Wort Gottes unzugänglich. Die Allerweltsklugen sind überzeugt, dass sie alles richtig zu machen verstehen. Sie brauchen infolgedessen keine Hilfe Gottes. Die Kleinen dagegen wissen, dass sie im Entscheidenden nichts wissen. Sie stehen vor der unendlichen Größe Gottes, sind sich dadurch ihrer Kleinheit und Schwäche bewusst und darum bereit, die Kraft von oben dankbar aufzunehmen. Wissensstolz und Selbstbehauptung machen für die Gnade unempfänglich. Demut ist notwendige Vorbedingung des Glaubens. Nur der Mensch, der um die Grenzen seines Wissens und Könnens weiß, ist aufnahmefähig für Wort und Wirken Gottes. Den anderen, der glaubt, sich selbst helfen zu können, überlässt Gott sich selbst und alles endet im Nichts. Der Nihilismus ist die konsequente Lebensphilosophie des Menschen ohne Gott. Und die Fülle in Gott ist die Lebenstheologie des Gläubigen.

Das Zweite ist *die Selbstoffenbarung* Jesu. Das Wort: »Niemand erkennt den Sohn als der Vater und niemand erkennt den Vater als der Sohn«, ist die Formulierung seiner Wesensgleichheit mit dem Vater. Nur einer hat die volle Erkenntnis des Sohnes: Er, der durch die Erkenntnis seiner eigenen Vollkommenheit sein geistiges Abbild, den Sohn, zeugt. Und nur einer hat die volle Erkenntnis des Vaters: Er, der das Abbild des Vaters ist und dem infolgedessen nichts fehlen kann, was der Vater hat. Es ist der Sohn, der darum sagt: »Alles ist mir von meinem Vater übergeben.« Es ist die volle Einheit und Gleichheit des Vaters und des Sohnes. Alle anderen haben Erkenntnis des Vaters nur so weit, als der Sohn es ihnen mitteilt, also durch seine Offenbarung. Dieses Christuswort ist wie ein Blitz, der das Gewölk spaltet, wie ein vorübergehendes Aufreißen des Himmels. Es zeigt Christus auf einer ganz anderen Ebene, völlig geschieden von den Menschen. Und doch spricht er es mit der menschlichen Stimme. Es ist Selbstoffenbarung des Gottmenschen.

Das Dritte ist *die Aufforderung an die Menschen*, diese von Mühsal Beladenen, Hungernden und Dürstenden, zu ihm zu kommen. Das vorausgehende Wort hat ihn in unendliche Ferne gerückt, aber dieses einladende Wort ruft in seine Nähe. Bei den Schriftgelehrten in die Schule zu gehen, ist eine undankbare Sache, denn sie sind stolze Lehrer, die von oben herab sprechen, ein hartes Joch und drückende Lasten auf die Schultern legen. Er dagegen ist der gütige, sanftmütige Lehrer, dessen Worte man verstehen kann. Und er macht die Last Gottes leicht, denn er hilft sie tragen mit seiner Gnade und Liebe. Diese »Kleinen«, denen Gott es geoffenbart hat, werden durch ihn groß. Diese Schwachen werden durch ihn stark. Die Scheingroßen dagegen schrumpfen vor ihm in lächerliche Kleinheit zusammen. Und diese Scheinstarken zerbrechen unter der Last, die sie mit eigener Kraft tragen zu müssen glauben und die sie doch nicht tragen können. Gott erwählt das Schwache, um es stark zu machen, und verwirft das Starke, weil er es seiner Schwäche überlässt. Gott ruft die Kleinen zur Größe und überlässt die Scheingroßen ihrer Kleinheit.

Und als Viertes wird in diesen Worten *Christus selbst sichtbar* in seiner innersten Gesinnung. Er, der dem Vater gleich ist, fügt sich trotzdem oder gerade deshalb völlig in den Willen des Vaters und preist ihn ob seiner Anordnung. Er, der völlig im Vater lebt, gibt sich doch den Menschen in Liebe hin. Er, der in der Fülle des Vaters von unendlichem Glück durchwogt ist, ruft die Menschen zur Teilnahme an seiner Seligkeit. Er trägt selbst die entscheidende Last der Menschen und ihr Joch durch seine Menschwerdung und seinen Tod am Kreuz. Und dadurch macht er ihnen die Bürde leicht und nimmt dem Joch alles Drückende. Denn was sie nun zu tragen haben, wo er die eigentliche Last auf seine Schultern genommen, ist nur wenig und dieses wenige hilft er tragen, und dieses Mit-ihm-Tragen wird zur freudig bejahten Aufgabe, zu einem Erweis der Liebe.

So ist in diesen Versen die ganze Herrlichkeit Christi, seines Seins und seines Tuns, zusammengeballt. Es sind Worte des Gottmenschen, in göttlicher Größe den Menschen geschenkt.

ARBEIT AM SABBAT

Mt 12,1–8: In jener Zeit schritt Jesus am Sabbat durch die Kornfelder. Seine Jünger hatten Hunger und begannen, Ähren abzureißen und zu essen. Als die Pharisäer ihn sahen, sprachen sie zu ihm: »Siehe, deine Jünger tun, was am Sabbat nicht erlaubt ist.« Er antwortete ihnen: »Wisst ihr nicht, was David tat, als er und seine Begleiter Hunger hatten? Wie er in das Haus Gottes hineinging und wie sie die Schaubrote aßen, die zu essen weder ihm noch seinen Begleitern erlaubt war, sondern nur den Priestern. Und wisst ihr nicht aus dem Gesetz, dass am Sabbat die Priester im Tempel den Sabbat entheiligen und doch ohne Schuld sind? Ich sage euch aber: Hier ist Größeres als der Tempel. Wenn ihr wüsstet, was es heißt: Barmherzigkeit will ich, nicht Opfer, so hättet ihr die Unschuldigen nicht verurteilt. Denn Herr über den Sabbat ist der Menschensohn.«

Die Jünger Jesu rupfen am Sabbat Ähren ab und essen davon. Die Pharisäer nehmen daran Anstoß. In der Antwort entwickelt Jesus drei Gedanken.

Erster Gedanke: *Bloße Legalität ist unchristlich.* Gesetze sind ein Ordnungsprinzip für das Leben, also eine Hilfskraft zur Unterstützung des Lebens. Wenn sie das Leben vergewaltigen, verfehlen sie ihren Zweck. Darum muss der Mensch sich den Paragrafen gegenüber eine gewisse Freiheit wahren. Skrupulosität ist eines geistigen Menschen unwürdig und bloß äußerliche Beobachtung des Gesetzes hat mit Religion nichts zu tun. Es gibt Menschen, die in festem Gehege aufgewachsen sind und denen es infolgedessen nicht wohl ist, wenn sie nicht im Käfig sind. Es gibt andere, die nicht zu gehen wagen ohne die Krücken irgendeiner Regel und Verordnung. Gesetze dürfen keine unfreien Menschen erziehen. Es gibt solche Unfreien. Sie sind überall zu finden. Auch in Klöstern. Sie rechnen sich die Übertretung irgendeiner Regel als Sünde an, wo es in Wirklichkeit gar keine Sünde ist, und übersehen dabei wirkliche Sünden, vor allem die Verletzung der Liebe. Es gibt Priester, welche die strikte Einhaltung der Rubriken für wichtiger halten als die Hilfsbereitschaft den Mitmenschen gegenüber. Christus fordert einen anderen Geist. Er stellt David als Beispiel hin, der im Gegensatz zum mosaischen Gesetz handelt und der doch der große, vorbildliche König Israels war. Christus lobt sein Handeln, denn er hat es in richtiger Absicht getan. Buchstabenklauberei und Paragrafentum können den Geist töten. Der Geist aber macht lebendig.

Zweiter Gedanke: *Herzensgesinnung ist wichtiger als rituelle Handlungen.* Christus beruft sich dabei auf den Kampf, den die Propheten immer geführt haben durch ihre Behauptung, Barmherzigkeit sei wichtiger als Brandopfer. Es gibt Menschen, die am Sonntag regelmäßig den Gottesdienst besuchen und sich dadurch als gute Christen betrachten, die aber am Werktag keine Spur sozialer Gesinnung und echter Nächstenliebe zeigen. Sie kennen ihr *Missale,* verstehen sich auf gregorianischen Choral und sind im Kirchenjahr heimisch. Aber ihre Religiosität beschränkt sich auf den Kultus, anstatt das Leben umzuformen. Vor Gott entscheidet das Herz, nicht der Ritus, und gilt die Gesinnung, nicht die Feierlichkeit des Gottesdienstes. Man soll selbstverständlich das eine tun und das andere nicht lassen. Aber die Mahnung Christi geht dahin, dass Gesinnung wichtiger sei.

Dritter Gedanke: *Christus ist der Herr des Sabbats.* Er ist der Gesetzgeber, kann also auch die Gesetze aufheben, von Gesetzen dispensieren, ihre Beachtung regeln. Wer im Geiste Christi handelt und aus Liebe zu ihm, handelt richtig. Selbst wenn das, was er tut, objektiv unrichtig wäre, macht es die subjektive Gesinnung zu einer guten Tat. Das besagt nicht, dass der Zweck das Mittel heilige, besagt aber, dass äußeres Tun ohne inneren Geist vor Gott wertlos ist und dass der innere Geist dem äußeren Tun die Seele einhaucht. Nörgelnder Pharisäergeist, pedantische Kritik, die am Äußerlichen hängen bleibt, weiß nichts von der Größe Christi, von der Weite seines Geistes und vom Verstehen seines Herzens.

Die ganze Szene endet mit einer Selbstoffenbarung Jesu, denn der Sabbat ist Tag des Herrn. Wenn also Jesus sich Herr des Sabbats nennt, ist er der Herr, das heißt Gott. Wenn es den Pharisäern ernst ist mit der Heilighaltung des Sabbats, muss es ihnen ernst sein mit der Ehrfurcht vor dem Herrn. Darin können sie aber Christus nicht kritisieren, sondern müssen von ihm lernen wollen. Legalität ist Verkrustung und Erstarrung. Christus aber ist das Leben und fördert das Leben.

HEILUNG AM SABBAT

Mt 12,9–21: Von dort ging er weiter und kam in ihre Synagoge. Siehe, da war ein Mensch mit einer verdorrten Hand. Und sie fragten ihn: »Ist es erlaubt, am Sabbat zu heilen?«, um ihn anklagen zu können. Er aber sprach zu ihnen: »Wo ist unter euch ein Mensch, der ein einziges Schaf besitzt und es, wenn es ihm am Sabbat in eine Grube fällt, nicht ergreift und herauszieht?

Wie viel mehr ist aber ein Mensch als ein Schaf? Somit ist es erlaubt, am Sabbat Gutes zu tun.« Dann sprach er zu dem Menschen: »Strecke deine Hand aus!« Er streckte sie aus und sie wurde gesund wie die andere. Die Pharisäer aber gingen hinaus und hielten Rat gegen ihn, wie sie ihn vernichten könnten.

Jesus aber wusste es und zog sich von dort zurück. Viele folgten ihm nach und er heilte sie alle. Er befahl ihnen, dass sie ihn nicht bekannt machen sollten. So erfüllte sich das Wort des Propheten Jesaja, der sagt: »Siehe, mein Knecht, den ich erwählt habe! Mein Geliebter, an dem meine Seele Wohlgefallen gefunden hat. Ich werde meinen Geist auf ihn legen und er wird den Heiden das Recht verkünden. Er wird nicht streiten und nicht lärmen und man wird auf den Straßen seine Stimme nicht hören. Ein geknicktes Rohr wird er nicht brechen und einen glimmenden Docht nicht löschen, bis er das Recht zum Siege geführt hat. Auf seinen Namen werden die Völker hoffen.«

Die Geistes- und Herzensverfassung der Pharisäer, die in den folgenden Versen sichtbar wird, ist schwer verständlich. Sie sind die Vertreter der Religion und des Gesetzes. Aber in Wirklichkeit geht es ihnen weder um das Gesetz noch um den Sabbat. Sie veranlassen Jesus, ja sie fordern ihn förmlich heraus, das Sabbatgesetz zu verletzen. Denn sie sind es, die auf den Mann mit der verdorrten Hand aufmerksam machen und Jesus fragen, ob man am Sabbat heilen dürfe. Sie werden auch nicht eines Besseren belehrt durch die treffende, köstliche Antwort des Herrn, der sie darauf hinweist, dass jeder von ihnen am Sabbat ein Schaf herauszieht, wenn es ihm in die Grube fällt. Wenn aber eine solche Sabbatverletzung erlaubt ist, ist sie doch offenkundig erst recht erlaubt, wenn es sich darum handelt, nicht einem Schaf, sondern einem Menschen zu helfen. Wer auch nur ein klein wenig Sinn für Logik und Ironie hat und ein Verständnis für Menschenwürde und Menschenliebe, müsste das Argument des Herrn billigen und beschämt verstummen. Aber das Gegenteil ist der Fall. Sie haben ihr Ziel erreicht, denn Christus wirkt das Wunder und verletzt den Sabbat. Sie haben somit das entsprechende Beweismaterial gegen ihn in Händen und nur das ist ihre Absicht. Und so endet die kurze Szene mit einem regelrechten Mordplan der Feinde des Herrn. Sie sind so völlig verbohrt ins eigene Ich, dass sie nichts und niemand davon abbringt und dass sie hemmungslos jeden bekämpfen und vernichten, der diesem Ich entgegentritt. Jesus denkt anders, spricht anders, handelt anders als sie. Folglich muss er aus dem Weg geräumt werden. Es kommt ihnen auch nicht einen Augenblick in den Sinn, dass er recht haben könnte und dass sie somit ihr Denken, Sprechen und Handeln ändern müssten. Sie gehen lieber über Leichen, als ihren Weg zu verlassen. Und dabei reden sie sich ein, damit Gott einen Dienst zu erweisen. Sie wollen Gott verherrlichen und beschließen, ihn zu töten. Man weiß nicht, ob man von Tragik oder Ironie oder Groteske sprechen soll.

Drei Erkenntnisse ergeben sich aus dieser erschütternden Tatsache. Einmal die Erkenntnis, dass man keineswegs alle Menschen bekehren kann. Mangelnder Seelsorgeerfolg ist somit nicht immer dem Seelsorger zur Last zu legen. Es gibt keinen besseren Prediger und Seelsorger als Jesus und doch hat er die Pharisäer nicht bekehrt. Am schwersten zu bekehren sind religiöse Fanatiker, die ihre eigene Meinung mit dem Willen Gottes verwechseln. Mit ihnen ist ein vernünftiges Gespräch unmöglich. Sie sind in ihrem Irrtum völlig verhärtet.

Die zweite Erkenntnis: Jeder muss sich selbst die ernste Frage stellen, ob er nicht im Großen oder im Kleinen etwas von dieser Verhärtung an sich hat. Bin ich noch bereit und fähig, umzulernen? Lasse ich mir noch etwas sagen? Oder gebe ich immer mir recht und dem anderen unrecht? Verwechsle ich Treue und Charakterfestigkeit mit Borniertheit, Eigensinn und Fanatismus? Nur wer willens ist, wirklich auf Gott und sein Wort zu horchen, ist imstande zu gehorchen und somit nicht den selbst gewählten

Weg zu gehen, sondern den Weg göttlichen Willens. Der Mordplan der Religiösen in Israel ist eine Warnung, die man nicht überhören darf.

Die dritte Erkenntnis ist die seelische Größe Christi, die gerade in dieser Szene wieder sichtbar wird. Er lässt sich durch nichts beirren und so heilt er den Kranken, obwohl er weiß, in welche Gefahr er sich damit begibt. Er spricht ohne Bitterkeit und ohne Ressentiment. Dann zieht er sich zurück, weil seine Stunde noch nicht gekommen ist. Im Gegensatz zu den Pharisäern fehlt bei ihm alles Sture, Verhärtete, Festgefahrene. In seinem Wesen ist alles schlicht, weitherzig, groß und gewinnend. Gerade der Gegensatz zwischen ihm und seinen Feinden lässt seine Größe und ihre Kleinheit, seine Weite und ihre Enge, seine Liebe und ihren Hass besonders sichtbar werden. Er erfüllt das prophetische Wort des Jesaja, denn »man hört ihn nicht zanken und nicht lärmen. Seine Stimme ertönt nicht auf der Gasse. Er bricht nicht das geknickte Rohr und löscht nicht den glimmenden Docht.« Und doch wird er gerade durch seine stille und äußerlich unterliegende Art »das Recht zum Siege führen«. Er ist wirklich der, »auf den die Völker harren«, und darum »der Liebling Jahwes, der vom Herrn Erkorene«.

ZWEI REICHE

Mt 12,22–50: Damals brachte man ihm einen Besessenen, der blind und stumm war. Er heilte ihn, sodass der Stumme redete und sah. Da verwunderten sich die Scharen und sprachen: »Ist dieser nicht der Sohn Davids?« Die Pharisäer hörten das und sagten: »Dieser treibt die Teufel nur in Beelzebub, dem obersten der Teufel, aus.« Da er ihre Gedanken kannte, sprach er zu ihnen: »Jedes Reich, das in sich entzweit ist, geht zugrunde. Und jede Stadt und jedes Haus, das in sich geteilt ist, kann keinen Bestand haben. Wenn nun der Satan den Satan austreibt, ist er in sich geteilt. Wie soll dann sein Reich Bestand haben? Und wenn ich in Beelzebub die Teufel austreibe, in wem treiben dann eure Söhne sie aus? Daher werden diese eure Richter sein. Wenn ich aber im Geiste Gottes den Teufel austreibe, dann ist wahrhaftig das Reich Gottes zu euch gekommen. Wie kann einer in das Haus eines Starken eindringen und seinen Besitz rauben, wenn er nicht zuerst den Starken gefesselt hat, um dann erst das Haus auszuplündern? Wer nicht mit mir ist, ist wider mich. Und wer nicht mit mir sammelt, der zerstreut. Daher sage ich euch: Jede Sünde und Lästerung wird den Menschen vergeben. Die Lästerung gegen den Geist aber wird nicht vergeben. Wer ein Wort gegen den Menschensohn spricht, dem wird vergeben werden. Wer aber gegen den Heiligen Geist spricht, dem wird nicht vergeben, weder in diesem noch im kommenden Leben. Entweder erklärt den Baum für gut und seine Frucht für gut. Oder erklärt den Baum für schlecht und seine Frucht für schlecht. Denn an der Frucht erkennt man den Baum. Ihr Natterngezücht! Wie könnt ihr Gutes reden, da ihr schlecht seid! Denn aus der Fülle des Herzens spricht der Mund. Der gute Mensch bringt aus den guten Schätzen Gutes hervor. Der böse Mensch bringt aus seinen bösen Schätzen Böses hervor. Ich sage euch, dass die Menschen über jedes unrechte Wort, das sie sprechen, am Tag des Gerichtes Rechenschaft geben müssen. Denn nach deinem Wort wirst du gerechtfertigt und nach deinem Wort wirst du gerichtet.«

Damals antworteten ihm einige Schriftgelehrte und Pharisäer: »Meister, wir wollen ein Zeichen von dir sehen.« Er antwortete ihnen: »Ein böses und ehebrecherisches Geschlecht will ein Zeichen sehen. Es wird ihm aber kein Zeichen gegeben als das Zeichen des Propheten Jonas. Denn wie Jonas drei Tage und drei Nächte im Bauche des Meerungetüms war, so wird der Menschensohn drei Tage und drei Nächte im Schoße der Erde sein. Männer von Ninive werden beim Gericht gegen dieses Geschlecht auftreten und es verurteilen. Denn sie haben auf die Predigt des Jonas hin ihre Gesinnung geändert. Und siehe, hier ist mehr als Jonas. Die Königin des Südens wird beim Gericht gegen dieses Geschlecht auftreten und es verurteilen. Denn sie kam vom Ende der Welt, um die Weisheit Salomos zu hören. Und siehe, hier ist mehr als Salomo. Wenn der unreine Geist vom Menschen ausgetrieben ist, streift er durch wasserlose Gegenden, sucht Ruhe und findet sie nicht. Dann sagt er: Ich kehre zurück in mein Haus, von dem ich ausgefahren bin. Wenn er kommt, findet er es leer stehend und gefegt und geschmückt. Dann geht er hin, nimmt sieben andere Geister mit, die schlimmer sind als er. Sie ziehen ein und wohnen dort. Und das Ende dieses Menschen wird schlimmer sein als sein Anfang. So wird es mit diesem bösen Geschlechte gehen.«

Während er noch zum Volk redete, siehe, da standen seine Mutter und seine Brüder draußen und verlangten, mit ihm zu sprechen. Er gab dem, der ihm die Mitteilung brachte, zur Antwort: »Wer ist meine Mutter und wer sind meine Brüder?« Und er wies mit der Hand auf seine Jünger und sagte: »Siehe, das ist meine Mutter und das sind meine Brüder. Denn wer den Willen meines Vaters in den Himmeln tut, der ist mir Bruder, Schwester und Mutter.«

1. *Zwei Reiche* stehen sich gegenüber. Das Reich Satans. Er hat »ein Haus«, seine eigene »Satanarchie«, seine Waffen und eigene Kampfmethoden.

Er verblendet die Menschen, sodass sie Gott und die Dinge im Lichte Gottes nicht mehr sehen. Körperliche Blindheit des Besessenen ist nur das äußere Zeichen für seine innere Verblendung. Satan nimmt den Menschen auch die Möglichkeit, das Wort Gottes richtig zu hören und es richtig zu beantworten. Darum ist der Besessene äußerlich taubstumm als Zeichen seines inneren mangelnden Gehörs und seiner inneren mangelnden

Ansprechbarkeit Gott gegenüber. Die Menschen, die sich Satan überlassen, sind besessen, das heißt, Satan hat mit Gewalt von ihnen Besitz genommen. Sie sind vergewaltigt.

Ganz anders das Reich Gottes. Auch hier ein Reich, eine Hierarchie, ein Kampf. Aber Christus, der die Menschen ins Reich Gottes ruft, macht sie äußerlich und innerlich sehend, lässt sie auf Gottes Wort hören – er ist ja selbst das Mensch gewordene Wort – und lässt sich in Freiheit die Antwort geben. Die Menschen werden durch ihn nicht vergewaltigt. Denn sein Ruf ist Liebe. Und nur die Antwort der Liebe ist würdige Antwort.

So ist die Heilung des blinden und stummen Besessenen durch Christus eine sichtbare Tat, die ein unsichtbares größeres Geschehen aufdeckt.

Christus erweist sich als der Stärkere, der den Feind bindet und damit die Gefangenen befreit.

2. Zwischen diesen beiden Reichen ist der Mensch in die *Entscheidung* gestellt.

Die Entscheidung ist *notwendig.* »Wer nicht für mich ist, ist wider mich, wer nicht mit mir sammelt, der zerstreut.« Entweder sieht man oder man ist blind. Entweder hört man oder man ist taub. Entweder spricht man oder man ist stumm. Es gibt hier kein Drittes, kein Niemandsland, keine Neutralität. Wer ausweicht oder sich nicht interessiert, ist damit schon im feindlichen Lager. Der Mensch muss also die Entscheidung treffen.

Und sie ist wirklich *entscheidend.* Denn sie bestimmt des Menschen Schicksal nicht nur für die Zeit, sondern auch für die Ewigkeit. Denn wer gegen Christus ist, ist mit Satan, also mit dem Feind Gottes. Stirbt er in diesem Zustand der Verhärtung, so hat er sich selbst das Urteil gesprochen. In diesem Leben ist noch innere Auflockerung, Umkehr und darum auch Vergebung möglich. Im anderen Leben ist die Entscheidung endgültig geworden. Der Mensch, der Gott lästert, glaubt Gott zu verwerfen, verwirft aber sich selbst. Er ist auf sich selbst gestellt, ist sich selbst überlassen und bleibt nun immer im Geist, für den er sich entschieden hat, also im Geist des Neinsagens, der Ablehnung und Auflehnung und damit der inneren Bitterkeit und des Hasses. So verzehrt er sich selbst, ohne doch sterben zu können. Verbittert sich selbst, ohne etwas zu erreichen. Das ist das Wesen der Hölle.

Die Pharisäer haben diese Entscheidung bereits getroffen. Ihre Worte zeigen es. An ihren Bäumen sind schlechte Früchte gewachsen. Sie sind also Satanssöhne und somit eine Schlangenbrut.

Die Entscheidung ist im Grunde genommen *nicht schwierig*. Wenn schon die Bewohner Ninives Buße getan haben, die doch nur das Wort eines Propheten, des Jonas, hörten, wie viel mehr müssten die Israeliten sich bekehren, die doch das Wort Christi selbst hören! Die Niniviten haben sich bekehrt, weil sie ein kleines Zeichen sahen, das Zeichen des Jonas im Bauche des Meerungeheuers. Die Israeliten sahen das größere und größte Zeichen: den Tod und die Auferstehung Jesu. Sie haben also keine Ausrede. Die Entscheidung ist ihnen leicht gemacht.

Die Königin von Saba hat eine weite Reise gemacht, um die Weisheit Salomos zu hören und war davon beglückt. Die Israeliten brauchen keine Reise zu machen. Christus steht mitten unter ihnen. Und sie vernehmen nicht bloß menschliche Weisheit, sondern die Weisheit Gottes. Wenn sie deswegen nicht beglückt sind, sondern in der Ablehnung verharren, sind sie selbst schuld und verantwortlich.

Die Entscheidung muss *dauernd* sein. Der Mensch, der sich für Christus entschieden hat, weil er durch Christus gerufen und durch ihn befreit wurde, ist zeitlebens noch Anfechtungen und Anfeindungen ausgesetzt. Der böse Geist kann zurückkommen »mit sieben anderen Geistern, die schlimmer sind als er«. Der Mensch muss also auf der Hut sein. So ist es auch mit Israel. Christus ist gekommen, das Haus seines Vaters »auszukehren und zu schmücken«. Nun sind aber die Führer Israels erst recht Satan verfallen, sodass das Schicksal Israels durch das Neinsagen zu Christus schlimmer ist als zuvor. *Corruptio optimi pessima* (»Die Entartung des Besten führt zum Schlimmsten«, Anm. d. Verl.).

Wer sich aber für Christus entscheidet und damit für Gott, der ist in die Familie Gottes und somit in die engste Lebensgemeinschaft mit Gott gerufen. Er ist für Christus Bruder, Schwester und Mutter.

Über dem ganzen Abschnitt liegt ein mahnender und warnender Ernst. Der Mensch steht vor der Entscheidung, ob er durch das Ja zu Satan von diesem besessen oder durch das Jawort zu Gott in dessen Liebe gerufen wird.

BEREITSCHAFT

Mt 13,1–9; 13,18–23: An jenem Tage ging Jesus aus dem Hause und setzte sich am Meere hin. Es kamen große Volksmengen zu ihm und so stieg er denn in ein Boot und setzte sich und das ganze Volk stand am Ufer. Und er sagte vieles zu ihnen in Gleichnissen. Er sagte: »Siehe, ein Sämann ging aus zum Säen. Beim Säen fiel einiges auf den Weg und es kamen die Vögel und fraßen es auf. Anderes fiel auf steinigen Boden, wo es nicht viel Erde hatte. Es schoss rasch empor, da es keinen tiefen Grund hatte. Als die Sonne aufging, wurde es versengt und verdorrte, weil es keine Wurzeln hatte. Anderes fiel unter die Dornen. Die Dornen wuchsen auf und erstickten es. Anderes fiel auf gute Erde und brachte Frucht, das eine hundertfache, anderes sechzigfache, anderes dreißigfache. Wer Ohren hat, höre.

Ihr aber hört nun das Gleichnis vom Sämann: Wo immer einer das Wort vom Reiche hört und es nicht versteht, kommt der Böse und raubt das, was in sein Herz gesät wurde. Das ist der, bei dem auf den Weg gesät wurde. Was aber auf steinigen Boden gesät wurde, das ist der, der das Wort hört und es sofort mit Freuden aufnimmt. Es fasst aber in ihm nicht Wurzel, denn er ist ein Augenblicksmensch. Wenn dann Drangsal oder Verfolgung um des Wortes willen kommt, nimmt er alsbald Anstoß. Was aber unter die Dornen gesät wird, das ist der, der das Wort hört. Aber die weltlichen Sorgen und der Trug des Reichtums ersticken das Wort und es bleibt ohne Frucht. Was auf guten Boden gesät wird, das ist der, der das Wort hört und es versteht und bei dem es dann Frucht trägt, beim einen hundert-, beim anderen sechzig-, beim dritten dreißigfach.«

Woher kommt es, dass die Frohbotschaft der Erlösung auch heute nicht die Aufnahme findet, die man erwarten müsste? Das Gleichnis vom Sämann gibt die Antwort.

1. *Es liegt nicht an der Aussaat.*
Einen besseren Sämann, einen größeren, eindringlicheren, wuchtigeren Prediger als Christus könnte man nicht finden.

Es liegt auch nicht an der Saat, denn eine geistvollere, für die Menschheit wichtigere und für jeden Einzelnen lockendere Botschaft als das Wort Gottes vom Reiche Gottes gibt es nicht.

Es liegt auch nicht am Klima, denn Gott lässt es am Wind, an der Sonne und am befruchtenden Regen nicht fehlen. Das Wehen des Heiligen Geistes, die Sonne der Gottesliebe und die befruchtende Gnade stehen im reichsten Maß zur Verfügung.

Gewiss kann man nicht dasselbe von der Wortverkündigung der Kirche sagen. Die Prediger lassen es an vielem fehlen: an Geist, Kraft, richtiger Formgebung und psychologischer Kenntnis. Aber sie sind doch Werkzeuge in der Hand eines anderen. Und dieser andere kann auch auf krummen Linien gerade schreiben, mit gesprungenen Glocken besser läuten als wir mit neu gegossenen und kann auch über einen törichten Text eine wunderbare Melodie schreiben.

Das Wort Gottes, wie die Kirche es durch die Prediger verkündet, ist gewiss oft mit zu viel Menschenweisheit, zu viel Persönlichem vermischt. Aber es ist trotzdem Verkündigung des Evangeliums, sodass der herrliche Wein auch im trüben Glase noch immer zu schmecken ist.

Das Klima ist äußerlich in manchem ungünstig durch die Unruhe des technischen Zeitalters, des geschäftlichen Betriebes, durch die tausend Ablenkungen. Aber die Gnade ist stärker und kann auch in unheiliger Welt Heilige wecken. Die Ursache liegt also nicht in erster Linie an der Verkündigung.

2. *Es liegt an der Bereitschaft.*
Die Menschen sind nicht richtig bereit, die Botschaft aufzunehmen. Da aber die Gnade den Menschen nicht zwingt, sondern ein freies Jawort fordert, pocht die Botschaft oft an verschlossene Türen.

Die mangelnde Bereitschaft hat ihre Stufen. Es gibt Menschen, die unempfänglich sind. Es ist der steinige Boden, der die Saat überhaupt nicht aufnimmt. Die Empfänglichkeit solcher Menschen für Religiöses ist verkümmert. Sie sind innerlich verhärtet. Sie haben sich bewusst gegen Gott verschlossen. Sie hören die Botschaft überhaupt nicht mehr.

Andere vernehmen das Wort Gottes, aber es fehlt ihnen der seelische Tiefgang. Es sind die Oberflächenmenschen, bei denen ein Eindruck den anderen jagt. Sie nehmen nichts wirklich ernst, setzen sich nicht mit dem Christentum auseinander. Immer neue Eindrücke stürmen auf sie ein, aber nichts bleibt haften.

Wieder andere nehmen das Wort des Herrn mit gutem Willen auf, denken auch darüber nach, beginnen eine Zeit lang, ihr Leben danach zu gestalten. Sie sind wirklich lebendige Christen. Aber allmählich nimmt die Berufsarbeit sie gefangen. Das äußere Leben belegt sie völlig mit Beschlag. Ihr ganzes Denken, Wollen und Fühlen wird vom Irdischen so gefangen genommen, dass das Christliche immer mehr zurücktritt und schließlich verschwindet. Es ist ein langsamer, fast unmerklicher Prozess des Verkümmerns und Absterbens. Hoffnungsvoll haben sie begonnen, hoffnungslos enden sie.

Auch die wirkliche Bereitschaft hat ihre Grade. Christus redet von dreißigfältiger, sechzigfältiger und hundertfältiger Fruchtbarkeit. Es sind die Christen, die im Wesentlichen christlich leben und sterben, ihre Pflichten erfüllen und als Durchschnittskatholiken recht und schlecht katholisch sind. Besser sind die Eifrigen, die innerlich Strebenden, mit sich Nichtzufriedenen, die nach dem Ideal ringen und immer wieder neu ansetzen. Die Besten aber sind die Heiligen, die Ganzen, die alle Lebensbereiche vom Glauben her gestalten und zu allen Forderungen der Gnade ohne Abstrich und ohne Bedingung Ja sagen.

So ist die Bereitschaft das eigentlich Entscheidende. Haben wir sie? Und bemühen wir uns, in der Jugenderziehung, in der Seelsorge in genügendem Maß um die Erreichung dieser Bereitschaft?

GLEICHNISSE

Mt 13,10–17; 13,34–35: Die Jünger traten zu ihm und sagten: »Warum sprichst du in Gleichnissen zu ihnen?«

Er antwortete ihnen: »Euch ist es gegeben, die Geheimnisse des Reiches der Himmel zu verstehen. Jenen aber ist es nicht gegeben. Denn wer hat, dem wird noch mehr gegeben und er wird Überfluss haben. Wer aber nicht hat, dem wird auch das noch weggenommen, was er hat. Darum rede ich in Gleichnissen zu ihnen. Denn sehend sehen sie nicht und hörend hören sie nicht und verstehen nicht. Es erfüllt sich an ihnen die Weissagung des Jesaja: Mit den Ohren werdet ihr hören und nicht verstehen und sehend sehen und doch nicht schauen. Denn verstockt ist das

Herz dieses Volkes. Ihre Ohren sind schwerhörig, ihre Augen drücken sie zu, damit sie mit den Augen nicht sehen und mit den Ohren nicht hören und mit dem Herzen nicht verstehen und sich nicht bekehren, sodass ich sie heilen könnte.

Eure Augen aber sind selig, weil sie sehen, und eure Ohren, weil sie hören. Wahrlich, ich sage euch: Viele Propheten und Gerechte haben verlangt zu sehen, was ihr seht, und sahen es nicht.«

Dies alles sprach Jesus in Gleichnissen zum Volk und ohne Gleichnisse redete er nichts zu ihnen, sodass sich das Wort des Propheten erfüllte: Ich will meinen Mund zu Gleichnissen öffnen und Dinge verkünden, die seit Grundlegung der Welt verborgen waren.

Im ersten Gleichnis der Parabelrede wird die Grundfrage gestellt, warum Jesus eigentlich in Gleichnissen spricht. Die Antwort ist ein Hinweis darauf, dass Gleichnisse zugleich enthüllen und verhüllen. Sie enthüllen, weil das Sichtbare ein Zeichen des Unsichtbaren ist und darum zu dessen Erkenntnis führt. Sie verhüllen, weil das Unsichtbare nur im Zeichen gegeben ist, nicht in der unmittelbar sichtbaren Wirklichkeit.

Hinter dem Ganzen liegt die Tatsache, dass die Gesamtschöpfung ein *Gleichnis* Gottes ist. Wenn es im Schöpfungsbericht der Genesis heißt: Lasst uns den Menschen schaffen nach unserem Bild und Gleichnis, so ist damit zwar gesagt, dass der Mensch durch seinen Geist und durch Gnade in besonderer Weise Bild Gottes sei. Aber auch die vernunftlose Schöpfung trägt Spuren Gottes und wird so für den erkennenden Menschengeist Gleichnis des Herrn. Durch die Analogie des Seins kann der Mensch das erkennen, was Schöpfung und Schöpfer gemeinsam haben, und zugleich erkennen, dass ebendieses Gemeinsame doch wieder im innersten Wesen anders und verschieden ist. So erkennt er aus der Schöpfung Gott. Und zwar durch Affirmation (Zustimmung). Denn alles Große, Schöne, Wahre und Gute in der Schöpfung gilt auch von Gott. Durch Negation (Verneinung), denn alles Unvollkommene, Begrenzte, Ungenügende der Schöpfung gilt nicht von Gott. Und durch Überhöhung, denn was in der Schöpfung zwar Positives zu finden ist, aber nicht im höchsten Grad der Vollkommenheit, das ist auch von Gott auszusagen, aber von diesem eben im Vollkommenheitsgrad.

Wer die Welt nicht als Gleichnis Gottes sieht, also ihre Beziehung zu Gott nicht erkennt, geht an ihrem tiefsten Wesen vorüber. Er ist, nach den Worten des heiligen Augustinus, wie ein Mann, der die prächtig gezeichneten oder gedruckten Buchstaben einer fremden Sprache ob ihrer Schönheit und Form bewundert, aber die Worte und Sätze, die sie bilden, nicht versteht. Der Atheist glaubt, durch seine Hinwendung zur Welt diese erst richtig verstanden zu haben. In Wirklichkeit hat er durch die Abwendung von Gott sich das Verständnis der Welt verunmöglicht. Nur wer die Welt in ihrer Gottzugewandtheit sieht, sieht sie ganz und sieht sie richtig. So hat der religiöse Mensch eine bessere Weltkenntnis als der nicht religiöse. Es gibt eine natürliche Offenbarung, denn Gott tut sein eigenes Wesen in seinen Werken kund. Und es gibt auch eine natürliche Gotteserkenntnis, denn der Mensch kann aus den Werken den erkennen, der sie gewirkt hat. Die Sünde hat diese Erkenntnis wohl verdunkelt und erschwert, aber nicht verunmöglicht. Der jetzige Mensch kann aus der jetzigen Welt Gott erkennen.

Anderseits ist die Welt *nur* Gleichnis. Sie weist wesentlich über sich hinaus. Sie ist nur Zeichen. Der Pantheist, der meint, diese Welt sei selbst göttlich, verkennt ebenfalls ihr Wesen. Er nimmt die Wirkung als Ursache. Er sieht ebenso falsch und verkehrt wie der Atheist. Beide leugnen die Beziehung der Welt zu Gott. Der eine, weil er der Welt zu wenig, der andere weil er ihr zu viel zuspricht. Der gläubige Mensch, der die Welt als Gleichnis nimmt, erkennt ihren religiösen Wert und ihre Bedeutung als Wegweiser zu Gott, bleibt aber nicht bei diesem Wegweiser stehen, sondern folgt der Weisung und gelangt zu Gott. Christus ist der *Logos*, der in die Schöpfung gekommen ist. Darum knüpft er bewusst an die Analogie des geschaffenen Seins an. Und darum gehört ein Reden in Gleichnissen und damit der Hinweis auf diese Analogie zu seinem eigentlichen Wesen. Er ist aber zugleich als Mensch gewordener Gott die Spitze der Schöpfungspyramide. Denn er ist, wie kein anderer Mensch, Bild und Gleichnis Gottes, weil das Göttliche in ihm in besonderer Helle aufstrahlt. Und er ist endlich in seiner Gottheit als Logos, und somit als das gesprochene Wesen des Vaters im vollendeten und ureigensten Sinn, Bild und Gleichnis des Vaters. Denn er ist das vollendete Abbild des Urbildes und ist dem Vater gleich, ist somit Gleichnis im Sinn der Gleichheit. So ist sein Sprechen in Parabeln geradezu des Vaters Sprechen.

WARTEN

Mt 13,24–30; 13,36–43: Ein anderes Gleichnis legte er ihnen vor. Er sprach: »Das Reich der Himmel gleicht einem Menschen, der gute Saat auf seinen Acker sät. Während die Menschen schliefen, kam sein Feind und säte Unkraut mitten unter das Getreide und ging weg. Als die Saat sprosste und Frucht brachte, wurde auch das Unkraut sichtbar. Da kamen die Knechte des Herrn und sprachen: Herr, hast du nicht guten Samen auf deinen Acker gesät? Woher hat er nun das Unkraut? Er aber sagte ihnen: Ein feindlicher Mensch hat das getan. Die Knechte aber antworteten: Willst du, dass wir hingehen und es sammeln? Er sagte: Nein, sonst könntet ihr beim Sammeln des Unkrautes zugleich auch den Weizen ausreißen. Lasst beides miteinander wachsen bis zur Ernte. Bei der Erntezeit will ich den Schnittern sagen: Sammelt zuerst das Unkraut, bindet es in Büschel zum Verbrennen, den Weizen aber sammelt in meine

Scheune.« Dann entließ er die Volksscharen und ging nach Hause. Die Jünger traten zu ihm und sagten: »Erkläre uns das Gleichnis vom Unkraut im Acker.« Er antwortete ihnen: »Der den guten Samen sät, ist der Menschensohn. Der Acker ist die Welt. Der gute Same, das sind die Söhne des Reiches. Das Unkraut aber, das sind die Söhne des Bösen. Der Feind, der es sät, ist der Teufel. Die Ernte ist das Ende der Welt. Die Schnitter sind die Engel. So wie das Unkraut gesammelt und im Feuer verbrannt wird, so wird es sein am Ende der Welt. Der Menschensohn wird seine Engel senden und sie werden aus seinem Reich alle Verführer und alle Gesetzesübertreter sammeln und sie in den Feuerofen werfen. Dort wird Heulen und Zähneknirschen sein. Dann werden die Gerechten im Reiche ihres Vaters leuchten wie die Sonne. Wer Ohren hat, höre.«

Unsichtbar schreitet Christus durch die Zeit und streut in kühnem Wurf die Saat seiner Gottesworte aus, um die Wahrheit zu bringen, die Schönheit leuchten zu lassen und das Gute zu schenken. Unsichtbar folgt auf seinem Fuß aber auch der Antichrist, um mit höhnischem Grinsen auf den gleichen Acker der Welt die Lehren des Irrtums und der Lüge, die Werke seiner Hässlichkeit und die Keime des Bösen auszustreuen.

Darum gibt es in der Welt Licht und Dunkel, Aufbauen und Niederreißen, Liebe und Hass.

Junge Idealisten glauben dann, in forschem Draufgängertum die Welt bekehren zu können, indem sie jedem Irrtum den Kampf ansagen, als Bilderstürmer alles zerschlagen, was ihrem Schönheitskanon widerspricht, und in religiösem Fanatismus alles bekämpfen, wenn nicht mit dem Scheiterhaufen, dann wenigstens durch radikale Strafmaßnahmen. Sie beachten nicht, dass sie mehr schaden als nützen.

Das gilt für die Erziehung des Einzelmenschen. Es gibt Menschen, welche die Wahrheit erst schätzen, wenn sie sich eine Zeit lang vom Irrtum haben narren lassen. Was schön ist, lernen sie erst, wenn sie das Hässliche gesehen haben. Und viele kommen nur durch das Bewusstsein ihrer Sünde zur demütigen Annahme der Gnade. *Felix culpa!* Wer darum als Erzieher oder Seelsorger alles mit Stumpf und Stiel ausrotten will, was nicht dem Ideal entspricht, vergewaltigt den Menschen, schüchtert ihn ein, zwingt ihn in eine Schablone und bringt ihn nie dazu, eine innerlich freie Persönlichkeit und ein frohes Kind Gottes zu werden. Man muss warten können und dem Menschen zu seinem Wachstum Zeit lassen.

Etwas Ähnliches gilt für die Ereignisse der Weltgeschichte. Unruhige Himmelsstürmer und Donnersöhne meinen immer, Gott müsste auf der Stelle eingreifen, jede feindliche Macht vernichten und den Triumph der Wahrheit und der Gerechtigkeit ständig sichtbar machen. Aber Gott hat einen längeren Atem und den größeren Schritt. Vor ihm sind tausend Jahre wie ein Tag. Das Wichtige ist, dass die letzte Schlacht gewonnen wird, auch wenn vorher eine Menge Einzelgefechte mit Niederlagen geendet haben. Und das gilt auch für das Leben der Kirche. Ein falscher Radikalismus will auf dem Stuhl Petri nur einen *Papa Angelicus* (»engelgleichen Hirten«, Anm. d. Verl.) sehen, will nur Bischöfe gelten lassen, die eine Inkarnation des Guten Hirten sind, und kritisiert jeden Priester, in welchem nicht petrinische Autorität, paulinische Geistesschärfe und johanneische Glut zur Einheit geworden sind. Im Grunde genommen wollen sie nur Christus im Geist und nicht den Mensch gewordenen *Logos*. Mit ihrer ständigen Kritik wirken sie nicht aufbauend, sondern zerstörend. Sie schaffen im Innern der Kirche nur Opposition und wirken nach außen nicht erobernd, sondern hemmend, nicht als Wegweiser, sondern als Stacheldraht.

Nach den Worten Christi muss man warten können. Damit ist nicht ein bequemes Gehenlassen gemeint oder ein müder Verzicht, schläfrige Gleichgültigkeit oder abgestumpfter Zynismus, sondern es ist die religiöse Haltung gemeint, die nach Gottes Willen und Gottes Methoden fragt und infolgedessen nicht aus eigener Initiative, sondern als Werkzeug Gottes handelt. Wer sich nicht immer wieder in die Hand Gottes einfügt, läuft Gefahr, seine eigene Meinung mit dem kirchlichen Glaubensbekenntnis zu verwechseln und eine konstruierte Idealkirche als Luftschloss zu bauen, anstatt in der gottgegebenen Realkirche hier und heute zu wirken. Fanatismus ist unchristlich. Man muss immer das Ende im Auge haben und wissen, dass Gott dieses Ende bestimmt und dass er als Richter Gericht hält. Wer nicht warten kann, will Gott sein eigenes menschliches Tempo aufnötigen. Weil er nicht fähig ist zu dulden, wird er ungeduldig. Es ist unsere Rettung, dass Gott wartet. Darum müssen wir auch bei den anderen warten können, um sie zu retten. Ums Retten geht es, nicht ums Richten. Das Gericht ergeht nur über die, die sich nicht retten lassen.

DAS GEHEIMNIS DES WACHSTUMS

Mt 13,31–32: Ein anderes Gleichnis legte er ihnen vor: »Das Reich der Himmel gleicht einem Senfkorn, das ein Mensch auf seinen Acker sät. Dieses ist zwar kleiner als alle anderen Samen. Wenn es aber herangewachsen ist, ist es größer als die Gartengewächse und wird zum Strauch, sodass die Vögel des Himmels sich auf seinen Zweigen niederlassen.«

Wenn man das Senfkorn auf die offene Handfläche legt, sieht man es kaum. Und doch wird es in kürzester Zeit zum größten Busch auf dem Feld. Zwischen dem Korn und dem Busch ist eigentlich keine Proportion. Aus einem Minimum des Beginns wird in kürzester Zeit ein Maximum des Resultates. Das Geheimnis dieses erstaunlichen Wachstums liegt in der Lebenskraft und inneren Dynamik des Saatkorns.

Nach den Worten des Herrn ist das ein Beispiel für das Geheimnis der Kirche. Auch bei ihr ist aus kleinstem Anfang in erstaunlich kurzer Zeit das große Ergebnis hervorgegangen. Das Leben Jesu ist, menschlich gesehen, minimal. Es beginnt im Stall, bleibt dreißig Jahre in völliger Verborgenheit, entfaltet sich bloß ein paar Monate in der Öffentlichkeit und endet in der Hinrichtung als Verbrecher. Die Kirche selbst beginnt mit einer Handvoll Bauern und Fischern, die ihrer Aufgabe in keiner Weise gewachsen waren. Einer geht ins andere Lager über. Ein anderer erklärt, dass er Christus überhaupt nicht kenne. Die Übrigen fliehen im entscheidenden Augenblick. Die Gemeinden der Urkirche bestehen zum großen Teil aus Sklaven und niederem Volk, mit einer verschwindenden Zahl Prominenter. Das Ganze beginnt in Palästina, also einem Land, das nicht einmal eine selbstständige römische Provinz, sondern der Provinz Syria unterstellt war. Also ein Geschehen, das aus Sicht des Imperium Romanum völlig bedeutungslos war.

Und trotzdem hat die Botschaft Jesu die Welt erobert und ist diese Kirche zur Weltkirche geworden. Und alles in einer unglaublich kurzen Zeit. Und trotz des Widerstandes der geistigen, politischen und militärischen Kräfte. Auch hier liegt die Erklärung dieses geheimnisvollen Wachstums in der Lebenskraft des Saatkorns, das heißt in diesem Fall in der Lebenskraft Jesu Christi selbst. Diese Kraft ist aber nichts anderes als die Kraft Gottes. Denn Jesus ist der Mensch gewordene Gott. Seine Kirche ist sein mystischer Leib. Er selbst ist das Haupt dieser Kirche und der Heilige Geist ist ihr Lebensprinzip. Äußerlich gesehen sind Entwicklung und Wachstum unbegreiflich, aber von innen her, von der Offenbarung her gesehen, selbstverständlich.

Das ist nun auch das Entscheidende für die Weiterentwicklung der Kirche. Diese ist nicht in erster Linie durch das Führungstalent der Päpste, durch die geistige Überlegenheit der Bischöfe, durch den seelsorglichen Eifer der Priester und die Frömmigkeit der Gläubigen gegeben, sondern durch die innere Lebenskraft der Kirche als des fortlebenden Christus, also durch die göttliche Kraft, die ihr innewohnt. Man darf sich weder durch die Kleinheit des Senfkorns irremachen lassen, wenn die Kirche da und dort eine verschwindende Minderheit bildet, darf aber andererseits auch nicht glauben, dass die weite Verzweigung und äußere Ausdehnung über die ganze Welt, das Funktionieren eines gewaltigen Verwaltungsapparates, die Entfaltung der Organisationen usw. das eigentlich Bestimmende sei. Vielmehr muss man das innerste Geheimnis kirchlicher Lebenskraft in der Kraft Gottes sehen.

Etwas Ähnliches vollzieht sich auch im Inneren des Menschen. Das Wort Gottes, das im Glauben aufgenommen wird, und die Gnade Gottes, die im Sakrament empfangen wird, sind unsichtbar und unscheinbar im Vergleich zu allem anderen, was für das Wachstum des Menschen getan wird, also etwa im Vergleich zu den Bemühungen um körperliche Gesundheit und Ertüchtigung, im Vergleich zur jahrelangen Schulung des Geistes durch Wissensvermittlung, im Vergleich zur hoch entwickelten beruflichen Ausbildung usw. Und doch ist jenes Kleine, Unsichtbare das Entscheidende. Es gibt den Menschen das eigentliche innere Wachstum in Gott hinein, jene Entfaltung, die allein übrig bleibt, wenn alles andere zerfällt, und die allein vor Gott Bestand hat. Es ist das Wachstum des inneren Christseins, dessen erstaunliche Entwicklung und Entfaltung erst im Jenseits sichtbar wird, wenn der Mensch die Fähigkeit hat, das Göttliche zu schauen. Dann wird die Parabel vom Senfkorn und von der voll entfalteten Senfstaude ihre volle Bestätigung finden.

SAUERTEIG

Mt 13,33: Ein anderes Gleichnis sprach er zu ihnen: »Das Reich der Himmel gleicht dem Sauerteig, den eine Frau nahm und unter drei Maß Mehl mengte, bis das Ganze durchsäuert war.«

Kein Denkender wird leugnen, dass das Christentum das geistige Antlitz der Welt verändert hat. Es hat als Sauerteig von ungeheurer Kraft gewirkt. Aber hat es die Kraft heute noch? Ist es noch Sauerteig?

Eine erste Tatsache: Christentum und Welt sind heute weit auseinander.

Die Schuld liegt auf beiden Seiten.

Auf der einen Seite hat man Christentum und Kirche bewusst aus dem kulturellen Leben ausgeschlossen. Man hat Staat und Kirche säuberlich getrennt und damit die Kirche ins Gotteshaus und in die Sakristei eingeschlossen. Man hat Glauben und Wissen als Gegensätze hingestellt und damit nicht nur der Theologie den wissenschaftlichen Charakter und der theologischen Fakultät die Existenzberechtigung an der Universität abgesprochen, sondern man hat die Lösung der großen Lebens- und Menschheitsfragen damit einem unfruchtbaren Rationalismus oder einem gefährlichen Irrationalismus ausgeliefert. Man hat Religion und Kultur getrennt und dadurch der Kultur wertvollste Kräfte und Inspirationen entzogen und geglaubt, mit einem atheistischen Humanismus oder marxistischen Materialismus eine neue Welt gestalten zu können. Und hat zugleich das Christentum seiner Ausstrahlungsmöglichkeiten in Kunst, Erziehung, Politik usw. beraubt. Das Wort von der Eigengesetzlichkeit der kulturellen Sachgebiete klang sehr schön und überzeugend, hat aber in Wirklichkeit die kulturelle Einheit gesprengt und alles ins Spezialistentum zersplittert und zum Auseinanderfallen gebracht. Auf der anderen Seite haben kirchliche Kreise den Rückzug zum

Grundsatz erhoben und aus der Not nicht nur eine Tugend, sondern geradezu das eigentliche Ideal gemacht. Sie fordern einen Glauben und eine Theologie, die sich von allen philosophischen Grundlagen löse. Wollen die Tätigkeit der Kirche auf das Kultische und Liturgische einschränken und verlangen das Rein-Religiöse als eine Sache der bloßen Innerlichkeit. Durch das Schlagwort des politischen Katholizismus beeindruckt, wollen sie das rein spiritualistische Christentum weitab gewandter Kontemplation und diesseitsfremder Jenseitshaltung oder eine eschatologische Haltung, die nur an die Letzten Dinge denkt und um die jetzige, vorletzte Existenz sich grundsätzlich nicht kümmert.

Das Ergebnis ist eine völlig säkularisierte Welt einerseits und ein völlig isoliertes Christentum anderseits.

Eine zweite Tatsache: Auf beiden Seiten dämmert die Erkenntnis, dass dieser Weg ein Irrweg ist.

Vonseiten der Welt her schaut man wieder auf das Christentum. Der Staat kommt zu der Erkenntnis, dass seine Rechtsbasis durch den reinen Rechtspositivismus der Willkür der Diktatoren oder der jeweiligen, womöglich noch künstlich gemachten Volksmeinung ausgeliefert ist und dass man im öffentlichen Leben auf die Dauer ohne Religion nicht durchkommt. Wo die Gewissen nicht mehr vor dem lebendigen Gott und ernsten inneren Sanktionen stehen, müssen sie durch Polizei und Terror ersetzt werden. Die Wissenschaft kommt zu der Erkenntnis, dass sie selbst nur durch immer weitergehende Spezialisierung vorwärtskommt, dass aber gerade diese ein zusammenfassendes Welt- und Menschheitsbild verunmöglicht und dass somit die Beantwortung der Lebensrätsel und die Frage nach dem Sinn des Lebens nicht durch die Wissenschaften beantwortet werden können. Der von Gott losgelöste Mensch hat sich als Täuschung erwiesen, denn anstelle des Übermenschen ist der Untermensch gekommen. Der Mensch, der nicht mehr die höhere Würde eines Abbildes Gottes und der Gotteskindschaft hat, wird entpersönlicht und damit zum Massenmenschen. Eine Kultur ohne Religion ist zur bloßen Zivilisation äußerer Technik geworden. So sucht man von allen Seiten her wieder die Verbindung mit dem Christentum. Man hat breit angelegte Flussbette gegraben, aber zu gleicher Zeit den Quell verstopft. Daher das Suchen nach der Quelle.

Auf der anderen Seite kommen die kirchlichen Kreise wieder zu der Erkenntnis, dass sie die Aufgabe der Bibel »Macht euch die Erde untertan« und die Sendung Christi unter die Wölfe und vor allem den Gedanken der Menschwerdung, das heißt einen Christus, der wirklich *Logos* im Fleisch des Menschlichen ist, in den praktischen Folgerungen verwirklichen müssen. Die neuen Versuche apostolischen Durchbruchs hinein in die Reihen der Arbeiterschaft und der Intellektuellen, die neuen ordensartigen Gemeinschaften der *provida mater* (»vorausschauenden Mutter«, Anm. d. Verl.), die Versuche, in der neuen Malerei, Architektur und Musik die kirchliche Kunst aus ihrer Stagnation wieder in Bewegung zu bringen, weisen alle in diese Richtung.

So vollzieht sich von beiden Seiten her eine Annäherung.

Die Forderung, die sich aus dem Ganzen ergibt, ist jene allein christliche Haltung des Sauerteigs, also der Wille, Welt und Menschheit ernst zu nehmen und somit auch die jetzige Welt und heutige Menschheit mit dem Christentum zu durchdringen, also auch das Zeitalter der Technik zu taufen. An die Stelle des gottabgewandten Weltdienstes und des weltabgewandten Gottesdienstes muss der Wille treten, die Welt Gott dienstbar zu machen und somit alles in den Dienst der größeren Ehre Gottes zu stellen. Das ist nur möglich in ernster und ehrlicher Auseinandersetzung mit der heutigen Zeit und Welt und mit einer Durchdringung dieser Zeit und Welt vom Christentum her. Die Forderung Pius' XII., dass die Kirche das Lebensprinzip der menschlichen Gesellschaft sein und immer mehr werden müsse, ist nichts anderes als eine neue Formulierung der alten Parabel vom Sauerteig.

VERLUST UND GEWINN

Mt 13,44–46: »Das Reich der Himmel gleicht einem Schatz, der im Acker vergraben war. Wenn ein Mensch ihn findet, verbirgt er ihn, geht voll Freude hin, verkauft alles, was er hat, und kauft jenen Acker.

Weiter gleicht das Reich der Himmel einem Kaufmann, der schöne Perlen suchte. Als er eine besonders wertvolle Perle fand, ging er hin, verkaufte alles, was er hatte, und kaufte sie.«

Gott ist groß und das Reich Gottes ist so wichtig, dass der Mensch bereit sein muss, alles dranzugeben, um dieses Große und Wichtige zu gewinnen. So macht es der Landarbeiter, der beim Pflügen im fremden Acker dort den vergrabenen Schatz findet und alles, was er hat, drangibt, um diesen Acker zu kaufen. Und so macht es der Perlenhändler, der alles liquidiert, um flüssiges Geld zu bekommen zum Erwerb des kostbaren Stückes, das ihm alles andere aufwiegt.

In der Situation des *Märtyrers* wird das klar. In Verfolgungszeiten muss er bereit sein, sein Vermögen konfiszieren zu lassen, in Gefängnissen und Konzentrationslagern seine Freiheit zu opfern, in der Emigration seine Heimat dranzugeben, die Trennung von Frau und Kindern in Kauf zu nehmen, ja seine ganze Existenz und sein Leben zu opfern. Gott ist so groß, dass bei einer Wahl zwischen Gott und allem anderen ein langes und ernstliches Nachdenken über diese Wahl gar nicht erfolgen sollte. Das Reich Gottes ist so entscheidend, dass die Zugehörigkeit zu ihm für den Menschen die eigentliche Existenzfrage ist. Ohne Gott ist alles andere sinnlos und ohne das Sein im Reiche Gottes ist der Mensch ein Hinausgeworfener und somit ein Verworfener.

Es gilt zwar unter den Menschen oft genug als Klugheit, in Gefahrenzeiten auszuweichen, unterzutauchen oder auch Grundsätze dranzugeben, selbst den Glauben zu verleugnen, um das

Leben zu retten. Die furchtlosen Bekenner stehen bei den Klugen nicht hoch in der Gunst. Auch die Kirche kannte und kennt eine Wiederversöhnung der *lapsi,* das heißt der in Verfolgungszeiten vom Glauben Abgefallenen, und das konnte den Eindruck erwecken, als ob man einen vorübergehenden Abfall in Kauf nehmen dürfe, weil sich nachher alles wieder einrenken lässt. Aber diese menschliche Klugheit und Berechnung sind gefährlich. Der Mensch steht mit seinem Gewissen vor Gott. Wenn ihm dann Gott weniger gewesen ist als irgendetwas anderes, muss der Mensch mit einer Verurteilung durch Gott rechnen. Es geht hier um das ewige Sein oder Nichtsein.

Die Situation der *evangelischen Räte* lässt auf die gleiche Frage ein eigenartiges Licht fallen. Gott beruft immer wieder Menschen, die um des Himmelreiches willen, nicht nur wenn sie müssen, also nicht nur bei einem letzten Entweder-oder, sondern auch ohne diese Nötigung, aus freiem Entschluss auf alles verzichten. In der freiwilligen Armut verzichten sie auf Besitz, um in Gott allein ihren Reichtum zu finden. In der Ehelosigkeit um des Himmelreiches willen verzichten sie auf Ehe und Familie und menschliche Liebe, um in Gott allein das Du der liebenden Lebensgemeinschaft zu haben. Und im Gehorsam verzichten sie auf die Selbstbestimmung, um im Willen Gottes allein ihr Gesetz des Handelns bis ins Einzelne zu haben. Dieser Stand der evangelischen Räte soll eine ständige Mahnung an alle sein, Gott höher zu schätzen als alles, was sonst den Menschen wertvoll erscheint. Die bedingungslose Vorrangstellung Gottes vor allem anderen wird darin sichtbar. Daraus ergibt sich auch, dass dieser Stand nur Sinn hat, wenn er ernst genommen wird und nicht durch Hintertürchen und Schleichwege eine Art Sowohl-als-auch in der Praxis betätigt wird. Nur die Ganzheit des Verzichtes einerseits und die Hingabe an Gott anderseits sind dieses Standes würdig.

Auch die Situation des *Christen im Alltag* fordert die grundsätzliche Bereitschaft zur letzten Hingabe. Denn niemand weiß, zumal in der heutigen Zeit, wann er in die Situation des Märtyrers versetzt wird. Jeder Christ muss in der Forderung der Selbstverleugnung sein Ich drangeben, um Christus zu finden. »Wer mir nachfolgen will, verleugne sich selbst. Wer sein Leben verliert, wird es gewinnen.« Der Gewinn Gottes ist an die Bedingung dieses Verlustes geknüpft. Das alles ist nur möglich, wenn jeder gläubige Christ Gott wirklich höher stellt als alles andere. Es darf also kein Auch-Christentum geben, also eine Haltung, in welcher man alles Mögliche ist und nebenbei auch Christ. Das Christentum ist kein zweites Stockwerk über dem profanen Erdgeschoss, keine Gelegenheitssache für feierliche Anlässe, kein Artikel, dessen man nur im Todesfall bedarf. Man kann auch nicht den Glauben und die Kirche drangeben um eines Menschen willen, um in einer bloßen Zivilehe zu heiraten. Man darf nicht seine Grundsätze opfern, um Karriere zu machen. »Suchet zuerst das Reich Gottes!« Also nicht nachher und nicht nebenher. Der Glaube und damit die Hingabe an Gott und das Sein im Reiche Gottes ist das Erste und die Mitte. Von da aus sollen die verschiedenen Lebensbereiche geformt und gestaltet werden: das persönliche Denken und Handeln, das Leben in der Ehe und im Beruf, die Einstellung zu den Fragen und Aufgaben der Öffentlichkeit.

Und doch gibt es zuhauf Menschen, die ihren Pflug über den Acker führen, wissend, dass darin ein Schatz vergraben ist, und die sich doch nicht darum kümmern. Und es gibt eine Menge Kaufleute, die um die Existenz der kostbaren Perle wissen und sich doch nicht darum kümmern. Es sind die Menschen der mangelnden Folgerichtigkeit. Sie haben den Gedanken an Gott und das Reich Gottes nicht zu Ende gedacht. Nicht nur nehmen sie Gott die Ehre, die ihm gebührt, verunmöglichen einen etwaigen Ruf zu Höherem, sondern sie werden in der Stunde der Gefahr, in der Situation des Martyriums versagen, weil sie nie einen grundsätzlichen Entscheid getroffen haben. So ist das Gleichnis vom Schatz im Acker und von der kostbaren Perle nicht nur eine theoretische Illustration zum Wert des Gottesreiches, sondern eine ernste Mahnung an jeden Einzelnen, sich mit der Größe Gottes und der Wichtigkeit des Zugehörens zum Reiche Gottes auseinanderzusetzen, daraus die richtige Wertskala zu finden und dementsprechend zu handeln.

DIE ZWEI STADIEN DER KIRCHE

Mt 13,47–52: »Weiter gleicht das Reich der Himmel einem Fischnetz, das ins Meer geworfen wurde und Fische aller Art zusammenbrachte. Als es voll war, zogen sie es an den Strand – setzten sich hin, sammelten die guten Fische in Gefäße, die faulen aber warfen sie weg. So wird es am Ende der Welt sein. Die Engel werden ausziehen und die Bösen aus den Gerechten aussondern und sie in den Feuerofen werfen. Dort wird Heulen und Zähneknirschen sein.

Habt ihr das alles verstanden?« Sie antworteten ihm: »Ja!« Da sagte er zu ihnen: »Deshalb ist jeder Schriftgelehrte, der für das Reich der Himmel unterrichtet ist, wie ein Hausherr, der aus seinem Schatze Neues und Altes hervorholt.«

Das Gleichnis vom Fischnetz zeigt, dass Jesus keineswegs das Ende der Welt und somit das Hereinbrechen des vollendeten Gottesreiches als unmittelbar bevorstehend erwartet und verkündet hat. Das Bild vom Netz in der Flut, gefüllt von guten und schlechten Fischen, und vom Auslesen am Ufer enthält die Lehre von den *zwei Stadien.*

Es gibt Kirche jetzt und hier und Kirche dereinst und droben, wandernde Kirche und Kirche am Ziel, Kirche im Kampf und sieghafte Kirche, unvollendete und darum mit allerlei Makeln behaftete Kirche und vollendete Kirche als Braut ohne Runzeln und Makel.

Wer darum Anstoß nimmt an Dingen, die ihm an der Kirche missfallen, will zu Unrecht das erste Stadium überspringen. Wer Ärgernis nimmt an Päpsten, die dem Ideal des Siegers Christi nicht entsprechen, an Bischöfen, die es an Hirtensorge mangeln lassen, an Priestern, in denen das Allzumenschliche sichtbar ist, an Gläubigen, die nur Sonntagschristen sind und Werktagsheiden, will das Fischnetz Christi nicht im Wasser dieser Zeitlichkeit lassen und will nicht warten, bis es an die Gestade der Ewigkeit gezogen ist. Wer es nicht erträgt, dass christliche Kunst immer wieder durch Kitsch verdunkelt wird, dass die Gemeinschaft der Heiligen viel Unheiliges enthält, wer an der Missionsfront den kühnen Eroberungswillen vermisst oder sich über den Apparat und die Bürokratie kirchlicher Verwaltung ärgert, bedenkt nicht, dass das Fischnetz durch trübe Gewässer gezogen wird. Kirche in der Zeit besagt, dass Vergängliches, zeitbedingte Auffassungen und Erscheinungen, jeweilige Modeformen des Schreibens, Lebens und der Formgebung in der Kirche zu finden sein müssen. Kirche auf der Erde bringt mit sich, dass ihr viel Erdhaftes, Klebriges, Lehmiges und Schmutziges anhaftet. Kirche unter den Menschen bringt es mit sich, dass menschliche Enge, Kleinlichkeit, Selbstsucht ihre Spuren zurücklassen. Aber das ist nur der Anfang.

Der Blick auf das Ende gibt die Lösung. Denn dann kommt die endgültige Scheidung. Zweimal spricht Christus in dieser kurzen Parabelrede vom Endgericht und beide Male mit unheimlichen Bildern. Neben der Ernte steht das Bild vom Feuerofen, in welchen das gebüschelte Unkraut geworfen wird. Und die Auslese der Fische ist das Bild von der Scheidung der Menschen, wo wiederum vom Feuerofen die Rede ist, von wildem Geheul und zornigem Zähneknirschen. Der Herr spricht nicht von Vernichtung der Verworfenen, also nicht von einem Zurückfallen ins Nichts, sondern von einer Strafe, und zwar in kräftigsten Ausdrücken. Wir kommen um diese Tatsache nicht herum. Sie zeigt, dass der Mensch vor den Ernst einer wirklichen

Entscheidung gestellt ist, einer Entscheidung, die am Ende dieser Tage sich als endgültig erweist.

Die zwei Stadien der Kirchengeschichte haben damit einerseits ihr beruhigendes, tröstliches Element, anderseits aber die Unheimlichkeit und den Ernst des Lebens, das im Licht oder in der Finsternis, in Seligkeit oder in Qual endet. Der Schluss ist kein billiges Happy End. Es löst sich nicht alles in eitel Wohlgefallen auf. Und so endet diese Parabelrede mit dem Wetterleuchten des Jüngsten Gerichtes, mit Verheißung und Drohung.

Wenn der Herr hinzufügt: »Habt ihr alles verstanden?«, und die Jünger mit einem klaren Ja antworten, so ist damit nicht nur ein intellektuelles Verstehen gemeint, sondern ein innerliches Aufnehmen, ein Hineingestelltwerden in den Ernst der Entscheidung, ein lebensmäßiges Wissen, worum es in der christlichen Haltung geht. Der Blick auf das Ende erklärt den Weg.

MAN NAHM AN IHM ANSTOSS

Mt 13,53–58: Als Jesus diese Gleichnisreden vollendet hatte, ging er von dort weg. Als er in seine Vaterstadt kam, lehrte er sie in ihrer Synagoge. Sie verwunderten sich sehr und sprachen: »Woher hat dieser nur solche Weisheit und diese Wunderkräfte? Ist er denn nicht der Sohn des Zimmermanns? Heißt seine Mutter nicht Maria? Und seine Brüder Jakobus und Josef, Simon und Judas? Und sind seine Schwestern nicht alle bei uns? Woher hat dieser das alles?« Und sie nahmen an ihm Anstoß. Jesus aber sagte ihnen: »Ein Prophet ist nirgends verachtet außer in seiner Vaterstadt und in seinem Hause.« Und er wirkte dort nicht viele Wunder wegen ihres Unglaubens.

Auf der einen Seite staunen die Menschen. »Woher hat er solche Weisheit und Wunderkraft?« Auf der anderen Seite stoßen sie sich an ihm. »Ist er nicht des Zimmermanns Sohn?«

So war es im Urteil über *Christus*. Die Menschen hätten ein unfassliches Wirken Gottes und seines Geistes ohne sonderliche Schwierigkeit aufgenommen. Denn dass Gott Weisheitsworte spricht, erstaunliche Dinge offenbart und dass er Wunder wirkt, als Gesetzgeber die Gesetze der Natur durchbricht, als Schöpfer schöpferisch wirkt und als Herr gebieterisch über alles bestimmt, wäre ihnen verständlich. Sie hätten auch einen Menschen angenommen, der als Mann Gottes Großes lehrt und wirkt und doch zugleich als gewöhnlicher Mensch von Menschen stammt, aus einer Familie, deren Namen man nennen kann. Aber die Verbindung beider fassen sie nicht. Dass nämlich auf der einen Seite göttliche Weisheit und Kraft und zugleich in derselben Persönlichkeit menschlicher Ursprung und menschliches Wesen sichtbar werden, das verstehen sie nicht. Sie können sich nicht damit abfinden, dass der Brückenbogen so gewaltig ist und diese zwei scheinbar unvereinbaren Ufer miteinander verbindet, das Göttliche und das Menschliche im einen Gottmenschen. Ihr Denken sagt ihnen: entweder göttlich oder menschlich. Aber das Gott-Menschliche nehmen sie nicht an. Und doch ist gerade das das Wesen Christi. Sie nehmen somit Anstoß an dem, was gerade seine Größe und seine Bedeutung ausmacht. In ihm sind Gott und Mensch, Ewigkeit und Zeit, Himmel und Erde, Unendliches und Endliches, Herr aller Herren und Knecht aller Knechte, Seligkeit und Passion zur Einheit geworden. Daran nehmen sie Anstoß.

Dasselbe Ärgernis bereitet ihnen *die Kirche*. Auch hier ist Göttliches in der unfehlbaren Lehrverkündigung, in der Sündenvergebung und Gnadenspendung, in Forderungen, welche die Gewissen binden, in überzeitlicher Dauer und übermenschlicher Lebenskraft. Und doch ist zugleich das menschliche Element vorhanden: Die unfehlbare Lehre wird in menschliche

Begriffe, Worte und Formulierungen gefasst, durch Disputationen geklärt und durch Menschen verkündet. Sündenvergebung geschieht durch menschliche Worte menschlicher Priester. Gnadenspendung vollzieht sich durch sichtbare Riten, Worte und Zeichen. Kategorische Forderungen mit unerhörten, in die Ewigkeit reichenden Sanktionen werden in irdische Gesetzesparagrafen gefasst. Das Überzeitliche bindet sich an zeitbedingte Formen und die Lebenskraft hat ihre Perioden des Blühens und Welkens, ihre Gezeiten und gelegentlichen Ermüdungserscheinungen. Sie würden eine Kirche annehmen, die in göttlicher Herrlichkeit erstrahlt, aber von allem Menschlichen frei wäre. Sie würden auch eine Kirche annehmen, die eine rein menschliche Organisation, ein Zusammenschluss der Menschen gleichen Glaubens wäre. Aber sie nehmen Anstoß an einer Kirche, in welcher Göttliches und Menschliches verbunden ist. Und doch ist gerade eine solche Kirche die Weiterführung der Inkarnation, also des *Logos* im Fleische und damit des Gottmenschen.

Den gleichen Anstoß nehmen sie am *Wesen des Christen*. Sie würden an das Christentum glauben, wenn es aus Menschen Engel machte. Wenn die Taufe jeden sichtbar zu einem Heiligen machte. Wenn sie in sich selbst die unwiderstehliche Kraft der Gnade erfahren, das neue Sein spüren und das neue Leben experimentell feststellen könnten. Sie würden es auch annehmen, wenn der Mensch in seiner menschlichen Armseligkeit bliebe und das Christentum nur als moralische Forderung, als ein ethisches »Du sollst« verkündet würde. Aber sie nehmen Anstoß daran, dass ein wirklich göttliches Sein und eine wirklich göttliche Kraft im Menschen ist und dieser doch Mensch mit allzu Menschlichem bleibt, in seiner Schwäche, Begrenztheit, in seinem Versagen und seinem Sündigen. Sie nehmen Anstoß daran, dass Gottes Eichen in menschliche Blumentöpfe gepflanzt werden und dass Gott seine wogenden Meere in zerbrechliche, kleine Menschengefäße schüttet. Und doch ist gerade das das Wesen des Christentums. Es ist Göttliches im Menschlichen. Das ist das Wesen Christi, ist das Wesen der christlichen Kirche und ist das Wesen des christlichen Menschen. Man darf diesen Stein des Anstoßes nicht wegräumen. Er ist das Entscheidende. Nur wer dieses Göttliche im Menschlichen durch den Glauben annimmt, ist ein Christ. Wer aber entweder das Göttliche oder das Menschliche nicht in seiner ganzen Fülle bestehen lässt, entstellt das Christentum, sodass es nicht mehr Christentum ist. Hier gibt es nur ein Ja des Glaubens oder ein Nein des Unglaubens, aber keinen verharmlosenden Kompromiss.

TRAGÖDIE BEI DER GEBURTSTAGSFEIER

Mt 14,1–13: Zu jener Zeit hörte der Vierfürst Herodes vom Gerede über Jesus. Und er sprach zu seinen Dienern: »Dieser ist Johannes der Täufer. Er ist von den Toten auferweckt. Darum sind Wunderkräfte in ihm am Werk.« Herodes hatte nämlich Johannes festnehmen, fesseln und ins Gefängnis werfen lassen wegen Herodias, der Frau seines Bruders Philippus. Denn Johannes hatte ihm gesagt: »Es ist dir nicht erlaubt, sie zu haben.« Er wollte ihn hinrichten, fürchtete aber das Volk, das ihn für einen Propheten hielt. Als der Geburtstag des Herodes gekommen war, tanzte die Tochter der Herodias vor den Gästen und fand so sehr das Wohlgefallen des Herodes, dass er ihr mit einem Eidschwur versprach, er wolle ihr alles geben, was sie erbitte. Sie aber antwortete, von ihrer Mutter angestiftet: »Gib mir hier in einer Schüssel das Haupt Johannes' des Täufers.« Der König wurde betrübt. Aber wegen des Eides und wegen der Gäste befahl er, es ihr zu geben. Er sandte hin und ließ Johannes im Kerker enthaupten. Sein Haupt wurde in einer Schüssel gebracht und dem Mädchen gegeben und es brachte es seiner Mutter. Seine Jünger kamen, nahmen den Leichnam und begruben ihn. Dann gingen sie hin und erstatteten Jesus Bericht. Als Jesus das hörte, zog er sich von dort im Boot zurück an einen einsamen Ort, abseits. Als die Volksscharen das hörten, folgten sie ihm zu Fuß aus ihren Städten nach.

1. *Das Geschehen.* Die Szene ist so erschütternd, dass ein Dramatiker die Situation nicht schärfer hätte zuspitzen, die Gegensätze nicht in grelleren Farben hätte malen können.

Oben die königliche Tafel der Geburtstagsfeier, Trinkgelage, Musik, Tanz, animierte Stimmung. Unten im dunklen Verlies der einsame Prophet. Der Bote, der von oben nach unten kommt, bringt nicht die königliche Amnestie, sondern holt den blutigen Kopf des Propheten als königlichen Lohn für die tänzerischen Leistungen der Prinzessin.

Wer ist verantwortlich? Vor allem der großsprecherische Monarch, der in angetrunkenem Zustand prahlerische Versprechungen macht und sich nachher aus Menschenfurcht vor den geladenen Gästen nicht bloßstellen will und darum über alle Schranken menschlichen Empfindens und ethischer Forderungen hinweg das Verbrechen anordnet. Er ist der typisch schwache Mann. An sich hätte er Johannes schon lange gern töten lassen (Mt 14,5). Aber er hatte nicht den Mut dazu, weil er einerseits abergläubisch ist, denn er wird ja nachher Jesus als den auferstandenen Täufer betrachten, und weil er anderseits die Volksstimmung fürchtet. Schwach ist er auch in dieser Stunde, in der er sein Gewissen vergewaltigt, um menschlichen Rücksichten zu genügen. Daneben ist ein junges Mädchen, das als Tänzerin vor den gierigen Blicken der Männer den Sex-Appeal spielen lässt, Beifallsstürme erntet und in seiner Katzennatur sich dem König sowohl wie der Mutter anschmiegen und das Wohlgefallen beider zu erringen sucht. Die dritte Gestalt ist eine intrigierende Frau, die ihr ehebrecherisches Treiben und ihre ehrgeizigen Pläne sicherstellen will und darum nicht vor Mord zurückschreckt, um den leidigen Mahner loszuwerden. Den geladenen Gästen ist es nur um das Vergnügen zu tun und um die Sympathie, die sie beim König haben wollen. Es fällt keinem ein zu intervenieren. Ihnen allen steht als Einziger der Gefangene gegenüber, der unnachgiebig der Stimme des Gewissens und der Forderung Gottes Ausdruck gibt und an seinem Wort »Es ist dir nicht erlaubt« festhält und keine Silbe davon zurücknimmt, auch wenn es ihm Gefängnis, Hunger, Misshandlung, Dunkelarrest, Einsamkeit und schließlich den Tod einträgt.

Das Unfassliche an diesem Geschehen ist aber nicht so sehr die Bösartigkeit der Menschen, die ohne Hemmung ihr Fest mit Blut beflecken, sondern die Tatsache, dass Gott nicht eingreift. Der Täufer wird im Stich gelassen und der königliche Verbrecher kann ungestraft sein Werk tun. Auch Christus greift nicht ein. Im Gegenteil! Es heißt von ihm: »Als Jesus dies erfuhr, zog er sich zurück an einen abseits gelegenen, einsamen Ort.« Gott schweigt.

Christus weicht aus. Das Verbrechen nimmt ungestört seinen Lauf.

2. *Die Lehre.* So geschieht es häufig genug. Immer wieder siegt die Gewalt über das Recht, triumphiert der Gerissene über den Einfältigen, wird Lauterkeit als hinterwäldlerische Naivität verlacht. Der Hemmungslose macht das Rennen. Der Einfältige gerät ins Hintertreffen. Die Weltgeschichte ist keineswegs das Weltgericht. Gottes Mühlen mahlen nicht nur langsam, sondern sie scheinen oft genug völlig stillzustehen. Man darf sich also nicht darauf verlassen, dass das Gute sich auf dieser Erde auf die Dauer durchsetzt. Christus selbst ist den Gegnern unterlegen. Erst nach seinem Tod, nicht vorher, ist der Umschwung gekommen.

Der Wechsel von oben und unten geschieht erst im Jenseits. Dann erst sind Letzte Erste und Erste Letzte. Dann erst vollzieht sich der Triumph Gottes, seines Reiches, seines Geistes und seiner Jünger. Dann erst widerfährt der Kirche und den Gläubigen Gerechtigkeit. Wer auf anderes hofft, erlebt Enttäuschungen.

Christentum besagt Nachfolge des kreuztragenden Herrn und fordert eine Hoffnung, die sich erst im Jenseits erfüllt. Die Rechnungen gehen auf dieser Erde nicht auf. Die gezogenen Linien treffen sich nicht in einem Punkt, sondern reißen ab.

Die Szene des an der königlichen Geburtstagsfeier ermordeten Täufers ist eine Desillusionierung all derer, die an einen Sieg des Christentums in dieser Zeit und auf dieser Erde glauben. Eine derartige Diesseitshaltung ist zu kurzsichtig und zu kurzatmig. Das tapfere Ausharren des Täufers in der Einsamkeit seiner Gefängniszelle ist Glaubenshaltung. Der billige Triumph der ehebrecherischen gekrönten Frau ist Weltgeist. Es gibt zwischen beiden keine billige Mitte.

BROTVERMEHRUNG

Mt 14,14–21: Beim Aussteigen sah er eine große Volksmenge. Da bekam er Mitleid mit ihnen und heilte ihre Kranken. Als es Abend wurde, traten seine Jünger zu ihm und sagten: »Die Gegend ist einsam und die Zeit ist schon vorgeschritten. Entlass darum das Volk, damit es in die Dörfer gehen und sich Lebensmittel kaufen kann!« Doch Jesus antwortete ihnen: »Sie brauchen nicht wegzugehen. Gebt ihr ihnen zu essen!« Sie aber antworteten: »Wir haben ja nur fünf Brote und zwei Fische.« Er sagte: »Bringt sie mir her!« Dann ließ er die Volksscharen sich auf dem Grase setzen, nahm die fünf Brote und die zwei Fische, blickte zum Himmel auf, dankte, brach die Brote und gab sie den Jüngern. Und diese gaben sie dem Volk. Alle aßen und wurden satt. Sie hoben die übrig gebliebenen Stücke auf, zwölf Körbe voll. Und doch waren die, die gegessen hatten, an die 5000 Männer, die Frauen und Kinder nicht mitgerechnet.

Es ist auffallend, wie sehr in der Szene der Brotvermehrung die Stellung der Jünger betont wird. Sie sind es, die den Herrn auf die schwierige Lage aufmerksam machen. Sie sind es, die konstatieren, dass nur fünf Brote und zwei Fische da sind. In ihre Hände legt Christus die Brote und sie geben sie dem Volk. Sie sind es, die die übrig gebliebenen Stücke sammeln. Und die Zahl der zwölf Körbe zeigt, dass es sich um die zwölf Apostel handelt. Ein Dreifaches liegt dementsprechend in dieser Szene.

1. Das Erste ist die Tatsache einer *Vermittlung.* Es gibt Mittler zwischen Christus und dem Volk, weil der Herr sie dazu bestellt hat. Das besagt nicht, dass sie trennend zwischen Christus und dem Volke stehen. Im Gegenteil: Sie sollen verbinden. Das Priestertum soll das Hin und Her zwischen Gott und dem Volk sein, denn der Priester soll die Not des Volkes sehen und sie betend vor Gott hintragen. Und er soll von Gott die Hilfe empfangen, um sie dem Volk zu bringen.

Von Christus empfängt der Priester das Brot des Wortes, diese gesunde Nahrung des Geistes. Er soll dieses Wort in Studium und Meditation verarbeiten, sich völlig zu eigen machen und dann durch die Verkündigung auf der Kanzel und im Religionsunterricht das Brot dem Volke brechen.

Von Christus empfängt er das Brot des Lebens, das heiligste Sakrament. Und wieder ist es der Priester, der dieses Brot dem Volke reicht. Durch sein Wort wird das Brot in den Leib des Herrn verwandelt. Er ist es, der beim eucharistischen Mahl das Brot des Lebens austeilt.

Und es ist auch das irdische, materielle Brot, das der Priester reichen soll. Er muss den Blick haben für die irdische Not der Armen und Bedrängten und muss suchen, durch Karitas, Fürsorge usw. nach Möglichkeit die Not zu lindern.

2. Die *Gesinnung,* die bei den Jüngern geweckt werden soll, ist das *Vertrauen.* Gerade darum wird die Ausweglosigkeit der

Situation gezeichnet. Denn was sind schon fünf Stücklein Brot und zwei Fische für 5000 Männer, Frauen und Kinder nicht einmal gerechnet. Und trotzdem erfolgt die Hilfe. Und sie erfolgt in so reichem Maß, dass alle zwölf Körbe am Schluss noch gefüllt sind. Von Christus kommt man nie mit leeren Händen. Nichts ist ihm unmöglich. Unter den Händen der Jünger geschieht das Wunder. Sie sollen für alle Zukunft wissen, dass der Herr wunderbar helfen kann. Der Priester braucht einen Wunderglauben, denn unter seinen Händen vollzieht sich das Wunder der Wandlung.

Der Vorrat geht nie aus. Wäre das Wort, das der Priester verkündet, Menschenweisheit, wäre es bald am Ende. Weil er aber Gottes Wort verkündet, hat er immer Neues zu sagen, vorausgesetzt, dass er selbst immer tiefer in die Kenntnis dieses Wortes eindringt. Und weil es der Leib des Herrn ist, den er austeilt, ist die Kraft der Gnade nie am Ende, sondern sie bewirkt beim Empfangenden immer weiteres Vorwärtsschreiten, immer tieferes Hineinwachsen in Christus. Und weil alle Karitas von Christus ihre Kraft holt, wird der Priester nie ermüden, eine offene Hand zu haben und nach allen Seiten zu helfen. Wer auf sich und menschliche Kraft vertraut, ist bald am Ende. Wer um das Wunder der Brotvermehrung weiß, ist nie am Ende.

3. Und so steht hinter dem Ganzen *die Gestalt Christi, des Herrn.* Von ihm heißt es: »Er fühlte herzliches Erbarmen mit dem Volk.« Er segnet die Brote und Fische. Er wirkt das Wunder. Er gibt den Jüngern Auftrag, Sendung und Kraft zur Erfüllung. Und er ist es, der in nie aufhörender Fülle gibt, überreich und überströmend. Er ist es, von dem die Jünger kommen, zu dem sie gehen, von dem sie dem Volke sprechen und zu dem sie das Volk führen. Und er ist das Brot. Er hat es selbst gesagt: »Ich bin das Brot des Lebens, das vom Himmel gekommen ist.« Denn er ist das Wort Gottes, der Mensch gewordene *Logos* als Nahrung des Geistes. Und er gibt seinen Leib den Menschen als Speise. »Wer

mein Fleisch isst und mein Blut trinkt, der bleibt in mir und ich in ihm.« Und er ist auch die Hilfe des Leidenden in jeder Bedrängnis.

Dass es Jünger gibt, die in seinem Auftrag zum Volke gehen, ist *sein* Wille. Dass sie Vertrauen auf seine Hilfe haben, ist sein Werk. Und so geht die ganze Szene der Brotvermehrung von ihm aus und führt wieder zu ihm hin.

WANDEL AUF DEM SEE

Mt 14,22–36: Er nötigte die Jünger, das Boot zu besteigen und ihm ans andere Ufer vorauszufahren, während er inzwischen die Volksscharen entlassen wollte. Als er das Volk entlassen hatte, stieg er auf den Berg, in die Einsamkeit, um zu beten. Als es spät geworden war, war er dort allein. Das Boot aber war schon weit vom Lande entfernt und wurde von den Wogen bedrängt, denn es hatte Gegenwind. In der vierten Nachtwache kam Jesus über das Meer wandelnd auf sie zu. Als die Jünger ihn auf dem Meere wandeln sahen, erschraken sie und sagten: »Es ist ein Gespenst« und schrien vor Angst laut auf. Sogleich aber sprach Jesus zu ihnen: »Seid getrost! Ich bin es, fürchtet euch nicht!« Da antwortete ihm Petrus: »Herr, wenn du es bist, heiß mich über die Wasser zu dir kommen.« Er antwortete ihm: »Komm!« Da stieg Petrus aus dem Boot, wandelte über die Wasser und kam zu Jesus hin. Als er aber auf den Wind achtete, bekam er Angst, begann zu sinken und schrie: »Herr, rette mich!« Sofort streckte Jesus seine Hand aus, ergriff ihn und sprach: »Du Kleingläubiger! Warum hast du gezweifelt?« Als sie ins Boot gestiegen waren, legte sich der Wind. Die Insassen des Bootes aber warfen sich vor ihm nieder und sprachen: »Wahrhaftig, du bist der Sohn Gottes.« Als sie hinübergefahren waren, kamen sie ans Land nach Genezareth. Als die Leute jenes Ortes ihn erkannten, schickten sie in die ganze Umgegend und man brachte alle Kranken zu ihm. Sie baten ihn, nur wenigstens die Quaste seines Gewandes berühren zu dürfen. Und alle, die sie berührten, wurden gerettet.

1. Zuerst *das historische Geschehen.* Es handelt sich darum, die Jünger, besonders Petrus, im Glauben und Vertrauen zu festigen. Die Situation der Jünger ist schwierig. Sie sind müde, denn sie haben die ganze Nacht gegen den Wind rudern müssen. Es ist noch dunkel, morgens kurz nach drei Uhr. Außerdem sind sie verlassen und fühlen sich einsam, denn Christus ist nicht bei ihnen. Zu alldem kommt der unerwartete Schrecken, denn die Gestalt, die über das Wasser auf sie zukommt, ist wie ein Gespenst. Der Schrei der Angst ist begreiflich. Und doch ist er nicht berechtigt, denn es ist Christus. Und mit ihm lösen sich alle Schwierigkeiten. Der Sturm legt sich, die Müdigkeit ist geschwunden, die Einsamkeit verflogen. Die Angst wandelt sich in Freude. Mit einem Schlag ist alles anders.

Aus der ganzen Gruppe löst sich die Sondergestalt des Petrus. In kühnem Glauben geht er über Bord und wandelt selbst, auf Christi Geheiß, über das Wasser. Aber mit schwindendem Vertrauen schwindet auch das Wunder und er beginnt zu sinken. Der Ruf zu Christus rettet ihn, aber das tadelnde Wort des Herrn, dass er ein Kleingläubiger sei, ist eine Überraschung. Wenn ein Mensch über das Wasser wandelt und dabei im nächtlichen Sturm zu zweifeln beginnt, scheint uns das mehr als begreiflich. Christus fordert aber einen Glauben, der jede und somit auch diese Situation überwindet und in keiner und somit auch nicht in dieser Situation die Hoffnung aufgibt.

Damit sind die Jünger vorbereitet auf die kommende Entscheidungsfrage, was sie von Christus halten. Wenn er über Wind und Wellen gebietet, wenn die Wasser ihn tragen und wenn auf sein Geheiß Menschen über das Meer schreiten, ist er mehr als ein bloßer Mensch. Der Glaube ist die allein mögliche und allein würdige Haltung Christus gegenüber.

2. Hinter der geschichtlichen Tatsache steht *die Kirche*. Die Jünger, mit Petrus an der Spitze, bilden keimhaft die Kirche mit dem Papst als dem Nachfolger Petri. Oft genug hat diese Kirche gegen Stürme anzukämpfen. Bald sind es politische Mächte und Strömungen, die sich gegen sie wenden. Bald geistige oder ungeistige Bewegungen, bald innere Krisen und Erschütterungen. Auch Müdigkeitserscheinungen sind dieser Kirche nicht fremd. Ihre Ämter sind von Menschen verwaltet. Und Menschen ermüden. Selbst die Einsamkeit ist in der Kirche zu finden. Der verklärte Herr ist unsichtbar. Er greift nicht ständig durch Wunder ein und so macht sie bisweilen den Eindruck der Verlassenheit und des hoffnungslosen Treibens auf den Wellen der Geschichte. Auch am Dunkel fehlt es nicht. Denn oft genug weiß sie nicht, wie sie die Lehre weitergeben soll, und muss mühsam fragen und forschen. Und wenn der Herr kommt, ist es bisweilen in der Gestalt des Schreckgespenstes, denn Gott bedient sich ja auch feindlicher Mächte zur Erreichung seiner Ziele. Er kann durch Verfolgung die Kirche läutern, durch Häresien sie zur geistigen Auseinandersetzung zwingen, durch Opposition ihre Haltung klären und durch Martyrium ihren Geist erneuern. Sie schreit dann im Augenblick ängstlich auf, um aber dann bald zu sehen, dass es Christus ist, der über das Wasser aller Jahrhunderte schreitet. Und der sinkende Petrus, in Nacht und Sturm und Wellen von der Hand des Herrn gehalten, ist das Bild des Papsttums, das menschlich gesehen längst versunken wäre und immer wieder versinken müsste, aber von Christus gehalten wird und darum nicht untergehen kann. Die Szene in jener nächtlichen Stunde auf dem See Genezareth ist ein Bild der Kirche im Dunkel der Zeiten.

3. Und im Ganzen ist auch der Einzelmensch als *Glied dieser Kirche* gemeint. Denn auch das Einzelleben ist oft eine stürmische Fahrt gegen äußere und innere Widerstände, im Gefühl der Einsamkeit und Verlassenheit, in Müdigkeit und Depression, in kühnem petrinischem Wagnis, auf das nur allzu rasch der Rückschlag der Angst und des Schreckens folgt. Aber auch der Einzelmensch weiß nun, dass Christus auf den Bergen des Himmels betet und ihn sieht, dass Christus ihm entgegenschreitet, und wäre es auch im Schreckgespenst einer Krankheit, einer äußeren oder inneren Widrigkeit, einer Demütigung, eines Misserfolges. Von der Hand des Herrn gehalten, wird auch der Einzelne gesichert sein. Und er weiß, dass auch seine Lebensfahrt im Frieden und in der Seligkeit an den Gestaden endet, an denen der Herr alles Dunkel in Licht, alle Gefahr in Ruhe, alle Angst in Freude und alles Warten in Besitz verwandelt.

Die ganze Szene schließt mit dem Bericht über die Heilung einer Menge von Kranken. So ist alles abgestimmt auf die Weckung eines unerschütterlichen Vertrauens der Jünger.

MENSCHENSATZUNGEN

Mt 15,1–20: Da kamen von Jerusalem Pharisäer und Schriftgelehrte zu Jesus und sprachen: »Warum übertreten deine Jünger die Überlieferung der Alten? Denn sie waschen die Hände nicht, wenn sie Brot essen.« Er antwortete ihnen: »Warum übertretet ihr sogar Gottes Gebote um eurer Überlieferung willen? Denn Gott hat gesagt: Ehre Vater und Mutter, und: Wer Vater und Mutter flucht, soll des Todes sterben. Ihr aber sagt: Wer zu Vater und Mutter spricht: ›Was dir von mir zukommt, das soll eine Opfergabe sein‹, der braucht Vater und Mutter nicht zu ehren. So habt ihr das Wort Gottes um eurer Überlieferung willen außer Kraft gesetzt. Ihr Heuchler! Richtig hat Jesaja über euch geweissagt: Dieses Volk ehrt mich mit den Lippen. Ihr Herz aber ist weit weg von mir. Sie ehren mich vergeblich, denn sie verkünden Menschensatzungen als Lehre.«

Dann rief er das Volk zu sich und sprach: »Kommt und begreift! Nicht was in den Mund hineingeht, verunreinigt den Menschen, sondern was aus dem Munde herauskommt, das verunreinigt den Menschen.« Da kamen die Jünger zu ihm und sprachen: »Weißt du, dass die Pharisäer an diesem Wort Anstoß genommen haben?« Er antwortete ihnen: »Jede Pflanzung, die nicht mein himmlischer Vater gepflanzt hat, wird ausgerissen. Lasst sie! Sie sind blinde Führer von Blinden. Wenn aber ein Blinder einen Blinden führt, fallen beide in die Grube.« Da antwortete Petrus: »Erkläre uns dieses Gleichnis!« Er aber sprach: »Seid denn auch ihr immer noch ohne Verständnis? Begreift ihr nicht, dass alles, was in den Mund hineingeht, in den Leib kommt und in den Abort ausgeschieden wird. Was aber aus dem Munde herauskommt, das kommt aus dem Herzen. Und das verunreinigt den Menschen. Denn aus dem Herzen kommen böse Gedanken, Mord, Ehebruch, Unzucht, Diebstahl, falsches Zeugnis, Lästerungen. Das ist's, was den Menschen verunreinigt. Mit ungewaschenen Händen essen, verunreinigt den Menschen nicht.«

Die Pharisäer hatten es gut gemeint. Sie wollten um den Garten des Gottesgesetzes einen sichernden Zaun errichten. Riss dann der Mensch mit frevlerischer Hand diesen Zaun nieder, so war dieses Tun für ihn selbst eine Warnung und es war doch gegen das Gesetz Gottes noch nichts geschehen. Durch ihre Satzungen bauten sie rings ums Land Gottes einen Festungsgürtel. Die Absicht war also gut. Wer den menschlichen Leichtsinn und den menschlichen Hochmut kennt, kann dieses Vorgehen nur billigen. Aber allmählich nahmen sie diese ihre Erlasse und Bestimmungen so wichtig, dass deswegen das Wichtigere, ja das allein

Wichtige, in den Hintergrund trat und schließlich in Vergessenheit geriet, nämlich das eigentliche Gesetz Gottes, des Herrn, der Wille Gottes. Die ganze Aufmerksamkeit richtete sich auf die Beobachtung der Schutzmaßregeln, bis sie schließlich nicht mehr wussten, worum es eigentlich ging. Das Mittel wurde zum Zweck, das dienende Werkzeug zum Herrn. Was sich als Schutz des Göttlichen ausgab, wurde zum Feind des Göttlichen. Der Wächter wurde zum Mörder, der Polizist zum Verbrecher.

Immer wieder lässt sich dieser Vorgang beim menschlichen Tun feststellen.

So im *Denken*. Die Philosophie ist *ancilla theologiae* (Magd der Theologie). Aber sie macht sich selbstständig, hält ihre Begriffe für richtiger und wichtiger als die Offenbarung Gottes und endet schließlich in der Gottesleugnung. Oder sie vergewaltigt das Göttliche, zwingt es in die eigenen menschlichen Denkgefäße und macht so aus Gott einen Götzen. Der Mensch ist dann nicht mehr nach dem Bilde Gottes geformt, sondern Gott nach dem Bild des Menschen. Denn das menschliche Denken ist nicht mehr von Gott normiert, sondern wird zur Norm, nach der sich Gott zu richten hat. Selbst in der Theologie kann ein Überbetonen der Menschensatzungen erfolgen. Man nimmt Systeme wichtiger als den schlichten Glauben und interpretiert Texte nach dem System, anstatt das System nach den Texten. Etwas Ähnliches vollzieht sich im *Kultus*. Die Rubriken, Zeremonien und rituellen Bestimmungen sind Schutz und Hilfe für die Feier des Gottesdienstes. Aber sie können so wichtig genommen werden, dass deswegen die innere Anbetung Schaden leidet und man vor lauter Formen den Inhalt vergisst. Die Übertretung der Rubriken wird dann tragischer genommen als die mangelnde Bereitschaft des Herzens.

Ähnliches vollzieht sich mit dem *menschlichen Gesetz*. Vor der Übertretung des Staatsgesetzes hütet man sich, weil polizeiliche Sanktionen drohen. Die Übertretung des Gottesgesetzes nimmt man weniger wichtig, weil die Wirkung erst im Jenseits spürbar wird. Auch das Kirchengesetz wird bisweilen wichtiger genommen als das moralische Gesetz des Herrn. Wenn man am Sonntag in die Kirche geht, betrachtet man sich als guten Christen, unbekümmert um die mangelnde Nächstenliebe und den fehlenden Geist der Hilfsbereitschaft. Strikte Einhaltung der Ordensregel wird mit Heiligkeit verwechselt, auch wenn die Liebe vernachlässigt wird.

Ähnliches gilt für das *Menschenwort.* Man beachtet bei der Predigt die Regeln der Rhetorik, beim Schreiben die literarische Form und kümmert sich wenig darum, ob man wirklich Werkzeug ist, das mit Gott in lebendiger Verbindung steht. Man redet und schreibt Menschenwort und gibt es für Gotteswort aus.

Ähnlich in der *Kunst.* Kirchliche Kunst soll zu Gott führen. Oft genug konzentriert sie aber alle Aufmerksamkeit auf sich selbst und führt damit von Gott weg. Man bewundert die Architektur einer Kathedrale und vergisst, den anzubeten, als dessen Wohnung sie gebaut ist. Man lauscht der Musik einer Messe, bestaunt die Komposition, den stimmlichen Klang, das Werk des Dirigenten und die Instrumentalmusik. Der Vorgang am Altar, der durch die Musik nur hervorgehoben und unterstrichen werden sollte, wird als überflüssige Begleiterscheinung, ja als Störung empfunden.

Selbst im *Gebet* kann das Menschliche überwiegen. Wenn beim Beten viele Worte gemacht oder künstliche Affekte produziert werden, wenn man dauernd über die eigenen Gebetszustände reflektiert und sie analysiert, wird aus der schlichten Anbetung eine Selbstbeobachtung. Der Mensch tritt an die Stelle Gottes. Und es gilt das Wort des Herrn: »Dieses Volk ehrt mich mit den Lippen. Sein Herz jedoch ist weit von mir.«

Die Antwort Jesu ist unerbittlich. Menschensatzungen sind eine Pflanzung, die nicht der Vater im Himmel angelegt hat. Sie wird ausgerissen. Das Äußere geht beim Menschen vom Mund durch den Magen in den Abort, wie Christus drastisch sagt. Was dagegen im Inneren des Menschen, in seinem Herzen, entsteht, an seelischer Bereitschaft, Anbetung, Demut, Liebe oder umgekehrt an Einbildung, Stolz, Zorn, Hass und Verachtung, das entscheidet über Wert oder Unwert des Menschen. Nicht die äußere Fassade sichtbaren Tuns gilt vor Gott, sondern der innere Reichtum des Herzens. Nicht der sichtbare und greifbare äußere Akt zählt vor Gott, sondern die Gesinnung, die ihn hervorbringt. Christentum ist nicht Aktmoral, sondern Gesinnungsmoral. Menschensatzungen sind von Menschen gesetzt, Gottessatzungen sind Gesetz Gottes. Um dieses geht es, nicht um jene. Religion ist nicht Menschendienst Gottes, sondern Gottesdienst der Menschen. Unerbittlich setzt Christus die Akzente wieder richtig. Sind sie auch bei uns richtig gesetzt?

DIE KANAANÄISCHE FRAU

Mt 15,21–28: Jesus ging von dort weg und zog sich in die Gegend von Tyrus und Sidon zurück. Siehe, da kam eine kanaanäische Frau aus jener Gegend zu ihm und schrie: »Erbarme dich meiner! Herr, Sohn Davids! Meine Tochter wird von einem bösen Geiste arg geplagt.« Er aber antwortete ihr mit keinem Wort. Da kamen seine Jünger zu ihm und baten ihn: »Schicke sie doch weg, denn sie schreit hinter uns her.« Er aber gab zur Antwort: »Ich bin nur zu den verlorenen Schafen des Hauses Israel gesandt.« Sie aber kam herbei, fiel vor ihm nieder und sprach: »Herr, hilf mir!« Er gab ihr zur Antwort: »Es ist nicht recht, den Kindern das Brot zu nehmen und es den Hunden hinzuwerfen.« Sie aber sagte: »Gewiss, Herr! Aber auch die Hunde essen von den Brocken, die vom Tisch ihrer Herren fallen.« Da gab ihr Jesus zur Antwort: »Frau, groß ist dein Glaube! Es soll dir geschehen, wie du willst.« Und ihre Tochter wurde in jener Stunde geheilt.

Zwei Dinge sind in diesem Abschnitt besonders betont.

1. *»Jesus ging von dort weg.«* Das hat seine aktive und passive Bedeutung.

Aktiv. Christus beharrt nicht zwecklos auf etwas. Er weiß zur rechten Zeit nachzugeben und auszuweichen, bis seine Stunde gekommen ist. Das gilt auch für jeden Jünger Christi. Es gibt ein falsches Ausharren an bestimmten Orten. Wenn man zur Überzeugung gelangt, dass an diesem Ort nichts zu erreichen ist, hat es keinen Sinn, länger zu bleiben. »Schüttelt den Staub von den Füßen!« Es gibt ein falsches Festhalten am Recht. Christus hatte das Recht, in Galiläa zu wirken. Aber er pocht nicht darauf und setzt es nicht stur durch. Es gibt eine Nachgiebigkeit, die wertvoller ist als das Durchsetzen des Rechtsstandpunktes. Es gibt auch ein falsches Festhalten an der Wahrheit. Man darf sie zwar nie preisgeben, darf in ihrer Verteidigung aber nicht stur und starr sein. Wenn ein Angriff böswillig ist oder ein Gespräch nur aus Selbstgefälligkeit oder falscher Neugier angeknüpft wird, ist eine lange Aussprache nutzlos. Ein Abbrechen und Weggehen entspricht oft mehr dem Willen Gottes.

Passiv. Es gibt Zeiten der Gnade. Wenn sie unbenutzt verstreichen, kann es sein, dass Gott sich zurückzieht. Das gilt für den Menschen und kann auch für ganze Völker und Kontinente gelten. Wenn der Herr weggeht, wird der Leuchter von der Stelle gerückt. Meistens bemerken es weder der Mensch noch ein Volk, dass sie nun im eigentlichen Sinne des Wortes gottverlassen sind. Schlimmeres kann nicht geschehen.

2. *Der Glaube der heidnischen Frau.* Diese Frau erträgt die schroffe Abweisung, die rücksichtslose Ignorierung und die fast brutale Behandlung. Sie bleibt fest. Echter Glaube überwindet alle Schwierigkeiten und nimmt alles in Kauf. Die Gleichnisse vom ungestümen Nachbarn und von der Witwe vor dem Richter sind nur bildliche Gestaltung dessen, was diese heidnische Frau in

Wirklichkeit tut. Ihr Glaube hat etwas Ungestümes, Drängendes. Und Christus lobt diesen Glauben, stellt ihn als Vorbild hin und erhört die Bitte der glaubenden Frau.

Während Christus von den einen weggeht, wird er von den anderen herbeigerufen. Die einen beachten ihn nicht, die anderen werden von ihm scheinbar nicht beachtet. Und doch sieht er ihren Glauben und hört er ihr Rufen. Das Weggehen aus Galiläa ist das Glück für die Frau von Tyrus. Der Fall Israels wird zur Auferstehung der Heidenwelt. Die großen Gedanken, die Paulus im Römerbrief über diesen Weisheitsplan Gottes entwickelt, werden hier an einem konkreten Einzelfall sichtbar. Der Fall der einen wird zur Auferstehung der anderen, weil Gott das Böse benutzt, um Gutes daraus zu machen.

Das Weggehen Christi ist für Israel größte Gefahr, denn nun verlieren seine verlorenen Schafe noch ihren eigentlichen Hirten. Sein Weggehen wird aber den Heiden zum Heil, denn nun fallen die Brosamen der Gottesworte, die der Herr Israel als Brot des Lebens gereicht hatte, auf den Boden, wo heidnische Hunde sie mit großem Hunger gierig auffangen. Israel ist satt, das Heidentum ist hungrig. Gott lässt aber die Satten leer ausgehen und erfüllt die Hungrigen mit Gütern.

Petrus, der in stürmischer Nacht und in der Gefahr des Versinkens zweifelt, hat einen kleinen Glauben und wird deswegen getadelt. Die Frau, die in hoffnungsloser Situation nicht verzweifelt, hat einen großen Glauben und wird deswegen gelobt. Wir wollen als Christen nicht kleingläubig sein, sondern Menschen eines großen Glaubens. Aus ihm wächst das Vertrauen, das durch nichts zu überwinden ist.

ZWEITE BROTVERMEHRUNG

Mt 15,29–39: Von dort ging Jesus weiter und kam ans Galiläische Meer. Er stieg auf den Berg und setzte sich dort nieder. Und große Volksscharen kamen und brachten Lahme, Krüppel, Blinde, Stumme und viele andere mit sich und legten sie ihm zu Füßen. Er heilte sie alle.

Das Volk wunderte sich, als es sah, dass Stumme sprachen, Krüppel gesund waren, Lahme umhergingen und Blinde sahen. Und sie priesen den Gott Israels. Jesus aber rief seine Jünger herbei und sprach: »Mich erbarmt dieses Volkes, denn schon drei Tage sind sie bei mir und haben nichts zu essen. Ich will sie nicht hungrig wegschicken, sonst könnten sie unterwegs erliegen.« Die Jünger antworteten ihm: »Woher sollen wir in dieser Einsamkeit so viele Brote finden, um diese Menge zu sättigen?« Jesus fragte sie: »Wie viele Brote habt ihr?« Sie antworteten: »Sieben und ein paar Fischlein.« Da ließ er das Volk sich auf der Erde lagern, nahm die sieben Brote und die Fische, dankte, brach sie und gab sie den Jüngern, die Jünger aber dem Volk. Alle aßen und wurden satt. Und die Überbleibsel der Stücke hoben sie auf: sieben Körbe voll. Und doch waren die, die gegessen hatten, 4000 Männer, die Frauen und Kinder nicht mitgerechnet. Darauf entließ er die Volksscharen, bestieg das Boot und kam in die Gegend von Magadan.

Es ist auffallend, dass Matthäus in zwei unmittelbar aufeinanderfolgenden Kapiteln zweimal ganz ähnliche Geschehnisse berichtet, nämlich die Heilung zahlreicher Kranker (Mt 14,14 und 15,30) und eine zweimalige Brotvermehrung (Mt 14,13 und 15,32). Es ist offenkundig, dass Matthäus diesen Berichten besonderes Gewicht gibt, weil Christus selbst eine besondere Absicht dabei verfolgt. Und zwar eine doppelte:

1. *Eine besondere Hilfe für den Glauben.* Den Aposteln steht die entscheidende Frage Jesu bevor: Für wen haltet ihr mich? Die Ereignisse sollen ihnen helfen, die richtige Antwort zu geben. Der Glaube ist nicht in erster Linie das Jawort zu einer Sache, sondern zu einer Person. Es ist völlige Hingabe an die Person Jesu Christi. Gerade das ist aber für den Mann nicht leicht. Er ist nicht persönlich eingestellt, sondern sachlich. Die restlose, völlige Anerkennung einer Persönlichkeit liegt ihm nicht. Darum soll den Aposteln gezeigt werden, dass es sich hier um eine Persönlichkeit ganz besonderer Art handelt. Denn Jesus erweist sich als souveräner Herr über die Kräfte der Natur und damit als Herr der Schöpfung. Wenn »Lahme, Krüppel, Blinde und Stumme« durch ihn geheilt werden, verfügt er über Kräfte, die das Menschliche übersteigen. Und wenn durch sein bloßes Wort, ja durch seinen bloßen Willen, Brot vermehrt wird, sodass mehr als viertausend Männer, Frauen und Kinder nicht einmal mitgerechnet, ernährt werden, ist das wieder etwas Übermenschliches. So wird das Wunder zum Zeichen, das den Aposteln zeigt, mit wem sie es zu tun haben. Damit ist die Frage: »Für wen haltet ihr mich?«, vorbereitet. Der Glaube ist nicht das Ergebnis einer Überlegung, wohl aber die Glaubwürdigkeit. Und diese Glaubwürdigkeit Jesu ist jetzt unter Beweis gestellt. Jesus steht vor den Aposteln als der Herr der Schöpfung. Und so ist ihr Glaube an ihn als ein frei gesprochenes Jawort unterbaut.

Durch die Person Jesus Christus ergibt sich dann als Weiteres der Glaube an seine Sache, also an das Reich Gottes, und weiterhin an Sachen und Dinge, die im Reich Gottes geschehen werden. Denn durch die Apostel und ihre Nachfolger sollen später die seelisch Kranken geheilt werden und soll die wunderbare eucharistische Brotvermehrung sich vollziehen. Nur wer an Jesus glaubt, glaubt auch an diese Wirkungen. So sind die Apostel auch auf ihr Wirken, das im Glauben gründet, durch diese Wunder vorbereitet.

2. *Die rechte Haltung aus dem Glauben.* Christus ist der Herr der Welt, aber er gebraucht seine Herrschaft zum Helfen. »Mich erbarmt dieses Volkes.« Aus dieser Barmherzigkeitshaltung heraus, aus dem Mitleid wirkt er in helfender Kraft, um zu heilen und zu nähren. Die Apostel werden später an der Vollmacht Jesu Anteil haben und werden damit zu höchster Würde erhoben. Aber auch sie sollen lernen, in Macht und Würde nicht sich selbst zu suchen, sondern beides zu gebrauchen, um Notleidenden zu helfen. Sie sollen mit Leidenden mitleiden, um das Leiden zu verstehen und zu überwinden. Sie sollen mit Hungernden hungern, um dann in der Kraft Gottes den Hunger zu stillen. Erhobenwerden durch Christus zu amtlicher Stellung ist gegeben, um herabzusteigen zu leidenden Menschen, welche die Hilfe von oben brauchen. Herrschen ist in der Kirche dienen. Amt ist helfende Funktion. Wer sich selbst sucht, sich vornehm von anderen distanziert, von der Not der Menschen nichts weiß oder sich hartherzig nicht darum kümmert, ist zu kirchlicher Würde ungeeignet. Nur wer sich des Volkes erbarmt, ein Gefühl für seine Not hat und den Willen zum Helfen, hat die richtige Gesinnung. Gott füllt den Geist und die Hände der Menschen, nicht damit sie sich verschließen, sondern damit sie offen bleiben zum Weitergeben und Weitertragen. Kirchliche Würde ist Werkzeug. Die Hand Gottes führt es, um Menschen Hilfe zu bringen. Nur wer diesen Instrumentalcharakter kirchlicher Stellung und kirchlichen Amtes kennt, wird Amt und Würde richtig verwalten. Religiöse Selbstsucht und Verschlossenheit widerspricht dem helfenden Geist des Herrn. Darum betont das Evangelium ausdrücklich: »Der Herr gab die Brote und Fische den Jüngern, die Jünger gaben sie dem Volk.« Die Mittelstellung kirchlichen Amtes, empfangend von oben, spendend nach unten, kommt darin in voller Deutlichkeit zum Ausdruck. Darum muss jeder kirchliche Amtsträger durch Gesinnung und Gebet nach oben mit Gott verbunden und durch Liebe und Verständnis nach unten zum Volke hin geöffnet sein. Wenn auf diese Weise Amt und Geist zur Einheit werden, erfüllt sich der Wille Christi.

FALSCHE HALTUNG

Mt 16,1–12: Die Pharisäer und Sadduzäer kamen zu ihm, um ihn auf die Probe zu stellen, und verlangten, dass er sie ein Zeichen vom Himmel sehen lasse. Er antwortete ihnen: »Wenn es Abend wird, sagt ihr: Es gibt gutes Wetter, denn der Himmel ist rot. Und am Morgen sagt ihr: Heute gibt es schlechtes Wetter, denn der Himmel ist rot und trübe. Das Aussehen des Himmels wisst ihr zu beurteilen, die Zeichen der Zeit aber nicht. Ein böses und ehebrecherisches Geschlecht verlangt ein Zeichen. Es wird ihm aber kein Zeichen gegeben, außer das Zeichen des Jonas.« Er ließ sie stehen und ging weg.

Als die Jünger ans andere Ufer kamen, hatten sie vergessen, Brot mitzunehmen. Jesus sagte ihnen: »Gebt acht und hütet euch vor dem Sauerteig der Pharisäer und Sadduzäer!« Aber sie dachten bei sich selbst, er spreche vom Brot, das sie nicht mitgenommen hatten. Jesus merkte es und sagte: »Was macht ihr euch innerlich Gedanken, ihr Kleingläubigen, dass ihr kein Brot bei euch habt! Denkt ihr denn nicht und erinnert euch nicht an die fünf Brote für die fünftausend und wie viel Körbe voll ihr noch gesammelt habt? Und nicht an die sieben Brote für die viertausend und wie viel Körbchen ihr davon aufgehoben habt? Warum begreift ihr denn nicht, dass ich nicht vom Brote zu euch rede? Nehmt euch in Acht vor dem Sauerteig der Pharisäer und Sadduzäer!« Da verstanden sie, dass er nicht gemeint hatte, sie sollten sich vor dem Sauerteig, sondern vor der Lehre der Pharisäer und Sadduzäer in Acht nehmen.

Die Frage nach dem Wunder ist berechtigt. Denn wenn sich ein Mensch als Gottesmann ausgibt und gar als Gott selbst, so muss die Berechtigung dieses ungeheuerlichen Ausspruches unter Beweis gestellt werden. Dieser Beweis ist das Wunder, denn es zeigt, dass dieser Mensch über Kräfte und Möglichkeiten verfügt, welche die menschlichen Kräfte und Möglichkeiten übersteigen. Die Frage nach solchen Zeichen ist somit berechtigt.

Aber es gibt eine falsche Wunderforderung. Sie ist dann vorhanden, wenn es dem Fragesteller gar nicht darum geht, durch ein Zeichen die Gewissheit zu erhalten, sondern wenn er, wie die Pharisäer und Sadduzäer, das Zeichen nur fordert, um einen Anlass zum Angriff zu finden. Es sind keine fragenden Menschen, sondern Menschen, die in ihrer Ablehnung bereits festgelegt sind und nur angreifen wollen.

Diese falsche Haltung ist verschuldet. Denn wenn die Menschen aus natürlichen Zeichen das natürliche Geschehen erkennen können, also aus dem Abendrot das kommende schöne Wetter und aus dem Morgenrot den kommenden Sturm, so müssen sie aus übernatürlichen Zeichen auch das übernatürliche Geschehen beurteilen können. Christus hat diese Zeichen gegeben. Sie können und müssen somit wissen, dass nun die herrliche Zeit des Gottesreiches, aber auch der Sturm des Gottesgerichtes bevorsteht. Christus weist noch hin auf das letzte bevorstehende Zeichen, das ebendiesen Anbruch des Gottesreiches, aber auch den Anbruch des Sturmes auslösen wird, nämlich das Zeichen des Jonas. Wie Jonas nach den Worten der Schrift im Leib des Tieres verschwunden ist, um wieder daraus hervorzukommen, so wird Christus durch seinen Tod im Schoß der Erde verschwinden, aber durch seine Auferstehung wieder erscheinen. Aber auch dieses letzte Zeichen wird nur für diejenigen ein Zeichen sein, die ehrlich fragen und nicht grundsätzliche Neinsager sind.

Diese Haltung ist so wichtig, dass Christus eine Warnung und Mahnung beifügt.

Die Warnung lautet: »Hütet euch vor der Lehre und dem Geist der Pharisäer und Sadduzäer!« Es ist die Mahnung, nicht verstockt zu sein, nicht festgefahren in eigenen Meinungen, nicht in Vorurteilen gefangen, nicht verhärtet, sondern geöffnet, für die Wahrheit empfänglich zu sein.

Die Mahnung lautet: Nicht kleingläubig sein, sondern Bereitschaft zum Glauben haben. Noch einmal verweist der Herr ausdrücklich auf das zweimalige Wunder der Brotvermehrung als einen zweimaligen Hinweis auf die Berechtigung und Begründung des Glaubens.

Nun ist alles vorbereitet. Die falsche Haltung ist entlarvt und gebrandmarkt. Das Warnsignal ist in aller Deutlichkeit gegeben. Die richtige Haltung ist gezeigt, in ihrer Wichtigkeit betont und durch die Wunder begründet. Und nun wird der Herr die entscheidende Frage stellen.

Jeder Mensch wird vor die Entscheidung gegenüber Gott gestellt. Er soll nicht unvorbereitet und leichtsinnig diesen Entscheidungen entgegengehen, sondern als denkender, suchender, ehrlich fragender und innerlich bereiter Mensch die Frage und den Anruf Gottes vernehmen, um in richtiger Antwort die richtige Entscheidung zu treffen.

ENTSCHEIDUNG UND WENDE

Mt 16,13–19: Als Jesus in die Gegend von Cäsarea Philippi kam, fragte er seine Jünger: »Für wen halten die Leute den Menschensohn?« Sie antworteten: »Die einen für Johannes den Täufer, andere für Elias, andere für Jeremias oder einen der Propheten.« Er sprach zu ihnen: »Und ihr? Für wen haltet ihr mich?« Da antwortete Simon Petrus: »Du bist der Messias, der Sohn des lebendigen Gottes.« Da gab ihm Jesus zur Antwort: »Selig bist du, Simon, Sohn des Jonas, denn Fleisch und Blut hat dir das nicht geoffenbart, sondern mein Vater in den Himmeln. Und ich sage dir: Du bist der Fels und auf diesen Felsen werde ich meine Kirche bauen und die Pforten der Unterwelt werden nicht stärker sein als sie. Ich gebe dir die Schlüssel des

Reiches der Himmel. Was immer du binden wirst auf der Erde, wird gebunden sein in den Himmeln. Und was immer du lösen wirst auf der Erde, wird gelöst sein in den Himmeln.«

Fernab von den Menschen, in der Einsamkeit der Jordanquellen, am Fuß des Hermon stellt Christus an die Jünger die Entscheidungsfrage: Für wen haltet ihr mich? Dass die anderen Menschen, aufs Ganze gesehen, ihn nicht erkannt haben, ist rasch festgestellt. Die Entscheidung liegt nun bei den Jüngern.

1. *Die Frage.* Die Frage lautet nicht: »Was glaubt ihr? Was haltet ihr für wahr?«, sondern: »Für wen haltet ihr mich?«. Es geht im christlichen Glauben nicht in erster Linie um ein Etwas, um eine Summe von Wahrheiten, eine Weltanschauung, eine Dogmatik, sondern es geht in erster Linie um die lebendige Persönlichkeit Jesus Christus. In ihm ist Gott Mensch geworden. Er ist das entscheidende Tun und Geschehen. Dementsprechend ist die Entscheidung für die Menschen, ob sie ihn erkennen oder nicht. Die gläubige oder ungläubige Stellungnahme zu Jesus entscheidet darüber, ob man Christ ist oder nicht. Also nicht das Ethos ist das Wichtigste, sondern der Glaube, aus dem dann das Ethos sich ergeben muss. Hat jemand im Glauben erfasst, wer Jesus ist, so ist die Annahme seiner Worte etwas Selbstverständliches und die Antwort auf seine Forderungen etwas Notwendiges. Alles ist in dem einen enthalten, im Glauben an die Person Jesus Christus. Christentum ist das Jawort zu Christus.

2. *Die Antwort:* Das Petrusbekenntnis: »Du bist der Messias, der Sohn des lebendigen Gottes«, enthält die amtliche und persönliche Größe Jesu. Er ist der Christus, also der von Gott gesalbte Prophet, König und Priester. Und er ist noch mehr als das, denn er ist der Sohn des lebendigen Gottes. Hier ist alles aus dem Sachlichen ins Persönliche hinaufgehoben. Jesus ist als Person Sohn Gottes, des Lebendigen. Somit ist hier Glaube persönliche Begegnung mit dem persönlichen Sohn Gottes.

Diese Antwort ist durch zwei Kräfte zustande gekommen. Einmal durch die Überlegung und das Erkennen des Petrus aufgrund des Zeugnisses Jesu in Worten und Wundern. Alles, was vorausging, besonders die Krankenheilungen, die zweifache Brotvermehrung, das Wandeln auf dem See und das Halten des sinkenden Petrus, kommt hier zur Auswirkung. Petrus hat die Zeichen verstanden. Sie haben ihm den gezeigt, der die Zeichen gewirkt hat, den Sohn des lebendigen Gottes. Es braucht aber zu dieser Erkenntnis noch ein Zweites: die innere Erleuchtung durch den Heiligen Geist. »Nicht Fleisch und Blut hat dir das geoffenbart, sondern der Vater im Himmel.« Der Vater hat durch seinen Geist den Menschen Petrus erleuchtet, sodass er den Sohn des Vaters im Heiligen Geist erkannt hat. So wirkt im Glauben Natürliches und Übernatürliches zusammen.

3. *Die Wirkung:* Die Entscheidung, welche durch diese Antwort gefallen ist, bringt nun die große weltgeschichtliche Wende mit sich: den Übergang vom Alten zum Neuen Bund, vom fleischlichen zum geistigen Israel, von der Synagoge zur Kirche, von der Erwählung eines Volkes zur Berufung aller Völker. Darum verheißt Christus aufgrund dieses Bekenntnisses den Bau seiner Kirche: »Ich werde meine Kirche bauen.«

Diese Entscheidung ist endgültig. Denn die Kirche wird durch nichts, auch nicht durch die »Pforten der Hölle«, also durch die Macht Satans, überwältigt werden können.

Auf zwei Säulen ruht diese Kirche: auf dem Geist und dem Amt. Der Geist ist der Glaube. Denn aufgrund seines Glaubens wird Simon seliggepriesen. Nur wer glaubt, kann dieser Kirche angehören. Der Glaube ist das Fundament und die Wurzel. Zum Glauben kommt das Amt. Der Erste, der das Glaubenswort klar ausgesprochen hat, wird durch Christus zum ersten großen Amtsträger bestellt. »Dir gebe ich die Schlüssel des Himmelreiches. Was du auf Erden binden wirst, wird im Himmel gebunden sein. Und was du auf Erden lösen wirst, wird im Himmel gelöst sein.« Simon, der Sohn des Jonas, wird hier über sein bloß menschliches Sein hinausgehoben und wird beauftragter Amtsträger des Sohnes Gottes, mit der Schlüsselgewalt der obersten Verwaltung, mit der Binde- und Lösegewalt im Namen und in der Kraft Gottes beauftragt. Eine Kirche des bloßen Geistes ist nicht die Kirche Christi und eine Kirche des bloßen Amtes ebenfalls nicht. Nur wo Geist und Amt, Glaube und Autorität zusammengehen, ist Kirche Christi.

Und durch das Ganze klingt es wie ein Jubelton Jesu. Denn nun hat es sich gezeigt, dass seine Worte und seine Wunder wirksam geworden sind. Der Glaube ist lebendig. Und so wird es sich nun zeigen, dass sein Werk lebendig wird. Seine Kirche wird gebaut. So ist dieses Ereignis zugleich ein Abschluss und ein Anfang, eine wirkliche Wendung, eine Scheidung und Entscheidung. Mit dem Wort Gottes hat es begonnen. Durch das Wunder Gottes ist es weitergeführt. Durch das Jawort des Glaubens ist es aufgenommen. Und durch das schöpferische, kirchenbauende Wort und Werk Christi wird es vollendet.

TEIL II

VERKÜNDIGUNG DES GOTTESREICHES TROTZ ISRAEL

VICARIUS CHRISTI ODER ANTICHRIST?

Mt 16,21–23: Von da an begann Jesus, der Messias, seinen Jüngern zu zeigen, dass er nach Jerusalem gehen, von den Ältesten, Hohenpriestern und Schriftgelehrten vieles leiden und sterben und am dritten Tag auferweckt werden müsse. Da nahm ihn Petrus beiseite und begann ihm eindringlich zu sagen: »Gott bewahre, Herr, niemals wird das mit dir geschehen.« Er aber wandte sich um und sprach zu Petrus: »Hinweg von mir, Satan! Du wirst mir zum Ärgernis, denn du hegst nicht Gottesgedanken, sondern Menschengedanken.«

Die Entscheidung ist gefallen und die Wende ist vollzogen. Israel hat den Herrn nicht erkannt. Die Jünger aber haben ihn erkannt als den Messias, den Sohn des lebendigen Gottes. Und Petrus hat diesem Glauben Ausdruck gegeben. Das hat zur Wirkung, dass der Herr ebendiesem Petrus zum Glauben auch das Amt gibt, die Schlüssel des Gottesreiches. Das Fundament zum Bau der Kirche ist gelegt. Auf diesem Amt des Petrus wird sie errichtet und selbst die Macht der Hölle kann sie nicht überwältigen. Aber kaum ist dieses Gewaltige gesagt und getan, beginnen schon die Schatten der Hölle zu geistern. In jähem Umschlag wechselt die Szene.

Es ist ein *Umschlag bei Christus*. Denn schlagartig trifft sein Wort, dass er als der Geschlagene enden werde. Er spricht davon, dass er leiden, sterben und auferweckt werden müsse. Die Gegensätze stehen schroff nebeneinander. Er ist der Messias, der Sohn Gottes, der über das Reich Gottes verfügt und die neue Gemeinde Gottes gründet. Und doch soll er leiden und sterben. Und zwar verurteilt und hingerichtet durch das erwählte Volk des Herrn. Wenn er sich jetzt vom Volk und dessen Führern zurückzieht, so wird das weder diese zur Besinnung bringen noch ihn retten. Die Distanzierung wird im Gegenteil ihr Nein verhärten und ihre Ablehnung zu Hass versteifen. Alle drei Gruppen der obersten Behörde dieses Volkes werden ihn verurteilen: die Ältesten als Vertreter der führenden Familien, die Priesterschaft als die Diener des Kultus und die Schriftgelehrten als die Fachleute des Gesetzes. So wird er im Namen des Volkes, des Tempels und des Gesetzes Gottes verworfen werden. Das Drama wird zur Tragödie, aber nicht zur Tragödie Jesu, sondern der Juden. Die Voraussage seines Schicksals kommt so völlig unerwartet, dass die Jünger das letzte Wort von der Auferstehung überhören. Der Umschlag kommt zu plötzlich. Die Prophetentexte vom leidenden Gottesknecht sind ihnen nicht lebendig. Das Geheimnis des Kreuzes ist ihnen unbekannt.

Das bewirkt einen *Umschlag bei Petrus*. Er war der Erwählte, Bevorzugte, mit übermenschlicher Vollmacht Ausgestattete. Und nun plötzlich stürzt der Erhobene in die Tiefe. »Hinweg von mir, Satan!« Das Wort des Herrn ist unerhört schroff. Aber in der harschen Formulierung zeigt sich der Ernst der Sache, um die es geht. Der Weg, der Christus vom Vater vorgezeichnet ist, führt nach Golgotha. Wer ihn davon abbringen will, hegt nicht Gottesgedanken, sondern Menschengedanken und wird ihm zum Versucher. Das Kreuz ist Höhepunkt im Leben Jesu. Es ist das eigentliche Geheimnis der Erlösung. Es ist das Mysterium des Lebens Jesu. Durch sein Sterben sollen wir leben, durch seinen Untergang auferstehen.

Die Lehre Christi ist gerade für Petrus von besonderer Dringlichkeit. Aus Liebe hat er den Herrn beschworen: »Gott bewahre! Niemals wird das mit dir geschehen.« Aber es ist falsche Liebe. Wahre Liebe will zu Gott führen und erkennt, dass Gottes Wille Liebe ist und dass darum alles, was nicht dem Willen Gottes entspricht, nur Scheinliebe und im Letzten Lieblosigkeit ist. Petrus hat Glauben. Aber er hat noch nicht jenen Glauben, der zum fordernden Wort Gottes ohne Bedingung die Antwort der Bereitschaft gibt. Gerade für ihn ist es aber wichtig, den rechten Glauben, die rechte Liebe zu lernen. Er darf sein Amt nicht mit menschlichen Gedanken verwalten, sondern nach Gottes Gedanken. Er muss also umlernen. Auch in ihm muss eine Wendung sich vollziehen. Darum der harte Zugriff Jesu. Petrus muss eine andere Denk- und Lebensrichtung einschlagen. Hart und schroff wird es ihm gesagt. Er und seine Nachfolger sollen es für alle Zukunft wissen.

Und das *Ergebnis*? Ist er verworfen? Das Wort »Hinweg von mir, Satan!« scheint doch zu besagen, dass er nicht bloß Menschengedanken hat, sondern Teufelsgedanken anstatt Gottesgedanken. Er, der bestimmt ist, *Vicarius Christi* zu werden, ist zum Widersacher, zum Antichristen geworden. Das *Tu es Petrus* (»Du bist Petrus, der Fels«, Anm. d. Verl.) scheint hinfällig. Und Luthers Wort vom Papst als Antichristen scheint schon in Petrus, dem ersten Papst, verwirklicht.

Aber das Evangelium spricht eine ganz andere Sprache. Er wäre wohl Antichrist, wenn er in seinem verkehrten Denken beharren würde. Denn dann wäre zwischen Geist und Amt ein unüberbrückbarer Gegensatz. Aber schon wenige Verse später ist es gerade Petrus, der mit Jakobus und Johannes zusammen auf den Berg der Verklärung geführt wird, um den Herrn in der Herrlichkeit zu sehen. Dann wird ihm das letzte Wort der düsteren Voraussage Jesu deutlich werden, das Wort von der Auferweckung. Im 17. Kapitel wird Petrus durch den Herrn durch ein eigenes Wunder in der Erkenntnis der Sohnschaft Jesu bestärkt. Im 19. Kapitel ist es wiederum Petrus, der im Namen der anderen spricht. Wieder ist es Petrus, der mit den Söhnen des Zebedäus am Ölberg dem Herrn am nächsten ist. Dann wird in der Verleugnung der zweite Sturz in die Tiefe erfolgen. Aber nach der Auferstehung wird diesem Petrus, nach dem Bericht des Johannesevangeliums, die Leitung der ganzen Herde Christi in feierlicher Form übertragen. Die Apostelgeschichte wird ihn als den Leiter und Führer der Urkirche darstellen. Denn Petrus hat inzwischen umgelernt. Die Menschengedanken, die satanischen Ursprungs waren, sind ersetzt durch Gottesgedanken. Der

Jünger ist durch die Schule des Kreuzes gegangen und hat sich damit den Geist des Meisters zu eigen gemacht. Kirchliches Amt muss im Dienst des Kreuzes stehen. Amtsträger dürfen nicht sich selbst suchen und in ihren Entscheidungen nicht durch die Schwäche falschen Mitleides bestimmt werden. Der *Vicarius Christi* muss das Amt, das er von Christus empfängt, auch im Geist Christi verwalten. Nur wo Amt und Geist von Christus gegeben und erfüllt sind, nur dort, wo sie mit dem Zeichen des Kreuzes gezeichnet sind, überwinden sie den Antichristen.

Das Kreuz ist damit gleich an den Anfang der Jüngerschulung gestellt. Es gibt keine Jüngerschaft ohne das Jawort zum Kreuz. Das gilt für Petrus, gilt für die anderen Jünger und gilt für uns.

NACHFOLGE CHRISTI

Mt 16,24–28: Dann sprach Jesus zu seinen Jüngern: »Wenn einer mir nachfolgen will, verleugne er sich selbst und nehme sein Kreuz auf sich und folge mir nach. Denn wer sein Leben retten will, wird es verlieren. Wer aber sein Leben um meinetwillen verliert, wird es finden. Denn welchen Nutzen hat der Mensch, wenn er die ganze Welt gewinnt, seine Seele aber verliert? Oder was kann ein Mensch als Gegenwert für seine Seele geben? Denn der Menschensohn wird in der Herrlichkeit seines Vaters mit seinen Engeln kommen und dann wird er jedem nach seinem Tun vergelten. Wahrlich, ich sage euch: Einige der hier Stehenden werden den Tod nicht verkosten, bis sie den Menschensohn in seinem Reiche kommen sehen.«

Die Leidensforderung ergeht nicht nur an Jesus, nicht nur an Petrus, sondern an alle Jünger des Herrn.

Die *Forderung* ist eindeutig. »Wer mein Jünger sein will, verleugne sich selbst.« Er muss zu seinen Wünschen, Plänen, Gedanken Nein sagen, um völlig in die Gedanken Gottes einzugehen. Denn dass Menschengedanken nicht Gottesgedanken sind, ist im Christuswort zu Petrus mit aller nur wünschenswerten Deutlichkeit gesagt worden. Christentum ist nicht eine Erhöhung des menschlichen Ich, eine Verlängerung der menschlichen Linie, sondern etwas radikal Neues: ein Sterben, um zu leben, ein Verzichten, um zu gewinnen, ein Nein als Bedingung zum Ja.

Und diese Selbstverleugnung ist nicht nur eine innere. »Wer mein Jünger sein will, nehme das Kreuz auf sich und folge mir.« Es ist Bereitschaft, das Schicksal Jesu zu teilen, also von den Menschen verfolgt und gequält zu werden. Kreuz besagt Hinrichtung in der Form des Sklaventodes. Zu diesem Äußersten muss der Mensch bereit sein.

Es geht eben ums Ganze. »Wer sein Leben gewinnen will, wird es verlieren. Wer aber sein Leben um meinetwillen verliert, wird es gewinnen.« Gewinn und Verlust sind hier nicht in nebensächlichen Dingen gegeneinander zu verrechnen, sondern es geht um alles. Totaler Verlust oder totaler Gewinn. Es geht um die Existenz, um Sein oder Nichtsein. Daraus ergibt sich die Höhe des Einsatzes. Lieber die ganze Welt drangeben, die ja vergänglich ist, als die Seele drangeben oder an ihr auch nur Schaden leiden, denn sie ist unsterblich. »Was nützt es dem Menschen, wenn er die ganze Welt gewinnt, an seiner Seele aber Schaden leidet.« Das ewige Leben ist »unbezahlbar«. Was kann ein Mensch für seine Seele als Lösegeld geben!

Nachfolge Christi ist also nicht etwas, das neben dem anderen hergeht. Religion als ein Sektor innerhalb der Gesamtexistenz. Christentum als eine Zugabe zum übrigen Leben. Nein, es ist ein Entweder-oder. Es ist wurzelhaft anders und neu.

Das *Motiv*, das Christus zur ernsten Größe dieser Forderung gibt, klingt überraschend. »Der Menschensohn wird in der Herrlichkeit des Vaters kommen, umgeben von seinen Engeln, und dann einem jeden vergelten nach seinen Werken.« Der Ausblick auf das Letzte, Bleibende, Ewige ist damit gegeben. Die eschatologische Haltung ist Grund der Selbstverleugnungsforderung. Alles Irdische, Diesseitige, Zeitliche ist nur Vorbereitung, ist nur Vorletztes. Das Jenseitige, Himmlische, Ewige ist das eigentliche Letzte. Dieses Letzte ist mit dem Kommen Christi bereits angebrochen. Es ist schon Wirklichkeit, einstweilen noch verhüllt und verborgen, aber doch Wirklichkeit. Was dieses Letzte, das mit Christus gekommen ist, eigentlich besagt, wird erst sichtbar werden, wenn der Herr seine Herrlichkeit unverhüllt zeigen wird. Der Christ ist somit von einer ganz anderen Welt erfüllt und sein Blick ist völlig auf jene andere Welt gerichtet. Darum besagt ihm diese jetzige, vorläufige Welt wenig. Auf einen Außenstehenden, der von jener anderen Welt nichts weiß, muss er den Eindruck eines Schwärmers machen, der von einer Illusion lebt, die Welt nicht zu genießen und die Stunde nicht zu nutzen weiß. Und umgekehrt macht ein Weltmensch, der von der entscheidenden Wirklichkeit nichts weiß und nichts ahnt, auf den Christen den Eindruck eines Kurzsichtigen und Blinden, eines Getäuschten und Genarrten. So ist die Lebenshaltung grundverschieden. Selbstbejahung gegen Selbstverleugnung. Lebensgenuss gegen Lebensopfer.

Jüngerschaft Jesu fordert somit eine klare und eindeutige Stellungnahme durch die Bereitschaft zum Verzicht, um zu gewinnen. Es geht wirklich um alles. Nichts ist gefährlicher, als die Nachfolge Christi zu verharmlosen. Man kann nun einmal nicht Gott und Satan angehören. Es gibt hier kein Sowohl-als-auch, sondern nur ein Entweder-oder. Die Größe der Herrlichkeit des Herrn und die Ewigkeit der Teilnahme an seiner Herrlichkeit sind etwas so Gewaltiges, dass daneben alles andere verschwinden und das Ja bedingungslos und freudig gegeben sein muss. Und zwar als ein Ja, dessen Weg und Wirklichkeit der Weg des Kreuzes ist. Das Sterben ist unabdingbare Voraussetzung für die Auferweckung. Nur wer das erfasst hat, ist Christ.

VERKLÄRUNG

Mt 17,1–9: Nach sechs Tagen nahm Jesus Petrus, Jakobus und dessen Bruder Johannes mit sich und führte sie abseits auf einen hohen Berg. Er wurde vor ihnen verwandelt. Sein Antlitz leuchtete wie die Sonne und seine Kleider wurden weiß wie das Licht. Und siehe, es zeigte sich ihnen Moses und Elias und sie sprachen mit ihm. Petrus aber antwortete und sprach zu Jesus: »Herr, es ist schön, dass wir hier sind. Wenn du willst, werde ich hier drei Hütten bauen: dir eine, Moses eine und Elias eine.« Als er noch sprach, siehe, da überschattete sie eine lichte Wolke. Und siehe, eine Stimme sprach aus der Wolke: »Dieser ist mein geliebter Sohn, an dem ich Wohlgefallen habe. Hört auf ihn!« Als die Jünger das hörten, fielen sie auf ihr Angesicht und fürchteten sich sehr. Und Jesus trat herzu, berührte sie und sprach: »Steht auf und fürchtet euch nicht!« Als sie ihre Augen erhoben, sahen sie niemand als Jesus allein. Und als sie vom Berge herabstiegen, gebot ihnen Jesus: »Sprecht niemandem von dem Geschauten, bis der Menschensohn von den Toten auferweckt ist.«

Die Szene auf dem Berg der Verklärung ist ein Präludium des Himmels. Christus hatte angedeutet, dass einige den Tod nicht kosten werden, bevor sie den Menschensohn in der Herrlichkeit sehen. Dieses Wort geht hier in Erfüllung. Aber nur für einen Augenblick. Es ist wie das kurze Aufflammen eines Feuers am fernen Gestade. Der Abschnitt ist deutlich in zwei Teile gegliedert.

Der erste Teil ist von der Schönheit des Herrn durchstrahlt. Drei Jünger schauen diese Herrlichkeit: Petrus, der große Amtsträger, der nun lernen soll, Menschengedanken durch Gottesgedanken zu ersetzen und das Leiden nicht mehr als sinnlos, sondern als dem Sinn Gottes entsprechend zu verstehen. Jakobus, der erste Märtyrer, der freudig das Zeugnis seines Blutes geben wird, weil er Zeuge der Herrlichkeit des Herrn gewesen ist. Und Johannes, der Liebesjünger, der lernen soll, dass das Leiden der Erweis der Liebe ist.

Sie sehen den verklärten Herrn. »Sein Antlitz leuchtet wie die Sonne, seine Kleider glänzen wie das Licht.« Die dumpfe Erdenschwere des menschlichen Körpers ist wie aufgehoben. Alles ist durchstrahlt vom Lichte Gottes. Nach der Auferstehung des Fleisches wird der Mensch einen materiellen Körper haben, aber andere Gesetze der Biologie werden sein Wesen und Tun bestimmen. Das Licht ist Materie und doch ist seine Strahlung von besonderer Art. So ist der Körper durchlichtet, wie es hier beim verklärten Christus sichtbar wird.

Moses und Elias erscheinen. Moses, der das Volk aus der Knechtschaft Ägyptens erlöst, durch die Wüste hindurchgeführt hat, ihm das Gesetz, den Bund und das Heiligtum vermittelt hat, der aber dann nur wie von ferne das Gelobte Land schauen durfte. Hier ist er bei Christus, der nicht nur ein Volk, sondern die ganze Menschheit nicht aus äußerlich-sozialer, sondern innerlich-seelischer Knechtschaft Satans befreit, sie mit sicherer Hand und sicherem Wort durch die Wüste der Zeitlichkeit führt, ihr das neue Gesetz der Liebe im neuen Bund der Gnade und im neuen Heiligtum der Kirche gibt, aber nun die Kirche aus Juden und Heiden, das fleischliche und das geistige Israel wirklich ins Gelobte Land der ewigen Verklärung führt. So wird Christus hier sichtbar als der wahre Moses.

Elias ist der erste der großen Propheten. Er hat gegen Baal gekämpft, also gegen den Gott der Erde, und ihm gegenüber die Rechte Jahwes, des Herrn des Himmels und der Erde, verteidigt. Gottesdienst gegen Götzendienst war der Inhalt seines Wirkens. Gegen den irdischen König in Israel ist er aufgetreten, um Recht und Reich Gottes, des eigentlichen Königs von Israel, zu verteidigen. Nun ist Christus gekommen, um die Menschen vor dem Versinken ins Irdische, Materielle, Fleischliche zu retten, das Reich Gottes, seines himmlischen Vaters, zu bringen. Auch er wird gegen Herodes und den Vertreter des römischen Imperiums stehen. Elias gibt ihm Zeugnis, denn nach dem Bericht der Schrift ist Elias in den Himmel aufgefahren und wird wiederkommen als Wegbereiter des Herrn. Nun ist er da, um sein Zeugnis zu geben, dem Herrn nicht nur im Volk die Wege zu bereiten, sondern auch hier in der Szene der Verklärung die Himmelfahrt des Herrn zu bereiten. Gesetz und Propheten geben somit Zeugnis.

Es ist begreiflich, dass Petrus diesen Zustand der Verklärung, der ja einmal Dauerzustand sein wird, schon jetzt als Dauerzustand betrachtet, also Hütten bauen will, damit der Augenblick nicht schwinde, sondern Dauercharakter habe.

Der Mensch ist zur Freude geboren. Das Leiden kann nicht sein Ende sein, sondern nur Durchgang. Jede Leidensprophetie des Herrn schließt darum mit dem Hinweis auf die Auferstehung und Herrlichkeit. Dieses Ende des Leidens in der Freude soll hier als Wesenselement der Leidensschule verkündet werden. Der Glanz der Verklärung, das Hineinschauen ins Licht, der Blick in die Freude ohne Ende soll dem Jünger Jesu auf dem Leidensweg die Kraft geben. Der Gedanke an die Endzeit, die eschatologische Haltung, ist das eigentliche Geheimnis seines Schreitens durchs Leben.

Der zweite Teil der Szene wechselt von der Schönheit in die Majestät. Eine Wolke umhüllt sie. Die Wolke war am Sinai das Zeichen Gottes. Denn wie die Wolke über dem Berg lagert, so breitet sich die Herrlichkeit des Herrn aus. Und wie die Wolke verhüllt und mehr ahnen als schauen lässt, so wird auch hier den Jüngern gesagt, dass man die Herrlichkeit Gottes nicht schauen, sondern nur ahnen könne. Auf dem Sinai war es die dunkle Wolke des Sturmes und Gewitters. Hier ist es die lichte Wolke des Friedens und der Stille.

Aus der Wolke am Sinai erscholl das fordernde Wort des Herrn: »Du sollst und du sollst nicht«, und wurde der Hinweis gegeben auf Moses als den Diener Gottes, auf den Israel hören solle. Hier, auf dem Berg der Verklärung, erschallt aus der Wolke die Stimme, die nicht auf den Knecht, sondern auf den Sohn hinweist. Darum sind auch die Worte harter Forderung abgelöst durch die Botschaft der Liebe. Wie am Sinai das Volk vor der Majestät des Herrn erschrak und erbebte, so fürchten sich auch hier die Jünger und fallen aufs Angesicht. Jesus richtet sie auf und nimmt ihnen die Furcht. Von jetzt an wissen sie, dass mit Jesus die Endzeit gekommen ist. Nicht die Endzeit als Untergang, sondern die Endzeit als Übergang. Das Ende wird zwar Katastrophe sein, darum Leiden, Tod, Kreuz. Aber es wird zugleich Anfang des Neuen und Endgültigen sein, darum Beginn des Lichtes, der Verklärung. Die Endzeit hat mit dem Kommen Christi begonnen. Sie ist also schon da, ist schon Gegenwart. Aber sie ist noch nicht vollendet. Die Vollendung ist nur für einen Augenblick nun sichtbar geworden, aber mit solchem Glanz und solcher Feierlichkeit, dass die Jünger dies nicht mehr vergessen. Nur wird ihnen eingeschärft, dass sie dieses Unerhörte und Gewaltige für sich behalten sollen, »bis der Menschensohn von den Toten auferstanden ist«. Denn dann ist der Erstling der Entschlafenen zum neuen eigentlichen Leben auferweckt. Dann ist das Portal auch für die anderen aufgestoßen. Dann hat auch die Vollendung der Endzeit ihren Anfang genommen.

Christus ist größer, als die Jünger und selbst Petrus ihn erkannt und es auch nur geahnt haben. Diese über-menschliche, über-zeitliche und über-weltliche Größe Christi, der durch Tod und Auferstehung den neuen Himmel und die neue Erde bringen, die Zeit in Ewigkeit und das leidbeschwerte Menschenschicksal in Freude umwandeln wird, ist auf diesem Berg der Verklärung sichtbar geworden und wird von diesem Berge aus in alle dunklen Täler der Menschheit leuchten.

ELIAS

Mt 17,10–13: Die Jünger fragten ihn: »Warum sagen nun die Schriftgelehrten, zuvor müsse Elias kommen?« Er antwortete ihnen: »Elias wird zwar kommen und wird alles wiederherstellen. Aber ich sage euch: Elias ist schon gekommen und sie haben ihn nicht erkannt, sondern mit ihm gemacht, was sie wollten. So wird auch der Menschensohn durch sie leiden.« Da begriffen die Jünger, dass er zu ihnen von Johannes dem Täufer redete.

Das Erscheinen des Elias auf dem Berg der Verklärung führt die Jünger zur Frage, was von der Lehre der Schriftgelehrten über die Wiederkunft des Elias beim Anbruch des messianischen Reiches zu halten sei. Aus der Antwort Jesu geht ein Zweifaches hervor.

1. Elias ist gekommen, und zwar in der Person Johannes' des Täufers als des Wegbereiters und Vorläufers des Messias. In der Tat sind die beiden Gestalten und ihre Funktionen von großer Ähnlichkeit. Schon äußerlich kleidet sich Johannes wie Elias mit dem Tierfell, das durch einen Gürtel aus rohem Leder zusammengehalten wird. Und er führt in äußerster Armut ein Leben harter Buße, ganz Bußprediger schon durch die äußere Erscheinung. Wie Elias gegen Achab und Jezabel, so tritt der Täufer auf gegen Herodes und Herodias. Wie Elias für die Ehre Jahwes eifert, so tut es Johannes der Täufer für das Gesetz und den Willen des Herrn. Wie Elias drohendes Strafgericht verkündet, so redet der Täufer von der Axt, die schon an die Wurzel gelegt, von der Tenne, die gereinigt wird. Die Lehre von der Wiederkunft des Elias ist somit richtig, nur wird sie von den Juden zu äußerlich, zu buchstabenhaft verstanden. Er kommt wieder, weil eine gleiche Gestalt im gleichen Geist die gleiche Aufgabe der Bußpredigt erfüllen wird.

2. Das Schicksal des neuen Elias ist wie ein Wetterleuchten, welches das gegen den Menschensohn heraufziehende Gewitter anzeigt.

»Sie haben ihn nicht erkannt.« Sie sind zwar in hellen Scharen an den Jordan gepilgert, wo Johannes gepredigt und getauft hat. Sie haben ihm zugehört und sogar die Bußtaufe von ihm empfangen. Und doch haben sie ihn nicht erkannt. Sie haben ihn höchstens für einen der Propheten gehalten, aber nicht für den unmittelbaren Vorläufer des Herrn. Sie haben nicht erfasst, dass er als Finger an der prophetischen Hand der letzte Hinweis auf Christus ist. Folglich werden sie auch den Messias nicht erkennen. Sie haben den Heroldsruf nicht verstanden und so sind sie nicht bereit, den König zu empfangen, den dieser Ruf angezeigt hat. Einsamkeit und Nicht-verstanden-Werden ist Prophetenschicksal. Johannes teilt es. Es wird den Jüngern nicht anders gehen. Das Beispiel des Meisters und seines Vorläufers soll den Nachfolgern die Augen öffnen.

So wird auch der Menschensohn von ihnen zu leiden haben. Zum passiven Unverständnis kommt der aktive Widerstand bis zur Tätlichkeit der Hinrichtung. Sie haben die Propheten gemordet, haben Johannes den Täufer hingerichtet. Sie werden auch den Menschensohn nicht schonen. Wieder klingt das Leidensmotiv an. Wieder die Jüngerschulung auf das Leiden hin. Mit auffallender und eindringlicher Heftigkeit wird das in diesen Kapiteln betont.

Die Menschen wollen nun einmal in ihren verkehrten Ideen nicht gestört, sondern bestärkt werden. Sie wollen, dass man sie nicht belehre, sondern belobige. Wer anders denkt und anders redet, ist ihr Feind und hat nicht nur mit ihrem Unverstand, sondern mit ihrem Hass zu rechnen. Die helle Szene auf dem Berg der Verklärung zeigt nur das Ziel. Der Weg zu diesem Ziel führt durch das dunkle Tal des Leidens. Elias, Johannes der Täufer, Christus selbst gehen diesen Weg. Auch die Jünger sollen und werden ihn gehen. Nicht nur die Zwölf, sondern alle Jünger Jesu aller Zeiten und aller Orte. Wer den Sinn des Leidens und die Notwendigkeit des Kreuzes nicht versteht und nicht bejaht, ist kein Christ.

UNGLAUBE UND GLAUBE

Mt 17,14–21: Als sie wieder zum Volke kamen, trat ein Mensch zu ihm, warf sich vor ihm auf die Knie und sagte: »Herr, erbarme dich meines Sohnes! Er ist mondsüchtig und es geht ihm sehr schlecht. Oft fällt er ins Feuer und oft ins Wasser. Ich habe ihn deinen Jüngern gebracht, aber sie haben ihn nicht heilen können.« Da antwortete Jesus: »Ungläubiges und verkehrtes Geschlecht! Wie lange soll ich noch bei euch bleiben? Wie lange euch ertragen? Bringt ihn mir hierher!« Und Jesus befahl ihm und der Dämon fuhr von ihm aus, und der Knabe war von jener Stunde an geheilt. Da traten die Jünger allein zu Jesus und sagten: »Warum haben wir ihn nicht austreiben können?« Er antwortete ihnen: »Wegen eurer Kleingläubigkeit. Wahrlich, ich sage euch: Wenn ihr Glauben habt wie ein Senfkorn und zu diesem Berge sprecht: Heb dich von hier weg dorthin, wird er sich wegheben. Und nichts wird euch unmöglich sein. Diese Art wird nur durch Gebet und Fasten ausgetrieben.«

Die Szene ist nach mehreren Seiten hin merkwürdig. Merkwürdig ist schon die Krankheit. Der Vater nennt seinen Sohn mondsüchtig und berichtet, dass er öfter ins Wasser und dann wieder ins Feuer falle. Man hat das abschwächen wollen und von Fieber und Schweißausbrüchen geredet. Aber diese Verharmlosung wird dem Text nicht gerecht. Es bleibt ein höchst seltsames Phänomen. Nachher wird dann sichtbar, dass etwas Dämonisches dahintersteckt. Offenbar ist es eine krankhafte, psychopathische

Anlage, die dann durch Besessenheit verstärkt und ins Außergewöhnliche übersteigert wird.

Merkwürdig ist weiterhin, dass die Jünger Jesu versuchten, ihn zu heilen, aber nichts erreichten. Beides ist eigenartig, ihr kühner Versuch und dessen Erfolglosigkeit.

Am merkwürdigsten aber ist das Wort Jesu. Hier ist der einzige Text aus allen vier Evangelien, in welchem eine Ungeduld, ja geradezu ein Widerwillen Jesu spürbar ist. »Wie lange soll ich noch bei euch bleiben und wie lange euch noch ertragen!« An sich ist das mehr als verständlich.

Aber die Äußerung ist bei ihm doch so ungewohnt und einmalig, dass sie überrascht.

Merkwürdig ist endlich die Art, wie Jesus dann den Kranken heilt. Jesus gebietet ganz einfach dem bösen Geist mit herrischem Wort. Er ist Herr der gesamten Schöpfung, auch der Mächte des Abgrunds.

Die Begründung der Merkwürdigkeit in dieser Szene liegt in dem Wort Jesu an das Volk: »Ungläubiges Geschlecht« und im Wort an die Jünger: »Weil ihr so wenig Glauben habt – wenn ihr Glauben hättet wie ein Senfkorn …« Der Glaube ist also das Entscheidende. Das Volk hat nicht den rechten Glauben. Es will nur materielle Hilfe. Sein Interesse gilt dem körperlichen Zustand und dem materiellen Wohlstand. Man bewundert Christus, wenn er diesen Interessen mirakelhaft hilft. Aber die Menschen lassen sich durch die Wunder als Zeichen nicht weiterführen zu dem, was sie bezeichnen, zum Reich Gottes. Sie bleiben in der engen, kleinen Welt ihrer irdischen Interessen gefangen und es gelingt nicht, sie in die Freiheit und Weite und Größe der Welt Gottes hineinzuführen. Sie wollen, dass Gott sich ihnen zuwende, um ihnen zu dienen, anstatt dass sie sich Gott zuwenden, um ihm zu dienen. So sind sie »ein verkehrtes Geschlecht«. Und die Umkehr, die Bekehrung vollziehen sie nicht, trotz aller Worte und Zeichen Jesu. Daher seine Ungeduld und der Unterton der Bitterkeit in den Worten, die den Misserfolg seines Wirkens andeuten. Alles prallt an der Enge ihres Geistes, der Kleinheit ihrer Herzen und der Verbohrtheit ihrer Haltung ab.

Aber auch die Jünger haben nicht den rechten Glauben. Sie wollen gewissermaßen erproben, ob sie das auch können, was Jesus kann. Die Blamage ist ihnen peinlich und so kommen sie heimlich zu Jesus, um sich zu erkundigen, warum ihnen denn das Experiment nicht geglückt sei. Das ist keine Glaubenshaltung. Glauben heißt, völlig in Gott, seine Macht und seinen Willen, eingefügt und eingeschmiegt sein. Nicht nur in seine Macht, sondern auch in seinen Willen. Der Glaubende wird also nichts wollen und nichts versuchen, was nicht dem Willen Gottes entspricht. Anwendung empfangener Macht und Vollmacht für etwas, das dem Willen Gottes nicht entspricht, ist Missbrauch, ist Erniedrigung des Göttlichen zu einer Art Magie und Zauber. Nur Macht, die dem Willen Gottes entspricht, ist Gottes und seines Boten würdig. Die richtige Vorbereitung auf das Wirken in der Vollmacht des Herrn ist darum im Beten und im Fasten gegeben, in Buße und Gottverbundenheit, damit alles Verkehrte zurücktrete und Gott allein spreche und handle. Sind diese Bedingungen erfüllt, ist es somit restlos nur Gott, um dessen Willen es geht und dessen Macht man anruft, dann kann dem Glauben nichts widerstehen. Dann ist er, bildhaft gesprochen, Berge versetzend, das heißt, jedes Hindernis verschwindet, denn nichts kann Gott widerstehen. Aber von der Größe dieses Glaubens sind sie noch weit entfernt. So gehören auch sie zum verkehrten Geschlecht. Darum muss Christus auch sie mit Unwillen ertragen.

Und wir? Gehören wir zur Gruppe der egoistisch Interessierten oder zur Gruppe derer, die zwar guten Willens sind, aber das eigentliche Wesen, die innere Größe echter Glaubenshaltung noch nicht erfasst haben? Dann müsste auch uns die Ungeduld des Herrn treffen. Daran zu denken, dass er uns kaum mehr erträgt, ist unerträglich.

IN DIE HÄNDE DER MENSCHEN

Mt 17,22–23: Als sie in Galiläa umherzogen, sprach Jesus zu ihnen: »Der Menschensohn wird in die Hände von Menschen ausgeliefert. Sie werden ihn töten. Und am dritten Tag wird er auferweckt.« Da wurden sie sehr betrübt.

Der Menschensohn wird Menschenhänden überliefert werden. Der Mensch sollte die Hände rühren zur Arbeit, falten zum Gebet, erheben zum Segnen, gebrauchen zum Helfen und Heilen. Aber allzu oft missbraucht er die Hände zum Würgen und Schlagen, zu gierigem Greifen und verkrampftem Festhalten. Er ballt sie zur Faust und erhebt sie zum Meineid. Was es heißt, den Händen der Menschen ausgeliefert zu werden, wissen wir im Zeitalter der Konzentrationslager, der quälenden Verhöre, der Folterungen und Misshandlungen und der grausamen Martern und Hinrichtungen.

Immerhin sollte man annehmen, dass die Menschenhände wenigstens dann die Grausamkeit lassen, wenn ihnen der Menschensohn überliefert wird. Denn er ist doch die eine Ausnahme. Er ist der Mensch schlechthin. Er hat die Hände nur zum Guten gebraucht. Hat damit die Augen der Blinden berührt, dass sie sehend wurden. Die eitrigen Beulen der Aussätzigen, dass sie gesundeten. Die Ohren der Tauben, dass sie hörten, und die Zungen der Stummen, dass sie richtig sprachen. Er hat die Hände den Kindern segnend aufgelegt. Mit seiner Hand den Jüngling von Naim und das Töchterlein des Jairus von der Totenbahre zu neuem Leben emporgehoben. Wenn er nun ihren Händen anvertraut wird, sollte man erwarten, dass sie ihn auf den Händen tragen. Aber wieder, und hier besonders, wird es sichtbar, was es heißt, Menschenhänden überliefert zu werden. Sie quälen ihn langsam zu Tode, indem sie seine Hände an den Balken des Kreuzes nageln. Da kann Pilatus lang seine gepflegten Aristokratenhände in

Unschuld waschen, das Blut des Herrn klebt doch daran. Und seitdem sind die Menschenhände geschändet.

Und doch steht in dieser für alles, was Menschenhände hat, so betrüblichen Aussage des Herrn ein tröstliches Wort. »Am dritten Tag wird er auferstehen.« Wenn Menschenhände ihn töten, wird Gottes Hand ihn auferwecken. Wenn die Bibel so häufig von der Hand und den Händen Gottes spricht, ist das natürlich nur ein bildlicher Ausdruck für die liebende, sorgende Macht Gottes. Die Heilige Schrift sagt, dass seine Hände Himmel und Erde geschaffen haben, dass sie das All tragen und dass Gott das Schicksal eines jeden Menschen und eines jeden Volkes in seinen Händen hält. Damit will die Bibel das Ausgeliefertsein an Gott zum Ausdruck bringen. Aber jetzt nicht mehr ausgeliefert mit dem schauerlichen Nebenklang, sondern nun ausgeliefert mit dem Klang vertrauender Hingabe. Und wieder ist es Jesus, der dem Wort diesen Klang gibt, denn in der Stunde, in der seine Seele den Händen der Menschen, die seinen Leib zu Tode gemartert haben, entflieht, spricht er das große Wort: »Vater, in deine Hände befehle ich meinen Geist.« Er überliefert sich den Händen Gottes. Damit weiß er, dass er gerettet ist und vom Tod zum Leben geführt wird.

Wer nur und völlig den Händen der Menschen ausgeliefert wird, muss seine Hoffnungen begraben. Wer aber gerade dann sich gläubig und vertrauend den Händen Gottes übergibt, hat in irdischer Hoffnungslosigkeit überirdische Hoffnung. Zwar können auch die Hände Gottes gefährlich sein. Denn die gleiche Bibel sagt: »Es ist schrecklich, in die Hände des lebendigen Gottes zu fallen« (Hebr 10,31). Aber nur für den, der ohne Reue in der Haltung der Ablehnung und der Sünde in Gottes Hände fällt. Menschenhände vergreifen sich am Schuldlosen, Gottes Hände ergreifen nur den Schuldigen.

Zweimal ist in dieser kurzen zweiten Leidensvoraussage das Wort »Mensch« enthalten. Der Menschensohn wird Menschenhänden überliefert. Darum ist es nicht verwunderlich, dass es von den zuhörenden Jüngern heißt: »Sie wurden sehr traurig.« Aber es ist Gott, der diese Worte spricht und sie darum beschließt mit dem Hinweis auf die Auferstehung, also auf die helfende Macht Gottes. Das überwindet die Trauer durch den Glauben.

WORT UND WUNDER

Mt 17,24–27: Als sie nach Kapharnaum kamen, traten die Einnehmer der Doppeldrachme (der Tempelsteuer) zu Petrus und sagten: »Wird dein Meister die Doppeldrachme nicht entrichten?« Er antwortete: »Doch!« Als er in das Haus kam, kam ihm Jesus zuvor und sagte: »Was glaubst du, Simon: Erheben die Könige der Erde Zoll und Steuer von ihren Söhnen oder von den Fremden?« Als er antwortete: »Von den Fremden«, sagte ihm Jesus: »Dann sind also die Söhne frei. Damit sie aber keinen Anstoß nehmen, geh hin zum Meer, wirf die Angel aus, nimm den ersten Fisch, der herankommt, öffne ihm das Maul und du wirst einen Stater (»Geldstück in der Antike«, Anm. d. Verl.) *finden. Nimm ihn und gib ihn für dich und für mich!«*

Wieder geht es um die Schulung des *Petrus*. Die herbe Mahnung im Anschluss an die erste Leidensweissagung, die Belehrung auf dem Berg der Verklärung, findet hier ihre höchst eigenartige Weiterführung. Petrus ist das Fundament der Kirche. Er wird in der Urkirche immer wieder das entscheidende Wort sprechen. Wird die Botschaft des Herrn nach Rom tragen, in die Hauptstadt des Reiches und der ganzen damaligen Welt. Und er wird sein Zeugnis durch den Kreuzestod besiegeln. Seine Nachfolger, die Päpste, werden in der Kirche immer wieder die großen Entscheidungen zu treffen haben. Darum ist es wichtig, dass Petrus in besonderer Weise geschult und gefestigt wird. Das Glaubensbekenntnis, das er in Cäsarea Philippi ausgesprochen hat, bedarf noch der Vertiefung und Festigung. Es ist also keineswegs so, wie manche nicht katholische Schrifterklärer behaupten, dass durch das Christuswort »Weg von mir, Satan!« (Mt 16,23) der erwählte Petrus wieder verworfen worden sei. Schon die Szene auf dem Berg der Verklärung beweist das Gegenteil. Und die besondere Schulung in dieser Szene zeigt wieder, dass Petrus für seine Sonderberufung und Sonderaufgabe auch besonders vorbereitet wird. Jenes »Hinweg!« galt nicht dem Amtsträger, sondern seiner falschen geistigen Einstellung. Die Belehrung will gerade diese Einstellung ändern und berichtigen. Je größer das Amt, je weitreichender der Einfluss, je wichtiger die Stellung, desto ernster muss die entsprechende Schulung und Vorbereitung sein. Das gilt nicht nur für die Träger kirchlicher Ämter und Würden, sondern auch für alle Christen, die verantwortungsbewusst unter Nichtchristen leben und die Sendung haben, Zeugnis zu geben. Der gute Wille allein genügt nicht. Und auch Frömmigkeit allein tut es nicht. Die nötige Schulung und das nötige Wissen müssen dazukommen.

Der *Inhalt* dieser Belehrung ist auch sehr bezeichnend. Das Petrusbekenntnis hatte gelautet: »Du bist der Sohn des lebendigen Gottes.« Gerade darum geht es auch hier. Christentum ist nicht eine Weltanschauung, eine Summe von Wahrheiten, ein Etwas, sondern es ist wesentlich Jesus Christus selbst. Infolgedessen ist es von grundlegender Bedeutung, dass der Mensch weiß, wer Christus ist. Die Steuereinnehmer wollen, dass Petrus für sich und den Meister Tempelsteuer bezahle. Diese Forderung scheint Petrus selbstverständlich. Aber gerade das Gegenteil ist selbstverständlich. Gott ist der Herr des Hauses Israel. Sowohl der Herr des steinernen Tempels wie der Herr des geistigen Hauses, also des Volkes. Die Tempelsteuer wird also ihm bezahlt. Und sie ist nur Ausdruck der Tributpflicht eines jeden Menschen Gott gegenüber. Gott ist der Herr. Sein Sinaiwort lautet: »Ich bin der Herr, dein Gott.« Steuer ist der Ausdruck der Anerkennung dieses Herrschaftsrechtes Gottes. Die Münze ist nur Symbol der Tributpflicht des ganzen Menschen, der mit Leib und Leben Gott hörig ist, als Geschöpf zum Dienst verpflichtet und als Sünder Gott völlig verfallen. So ist für jeden Menschen, und doppelt für jedes Glied des Volkes Israel, die Tributpflicht eine Selbstverständlichkeit.

Aber nun das Entscheidende: Christus steht auf der anderen Seite. Er ist nicht der, der Steuer zahlt, sondern der, dem Steuer bezahlt wird. Er hat nicht den Tribut zu leisten, sondern er wird ihm geleistet. Denn Gott ist der Herr des Hauses. Und Jesus ist sein Sohn, also nicht Knecht, nicht Sklave, nicht Höriger, sondern Hausherr, der die anderen in Dienst nimmt und dem alle verpflichtet sind. Das Bekenntnis »Sohn des lebendigen Gottes« wird hier in seinen Konsequenzen aufgezeigt. Wenn Christus später im Leiden, dessen Prophezeiungen diese Kapitel überschatten, trotzdem den Tribut seines Blutes zahlen, Leib und Leben hingeben wird, so ist nun gezeigt, dass er dazu nicht verpflichtet ist, sondern es in freier Hingabe tut. Er ist nicht der Knecht, dessen Leben vom Herrn beansprucht wird, sondern er ist der Herr, der für die Knechte das Leben hingibt. Die Stellung Jesu im Hause Israels und im Gotteshaus der Menschheit ist damit in voller Deutlichkeit aufgezeigt. Er ist Herr des Hauses.

Seltsam ist allerdings die *Art* der Belehrung. Denn Christus fügt zum Wort das Wunder. Aber dieses Wunder, durch das Petrus aus dem Maul des Fisches die Steuermünze für den Tempel herausziehen soll, ist im Evangelium etwas Einmaliges und Einzigartiges. Sonst haben die Wunder Jesu immer eine schlichte Größe. Es ist Heilung schwer leidender Menschen, Erweckung von Toten, also Hilfe in Bedrängnis. Darum kann es sich hier nicht handeln. Denn es wäre sowohl für Petrus wie für Jesus eine Kleinigkeit gewesen, die Doppeldrachme auf anderem, gewöhnlichem Weg aufzutreiben. Judas führt ja den Beutel und außerdem heißt es, dass Frauen Jesus folgten und ihm mit ihrem Vermögen dienten. Warum dann das Wunder? Es ist auch das einzige Wunder im Evangelium, das etwas Mirakelhaftes an sich hat. Wunder und Mirakel liegen aber himmelweit auseinander. Man könnte mit diesem Wunder des Geldstücks im Fischmaul höchstens die Brotvermehrung in der Wüste und das Weinwunder zu Kana in Verbindung bringen. Aber die Brotvermehrung hatte den tiefen Sinn der Vorbereitung auf die Eucharistierede in Kapharnaum. Und das Wunder auf der Hochzeit hat die symbolische Bedeutung, das Kommen Jesu als die Hochzeit zwischen Gott und der Menschheit aufzuzeigen und die strömende Fülle der Gnade anzudeuten, die durch diese Hochzeit der Menschheit zuteilwird.

Wo liegt aber der Sinn des mirakelhaften Wunders mit der Münze im Fischmaul? Wenn irgendwo, könnte man hier am ehesten an spätere Legendenbildung denken. Und doch ist das keine Lösung. In Wirklichkeit steckt gerade hinter der Art dieses Wunders ein besonderer Sinn. Jesus will zeigen, dass es an sich völlig überflüssig ist, ihm Steuer bezahlen zu wollen. Er, der das Recht hat, Tribut zu fordern, ist auf diesen Tribut in keiner Weise angewiesen. Er braucht an sich keine Steuer, denn alles ist sein Eigen. Jede Kreatur steht ihm zu Diensten. Er braucht nur zu wollen, dann steht alles zu seiner Verfügung. Wenn er infolgedessen von den Menschen den Tribut des Gehorsams, der Hingabe, der Liebe, des Dienstes annimmt, so ist das sein freier Wille und ist die Annahme Gnade. Gerade das wird sichtbar in diesem Wunder, wo die unvernünftige Kreatur das leistet, was der Mensch sonst leisten soll. Gott ist auf niemanden und nichts angewiesen. Wenn ihm gegeben wird, so ist das Geben ein Dürfen und eine Erwählung. Die Steuermünze im Fischmaul anstatt in der Hand des Menschen zeigt die souveräne Freiheit Gottes, der dort nimmt, wo er nehmen will, und geben lässt, wen er geben lassen will. So ist die Belehrung für Petrus im Wort und im Wunder von besonderer Eindringlichkeit. Wir alle sind Gott steuerpflichtig. Aber die Erfüllung dieser Pflicht soll selbstverständliche Hingabe sein. Und die Annahme durch Gott ist freie Gnade des Herrn.

WAHRE UND FALSCHE GRÖSSE

Mt 18,1–4: In jener Stunde traten die Jünger zu Jesus und sagten: »Wer ist größer im Reich der Himmel?« Jesus rief ein Kind herbei, stellte es in ihre Mitte und sprach: »Wahrlich, ich sage euch: Wenn ihr nicht umkehrt und werdet wie die Kinder, werdet ihr in das Reich der Himmel nicht eingehen. Wer sich selbst erniedrigt wie dieses Kind, der ist der Größere im Reich der Himmel.«

1. *Die Frage.* Die Frage »Wer ist der Größte im Reich Gottes?« ist durchaus berechtigt, wenn sie richtig gestellt wird. Der Mensch soll sich um Größe bemühen und nicht mit Mittelmäßigkeit zufrieden sein, die ihr Maß aus der Mitte nimmt, anstatt, dem Wort Christi entsprechend, oben, bei Gott selbst: »Seid vollkommen, wie euer Vater im Himmel vollkommen ist.« Wer sich grundsätzlich mit der Mittelmäßigkeit zufriedengibt, hat den Ruf zur Größe und zur Höhe nicht verspürt. Er wird nie ein Heiliger werden. Die Frage »Was besagt wirkliche Größe im Reich Gottes?« ist also ein Zeichen von Hochherzigkeit, geistigem Format, sittlichem Auftrieb und religiöser Lebendigkeit.

Aber die Frage kann auch falsch gestellt werden und wird hier von den Jüngern falsch gestellt. Sie fragen im Grunde genommen nicht nach der Größe vor Gott, sondern nach der Größe vor den Menschen. Das Reich Gottes wird ins Irdisch-Menschliche herabgezogen. Das Innerliche wird veräußerlicht. Religiosität steht dann im Dienste des Willens zur Macht, der Streberei, der persönlichen Eitelkeit, des Geltungstriebes und der Großmannssucht.

2. *Die Antwort.* Es geht hier nicht um eine Kleinigkeit, sondern um etwas Wesentliches. Ein völliges Umdenken ist erforderlich. Daher das Wort Jesu: »Wenn ihr nicht umdenkt, werdet ihr ins Reich Gottes nicht eingehen.« Er begnügt sich aber nicht mit dem bloßen Wort, sondern illustriert das Umdenken in eindrücklicher Form. Er ruft ein Kind, stellt es in die Mitte des Jüngerkreises und sagt: »Wenn ihr nicht werdet wie die Kinder, werdet ihr ins Reich Gottes nicht eingehen.« Vor den Menschen hat das Kind keine Größe. Es ist immer das Kleinere, immer das Schwächere, immer hilflos auf Hilfe angewiesen. So wie das Kind vor den Menschen, so sollen die Jünger Jesu vor Gott sein. Wenn sie das Maß der Größe von Gott nehmen, müssen und werden sie sich immer als unbeschreiblich klein vorkommen. Wenn sie an die Macht Gottes denken, werden sie sich ihrer Ohnmacht bewusst, und so wissen sie, dass sie in allem auf die Hilfe Gottes angewiesen sind. Demut ist Vorbedingung für die Gnade. Menschliche Geschöpflichkeit, Begrenztheit, Kleinheit und Schwäche als Wirkung der Erkenntnis der Unendlichkeit, Größe und Macht Gottes werden im Verhältnis zwischen Kind und Erwachsenen illustriert. Das Umdenken besagt also, dass die Jünger Jesu vor Gott sein sollen wie Kinder.

Aber liegt nicht in dieser Lehre Jesu eine Entnervung und Entmündigung des Menschen? Er wird scheinbar nie ganz ernst genommen, sondern eben mit der Nachsicht eines Kindes behandelt, das man nicht für voll nimmt, da es ja nicht erwachsen ist. Nun gibt es zweifellos eine Kindlichkeit, die wesentlich Unreife ist, Unfertigkeit, Infantilismus, auch im Moralischen und Religiösen. Aber das ist nicht gemeint. Das Kindsein vor Gott ist ein Überwinden aller Problematik, ein Lösen aller Verkrampfung, ein Verzichten auf alles asketische Strebertum, ein Durchstoßen zu einer letzten Schlichtheit und Einfachheit, die nur wirklich großen Menschen möglich ist. Echte Kindlichkeit ist das gerade Gegenteil des religiös Unfertigen, des bloßen Anfangsstadiums. Echte Kindlichkeit ist religiöse Reife und besagt, dass der Mensch die Wachstumskrisen guter und schlechter Erfahrungen hinter sich hat und zur Vollreife echter Demut gelangt ist, zur Kindlichkeit vertrauender Hingabe und liebender Geborgenheit in Gott.

3. *Das Beispiel.* Hinter dem Wort Jesu und seinem Hinweis auf das Kind steht das Beispiel Christi selbst. Er ist der Sohn des himmlischen Vaters, empfängt alles von ihm und gibt alle Liebe ihm zurück. Alle echte Kindschaft hat in Christus, als dem Sohn, ihr Urbild und ihren Ursprung, so wie alle Vaterschaft im Vater im Himmel Urbild und Ursprung hat. Der Sohn ist in der Menschwerdung Kind geworden, um die Größe des Kleinwerdens zu zeigen und im Verzicht auf menschliche Macht die völlige Geborgenheit in der Macht Gottes allen vor Augen zu führen.

»Wenn ihr nicht werdet wie die Kinder« heißt somit, an Christus, dem Sohn Gottes, Anteil haben und seine Kindwerdung als Beispiel der Demut verstehen und in geistiger Haltung verwirklichen. Je mehr wir die demütig-schlichte Hingabe an Gott als unseren Vater haben, desto mehr sind wir in Christus, dem Sohn Gottes. Es geht somit im Christentum nicht um eine Verniedlichung, Verharmlosung, nicht um das Kindische, Kleine und Kleinliche, Spielerische und Unernste, sondern es geht gerade in der Forderung »Wenn ihr nicht werdet wie die Kinder« um Größtes und Letztes. Es geht um die Preisgabe falschen Stolzes und damit falscher Größe und falschen Ernstes. Es geht um das Zerbrechen und Preisgeben allen falschen Scheines und aller Konstruktion, aller Sockel und Stelzen und dafür um schlichte, vertrauende Auslieferung an die allein wahre Größe, allein wirkliche Macht und den allein letzten Ernst Gottes, des Vaters.

VERANTWORTUNG GEGENÜBER DEM KIND

Mt 18,5–6; 18,10–11: »Und wer auch nur ein solches Kind aufnimmt in meinem Namen, nimmt mich auf. Wer aber ein einziges dieser Kleinen, die an mich glauben, verführt, für den wäre es besser, dass ihm ein Mühlstein um den Hals gehängt und er in die Tiefe des Meeres versenkt würde. Gebt acht, dass ihr keines dieser Kleinen verachtet. Denn ich sage euch: Ihre Engel in den Himmeln schauen allzeit das Antlitz meines Vaters in den Himmeln. Denn der Menschensohn ist gekommen zu retten, was verloren war.«

Im Anschluss an die Lehre vom Geist echter Kindlichkeit behandelt der Evangelist durch assoziative Verknüpfung die Lehre Jesu über unsere Verantwortung dem Kind gegenüber.

1. *Positiv.* Zwei Motive werden hier entwickelt. Das erste Motiv lautet: Die Engel der Kinder schauen allezeit das Angesicht meines Vaters, der im Himmel ist. Zwischen Gott und den Menschen gibt es noch geheimnisvolle Mächte.

Und zwar Mächte der Finsternis und des Lichtes, Mächte des Schadens und des Helfens, Mächte der Bedrohung und der Förderung, Dämonen und Engel. Diese Engel haben einerseits im Auftrag Gottes die Sorge für den Menschen. Es ist das, was wir Schutzengel nennen. Es liegt auf der Hand, dass diese schützenden geistigen Mächte in besonderer Weise sich mit denen befassen, die des Schutzes besonders bedürfen. Darum sind die Kinder ihre besonderen Schützlinge und Schutzbefohlenen. Zugleich stehen aber diese Engel vor dem Angesicht der Majestät Gottes. So sind sie wie Bindeglieder, nach unten und nach oben ausgerichtet, um das, was unten ist, nach oben zu führen, und das, was oben ist, nach unten zu bringen, also die Kraft in die Schwäche, das Licht in die Finsternis. Es ist ein erschütternder und gewaltiger Gedanke zu wissen, dass hinter jedem einzelnen Kind unsichtbar ein Engel Gottes steht, dass also ein Kind nicht alleinsteht, nicht isoliert ist, sondern durch einen Engel Beziehung zu Gott hat. Wer hinter dem Kind einen Engel sieht, wird diesem Kind mit tieferer Ehrfurcht, größerem Ernst und hingebender Liebe begegnen.

Das zweite Motiv ist noch stärker. Hinter dem Kind steht nicht nur ein Engel, sondern Christus selbst. »Wer ein Kind in meinem Namen aufnimmt, nimmt mich auf.« Christus identifiziert sich mit jedem einzelnen Kind. Das Kind ist nicht nur sein besonderer Liebling, von ihm besonders geschützt, sondern das Kind ist durch die Taufe Glied seines mystischen Leibes, also ein Teil Christi selbst. Und so ist alles, was an einem Kind geschieht, an Christus geschehen. Und alles, was man einem Kind tut, ist Christus getan. Wer darum ein Kind aufnimmt, nimmt Christus auf.

Das ist wie eine Seligpreisung von Vater und Mutter, die durch Empfängnis und Gebären ein Kind zeugen und aufnehmen und es wirklich annehmen von Gott. Gewaltsame Geburtenbeschränkung heißt somit, Christus selbst den Eingang verwehren und ihm die Tore verschließen. Das Wort Jesu ist Seligpreisung aller Sorgen der Väter und aller helfenden Liebe der Mütter. Dieses Christuswort ist auch die größte Belohnung derer, die ein Waisenkind adoptieren, ein Flüchtlingskind in die eigene Familie aufnehmen. Es ist ein Lob und eine Mahnung für alle Lehrer und Erzieher, die sich um die Kinder bemühen. Es ist das schönste Leitmotiv für den Religionsunterricht und die Jugendseelsorge und gibt all denen, die in Kinderhorten, in Ferienkolonien, in Spitälern und Sanatorien als Kinderärzte und Kinderpflegerinnen sich um die Kinder mühen, die religiöse Kraft und den göttlichen Segen für ihre Arbeit.

2. *Negativ.* Umso größer und ernster ist aber auch die Verantwortung. Die Worte Christi bekommen hier eine seltene Schärfe: »Wer einem von diesen Kleinen, die an mich glauben,

Anlass zur Sünde gibt, für den wäre es besser, dass ihm ein Mühlstein an den Hals gehängt und dass er in die Tiefe des Meeres versenkt würde.« – Wehe dem Menschen, durch den das Ärgernis kommt. Kinder sind hilflos. Wer ihnen statt Hilfe Schaden zufügt, dessen Sünde ist von besonderer Größe. Kinder sind vertrauensselig. Wer dieses Vertrauen missbraucht, lädt sich eine besondere Schuld auf sein Gewissen. Er verachtet den Engel, der hinter dem Kinde steht, und er vergreift sich an Christus; denn das Böse, das man dem Kinde tut, tut man Christus an.

Das »Wehe« und die Drohung des Herrn gelten denen, die den Kindern den Glauben aus den Herzen reißen, ob es Eltern oder Erzieher sind oder ganze Schulsysteme. Und das Wehe gilt denen, die die Kinder zur Sünde verführen, Wüstlinge, Knabenschänder usw. Es gilt auch all denen, die an der Zerstörung der Familien mitwirken durch eine Wirtschaftsordnung, welche den Kindern das Heim nimmt und sie auf die Gasse nötigt. Es gilt politischen Systemen, welche die Kinder den Eltern nehmen, um sie nur durch den religionslosen Staat erziehen zu lassen. Es gilt auch allen, die verantwortlich sind für die Atmosphäre des öffentlichen Lebens, in welcher die Jugend verwahrlost, verroht und verwildert, sexuell abgestumpft wird, durch Filme, Worte, Lieder gegen die Autorität aufgehetzt, zum Bösen aufgestachelt und zur Hemmungslosigkeit nicht erzogen, sondern verzogen wird. Verantwortung laden auch alle die auf sich, die den Kindern eine falsche Erziehung geben, entweder eine Erziehung, die nur mit dem Mittel der Angst arbeitet und das Kind verschüchtert, verkapselt und verängstigt, oder umgekehrt durch Mangel an Zucht die Kinder einer falschen Freiheit und Ungebundenheit ausliefern, sodass sie später nicht Herr ihrer selbst sind.

Die Sorge der Kirche für die Jugend und ihre Erziehung ist nicht Machtpolitik, sondern Verantwortung vor Christus. Christliche Jugenderziehung kann nicht ernst genug gesehen und gewertet werden. Denn es liegt etwas Drohendes, Flammendes in diesem Christuswort. Man kann seinen Klang nicht überhören und seinem Ernst nicht ausweichen.

ÄRGERNIS

Mt 18,7–9: »Wehe der Welt um der Ärgernisse willen! Es ist zwar notwendig, dass Ärgernisse kommen. Aber wehe dem Menschen, durch den das Ärgernis kommt! Wenn deine Hand oder dein Fuß dich zur Sünde verführt, hau ihn ab und wirf ihn von dir. Es ist besser für dich, als Krüppel oder lahm ins Leben einzugehen, als mit zwei Händen und zwei Füßen ins ewige Feuer geworfen zu werden. Und wenn dein Auge dich zur Sünde verführt, reiß es aus und wirf es von dir. Es ist für dich besser, einäugig ins Leben einzugehen, als mit zwei Augen in die Hölle mit ihrem Feuer geworfen zu werden.«

Das Wort »Ärgernis« gibt Christus Anlass, allgemein vor dem Ärgernis zu warnen. Das besagt, dass man anderen nicht Anlass zur Sünde werden soll.

Die *Formulierung* ist unerhört scharf. Christus fordert, dass man sich lieber ein Auge ausreißen und eine Hand abhacken soll, als Ärgernis zu geben oder Ärgernis zu nehmen. Man könnte das übertrieben nennen, aber es ist nur einprägsame Formulierung. Die Forderung soll sich dem Gedächtnis unauslöschlich einbrennen. Der Ernst wird weiterhin dadurch unterstrichen, dass im gleichen Evangelium die gleiche Forderung zweimal gestellt wird. Das erste Mal (Mt 5,29) handelt es sich um die Sicherung der Ehe. Hier ist der Ausgangspunkt der Schutz hilfloser Kinder. Es ist bestimmt nicht nur der Evangelist, den dieses Christuswort so beeindruckt hat, dass er es zweimal anführt, sondern es ist Christus selbst, der wohl öfter diese Worte wiederholt und sie den Jüngern eingeschärft hat. Es muss sich also um etwas besonders Wichtiges und Dringliches handeln.

Der *Inhalt* ist auch etwas vom Wichtigsten. Denn ein Zweifaches wird hier gefordert.

Einmal soll man anderen nicht Anlass zur Sünde sein. Der Mensch ist bestimmt, dem Mitmenschen zu helfen.

Das gilt, nach dem Wort der Bibel, von Mann und Frau. Denn vom Mann hieß es: »Es ist nicht gut, dass der Mann allein sei.« Darum wird die Frau erschaffen, dass sie ihm eine Hilfe sei. Aber gerade dieses erste Du, das dem Ich helfen soll, ist für ihn nicht Führung, sondern Verführung. Es zieht ihn nicht nach oben, sondern nach unten. Dort stand das erste »Wehe«. Es rollt seitdem wie dumpfer, grollender Donner durch die Geschichte der Menschheit. Wie oft ist seitdem die Frau dem Mann und der Mann der Frau zum Ärgernis geworden! Oft genug zieht »das Ewig-Weibliche« nicht hinan, sondern hinab.

Es gilt weiterhin für das Verhalten des Erwachsenen zum Kind. Der Erwachsene sollte als reifer, mündiger Mensch dem Unreifen, Unmündigen Vorbild und Führer sein. Wie oft sind es aber gerade die Erwachsenen, die den moralischen Misswuchs der Jugend auf dem Gewissen haben.

Es gilt weiterhin für das Verhältnis des Gläubigen zum Ungläubigen. Wer den Glauben gefunden hat und um seine Größe und seinen Reichtum weiß, müsste dem Ungläubigen Wegweiser zur Kirche sein. Wie oft gibt aber sein Wort und sein Leben Ärgernis. Er wird zum Hindernis anstatt zur Hilfe. Lebendige Apologie sollte er sein, wirkt aber wie ein Warnsignal und ein abschreckendes Zerrbild.

Es gilt vom Verhältnis zwischen Vorgesetzten und Untergebenen. Rechtmäßige Autorität sollte Exekutive Gottes sein, Bergführer, der den anderen vorangeht. Wie oft ist das Gegenteil der Fall! Die Vorangehenden ermuntern nichts weniger als zur Nachfolge. Sie ziehen nicht an, sondern stoßen ab. Sie erleichtern nicht, sondern erschweren. Sie räumen die Steine nicht aus dem Weg, sondern verbarrikadieren den Aufstieg.

Es gilt endlich für das Verhältnis Priester und Volk. Der Priester ist gesandt, das Wort Gottes zu verkünden, den Willen Gottes zu zeigen, Gnade Gottes zu spenden. Widerspricht aber sein Leben seinem Wort, sein Tun dem Willen des Herrn, seine Sünde der Gnade, so ist sein Tun ein Ärgernis. Das Wort »Priesterskandal« eröffnet eine traurige Wirklichkeit.

Ihnen allen gilt das drohende »Wehe« des Herrn.

Im Wort Christi liegt aber noch ein anderes. Man soll nicht selbst dem Anlass zur Sünde erliegen. Wo immer etwas den Menschen zur Sünde verführt, muss er mit allem Radikalismus, dessen er fähig ist, diese Ursache entfernen, diese Gelegenheit meiden, dieser Gefahr aus dem Wege gehen. Man darf nicht mit dem Feuer spielen, denn wenn das Gewand Flammen fängt, ist es zu spät. Man darf sich nicht dauernd an Abgründen bewegen, sonst wird eines Tages ein Fehltritt die Katastrophe herbeiführen. Das Auge, das man ausreißen muss, die Hand, die man abhacken muss, ist vielleicht eine gefährliche Freundschaft, eine unerlaubte Liebe, Alkohol, Lektüre, das Aufsuchen bestimmter Orte, eine Ferienreise usw. Immer ist es etwas an sich Schönes, Wertvolles, wie das Auge und die Hand. Wenn es aber vom Höchstwert, von Gott, wegführt, wenn es das eigentliche Heil infrage stellt, kann man nicht ernst und radikal genug Nein sagen.

Die drastische Formulierung, das zweimalige Anführen dieses Wortes im Evangelium und das unerhört starke Bild vom Mühlstein um den Hals sollte eine Warnung sein, die man nicht überhört.

DIE VERLORENEN

Mt 8,12–14: »Was meint ihr: Wenn ein Mensch hundert Schafe hat und eines davon sich verirrt, lässt er dann nicht die neunundneunzig auf dem Berge und geht hin und sucht das verirrte? Und wenn er es findet, wahrlich, ich sage euch, er wird darüber mehr Freude haben als über die neunundneunzig, die sich nicht verirrt haben. So ist es nicht der Wille eures Vaters in den Himmeln, dass eines dieser Kleinen verloren gehe.«

1. *Die Forderung.* Es ist leicht, im warmen Winkel christlicher Geborgenheit zu sitzen, über die draußen zu schimpfen und sie für die heutige Weltlage verantwortlich zu machen. Dabei schleicht sich außerdem noch sehr rasch ein Unterton pharisäischer Selbstzufriedenheit ein, sodass diese Gesicherten noch Gefahr laufen, zu den Verlorenen zu gehören. Mit den Braven brav zu sein, ist noch lange nicht die ganze Sendung des Christen.

Es ist auch leicht, in der Seelsorge sich nur mit den Guten zu befassen, um sie noch etwas besser zu machen. Sie leisten keinen Widerstand, gehen mit allem mit, sind immer zu haben. Will man aber beim Bild Christi von den geretteten und verlorenen Schafen bleiben, so besteht bei solcher Seelsorgemethode die Gefahr, dass an den wenigen Schäflein so lange herumgeschoren wird, bis ihnen das entweder verleidet oder bis nur noch völlig Harmlose dafür zu haben sind. Dann ist aber das Christentum nur mehr ein Bemuttern der Gesicherten, ein Betreuen derer, die es nicht nötig haben, und damit wird es nicht zu Unrecht dem Gespött der Freien, Tapferen, Kämpferischen und Wagenden ausgeliefert. Dieses Christentum im Ghetto und im Absonderungshaus, dieses christliche Leben auf einer Insel oder in der Burg mit hochgezogener Zugbrücke ist oft genug zu finden. Aber das Evangelium ist auf einen ganz anderen Ton abgestimmt. Da geht es nicht um Geborgenheit und warme

Winkel, sondern da ist immer wieder von Sendung die Rede, vom Hinausgehen, vom Heimholen. Es darf den Menschen nicht wohl sein, solange es noch Verlorene gibt. Wenn Schiffbrüchige in den Wellen treiben, kann man nicht im Salon des Dampfers sich in aller Seelenruhe einen Drink leisten. Die trostvollste Gebetsstunde der Versunkenheit in Gott kann jäh unterbrochen werden durch den Gedanken an die Verlorenen draußen, deren ewiges Heil infrage gestellt ist. Wer SOS-Rufe hört, kann nicht am Harmonium einen Choral zu Ende spielen. Es liegt etwas Drängendes, Aufscheuchendes in den Worten Christi, dass man die neunundneunzig, die im Wesentlichen nicht gefährdet sind, ruhig stehen lassen soll, um dem einen Verlorenen nachzugehen, bei dem es um Sein oder Nichtsein geht. Christentum ist Rettungsmannschaft auf der Suche nach den Abgestürzten.

2. *Die Verlorenen.* Es gibt drei Gruppen von Verlorenen. Die erste Gruppe ist sich ihrer Verlorenheit bewusst. Dahin gehören die Menschen, die moralisch verkommen sind. Mit ein paar Fehltritten sind sie in den Sumpf geraten und nun können sie ihre Füße von dem zähen, schlammigen Boden, von dem unheimlichen Sog nicht mehr lösen. Es wäre ihnen auf festem Boden viel wohler, aber sie finden ihn nicht mehr. Langsam, aber unaufhaltsam werden sie in die Tiefe gezogen. Sie lassen sich vielleicht nichts anmerken. Aber wer richtig hört, der vernimmt in ihrem Gelächter den Unterton der Verzweiflung. Sie brauchen Hilfe. Will man diesen Verlorenen helfen, so darf man sie nicht verachten, ihnen nicht mit einem Mitleid von oben herab begegnen. Man muss vielmehr zeigen, dass man sie ernst nimmt, dass man sie liebt und eben darum ihnen helfen will.

Zu diesen Verlorenen, die um ihre Existenz wissen, gehören auch viele Ungläubige. Sie sind keineswegs auf ihren Unglauben stolz. Sie leiden unter der Problematik. Die Relativität aller Dinge ist ihnen schmerzlich bewusst. Sie machen vielleicht einen kalten und zynischen Eindruck, aber nur weil sie wissen, dass hinter dem vielen, das zu wärmen scheint, kein Feuer brennt. Sie durchschauen rasch die Haltlosigkeit so vieler philosophischer Hypothesen und wissen um die Fragezeichen, die überall auftauchen. Zu viele Philosophien kennen sie, um sich einer völlig zu überlassen. Und doch haben sie die Sehnsucht nach dem Absoluten, den Hunger nach wirklicher Sicherheit und den Durst nach der Wahrheit. Sie wollen aber keine billigen Lösungen und keine Flucht vor den Fragen. Wer zu diesen Verlorenen kommen will, muss mit ihnen in die Abgründe des Nichts steigen und dem Nihilismus ins kalte Antlitz schauen. Dann erst kann er ihnen von dem reden, der als Schöpfer die Welt vom Nichts zum Sein gebracht hat, weil alles Sein in ihm wurzelt. Und dann erst kann er ihnen von der Frohbotschaft der Erlösung sprechen, durch welche die Menschheit auch vom geistigen Irrweg des Irrtums heimgeholt wird in die Wahrheit Gottes.

Die zweite Gruppe bilden diejenigen, die verloren sind, sich aber dessen gar nicht bewusst werden. Es sind die moralisch Gestrandeten, die aber wähnen, in ihrem Irrgarten das Paradies gefunden zu haben. Sie kommen nie zur Besinnung, leben sich völlig hemmungslos aus und machen sich noch lustig über die Menschen, denen Moral und Gewissen noch etwas gelten. Sie lächeln von oben herab über diejenigen, die noch an Gott glauben. Sie halten sich für Aufgeklärte und Wissende, für starke Geister und freie Menschen und sie bemerken nicht einmal, dass sie gebunden sind und widerstandslos abgeschleppt werden. Sie rühmen sich ihrer modernen Einstellung und verlachen die anderen als Ewiggestrige und ahnen nicht einmal, dass die Menschheit morgen verbrennen wird, was sie heute anbetet. Sie sind wie die Morphinisten und Opiumraucher in ihrem Seligkeitsdusel. Wenn sie daraus erwachen, können ihnen nur eine neue Spritze und neue Pillen des gleichen einschläfernden Giftes falscher Lebensfreude helfen. Wer nicht weiß, was der Tag ist, will vom Sonnenaufgang nichts wissen. Sumpfhühner wollen keine Trockenheit.

Dem Maulwurf ist's im Licht nicht wohl und die Kröten lieben die Pfütze. Es ist ihnen nicht zu helfen, denn es gilt das Christuswort: »Werft eure Perlen nicht vor die Schweine!« Man kann nicht alle retten. Es gibt Menschen, die sich nicht retten lassen wollen.

Die dritte Gruppe sind die Menschen, die sich ihrer Verlorenheit nur von Zeit zu Zeit bewusst werden. Gelegentlich haben sie auf einmal das Verlangen nach frischer Luft, nach gesundem Brot und einem Trunk frischen Wassers. Von Zeit zu Zeit erwachen sie wie aus einem Traum und kommen zur Besinnung. Es besteht dann die Gefahr, dass sie diese Gnadenstunden als einen »Moralischen« abtun, sich zu ihren Kumpanen flüchten, um möglichst rasch das wieder zu vergessen, was sich doch ihrem Gedächtnis eingraben sollte. Will man diesen Verlorenen helfen, so muss man die rechte Stunde abwarten, um dann das rechte Wort zu finden. Mit Moralpredigten ist ihnen nicht zu helfen. Man muss für ihren Zustand Verständnis zeigen, aber dann versuchen, die hellen Intervalle, die von Zeit zu Zeit ihre geistige Umnachtung durchbrechen, möglichst zu verbreitern und zu verlängern. Man muss die Angel Christi dann auswerfen, wenn sie geistigen Hunger haben. Es braucht Klugheit und vor allem die rechte Führung der Gnade, um diese Stunden zu erkennen und zu nutzen. Man muss auch das rechte Ohr haben, um zu hören, ob sie nur Interesse an ernsten Dingen vortäuschen, um sich interessant zu machen oder uns entgegenzukommen, oder ob eine echte Frage in ihren Worten schwingt und ein wirkliches, wenn auch nur kurzfristiges Suchen vorhanden ist. Mit ihnen ein religiöses Gespräch zu führen, nur um ihren geistigen Snobismus zu befriedigen, ist völlig sinnlos. Nur wo wirkliches Fragen spürbar wird, hat eine Antwort einen Zweck. Man wird zuweilen sogar warten, bis die verlorenen Schafe sich noch tiefer ins Gestrüpp und in die Dornen verstrickt haben, damit sie schmerzlich spüren, dass es Gestrüpp ist und dass es Dornen sind. Dann kann man ihnen helfen.

Wer um die Sendung Christi weiß und auch nur einen einzigen der Verlorenen heimführt, erfährt auch die Freude, von der das Evangelium redet.

KIRCHE

Mt 18,15–20: »Wenn dein Bruder sündigt, so gehe hin und weise ihn unter vier Augen zurecht. Hört er auf dich, so hast du deinen Bruder gewonnen. Hört er nicht, so nimm noch einen oder zwei mit dir, damit die ganze Sache auf die Aussage von zwei oder drei Zeugen festgestellt werde. Wenn er aber auf diese nicht hört, sag es der Kirche. Wenn er aber auch auf die Kirche nicht hört, sei er dir wie ein Heide und wie ein Zöllner. Wahrlich, ich sage euch: Was immer ihr auf der Erde bindet, wird im Himmel gebunden sein. Und was ihr auf der Erde löst, wird im Himmel gelöst sein. Weiterhin sage ich euch: Wenn zwei von euch auf der Erde in irgendeiner Sache eines Sinnes sind und darum bitten, wird es ihnen von meinem Vater, der in den Himmeln ist, zuteilwerden. Denn wo zwei oder drei auf meinen Namen hin beisammen sind, da bin ich mitten unter ihnen.«

1. *Richtende Kirche.* Im Falle eines Konfliktes Mensch zu Mensch soll sich der Christ nicht gleich an die Autorität wenden, sondern zuerst unter vier Augen die Dinge zu regeln suchen. Rücksicht fordert Diskretion. Ist aber auf diesem Weg nichts zu erreichen und die Sache doch von Bedeutung, dann soll er ein paar Zeugen mitnehmen. Die Auseinandersetzung hat dann immer noch privaten Charakter. Der Delinquent wird noch geschont, aber die Stellungnahme bekommt größeres Gewicht. Ist auch damit, wegen der Verstocktheit des Schuldbaren, nichts zu erreichen und die Sache von wirklicher Bedeutung, dann soll die

kirchliche Autorität entscheiden. Sie ist dabei die letzte und höchste Instanz. Darüber hinaus gibt es kein Appellieren. Und sie ist moralische und religiöse Instanz, denn das Urteil, das sie auf der Erde spricht, hat auch Gültigkeit im Himmel. Größeres kann kaum gesagt werden.

Es gibt somit in der Kirche ein wirkliches Amt, eine amtliche Autorität. Sie hat das Recht, Gericht zu halten und das Urteil zu fällen und zu entscheiden. Wer sich nicht daran hält, ist im Grunde genommen kein Glied der Kirche mehr. Er ist wie ein Heide und öffentlicher Sünder zu betrachten und zu behandeln. Gewiss ist die Kirche zuerst Geisteskirche. Aber mit dem Pneumatischen, Charismatischen und Innerlichen allein kommt man nicht durch. Auch das Äußerliche des Amtes, des Rechtes und der Rechtsprechung gehört zur kirchlichen Gemeinschaft. Eine Kirche ohne Amt und Autorität ist nicht die Kirche Christi. Christus rechnet in aller Nüchternheit mit den menschlichen Schwächen und Bedürfnissen und führt dann doch darüber hinaus immer höher in jene Gesinnung und Geistigkeit, die sich freudig der Autorität unterordnet, aber sie mehr und mehr überflüssig macht. Je stärker die Liebe, desto weniger nötig ist das Recht. Da die Liebe aber nicht überall stark ist, muss auch für die Justitia (Rechtsprechung) gesorgt sein. Darum besitzt die Kirche Christi äußeres Amt und inneren Geist.

2. *Betende Gemeinschaft.* Kirche besteht nicht nur aus der Autorität und ihren Trägern, sondern wo immer ein paar Gläubige im Namen Christi zusammen sind, da ist Kirche im Kleinen. Das Gebet einigt die Menschen unter sich und mit Christus. So bilden sie eine wirkliche Gemeinschaft Christi. Es gibt neben dem privaten Gebet im Kämmerlein auch das Gebet in Gemeinschaft. Es hat seine Wichtigkeit und seine besondere Kraft, und zwar gerade darum, weil es dann nicht bloß betender Mensch, sondern betende Gemeinschaft ist. Und weil dann Christus mitten unter ihnen ist, ist es der mystische Christus, der betet, und

darum ist die Erhörung dann gesichert. Kirche enthält somit neben dem juristischen Element des Amtes und dem geistigen Element der Gesinnung wesentlich auch das mystische Element des gegenwärtigen Christus. Und dieses mystische Element gibt dem juristischen und dem geistigen erst die eigentliche Kraft. Christus in unserer Mitte ist das Geheimnis der Kirche. Nur wer von da ausgeht, versteht die unerhörte Autorität des Amtes, die fast übermenschliche Forderung der Gesinnung und die verheißene Erhörung des Gebetes. Kirche ohne Christus wäre menschliches Bündnis ohne Kraft. Christus ohne Kirche wäre Individualismus ohne Verbundenheit zur Gemeinschaft. Christus als Geheimnis der Kirche ist das, was im Evangelium aufgezeigt wird. Es ist die Verbundenheit der Rebzweige mit dem Weinstock, der Glieder mit dem Haupt, der Gläubigen mit Christus. Von hier aus erklärt und löst sich alles.

VERZEIHUNG

Mt 18,21–35: Da trat Petrus herzu und sagte; »Herr, wie oft kann mein Bruder sich gegen mich verfehlen und ich muss es ihm verzeihen? Bis zu siebenmal?« Jesus antwortete ihm: »Ich sage dir: nicht bis zu siebenmal, sondern bis zu siebzigmal siebenmal. Darum gleicht das Reich der Himmel einem König, der mit seinen Knechten Abrechnung halten will. Als er anfing abzurechnen, wurde ihm einer vorgeführt, der ihm zehntausend Talente schuldig war. Da er außerstande war, zu bezahlen, befahl der Herr, ihn, seine Frau, seine Kinder und alles, was er habe, zu verkaufen, um so die Bezahlung zu erhalten. Da fiel ihm der Knecht zu Füßen und sagte: ›Habe Geduld mit mir, ich will dir alles bezahlen!‹ Da hatte der Herr Mitleid mit jenem Knecht, ließ ihn gehen und erließ ihm die Schuld. Jener Knecht ging hinaus, fand dort einen seiner Mitknechte, der ihm hundert Denare schuldete, ergriff ihn, würgte ihn und sprach: ›Bezahle, was du schuldig bist!‹ Der Mitknecht aber warf sich ihm zu Füßen und bat ihn: ›Habe Geduld mit mir, ich werde dir bezahlen!‹ Er aber wollte nicht, sondern ging hin, ließ ihn ins Gefängnis werfen, bis er die Schuld bezahlt habe. Als nun die Mitknechte sahen, was geschehen war, wurden sie sehr traurig und berichteten ihrem Herrn alles, was geschehen war. Da ließ der Herr ihn rufen und sagte ihm: ›Du böser Knecht! Jene ganze Schuld habe ich dir erlassen, weil du mich darum gebeten hast. Musstest nicht auch du dich deines Mitknechtes erbarmen, so wie ich mich deiner erbarmt habe?‹ Und voll Zorn übergab ihn der Herr den Folterknechten, bis er die ganze Schuld bezahlt habe. So wird auch mein himmlischer Vater mit euch verfahren, wenn nicht jeder von euch seinem Bruder von Herzen verzeiht.«

1. *Die Forderung.* Aus dem vorausgehenden Abschnitt könnte man Rechthaberei ableiten. Aber das ist nicht gemeint. Schutz der objektiven Rechtsordnung ist etwas anderes als subjektive Rechthaberei. Die Autorität ist gesetzt, um für das Recht zu sorgen. Der Einzelne kann und soll an diese Autorität gelangen, wenn es um Dinge geht, die nicht nur ihn selbst betreffen, sondern die für andere Menschen Bedeutung haben. Für sich selbst soll er aber großzügig auf sein Recht verzichten und empfangene Beleidigungen verzeihen können. Jeder Mensch wird moralischer Gläubiger, aber auch jeder wird moralischer Schuldner. Wer anfängt, Rechnungen aufzustellen, verlässt den Boden christlicher Haltung. Die Frage ist nur: Wie weit soll man in der Nachgiebigkeit gehen? Petrus glaubt, sehr weit zu gehen, wenn er die Frage stellt, ob man siebenmal hintereinander verzeihen soll. Das ist reichlich viel und ist außerdem die heilige Zahl der Fülle und der Vollkommenheit. Aber die Forderung Christi geht wesentlich weiter. Siebenmal genügt nicht. Man soll verzeihen, auch wenn es siebzigmal siebenmal wäre. Erlittenes Unrecht

darf nicht unauslöschlich dem Gedächtnis eingebrannt und unverwischbar der Erinnerung eingemeißelt sein. Man muss auch die letzten Spuren wegwischen können. Wer einem anderen erlittenes Unrecht immer wieder auftischt, zeigt, dass die bittere Speise noch immer in seiner Vorratskammer liegt. Und wenn es einem auch bloß innerlich von Zeit zu Zeit wieder aufsteigt, ist das ein Beweis, dass es irgendwo in den Untergründen des Bewusstseins noch vorhanden ist. Nur kleinliche Menschen hacken mit ihren harten Schnäbeln immer auf dem Gleichen herum. Christus fordert die seelische Größe, die über die Dinge hinwegschreitet und sie wirklich hinter sich lässt. Man muss einen Strich unter die Rechnungen machen können und sie nicht immer wieder präsentieren. Diese nachtragenden Menschen schleppen schließlich einen ganzen Ballast unerledigter Dinge mit sich und so kommen sie nie zum beschwingten Schreiten seelischer Freiheit. Sie machen sich und anderen das Leben schwer.

Freilich ist die Forderung Christi nicht leicht. Beleidigungen können sich tief ins Herz des Menschen hineinbohren. Die Wunden heilen dann langsam und lassen oft lange Zeit Narben zurück. Es muss darum ein starkes Motiv vorhanden sein, um den Menschen darüber hinwegzubringen. Christus gibt dieses Motiv mit einem Gleichnis.

2. *Die Parabel.* Das Gleichnis vom Knecht, dem die ganze Schuld erlassen wird, der aber seinerseits einem Mitknecht dessen Schuld nicht erlässt, ist eine Gegenüberstellung von einprägsamer Deutlichkeit. Denn auf der einen Seite stehen Herr und Knecht, eine Schuld von sechzig Millionen und ein voller Nachlass. Auf der anderen Seite stehen Knecht und Mitknecht, eine Schuld von bloß hundert Franken und ein unbarmherziges Drängen, Würgen und Erzwingen. Die Übertragung des Gleichnisses besagt Folgendes: Auf der einen Seite stehen Gott und Mensch, eine Schuld, die nicht getilgt werden kann, und trotzdem ein völliges Vergeben. Auf der anderen Seite stehen Mensch und

Mitmensch, eine kleine Schuld irgendeiner Beleidigung und die hartherzige Unnachgiebigkeit. Es handelt sich dabei nicht nur um ein Bild, sondern um die Wirklichkeit. Gott ist der Herr schlechthin. Ihm wird alles geschuldet. Über den ohnehin schuldigen Tribut der Anerkennung und des Dienstes hinaus ist der Mensch durch die Sünde ein Schuldner Gottes. Beleidigungen werden nicht an der Person des Beleidigers, sondern des Beleidigten gemessen. Darum ist eine Majestätsbeleidigung viel größer als die Beleidigung irgendeines anderen. Nun ist aber Gott von unendlicher Größe. Darum liegt in der Sünde ein unendliches Element der Bösartigkeit. Das kann vom Menschen niemals getilgt und in Ordnung gebracht werden. Das Einzige, was der Mensch tun kann, ist das Bitten. »Vergib uns unsere Schuld!« Die Wirkung dieser Bitte ist der Größe und Unendlichkeit Gottes entsprechend eine völlige Verzeihung und Vergebung. Der gläubige Mensch wird sich immer in dankbarem Staunen dieser Vergebung bewusst sein.

Auch die andere Wirklichkeit entspricht durchaus der Parabel. Menschen untereinander mögen große Rangunterschiede haben, aber sie sind und bleiben immer Menschen und darum Gott gegenüber klein. Neben dem Unterschied zwischen Gott und Mensch sind alle menschlichen Rangunterschiede völlig unbedeutend. Es bleibt hier alles im Raum des Endlichen und Begrenzten und damit des Kleinen. Trotzdem sind die Menschen unbarmherzig und unnachgiebig, bestehen auf ihrem Recht und wollen weder vergeben noch vergessen. Wenn der Mensch sein Maß von den Mitmenschen nimmt, wird er rechthaberisch. Wenn er aber sein Maß an Gott nimmt, der Gnade vor Recht ergehen lässt, wird er notwendig den Mitmenschen gegenüber gnädig gestimmt. Das Stehen vor Gott reguliert das Verhältnis zum Mitmenschen. Aus der vertikalen Haltung Gott gegenüber wird die horizontale Haltung den Mitmenschen gegenüber bestimmt. Umgekehrt bestimmt das Benehmen des Menschen zum Mitmenschen das Verfahren Gottes mit dem Menschen. Wer als gläubiger

Mensch weiß, wie gütig Gott mit ihm verfährt, und dann trotzdem dem Mitmenschen in Härte gegenübertritt, der muss damit rechnen, dass Gott auch ihn in Strenge behandelt. Das betont Christus mit dem Satz: »So wird mein himmlischer Vater mit euch verfahren, wenn ihr einander nicht von Herzen verzeiht.« Die Hochherzigkeit Gottes muss die Engherzigkeit des Menschen überwinden. Und die Barmherzigkeit Gottes muss die Hartherzigkeit des Menschen umwandeln. Nicht zufällig ist es Petrus, der die Frage stellt und die Antwort erhält. Es geht um die menschlichen Vorgesetzten, um menschliche Autorität. Sie soll lernen entgegenzukommen, zu verzeihen und zu lieben. So wird hier die Gerechtigkeit, von der im Vorausgehenden die Rede war, ergänzt und verklärt durch das Gebot und den Geist der Liebe. Nur wo Recht und Liebe richtig verbunden sind, ist der Geist des Herrn.

ÜBER DIE EHE

Mt 19,1–9: Als Jesus diese Reden vollendet hatte, zog er von Galiläa fort und ging in eine Gegend Judäas, jenseits des Jordan. Große Volksscharen folgten ihm und er heilte sie dort. Auch Pharisäer kamen, um ihn auf die Probe zu stellen, und sagten: »Ist es erlaubt, seine Frau aus irgendeinem Grunde zu entlassen?« Er antwortete: »Habt ihr nicht gelesen, dass der Schöpfer von Anfang an sie als Mann und Frau erschaffen und gesagt hat: Deswegen wird der Mann den Vater und die Mutter verlassen und der Frau anhangen und die zwei werden zu einem *Leibe werden. So sind es also dann nicht mehr zwei, sondern nur ein Leib. Was aber Gott verbunden hat, soll der Mensch nicht scheiden.« Sie erwiderten: »Warum hat dann Moses geboten, einen Scheidebrief auszustellen und zu entlassen?« Er antwortete: »Moses hat wegen eurer Herzenshärte euch erlaubt, eure Frau zu entlassen. Am Anfang war es nicht so. Ich sage euch, wer seine Frau entlässt, es sei denn wegen Unzucht, und eine andere heiratet, bricht die Ehe.«*

1. *Das Eheband.* Jesus begibt sich ans andere Jordanufer. Er ist bedroht und muss ausweichen, da seine Stunde noch nicht gekommen ist. Der Ernst seiner Lage gibt seinen Worten besonderes Gewicht. Eine Frage der Pharisäer bringt ihn noch einmal auf ein Lebensgebiet, von dem er in der Bergpredigt bereits gesprochen hatte: die Frage der Unauflöslichkeit der Ehe. Die Antwort Jesu ist eindeutig. Die Ehe ist in der Schöpfungsordnung Gottes verwurzelt und darum nach Gottes Willen zu führen. Und dieser Wille fordert die Unauflöslichkeit des Ehebandes. Mit großer Feierlichkeit ist im Schöpfungsbericht von der Ehe die Rede. Wie der Erschaffung des Menschen, menschlich gesprochen, ein eigener Ratschluss Gottes vorausgeht, so auch der Erschaffung der Frau. Die Menschen sind in geschlechtlicher Differenzierung geschaffen. Weder der Mann noch die Frau verkörpern den ganzen Typus Mensch, denn jeder ist einseitig und bedarf der Ergänzung. Die Gemeinschaft von Mann und Frau gehört mit zum Imago-Charakter, denn die Gemeinschaft einer Ehe und Familie ist ein Abbild der Gemeinschaft des dreifaltigen Gottes.

Ehe ist Einheit des Geistes. Die Frau ist für den Mann als das große Gegenüber erschaffen, das ihm erst ermöglicht, einen Ideenaustausch zu haben, denn nun besitzt er einen Gesprächspartner. Damit entwickelt sich das geistige und kulturelle Leben des Menschen.

Die Ehe ist eine Gemeinschaft der Herzen. Es geht nicht nur um Verstand und Ideen, sondern ihr innerstes Wesen ist die Liebe. Und zwar Liebe als Hingabe des ganzen Ich an das ganze Du. Diese Hingabe hat wesentlich Dauercharakter. Man kann sich nicht verschenken, um sich nachher wieder zurückzunehmen. Nicht umsonst wird immer wieder ewige Liebe geschworen. Es wird darin das Gefühl und die Absicht offenbar, die Hingabe zu einer gänzlichen und dauernden zu machen.

Ehe ist Hingabe des Körpers. »Die zwei werden ein Fleisch.« Aus dieser Hingabe wächst das Kind. Es ist darauf angewiesen, in der sicheren Umgebung einer Familie heranzuwachsen. So ist die Ehe schon ihrer Natur nach eine so intime und gänzliche Verbundenheit zweier Menschen, dass ihr der Dauercharakter notwendig anhaftet. Der Mensch verlässt um dieser neuen Gemeinschaft der Liebe willen freudig die bisherige Gemeinschaft mit Vater und Mutter, um »seiner Frau anzuhangen«.

Und doch ist all das nicht entscheidend. Das tiefste Geheimnis der Ehe ist ihr Bestand in Gott. »Was Gott verbunden, darf der Mensch nicht lösen.« Ein Doppeltes liegt darin: Einmal der Schöpferwille Gottes, der die Ehe als eine eigentliche Lebensverbindung gewollt und geschaffen hat. Dann aber auch der Heilswille Gottes, der durch Christus die Ehe zu einem Sakrament gemacht hat. Nun ist sie nicht mehr bloß ein menschlich-bürgerlicher Vertrag, sondern nun sind es zwei Getaufte und somit zwei Glieder am mystischen Leib Christi, die zu einer Einheit werden. Das hebt die Ehe über den privaten Charakter hinaus und gibt ihr die Reich-Gottes-Bedeutung. Darum ist aber auch eine Auflösung dieses Bandes nicht mehr eine Privatsache der Gatten, sondern etwas, das sich im Reich Gottes auswirkt und darum der Willkür der Einzelnen entzogen sein muss. Die Ehe ist ein Dreieck, durch Gott, Mann und Frau bestimmt. Das Eheband liegt in höheren Händen, und zwar in den allein zuverlässigen und sicheren Händen Gottes. Damit ist die Ehe dem menschlichen Wanken und Schwanken unsicheren Grundes entzogen und auf den allein absoluten, festen Boden Gottes gestellt. Weder Mann und Frau noch der Staat, sondern Gott hat das entscheidende Wort in der Ehe zu sprechen. Und sein Wort lautet: »Was Gott verbunden, darf der Mensch nicht lösen.«

2. *Der Ehebruch.* Bei den *Juden* war bereits ein Einbruch in diese feste Mauer erfolgt. Das Gesetz gestattete dem Mann, seiner Frau einen Scheidebrief auszustellen, das heißt, ihr, wenn ein berechtigter Grund vorlag, schriftlich zu bestätigen, dass sie entlassen sei. Damit konnten beide eine andere Ehe eingehen. Der Streit der theologischen Schulen ging lediglich um die Frage, welcher Grund zur Ausstellung dieses Dokumentes hinreichend sei. Christus anerkennt diese Bruchstelle nicht, denn der Scheidebrief ist ein Riss im Fundament. Da aber Gott selbst dieses Fundament gelegt hat, darf es keine Risse haben. Und so stellt Christus die Unauflöslichkeit der Ehe wieder her. Er geht auf die Anfänge zurück.

»Am Anfang war es nicht so.« Er ist hier der große Restaurator, der alle falschen Überlegungen, Verzerrungen, Ausstellungen, alles Abweichen von den sauberen Linien ablehnt, um wieder die Urform in ihrer Größe und Schönheit sichtbar zu machen.

Bei den *Heiden*, alten und neuen, war und ist es noch schlimmer. Da wird der Ehebruch mehr und mehr zum Normalen. Christus ist hier unerbittlich. Das Urteil lautet immer wieder: Ehebruch. Es wird also hier etwas gebrochen. Scherben und Trümmer sind das Ergebnis. Die Forderung Jesu klingt groß und ist schwer zu erfüllen. Aber der Plan Gottes mit der Menschheit ist nun einmal etwas Großes und die Forderungen Gottes an die Menschen sind ein Ruf zur Größe. Man kann für die Tragik von Einzelschicksalen durchaus Verständnis haben und unter der Härte der Forderung leiden. Aber aufs Ganze des Menschen und der Menschheit gesehen ist die Unnachgiebigkeit der Forderung Christi ein wahrer Segen. Nur so werden die Dämme gehalten. Und nur so wird alles vor dem Absturz in die Tiefe bewahrt. Das Wort Christi fegt wie ein reinigender Sturm in alle dumpfen und muffigen Winkel der Unsauberkeit und spricht ein vernichtendes Urteil über alle menschliche Verharmlosung der heutigen Zerfallserscheinungen. Das Christuswort bringt anstelle schmutziger Tümpel und Moraste wieder sprudelnde Quellen und strömende

Wasser und anstelle unsicherer menschlicher Bretterhütten und Baracken werden wieder steinerne, granitene Mauern aufgerichtet. Alles erhält wieder ursprüngliche Schönheit, wirkliche Größe und unerschütterliche Sicherheit.

Die pharisäische Kasuistik und die Hintertürchenmoral der Schriftgelehrten werden durch Christus mit königlicher Hand beiseitegeschoben. Dafür wird sein klares, unumstößliches Wort hörbar. Die Ehe ist wieder, was sie sein soll, Werk und Bild Gottes.

EHELOS

Mt 19,10–12: Da antworteten die Jünger: »Wenn es mit der Sache zwischen Mann und Frau so bestellt ist, ist es nicht gut zu heiraten.« Er antwortete: »Nicht alle fassen dieses Wort, sondern nur, wem es gegeben ist. Denn es gibt zur Ehe Untaugliche, die vom Mutterschoße an so geboren sind. Und es gibt zur Ehe Untaugliche, die von Menschen so gemacht worden sind. Und es gibt Ehelose, die um des Himmelreiches willen sich ehelos gemacht haben. Wer es fassen kann, der fasse es.«

Die Frage der Ehe weckt die Frage der Ehelosigkeit.

1. *Die Ehelosen.* Es gibt eine erzwungene Ehelosigkeit. Zu ihr gehören die naturhaft Impotenten. Sie sind physisch benachteiligt, körperlich und seelisch nicht vollwertig. Selbst wenn sie eine Ehe schließen wollten, wäre diese Ehe kirchlich ungültig. Eine Tragik liegt in solchen Schicksalen. Die einzige Möglichkeit, sie zu überwinden, ist der Glaube an die bessere Existenz in der künftigen Welt des Jenseits. Denn ohne Glauben sind solche Menschen einsam, ausgestoßen oder sie geraten auf Abwege. Zu

den unfreiwillig Ehelosen gehören auch die naturhaft Gesunden, aber gewaltsam Kastrierten. Auch ihr Schicksal ist bitter und menschlich höchstens dann zu ertragen, wenn die Kastrierung notwendig war, um sie vor schwerer Krankheit zu retten. Zu den unfreiwillig Ehelosen gehören schließlich auch die Millionen, welche durch die Verhältnisse, besonders durch den Krieg und die wirtschaftliche Lage, nicht zur Ehe gekommen sind. Sie können in der Fügung dieser Verhältnisse eine Führung Gottes sehen und aus der Not eine Tugend machen, ein freiwilliges Jawort sprechen zu dem, was unfreiwillig so geworden ist. Dann löst sich die Bitterkeit.

Aber um all diese geht es in diesem Christuswort nicht, sondern es handelt sich um die *freiwillige* Ehelosigkeit. Bei der Jungfräulichkeit im Priestertum, im Ordensstand und bei denen, die sie freiwillig in der Welt betätigen, handelt es sich nicht um einen Zwang. Nicht um schwächliche Bleichgesichter, die naturhaft trieblos sind. Nicht um Falscherzogene, welche alles Geschlechtliche als unerlaubt betrachten. Nicht um falsche Begriffe, welche die Ehe als etwas Schlechtes ansehen. Nicht um Ängstliche und Weltflüchtige, die sich vor der Ehe fürchten und sich der Verantwortung entziehen. Bei freiwillig Ehelosen handelt es sich vielmehr um Menschen, welche die Ehe und die Familie als etwas Gottgegebenes, Bereicherndes, Beglückendes und als ein Sakrament der Kirche erkennen. Menschen, die auf das Gute verzichten um des Besseren willen. Auf das Schöne um des Schöneren willen. Auf das Große um des Größeren willen. Nur diese Haltung rechtfertigt die freiwillige Ehelosigkeit. Diese Ehelosen werden darum nie in Versuchung kommen, das junge Brautpaar zu beneiden, nach Ehe und Heim Sehnsucht zu haben, die Kinderlosigkeit zu betrauern, in verkrampfter Abwehrhaltung Nein zu sagen und in verschrumpfter Altjungfern- und Junggesellenhaltung zu degenerieren. Sie sind im Gegenteil Menschen einer größeren Freiheit und einer größeren Liebe. Das allein ist die Ehelosigkeit, die Christus fordert.

2. *Der Beweggrund.* Ehelosigkeit um des Himmelreiches willen kann verschieden aufgefasst werden. Es kann einmal Berufung zum Priestertum sein, bei welcher dann die Ehelosigkeit als eine Bedingung in Kauf genommen wird. Das ist die unterste Linie. Es kann auch der Wille sein, Kopf, Hände und Herz frei zu haben für die Arbeit im Reich Gottes. Auch da ist das Motiv noch nicht das höchste. Es kann auch so sein, dass ein junger Mensch einfach von Christus in Beschlag genommen und so völlig von seiner Größe und seinem Ruf erfüllt ist, dass er an das andere gar nicht denkt und sein Jawort fast blind und unbesehen gibt. In diesem Fall können später Krisen und Schwierigkeiten kommen. Und es kann endlich so sein, dass die Hingabe an Gott und sein Reich, an Christus und seine Kirche, bewusst eine totale und ausschließliche, bedingungslose und freudige ist, mit klarem und bewusstem Verzicht auf alles andere. Das ist dann die Ungeteiltheit, von der Paulus im 7. Kapitel des 1. Korintherbriefes schreibt. Hier spritzen die Wasser nicht nach allen Seiten, sondern fließen in fest gefügtem Flussbett dem ewigen Meere zu. Hier sprühen die Funken nicht wahllos, sondern die Liebe ist eine steile Flamme, die zu Gott emporsteigt.

Diese restlose Hingabe hat ihre tiefe theologische Begründung. Es ist nicht nur der »eifersüchtige Gott«, der den Menschen ganz und allein haben will, sondern gerade dieses Wort von der Eifersucht öffnet den Blick für das Entscheidende. Das Pauluswort im Epheserbrief: »Ihr Männer, liebt eure Frauen wie Christus seine Kirche liebt«, zeigt, dass das Verhältnis zwischen Christus und seiner Braut, der Kirche, das Verhältnis bräutlicher und ehelicher Liebe ist. Menschliche Ehe ist nur Abbild, Symbol des Verhältnisses zwischen Christus und der Kirche. Im Hohelied ist schon das alttestamentliche Verhältnis zwischen Jahwe und Israel als Brautschaft und die irdische Liebe als das Abbild gezeichnet. Das ist im Neuen Testament viel größere und lebendigere Wirklichkeit. Ist aber Christus der Bräutigam und die Kirche die Braut, so muss derjenige, der ganz Christus angehört, ganz in seiner Nachfolge steht, eben auch seine Liebe ganz der einen und einzigen Braut, der *Ecclesia*, schenken. Und wer sich als Vertreter der Kirche weiß, und zwar zu ihrer eigentlichen Elite gänzlicher Hingabe berufen, kann und darf seine Liebe ausschließlich nur dem göttlichen Bräutigam schenken, Christus, dem Herrn. Wer menschliche Ehe und Liebe in ihrem Abbildcharakter erfasst hat und nun ins Urbild hineingenommen und hineingerufen ist durch Gottes besondere Gnadenwahl, der kann und darf sich nicht beim Abbild aufhalten, sondern muss vom Urbild leben. So ist seine Liebe eben um des Himmelreiches willen. Sie ist nur die Liebe zwischen Christus und der Kirche und kennt darum nur Christus und die Kirche. Das ist der tiefste Sinn der kirchlichen Jungfräulichkeit. Wer der Kirche mangelndes Verständnis für das Bluthafte im Menschen, für die Naturkraft der Ehe und für die geistige Liebe von Mann und Frau vorwirft, hat sie völlig missverstanden. Nur diejenigen, die um die eigentliche Größe, aber auch den tiefsten Sinn der Ehe wissen und gerade dadurch zum noch Größeren und Tieferen geführt werden, haben die Jungfräulichkeit um des Himmelreiches willen so verstanden, wie Christus sie meint und fordert. Dann ist ihr aber wirkliche Größe nicht abzusprechen.

3. *Die Wirkung* ist damit gegeben. Dem jungfräulichen Menschen bringt sie Freiheit des Herzens und des Geistes, Atmosphäre der Lauterkeit, beschwingtes Schreiten, frohe Lebenshaltung. Dass diese Freiheit erkämpft werden muss, Askese fordert und ständiges Leben des Gebetes, ist eindeutig. Dass sie aber den Menschen beglückt, ist durch tausendfache Erfahrung erhärtet.

Darüber hinaus ist die Tatsache, dass ständig junge Menschen sich freiwillig zur Ehelosigkeit um Christi willen entschließen, für die Menschheit ein Gegengewicht gegen das Absinken ins Triebhafte, gegen das Übergewicht der Sexualität. Es ist ein ständiges Beispiel des Idealismus und einer letzten Bereitschaft, das Leben für geistige Dinge einzusetzen. Für die Kirche ist die

Jungfräulichkeit eine ständige Verjüngung und Erneuerung. Sie bringt ihr das völlige Offensein nach oben, die immer neue Kraft der Liebe und das innerste Geheimnis der Hingabe an Christus.

Wer es fassen kann, der fasse es.

DIE KINDER

Mt 19,13–15: Dann brachte man ihm Kinder, damit er ihnen die Hände auflege und bete. Die Jünger aber schalten sie. Doch Jesus antwortete ihnen: »Lasst die Kinder und hindert sie nicht, zu mir zu kommen, denn für solche ist das Himmelreich.« Er legte ihnen die Hände auf und ging von dort weiter.

Gute Menschen sind immer Kinderfreunde. Darum ist es nicht verwunderlich, dass Jesus den Kindern mit Freude betend und segnend die Hände auflegt. Aber bei ihm ist es nicht nur ein allgemein menschliches Gefühl, sondern seine Liebe zu den Kindern hat tiefere Wurzeln.

Da ist einmal die *Gesinnung* der Kinder, die er ja immer wieder den anderen als Vorbild hinstellt. Auch die Kinder haben ihre Fehler. Jeder Erzieher weiß es. Die Fehler sind sogar oft anlagehaft so stark, dass alle Erziehungskunst höchstens zu dämpfen und einzudämmen vermag. Kinder haben außerdem noch die Fehler, die gerade der Jugend eignen. Aber sie sind daneben noch bildungsfähig, sind noch nicht verhärtet und verkrustet und festgefahren. Sie wissen noch, dass ihnen vieles fehlt. Sie haben außerdem Vertrauen, eine gewisse Offenheit. Sie sind noch durchschaubar und lenksam. So soll auch der Mensch Gott gegenüber noch offen und modulationsfähig sein. Er soll noch Bereitschaft zur vertrauenden Hingabe haben und die Fähigkeit, sich zu freuen und zu danken. Kinder sind auch voller Hoffnung für die

Zukunft. Sie sind nicht enttäuscht und zermürbt und müde. So soll auch der Mensch durch den Glauben an das Jenseits als ein Leben ewiger Freude in die Zukunft blicken und durch keine irdischen Erfahrungen sich von der Hoffnung auf überirdisches Leben in und durch Gott abbringen lassen. Solcher ist das Himmelreich. Dazu kommt bei Christus ein Zweites. Das Kind und die Kindschaft ist ihm ein Zeichen der *religiösen Kindschaft* gegenüber dem Vater im Himmel. Er selbst ist der Sohn des himmlischen Vaters. Nie und nirgendwo ist Kindschaft mit solchem Vertrauen und solcher Liebe lebendig wie bei ihm, dem Sohn, gegenüber dem Vater im Himmel. Und dieser sein Geist der Kindschaft wird durch nichts getrübt und durch nichts gebrochen, auch nicht durch die Verlassenheit am Kreuz und das Sterben. Gerade in dieser dunkelsten aller Nächte spricht er das vertrauende Kindeswort: »Vater, in deine Hände empfehle ich meinen Geist.« Wir sind in dem Maß Kinder Gottes, als wir in Christus, dem Sohn Gottes, sind. Die Teilnahme an ihm gibt auch uns die Sohnschaft und damit den echten Geist der Kindschaft. Wie in jedem Vater etwas vom himmlischen Vater aufleuchtet und wie jede Ehe ein sichtbares Zeichen der liebenden Verbundenheit zwischen Christus und der Kirche ist, so wird für den Christen jedes Kind zu einem Zeichen der Kindschaft Gottes und damit zu einer Mahnung, den Geist der Kindschaft zu haben und zu leben. Der Sohn Gottes hat das Gottesreich gebracht. Durch die Verbundenheit mit ihm steht uns als Söhnen der Zugang zu diesem Reich offen. Ihrer ist das Himmelreich.

DER REICHE JÜNGLING

Mt 19,16–22: Und siehe, es trat einer zu ihm und sprach: »Meister, was muss ich Gutes tun, um ewiges Leben zu erlangen?« Er antwortete: »Was befragst du mich nach dem Guten? Einer ist der Gute. Wenn du ins Leben eingehen willst, halte die Gebote.« Er erwiderte: »Welche?« Jesus sagte: »Du sollst nicht töten, du sollst nicht ehebrechen, du sollst nicht stehlen, du sollst kein falsches Zeugnis geben, du sollst Vater und Mutter ehren, du sollst deinen Nächsten lieben wie dich selbst.« Der Jüngling antwortete: »Das alles habe ich gehalten. Was fehlt mir noch?« Jesus erwiderte ihm: »Willst du vollkommen sein, dann geh hin, verkaufe, was du hast, gib es den Armen und du wirst einen Schatz im Himmel haben. Und komm und folge mir!« Als der Jüngling diese Worte hörte, ging er traurig hinweg, denn er hatte großen Besitz.

Hier steht es in voller Deutlichkeit, dass es zwei Wege gibt. Es gibt nur *ein* Ziel: die Anschauung Gottes, die Teilnahme an seiner Herrlichkeit. Aber zu diesem Ziel führen zwei Wege.

Der *eine Weg* ist der Weg der Gebote. »Willst du zum Leben eingehen, so halte die Gebote.« Die Gebote errichten die äußerste Schranke, bezeichnen die unterste Linie. Sie fordern das Minimum, das unabdingbar ist. Das erste Gebot fordert die Anerkennung des einen und einzigen Gottes. Wer von ihm abfällt und etwas Irdisches vergötzt oder durch Unglauben Gott überhaupt leugnet, ist mit der Quelle des Lebens nicht mehr verbunden. Wer gegen das zweite Gebot zwar an Gott glaubt, aber sich um ihn nicht kümmert, ihn als etwas Nebensächliches beiseiteschiebt, stürzt die richtige Wertordnung um, behandelt Gott nicht als Gott, gibt ihm nicht die Ehre und geht, weil er das Todgeweihte höher schätzt als den lebendigen Gott, des eigentlichen Lebens verlustig. Das dritte Gebot fordert die Weihe eines

Wochentages an Gott. Der Tag des Herrn soll dem Herrn gehören. War es früher der Sabbat als Ruhe nach dem Werk und Vorausnahme der ewigen Sabbatruhe, so ist es seit Christus der Sonntag als Erstling der Woche, als Tag der Auferstehung und Vorausnahme der ewigen Auferstehung im zweiten Leben. Wer sich darum nicht kümmert, wird dem zweiten Tod verfallen und am zweiten Leben keinen Anteil haben. Das vierte Gebot zeigt die elterliche Autorität als etwas, das von Gott stammt, durch Gott sanktioniert wird, hinter dem also Gott selbst steht. Er ist der eigentliche Zeuger des Lebens. Wer die von ihm gesetzte Autorität nicht ehrt und also den Ursprung seines naturhaften Lebens nicht beachtet, geht auch des übernatürlichen Lebens, das aus Gott strömt, verlustig. Das fünfte Gebot schützt das Leben. Wer sich mit frevlerischer Hand daran vergreift, und wäre es auch das Leben der Ungeborenen, der vergreift sich an dem, was von Gott geschaffen ist und Gottes Spur und Bild an sich trägt. Das sechste Gebot schützt die Ehe und die Reinheit. Die Gemeinschaft von Mann und Frau ist Abbild der Gemeinschaft zwischen Jahwe und Israel, zwischen Christus und der Kirche. Wer darum die Ehe bricht, entstellt das Abbild Gottes, zerreißt das, was Gott gebunden hat, und vergiftet den Quell des Lebens. Kein Wunder, dass dadurch seine eigene Verbundenheit mit dem lebendigen Gott abreißt. Im siebten Gebot wird das Eigentum geschützt. Gott ist der Eigentümer aller Dinge. Wo rechtmäßiges Eigentum ist, das dem Menschen die Freiheit und Unabhängigkeit sichert, da ist der Griff nach diesem Eigentum Diebstahl und ein Niederreißen der Schranken, die Gott errichtet hat. Das achte Gebot schützt die Wahrheit wenigstens an jener äußersten Linie, bei welcher falsches Zeugnis dem Mitmenschen Schaden bringt. Im neunten und zehnten Gebot greift die Forderung ins Innere des Menschen und regelt sein Begehren, das sexuelle sowohl wie das materielle. So sind die Zehn Gebote ein schützender Zaun und ein fest gefügter Wall. Wer diese Grenzen überschreitet, gehört nicht mehr zum Reich Gottes. Er ist vom Licht in die Finsternis getaumelt und vom Leben in den Tod gefallen. Die Frage: »Was muss ich tun, um das ewige Leben zu erlangen?«, ist somit durch Jesus klar beantwortet. Die Zehn Gebote sind durch dieses Christuswort zum Grundgesetz auch des Neuen Bundes erhoben. Sie sind im Grunde genommen nur Kodifizierung des natürlichen Sittengesetzes, das jedem Menschen ins Herz geschrieben ist. Darum ist jeder Mensch an dieses Grundgesetz Gottes gebunden. Hier geht es um Sein und Nichtsein, um Leben und Tod. Wer von diesem Weg zum Leben abkommt, verliert sich ins Weglose.

Der *andere* Weg ist der Höhenweg. Er führt zum gleichen Ziel: zum Leben in Gott. Aber er führt steil, steinig, unmittelbar und in kürzester Zeit zum Ziel. Wer diesen Weg betritt und auf ihm vorwärtsschreitet, gibt Gott die größere Ehre, denn er begnügt sich nicht mit dem Minimum, drückt sich nicht an der äußersten Grenze herum. Er will hochherzig, mit ganzem Einsatz das Vollkommenere. Willst du vollkommen sein … Es gibt also, nach den klaren Worten Christi, zwei Stufen und zwei Stände. Damit ist nicht der Unterschied zwischen dem Leben in der Welt und dem Leben im Kloster gemeint, sondern der Unterschied zwischen dem Stand der Gebote und dem Stand der evangelischen Räte. Denn um einen Rat geht es hier. Der Weg der Gebote ist gezeichnet. Wer das Vollkommenere will, folgt nicht einem Gebot, sondern einem Rat Gottes. Dieser Rat lautet: »Verkaufe alles, was du hast – gib den Erlös den Armen … Dann komm und folge mir!« Entschluss zum Stand der Vollkommenheit, zum Weg des Radikalismus, zur Hingabe in Ganzheit besagt also Verzicht auf das Irdische, auf den materiellen Besitz. Fordert Loslösung aus dem Wurzelboden des Diesseitigen. Verlangt Wegwerfen des Ballastes, um in Freiheit den Weg Christi beschreiten zu können.

»Und dann komm und folge mir!« Darin liegt der Rat des Gehorsams. Der Mensch bestimmt sich den Weg nicht mehr selbst. Er folgt einem anderen. Er wird Jünger eines neuen Meisters.

Lässt sich die Lebensgestaltung von ihm bestimmen und die Lebensroute von ihm vorzeichnen. Er wird in Dienst genommen. Sein Leben wird Gefolgschaft. Es ist die Nachfolge Christi, nicht nur in äußerem, sondern in innerem Gehorsam. Der dritte Rat ist die Ehelosigkeit um des Himmelreiches willen, von der Christus unmittelbar vorher gesprochen hat.

So sind hier die drei evangelischen Räte der Armut, der Jungfräulichkeit und des Gehorsams als Christuswort, als Anruf und Aufruf beisammen.

Die äußeren Formen dieses Standes der Räte können sehr verschieden sein. Sie können in klösterlicher Gemeinschaft betätigt werden und weisen auch da wieder sehr verschiedene Formen auf. Sie können aber auch in der Welt befolgt werden. Das Entscheidende dabei ist der völlige Verzicht zu völliger Hingabe. Das radikale Nein zu einem ebenso radikalen Ja. Die Freiheit vom Irdischen zur Bindung an Gott, um in dieser Verbundenheit die wahre Freiheit des Geistes und des Herzens zu erlangen. So führt die Armut zum wahren Reichtum, der Verzicht auf die Ehe zur eigentlichen Liebe und der Gehorsam wird Weg zur richtigen Freiheit. Wer es fassen kann, der fasse es!

»Der Jüngling ging betrübt von dannen, denn er besaß viele Güter.« Es ist höchst seltsam, dass von den vielen Tausenden, welche diese Christusworte vom höheren und besseren Weg lesen, nur wenige sich angesprochen fühlen, als ob die Worte nicht auch für sie gesprochen und geschrieben seien. Und es ist weiterhin merkwürdig, dass von denen, die sich angerufen fühlen, viele nicht den Mut haben, den Entschluss zu fassen, die Brücken hinter sich abzubrechen und die Schiffe hinter sich zu verbrennen. Sie hängen am Irdischen und am eigenen Ich. Darum ist die Zahl derer, die den Weg der Vollkommenheit beschreiten, klein. Den Mittelmäßigen ist schon das Minimalchristentum beschwerlich. Wie sollten sie sich zum Aufstieg in die Höhe entschließen! Aber das Christentum ist andererseits nicht nur Sache einer Elite. Es will allen den Zugang zum Reich Gottes ermöglichen. Darum die zwei Wege mit dem unerbittlichen Aufzeigen der äußersten und untersten Grenzen einerseits, aber auch mit dem Hochziel der Vollkommenheit andererseits. Wenn der Ruf an den Menschen ergeht, ist es an ihm, sich zu entscheiden. Dieses Ja oder Nein zu einem Ruf Gottes ist das, was man Berufswahl nennt.

REICHTUM UND ARMUT

Mt 19,23–30: Jesus aber sprach zu seinen Jüngern: »Wahrlich, ich sage euch: Ein Reicher kommt nur schwer ins Himmelreich und wieder sage ich euch: Es ist für ein Kamel leichter, durch ein Nadelöhr zu gehen als für einen Reichen ins Gottesreich zu kommen.« Als die Jünger das hörten, waren sie entsetzt und fragten: »Wer kann dann überhaupt gerettet werden?« Jesus blickte sie an und sprach: »Bei Menschen ist das unmöglich. Bei Gott ist alles möglich.« Petrus antwortete: »Siehe, wir haben alles verlassen und sind dir gefolgt. Was wird uns dafür zuteil?« Jesus erwiderte ihnen: »Wahrlich, ich sage euch: Ihr, die ihr mir gefolgt seid, werdet bei der Neugestaltung, wenn der Menschensohn auf dem Thron seiner Herrlichkeit sitzt, selbst auf zwölf Thronen sitzen und die zwölf Stämme Israels richten. Und jeder, der Häuser oder Brüder oder Schwestern oder Vater oder Mutter oder Kinder oder Äcker um meines Namens willen verlässt, wird das Vielfache erhalten und ewiges Leben erben. Viele, die Erste sind, werden Letzte und Letzte werden Erste sein.«

Die Begegnung mit dem reichen Jüngling, der den Entschluss zu freiwilliger Armut nicht fassen kann, wirft die allgemeine Frage nach Reichtum und Armut auf.

Der Reichtum gilt allgemein als ein Menschheitsideal. Aufs Ganze gesehen scheint es allen selbstverständlich, dass der materielle Wohlstand ein zu erstrebendes Ziel und Armut ein mit allen Mitteln zu bekämpfendes Übel sei. Private Wohltätigkeit, staatliche Wohlfahrtspflege und soziale Gesetzgebung wirken zusammen. Das Menschheitsziel ist das irdische Paradies. In Israel kommt dazu noch die Überlegung, dass Wohlstand ein Zeichen göttlichen Segens und damit ein Ausweis persönlicher Gerechtigkeit sei, dass dagegen Armut eine Strafe Gottes und damit ein Beweis eigener Sündhaftigkeit bedeute.

So ist es eine kaum fassliche Überraschung, dass Jesus das gerade Gegenteil lehrt. Reichtum ist für ihn nicht ein Gut, sondern ein Übel. Er formuliert das in denkbarer Schärfe und im einprägsamen Bild, dass eher ein Kamel durch ein Nadelöhr gehe, als ein Reicher in den Himmel komme. Selbst wenn, wie manche meinen, ein Schreibfehler vorliegt und das aramäische Wort nicht Kamel, sondern Schiffstau bedeutet, so ändert das nicht das Geringste an der Sache, denn ein dickes Schiffstau geht so wenig durch ein Nadelöhr wie ein Kamel. Ist also Reichtum an sich böse? Nein. Aber die Gesinnung, die der Reichtum weckt, ist böse. Der Reiche läuft Gefahr, sich das Leben möglichst angenehm zu machen, und so ist er für den Opfergeist und die Kreuzesliebe unempfänglich. Er gehört zu den Menschen, die nach allgemeiner Überzeugung das Leben gemeistert und es zu etwas gebracht haben. Das weckt allzu leicht bei ihm die Überzeugung, dass er auch sittlich und religiös ein Tüchtiger sei, fördert somit die Einbildung und die Selbstgefälligkeit. Der Reiche ist nicht auf Hilfe angewiesen. Er wird im Gegenteil um Hilfe angegangen. Das färbt religiös ab und so hat er nicht das Bewusstsein, dass er von der Gnade abhängig ist. Oder aber er hat ein so starkes Bewusstsein von der Nichtigkeit irdischen Reichtums und weiß sich für den Gebrauch des Reichtums so sehr Gott, dem eigentlichen Eigentümer, verpflichtet, dass er trotz allem religiös bleibt. Aber das ist ein Schwimmen gegen den Strom und bewirkt beinahe eine Spaltung des Bewusstseins und bringt eine derartige innere Spannung, dass nur große Menschen ihr gewachsen sind. Da die meisten aber dieser Größe entbehren, bleibt das Nadelöhr ein Nadelöhr, es sei denn, dass Gott in besonderer Weise dem Reichen zu Hilfe kommt, ihm den rechten Blick für die *vanitas vanitatum* (»Eitelkeit der Eitelkeiten«, Anm. d. Verl.) gibt und die innere Kraft, über den Dingen zu stehen. »Bei Gott ist kein Ding unmöglich.« Die *Armut* ist bei Christus ebenfalls als Gesinnung zu nehmen. Es ist die Bereitschaft, alles dranzugeben, um ausschließlich Christus und seinem Reich anzugehören. Diese Armut löst die Fesseln, wirft unnötigen Ballast über Bord und macht frei für das Entscheidende. Der Arme ist der eigentlich Reiche, denn er empfängt von Christus das Hundertfache, weil Irdisches durch Himmlisches ersetzt wird, Vergängliches durch Unvergängliches, Zeitliches durch Ewiges. Anstelle todgeweihter Reichtümer erbt der um Christi willen Armgewordene ewiges Leben.

Gerade hier betont Christus den Gegensatz zur falschen irdischen Gesinnung Israels. Zwölf Apostel bilden die Grundlage des neuen geistigen Israels, das an die Stelle der zwölf Stämme getreten ist. Die Kirche löst die Synagoge ab. In der Kirche ist aber der Hang nach dem Irdischen ersetzt durch das Streben nach dem Himmlischen und so werden die zwölf Apostel die zwölf Stämme Israels richten.

Die wahre Gesinnung besagt, dass für gewöhnlich äußerer Reichtum innere Armut und innerer Reichtum äußere Armut fordert und fördert. Das ist etwas völlig Neues. Es hat Gültigkeit, solange diese irdische Zeit dauert. Bei der »Neugestaltung der Welt« werden äußerer und innerer Reichtum zusammenfallen, weil dann alles Reichtum in Gott, durch Gott und zur Ehre Gottes ist. Es werden auch äußere Armut und innere Armut eins sein, weil es keine größere Armut gibt, als vom Reichtum Gottes ausgeschlossen zu sein.

Es ist nicht leicht, diese dem Denken des Menschen so widersprechende Lehre des Herrn zu verstehen und zu verwirklichen. Für die Schulung der Jünger ist hier ein Umlernen und

Umdenken gefordert, das nicht zufällig als Forderung gerade an Petrus gerichtet ist. Wenn dereinst die jetzt Ersten Letzte und die hier Letzten dort Erste sein werden, so ist diese Umkehr der Verhältnisse, diese Revolution der Stellung, eine klare Forderung einer Umkehr unseres Denkens, einer Revolution der Geister und der Herzen. Christentum besagt nicht Verlängerung des menschlichen Denkens ins Göttliche hinein, sondern besagt etwas wurzelhaft anderes, Neues. Nur wer diese Erneuerung in sich vollzieht, gehört zum Neuen. Wer sie nicht vollzieht, bleibt veraltet.

VON DER FREIHEIT GOTTES

Mt 20,1–16: »Denn das Himmelreich gleicht einem Hausherrn, der am frühen Morgen ausging, um Arbeiter für seinen Weinberg zu dingen. Er kam mit den Arbeitern um einen Denar für den Tag überein und sandte sie in seinen Weinberg. Um die dritte Stunde ging er wieder hin und sah noch andere müßig auf dem Markte stehen. Er sagte zu ihnen: ›Geht auch ihr in meinen Weinberg. Was recht ist, werde ich euch geben.‹ Und sie gingen hin. Um die sechste und die neunte Stunde ging er wieder hin und machte es genauso. Als er um die elfte Stunde wieder hinging, fand er noch andere dort stehen und sagte ihnen: ›Was steht ihr hier den ganzen Tag müßig?‹ Sie erwiderten: ›Es hat uns niemand gedungen.‹ Da sagte er ihnen: ›Geht auch ihr in meinen Weinberg.‹ Als es Abend wurde, sprach der Herr des Weinbergs zu seinem Verwalter: ›Rufe die Arbeiter und zahle ihnen den Lohn aus, angefangen von den Letzten bis zu den Ersten.‹ Als nun die von der elften Stunde kamen, empfingen sie jeder einen Denar. Und als die Ersten kamen, dachten sie, dass sie mehr erhalten würden. Aber auch von ihnen erhielt jeder einen Denar. Als sie das empfingen, murrten sie gegen den

Hausherrn und sagten: ›Diese Letzten haben nur eine einzige Stunde gearbeitet und du stellst sie uns gleich, die wir die Last des Tages und die Hitze ertragen haben!‹ Er antwortete einem von ihnen: ›Freund, ich tue dir kein Unrecht. Bist du nicht mit mir um einen Denar übereingekommen? Nimm also, was dein ist, und geh! Ich will diesem Letzten so viel geben wie dir. Darf ich nicht mit meinem Eigentum tun, was ich will? Oder ist dein Auge neidisch, weil ich gut bin?‹ So werden die Letzten Erste und die Ersten Letzte sein.«

Der Vergleichspunkt zwischen dem Herrn in der Parabel von den Arbeitern im Weinberg und Gott, dem Herrn, ist die volle souveräne Freiheit.

1. *Die Freiheit* zeigt sich im Gleichnis darin, dass der Herr des Weinbergs ruft, weil er will, wen er will, wann er will und sooft er will. Weiterhin darin, dass er selbst bestimmt, wie der Lohn ausbezahlt wird und was ausbezahlt wird.

Gott ruft in voller Freiheit. Kein Mensch kann Gott gegenüber einen Rechtsanspruch geltend machen. Gerade weil es Berufung ist, geschieht es aus Freiheit. Die Kirche, die Ekklesia, ist die Gemeinschaft der von Gott Berufenen. Berufung ist Gnade. Darum ist die Kirche Gnadengemeinschaft. Durch die Sünde ist der Mensch doppelt auf diesen freien Gnadenruf angewiesen, denn er ist an sich der Verworfene und Verstoßene. Die Rückkehr ist ihm verwehrt, wie das Bild des Engels mit dem Flammenschwert vor dem Paradies zu verstehen gibt. Wird er dennoch zu Gott gerufen, ist es frei geschenkte Gnade des Herrn. Es gilt das Wort des Römerbriefes, dass es nicht aufs Wollen und nicht aufs Laufen des Menschen ankomme, sondern auf Gottes Barmherzigkeit.

Gott ist auch frei zu rufen, wen er will. »Ich habe Esau gehasst und Jakob geliebt.« Paulus braucht das Bild vom Töpfer, der mit der Tonerde anfängt, was er will. Er kann sie liegen lassen oder kann aus ihr ein unbrauchbares Gefäß machen oder ein sehr gewöhnliches oder ein herrliches Prunkgefäß. Er ist frei.

Gott kann auch rufen, wann er will. Der eine wird schon im Mutterschoß gerufen, wie es Gott vom Propheten sagt. Andere in früher Jugend. Wieder andere auf der Scheitelhöhe ihres Lebens und andere unmittelbar vor Torschluss. Gott bestimmt die Zeit.

Gott ist auch frei zu rufen, wohin er will. Zu Petrus spricht Christus: »Ein anderer wird dich gürten und dich führen, wohin du nicht willst.« Das Gnadenmaß ist verschieden. Der eine wird so gerufen, dass er gerade noch gerettet wird. Der andere hat den Ruf zur Heiligkeit. Der eine wird gerufen, seine Seele zu retten. Der andere hat darüber hinaus den Beruf, in besonderer Weise auch andere zu retten. Wieder andere, vor allem die großen Heiligen, haben innerhalb der Kirche wieder eine besondere, durch Gottes Ruf gegebene Sendung, etwa die Ordensstifter oder die großen Bahnbrecher des Geistes und der kirchlichen Erneuerung.

Gott ist frei in der Belohnung. Von Lohn und Verdienst kann man überhaupt nur in sehr übertragenem Sinne reden und eigentlich nur darum, weil Christus selbst, wieder aus souveräner Freiheit, die Gnade der Herrlichkeit des Himmels einen Lohn nennt.

Alles Rechnerische und alles Juristische, alles Pochen auf Ansprüche und alles Aufbegehren muss zerbrechen und in nichts zerrinnen vor der Majestät der souveränen Freiheit des Schöpfers.

Die Apostel Jesu wissen das aus eigener Erfahrung. Wären sie nicht gerufen worden, so hätten sie ihr unbedeutendes Leben als Fischer und Zöllner Galiläas weitergeführt. Und nach der Berufung zur Jüngerschaft hätten sie zur großen Masse der Übrigen gehört, wenn nicht Christus, wieder aus voller Freiheit heraus, gerade sie, die Zwölf, aus der Zahl der Übrigen herausgerufen hätte. Unter ihnen wäre Simon nicht Petrus geworden, wenn der Herr ihn nicht so genannt und eben dazu berufen hätte. Alle zusammen hätten weiterhin durch ihr Versagen bei der großen

Prüfung des Karfreitags ihre Berufung verloren, wenn der Herr sie nicht nach der Auferstehung wieder gesammelt, gerufen und gesandt hätte. Unter ihnen wäre besonders Simon seines Petrusamtes verlustig gegangen durch seine besondere dreimalige Verleugnung, wenn ihn der Herr nicht aufs Neue gerufen und dreimal beauftragt hätte, Hirte seiner Herde zu sein. Wenn daher Christus ihnen verheißt, dass sie auf zwölf Thronen sitzen und die Stämme Israels richten werden, so ist auch dieser »Lohn« dafür, dass sie um seinetwillen alles verlassen haben, reine und frei geschenkte Gnade. Ist somit jeder Christ sich bewusst, dass er durch Gottes Freiheit begnadet ist, so sollen es die Zwölf und alle diejenigen, die in der Gemeinschaft der Berufenen eine Sonderberufung haben, auch in besonderer Weise wissen und dessen immer eingedenk sein.

2. Ein Zweites ergibt sich aus dem Gleichnis: Gott benutzt die *Freiheit zur Güte.* So wie er betont: »Kann ich nicht mit dem Meinigen machen, was ich will?«, so sagt er auch: »Warum blickst du missgünstig, wenn ich gut bin?«.

Diese Güte der Freiheit Gottes zeigt sich darin, dass Gott alle ruft. Es gibt nicht mehr ein einziges und dazu noch kleines Volk der Erwählung, sondern nun soll das Evangelium jeder Kreatur verkündet werden (Mk 16,15) und es sollen alle Völker zur Jüngerschaft gerufen werden (Mt 28,19). Auch die Sünder werden gerufen. Wieder gilt das Pauluswort, dass Gott alle der Sünde überantwortet hat, um sich aller zu erbarmen.

Die Güte der Freiheit Gottes zeigt sich in der Größe, zu der er beruft. Der Mensch soll die ganze Ewigkeit hindurch an der Herrlichkeit Gottes Anteil haben. Er soll über sich und seine natürliche Existenz und Seinsweise hinausgelangen und wirklich Bild Gottes werden. Er soll im Lichte Gottes wandeln, in der Kraft Gottes vorwärtsschreiten und am Sein Gottes Anteil haben. Der Sünder wird Glied der Gemeinschaft der Heiligen.

Die Güte der Freiheit Gottes ist auch sichtbar in der Tatsache, dass Gott immer wieder ruft. Es ist nicht bloß eine einmalige

Chance, die dann, wenn man sie verpasst, endgültig verloren ist. Immer wieder ergeht der Gnadenruf. Und immer wieder hat der Mensch Möglichkeiten.

So ist es gerade das Gnadenbewusstsein, das dem Menschen die Größe Gottes kundtut. Freiheit kann nach Belieben gebraucht werden. Gott gebraucht sie zum Begnadigen. Und zwar in der Fülle seiner überströmenden Liebe. Gott gibt, ohne zu zählen. Darum darf der Mensch nicht neidisch und kleinlich sein. Er soll in seine Engherzigkeit hinein etwas von der Weitherzigkeit und Hochherzigkeit Gottes aufnehmen. Die Apostel, die in besonderer Weise empfangen haben, sollen auch in besonderer Weise austeilen. Größere Gnade ist Ruf zu größerer Sendung. Demut des Bewusstseins, dass man aus Freiheit des Schenkenden empfangen hat, soll die seelische Größe wecken, dass man freudig weitergibt. Die murrenden, unzufriedenen Arbeiter der Parabel, die sich darauf berufen, die Last und Hitze des Tages getragen zu haben, darf es im Reich Gottes nicht geben. Denn Last und Hitze zu ertragen, ist in der Nachfolge Christi nicht eine Buße, sondern ein Dürfen. Ist nicht eine Pflicht, sondern eine Gnade. Es ist Möglichkeit, größere Liebe zu zeigen und zu verschenken. Es ist auch der Empfang größerer Liebe, weil man schon früher berufen wurde und mehr hat tun dürfen. Der Mensch muss seine menschlich kleinen Maßstäbe wegwerfen, muss anders denken und urteilen. Das Maß ist nun die Liebe. Sie zählt aber nicht und misst nicht. Der Mensch, der sich der Freiheit Gottes und damit der Unendlichkeit seiner Liebe überlässt, soll seine eigene Freiheit benutzen, um Liebe zu verschenken.

So hat gerade dieses Gleichnis in der Schulung des rechten Geistes eines jeden Christen seine ganz besondere Bedeutung. Es lehrt Gott besser erkennen, Gott, der die Freiheit benutzt, um seine Liebe zu zeigen.

DIE DRITTE VORAUSSAGE DES LEIDENS

Mt 20,17–19: Als Jesus sich anschickte, nach Jerusalem hinaufzuziehen, nahm er die Zwölf beiseite und sprach unterwegs zu ihnen: »Siehe, wir gehen hinauf nach Jerusalem. Der Menschensohn wird den Hohenpriestern und Schriftgelehrten ausgeliefert werden. Sie werden ihn zum Tode verurteilen, ihn den Heiden ausliefern, damit sie ihn verspotten und geißeln und kreuzigen. Und am dritten Tag wird er auferweckt werden.«

Die Lehre vom Kreuz ist für den Menschen schwer verständlich. Sie widerspricht seinem innersten Wesen und seinen tiefsten Wünschen. Zum dritten Mal versucht Christus seinen Jüngern zu sagen, worum es geht.

Den Heiden überliefert. Die Umstände dieser Lehre vom Leiden sind besonders auffallend. »Als Jesus im Begriff war, nach Jerusalem zu gehen.« Man sollte erwarten, dass dieser Gang ein Triumphzug würde und dass nun die große Stunde Jerusalems schlüge. Der Messias ergreift Besitz von seiner Stadt und seinem Tempel. Israels Geschichte stürmt ihrem Höhepunkt zu.

»Er nahm die Zwölf abseits.« Die Zwölf, also den Anfang der Kirche, das neue geistige Israel, die Erfüllung des Alten Bundes. Man erwartet, dass jetzt aus dem harten Berginneren Israels der Quell aufbricht, dass sich jetzt die verschlossene Knospe öffnet, dass jetzt aus dem Mutterschoß Israels die Kirche geboren wird. Wenn Jesus in dieser großen Entscheidungsstunde die Zwölf abseits nimmt, wird er sie wohl vorbereiten auf dieses Große. Sie müssen für die Tage der Freude, des Glanzes und des neuen Anfangs gerüstet werden.

In dieser Stunde ist es, dass Jesus ihnen das gerade Gegenteil sagt. »Sie werden den Menschensohn den Heiden ausliefern.« Das Gestein bleibt hart. Die Knospe erfriert, bevor sie aufgeht. Der mütterliche Schoß Israels bleibt unfruchtbar, denn das erwählte Volk Gottes verstößt Gott, die Knechte verjagen den Herrn. Israel verfehlt seine entscheidende Stunde. Dieses Volk, das aus der Mitte der Heiden auserwählt worden ist als Sondergut und Sondervolk des Herrn, missbraucht seine Sonderstellung, um seinerseits ebendiesen Herrn aus seiner Mitte abzusondern, ihn auszustoßen und den Heiden zu übergeben. Damit wird das Heiligtum entleert, der Sinn Israels sinnlos. Der Herr, der sich selbst Israel übergibt, wird von ihm den Heiden übergeben. Aber nicht als ehrfürchtiges, freudiges Weitertragen, sondern als ein Ablehnen. Das große Ja, das Israel am Sinai zum Herrn gesprochen hat, schlägt hier um in ein Nein und so schließt sich Israel, der Träger des Alten Bundes, vom Neuen Bunde aus, bis, nach den Worten des Römerbriefes, ihm eine Möglichkeit zur Rückkehr gegeben wird.

Verspotten, geißeln, kreuzigen. Hier wird die Leidensvoraussage deutlicher und konkreter als bisher. Sie werden den Messias verspotten. Die Verwerfung genügt ihnen nicht. Weil seine Botschaft nicht ihren Ideen entspricht, werden sie ihn als Narren dem Gespött preisgeben und sich über ihn lustig machen. Als Besserwisser werden sie auf ihn von oben herabschauen und seine Weisheit als Torheit belächeln. Hass wäre erträglicher, denn im Hass verbirgt sich ein Ernstnehmen des Gegners. Spott ist verletzender, denn hier ist von einem Ernstnehmen nicht mehr die Rede. Aber auch das genügt nicht. Sie werden ihn geißeln wie einen Sklaven und peitschen wie ein Tier. Zur seelischen Misshandlung kommt die körperliche. Und es endet mit der Kreuzigung, also der Hinrichtung des Verbrechers. Sein Leben wird als nicht lebenswert ausgelöscht. Seine Worte werden zum Verstummen gebracht und seine heilenden Hände zum Erschlaffen. Erst wenn er aus dem Wege geräumt ist und diese Erde ihn nicht mehr trägt, wollen sie zur Ruhe kommen. Aber gerade dann werden sie nicht zur Ruhe kommen. Denn was sie als Ende herbeiführen, wird ein Anfang.

Er wird am dritten Tage auferweckt. Er wird also nicht vor dem Leiden und Sterben bewahrt. Das Gebet des Christen bewirkt häufig keine Intervention Gottes. Denn Gottes Heilspläne, die uns unbegreiflich sind, sind weiser als unsere Gedanken und größer als unser Begreifen. Und so werden sie trotz unseres Gebetes durchgeführt. Gott weiß, dass wir anders beten würden, wenn wir das richtige Verständnis hätten. Die Bewahrung vor dem Leid ist meistens keine Gnade.

Aber der Christ geht auch nicht im Leiden unter. Es ist nur eine Etappe, nur Durchgangsstation, nur das Zweitletzte. Dann erst kommt das eigentliche Eingreifen Gottes, das nicht das Leiden aus der Welt schafft, aber den Tod überwindet und damit dem Leiden den Sinn gibt als ein Weg ins Licht, ein Sterben, um zu werden. Das Jawort letzten Gehorsams gegenüber Gottes Willen, der Erweis der völligen Bereitschaft zur Hingabe und ein Aufzeigen der Macht Gottes, vor dessen Allmacht alle Menschenmacht sich als Ohnmacht erweist. Von der Auferstehung her fällt das Licht der Verklärung auf das Leiden. Ohne den Auferstehungsglauben ist Christenleben sinnlos.

Diese Lehre ist für die Apostel noch nicht verständlich, aber sie werden zum Verständnis kommen. Christenleben mit dauerndem Erfolg in allseitiger Anerkennung, ohne Widerstand, Schwierigkeiten, Kämpfe, Verachtung und Hass ist Illusion. Diese Illusion wird hier gründlich zerstört, aber nicht, um nun müdem Pessimismus und dumpfer Resignation Platz zu machen, sondern um das eigentliche Licht aufleuchten zu lassen, das von der anderen, jenseitigen Welt der Auferstehung das diesseitige Leben und seine Wege erhellt.

ANTEIL AN CHRISTUS

Mt 20,20–28: Da kam die Mutter der Söhne des Zebedäus mit ihren Söhnen zu ihm, fiel vor ihm nieder und wollte ihn um etwas bitten. Er sprach zu ihr: »Was willst du?« Sie antwortete: »Sprich, dass diese meine beiden Söhne einer zu deiner Rechten und einer zu deiner Linken sitzen sollen in deinem Reich.« Jesus antwortete: »Ihr wisst nicht, um was ihr bittet. Könnt ihr den Kelch trinken, den ich trinken werde?« Sie sagten: »Wir können es.« Er erwiderte ihnen: »Meinen Kelch werdet ihr trinken. Aber das Sitzen zu meiner Rechten und zu meiner Linken zu bestimmen, ist nicht meine Sache, sondern es wird denen zuteil, denen es von meinem Vater bereitet ist.« Als die Zehn das hörten, wurden sie über die zwei Brüder unwillig. Jesus rief sie zusammen und sprach: »Ihr wisst, dass die Machthaber der Völker diese beherrschen und dass die Großen Gewalt über sie üben. Bei euch soll es nicht so sein. Wer von euch groß werden will, sei euer Diener, und wer unter euch der Erste sein will, sei euer Knecht. So ist auch der Menschensohn nicht gekommen, sich bedienen zu lassen, sondern zu dienen und sein Leben hinzugeben für viele.«

1. *Wie es nicht sein kann.* Der Ehrgeiz der Mutter des Jakobus und Johannes ist entschuldbar. Der Stolz einer Mutter, die ihren Söhnen eine hohe Stellung verschaffen will, ist mehr Liebe als Egoismus.

Dagegen ist die Haltung der beiden Jünger selbst nichts weniger als gut. Einmal haben sie vom Reich Christi eine völlig falsche Vorstellung. Sie erwarten ein irdisches Reich, hoffen auf persönliche irdische Machtstellung in diesem Reich. Unschön ist auch, dass sie nicht einmal ehrlich dazu stehen, sondern so halb die Mutter vorschieben. Und unschön ist endlich der Mangel an Rücksicht auf die anderen Apostel. Die beiden denken nur an sich selbst. Unschön auch die falsche Selbstsicherheit, mit der sie kühn behaupten, dass sie das können, was Christus fordert. Dabei werden sie in Wirklichkeit in der Stunde, da der Vater ihm den bitteren Kelch zu trinken gibt, davonlaufen.

Der Geist der Kirche will keine Machenschaften um Ehrenstellen. Persönlicher Egoismus widerspricht dem Geist Christi. Wer das Christentum benutzt, um sich eine Machtposition zu verschaffen, entwürdigt und missbraucht es. Es ist kein Steigbügel für das Reiten in hohen Sätteln. Und Religion darf nicht das Betätigungsfeld persönlichen Ehrgeizes sein. »Ihr wisst nicht, um was ihr bittet.«

2. *Wie es sein soll.* Und doch gibt es einen Anteil an Christus, ein Stehen in seiner Nähe. Ein Gerufenwerden zu seiner Rechten und zu seiner Linken. Aber dieses Teilhaben an Christus besagt Leiden. Der Kelch, den Christus zu trinken hat, ist nicht gefüllt mit feurigem Wein der Freude, nicht mit dem Taumelwein des Zornes, sondern mit dem bitteren Trank des Leidens, der Demütigung, der Verfolgung und der menschlichen Niederlage. Wer zur Tischgemeinschaft mit Christus gerufen wird, muss bereit sein, aus diesem Kelch zu trinken. Aber es ist der Kelch Christi.

»Meinen Kelch werdet ihr trinken.« Dadurch wird das Leiden süß, das Unmögliche möglich und der Kelch zur Gnade.

Anteil an Christus besagt weiterhin Gehorsam. Der Vater bestimmt die Plätze der Menschen. So wie Christus in allem sich an den Willen des Vaters hält und nur den Plan des Vaters ausführen will, so soll auch der Jünger Christi nicht nach eigenen Plänen und persönlichem Gutdünken handeln, sondern in williger Einordnung in den Heilsplan Gottes. Der Eigenwillige läuft Gefahr, nicht Gottes Willen zu tun und damit mehr zu zerstören, als aufzubauen, mehr zu schaden, als zu helfen. Der Gehorsam ordnet und reiht ein, zeigt die richtige Straße und lässt in der Stromrichtung Gottes treiben. Eigenwille ist Störung und Querschlag. Auch hier ist der Gehorsam Anteil an Christus, denn er ist selbst »gehorsam geworden bis zum Tode«. Er spricht nicht seine Worte, sondern die Worte dessen, der ihn gesandt hat. Er wirkt nur zu der Stunde, die nach dem Willen des Vaters seine Stunde ist. Er geht nur zu den Menschen, zu denen der Vater ihn gesandt hat. Bis in alle Einzelheiten will er nur die Zeichnung ausziehen, die der Vater entworfen hat, den Weg durchschreiten, den der Vater vorgezeichnet hat. Und das bis hinein in diese Nacht der Verlassenheit und die Finsternis des Todes. »Gehorsam geworden bis zum Tod, ja bis zum Tod am Kreuz.«

Anteil an Christus heißt endlich Wille zum Dienen. Hier wird der Gegensatz zum Weltgeist deutlich. Die Großen dieser Welt leben vom Willen zur Macht und bedrücken die Schwachen. Sie wollen nicht dienen, sondern herrschen, nicht gehorchen, sondern befehlen. Anders der Jünger Christi. »Wer von euch der Erste sein will, sei euer Diener.« Wenn es einen christlichen Ehrgeiz gibt, dann ist es das Verlangen nach dem Dienendürfen. Der Stolz des Christen ist das Bewusstsein, dienen zu dürfen. Auch hier ist es Anteil an Christus, der nicht gekommen ist, sich bedienen zu lassen, sondern zu dienen. Er ist der Größte, Mächtigste, der eigentliche Herr aller Herrscher. Er hat die Knechtsgestalt des Menschen angenommen, ist Kind geworden und in den Dienst der Menschheit getreten. Ihm gehört das Leben aller Menschen, aber er hat dieses Leben nicht beansprucht, sondern umgekehrt das Seine für die anderen hingegeben. Er hat nicht Tribut verlangt, sondern Tribut bezahlt.

Das Umlernen in der Schule Christi ist keine leichte Sache. Aber wer nicht durch diese Schule geht, ist kein Jünger des Herrn.

VERBLENDUNG

Mt 20,29–34: Als sie von Jericho wegzogen, folgte ihm eine große Menge. Und siehe, zwei Blinde, die am Wege saßen und hörten, dass Jesus vorübergehe, schrien: »Herr, erbarme dich unser, du Sohn Davids!« Das Volk aber drohte ihnen, sie sollten schweigen. Sie aber riefen umso lauter: »Herr, erbarme dich unser, du Sohn Davids!« Jesus blieb stehen, rief sie und sprach: »Was wollt ihr, dass ich euch tue?« Sie antworteten: »Herr, dass unsere Augen sich öffnen.« Voll Mitleid berührte Jesus ihre Augen und sofort sahen sie und folgten ihm nach.

1. *Die Krankheit.* Blindheit ist schlimm. Verblendung ist schlimmer. Denn die Blindheit ist gefährlich, aber die Verblendung wirkt tödlich. Der Blinde ist in traurigem Zustand, denn er sieht weder Farben noch Formen noch Linien. Eine ganze Welt ist ihm verschlossen. Er ist wie eingekerkert, weithin vom gesellschaftlichen Leben ausgeschlossen. Aber er weiß um seinen Zustand, leidet darunter, lässt sich von Menschen helfen und ist bereit, alles zu tun, was Heilung verspricht.

Ganz anders der Verblendete. Auch ihm ist eine ganze Welt unzugänglich. Aber er ist sich seines Zustandes nicht bewusst, betrachtet im Gegenteil sich als sehend und verurteilt die anderen, die ihm von Dingen reden, die er nicht annimmt, als Blinde. Er lehnt hochfahrend jede Hilfe ab, denn er meint, ihrer nicht zu bedürfen.

Verblendet sind alle Materialisten, welche die Welt des Geistes leugnen. Alle Rationalisten, für die alles, was sie nicht selbst erkennen, einfach nicht existiert. Alle Atheisten, die Gott leugnen, weil sie ihn nicht sehen. Verblendet sind auch viele Christen, welche die Welt des eigenen Innern mit ihren Löchern, Lücken und Fehlern nicht sehen und sich dabei besser wähnen als andere. Der schlimmsten Form von Verblendung sind jene verfallen, die ihre Blindheit als Gottesdienst betrachten. Das ist der unglaubliche Zustand der Pharisäer. Sie bringen den allein wahrhaft Sehenden, der von sich sagt: »Ich bin das Licht der Welt«, gewaltsam um und glauben, damit Gott einen Dienst zu erweisen. In Wirklichkeit ziehen sie die Nacht dem Tag vor, die Finsternis dem Licht, die Blindheit dem Sehen und wollen es anderen verunmöglichen, sehend zu werden.

2. Und die *Heilung*? Solange ein Mensch um seinen Zustand weiß und nach dem Licht verlangt, ist ihm zu helfen. Das Wort der Blinden von Jericho: »Herr, wir möchten, dass sich unsere Augen öffnen«, gilt auch und vor allem für die geistige Blindheit. Wenn der Mensch weiß, dass seinen Sinnen und seiner Intelligenz Grenzen gesetzt sind, so leidet er als Wahrheitssucher unter dieser Begrenzung und möchte in die unzugänglichen Welten vorstoßen, die Geheimnisse ergründen, in denen er mehr ahnend als sehend herumtastet. Wenn er hört, dass es Offenbarung gibt, dass also von der anderen Seite her die verschlossenen Tore geöffnet, neue Ein- und Ausblicke ermöglicht werden, wird er diese neue Erkenntnis, die Christus bringt, freudig aufnehmen und von Klarheit zu Klarheit weiterschreiten, vom Glauben zu neuem Wissen, bis schließlich die letzte Binde fällt und der Schritt ins Jenseits die volle Klarheit bringt durch das Schauen von Angesicht zu Angesicht.

Weiß der Mensch aber nicht um seinen Zustand, ist er gewissermaßen ein Blindgeborener unter Blindgeborenen, ein Ungläubiger unter Ungläubigen, kann ihm trotzdem geholfen werden. Denn »Christus erleuchtet jeden Menschen, kommend in diese Welt« (Joh 1,9). Von Zeit zu Zeit durchbricht ein Sonnenstrahl für einen Augenblick den Nebel, blitzt ein Stern durch das Gewölk. Der im Bunker Eingeschlossene vernimmt bisweilen ein fernes Klopfzeichen. Nun weiß er, dass es noch etwas anderes gibt. Diese Gnadenstunden sind jedem geschenkt, dem einen häufiger, dem anderen seltener. Dann entscheidet es sich, ob der Mensch sich dadurch heilsam beunruhigen lässt, sich mit seinem

Dunkel nicht mehr zufriedengibt, sondern anfängt zu fragen und zu suchen. Er ist auf dem Weg zum Licht und zur Heilung. Die Blinden von Jericho haben sich längst mit ihrem düsteren Schicksal abgefunden. Aber dann auf einmal haben sie von Jesus von Nazareth gehört. Damit ist etwas Neues in ihre Welt eingedrungen. Nach langen Wintern blüht in ihrer Seele Hoffnung auf. Sie warten, sind also nicht mehr zufrieden mit dem Bisherigen. Sie sind schon unterwegs. Die Verkündigung ist wichtig. Denn auch da, wo man es nicht vermutet, vermag sie wie ein Lichtstrahl durch unsichtbare Ritzen und Spalten in die Herzen von Ungläubigen einzudringen und Hoffnungen zu wecken.

Noch ein Drittes ermöglicht die Heilung: eine große religiöse Bewegung. Die Blinden von Jericho hätten vielleicht nie den Mut oder auch nur die Möglichkeit gehabt, Jesus aufzusuchen oder ihm bei seinem Kommen nach Jericho zu begegnen. Aber nun ist auf einmal eine große Bewegung aufgebrochen. »Es folgte ihm eine große Volksmenge.« Alles redet von Jesus, berichtet von seinen Taten, preist seine Gesinnung, lobt sein Wohltun. Auch Gleichgültige geraten in Bewegung. Mittelmäßige werden mitgerissen. Auch die Blinden vernehmen dadurch, dass er jetzt vorüberzieht. Und so können sie vom Straßenrand aus ihre Stimme erheben. »Herr, Sohn Davids, erbarme dich unser!« Das *Miserere* ist der Anfang ihres Heils und endet im *Te Deum*. Die große Bewegung, die durch Jericho flutet, ist nicht nur in vorübergehenden Wellen der Begeisterung vorbeigerauscht. Sie ist für die Blinden ein Strom des Heils geworden. Sie haben »in Freuden Wasser geschöpft aus den Quellen des Erlösers« (Jes 12,3). Religiöse Bewegungen sind darum wichtig. Sie stellen auch an Fernstehende wieder die religiöse Frage, rütteln Gleichgültige auf, fahren wie Sturm in muffige Winkel und bringen auch schlammige Gewässer wieder zum Strömen. Sie wecken Bußgesinnung und führen damit die Menschen zu Christus. Wenn diese dann als Betende in der Not des Herzens zu Christus rufen, werden sie Erhörung finden und ihre Blindheit wird geheilt.

Heilung ist dagegen dort unmöglich, wo die Menschen sich auf ihre Blindheit etwas einbilden, verstockt darin verharren und alles andere als Illusion, Täuschung und geistigen Luxus ablehnen. Menschen, die nicht sehen wollen, werden auch nicht zum Sehen gebracht. Aber auch hier ist noch ein Unterschied zu machen. Es gibt eine Verbohrtheit des Neinsagens zum Licht, die in Wirklichkeit nur innere Unsicherheit tarnt. In der Leidenschaft des Neinsagens kann eine Unruhe des Suchens verborgen liegen. Saulus vor Damaskus war kein religiös Gleichgültiger, sondern ein Fanatiker des Irrtums. Aber hinter seinem Fanatismus verbirgt sich die Unruhe des Herzens. Er hält sich verkrampft ans Gesetz, aber gerade die Verkrampfung seiner Finger, welche die Thora umklammern, verrät die Not des Menschen, dem diese Hände gehören. Der Blitz des Gotteswortes spaltet seine Nacht, nimmt ihm seine bisherige einzige Hoffnung aus den Händen, sodass er eine Weile erst recht wie ein Blinder in völlige Finsternis verfällt, aber nun doch schon weiß, dass es eine Möglichkeit zum Sehen gibt. Nun folgt er der geheimnisvollen Stimme, die er vernommen, und wird ins Licht geführt. Leidenschaftliche Neinsager sind oft leichter für das Ja zu gewinnen als Gleichgültige, die sich weder zu einem Ja noch zu einem Nein entschließen. Wo dagegen das Nein bewusst gesprochen wird, und zwar gegen besseres Wissen, da ist es Vergewaltigung des Gewissens, Abstumpfung und Verkümmerung des Organs für die Wahrheit. Da bewirkt die Verkündigung der Offenbarung ein nur umso stärkeres Sichverbohren in den Irrtum. Sie sind Maulwürfe, die das Licht fliehen, Fledermäuse, denen es nur im Dunkeln wohl ist. Sie hören in Jericho auch von Jesus von Nazareth. Und so wie der Strom der Begeisterung steigt, gehen sie erst recht in Opposition. Es ist ihnen erst wieder wohl, als wie das Licht vorüber ist und sie in ihrer Finsternis wieder Könige unter Blinden sind.

Von den geheilten Blinden heißt es: »Sie folgten ihm.« Verblendete wollen nicht einem anderen folgen, sondern verlangen selbst

Gefolgschaft. Als Blinde wollen sie Blinde führen. Sie enden alle in der Grube.

EINZUG IN JERUSALEM

Mt 21,1–17: Als sie sich Jerusalem näherten und nach Betphage am Ölberg kamen, sandte Jesus zwei Jünger mit dem Auftrag: »Geht in das Dorf, das vor euch liegt! Dort werdet ihr alsbald eine Eselin angebunden finden und ein Füllen bei ihr. Bindet sie los und führt sie zu mir! Und wenn euch jemand etwas sagt, antwortet ihm: ›Der Herr braucht sie.‹ Und er wird sie sogleich schicken.« Das alles geschah, damit das Wort des Propheten in Erfüllung gehe: Saget der Tochter Sion: Siehe, dein König kommt zu dir, sanftmütig, reitend auf einer Eselin, auf einem Füllen, dem Jungen eines Lasttiers.

Die Jünger gingen hin und taten, wie Jesus ihnen aufgetragen hatte. Sie führten die Eselin und das Füllen herbei, legten ihre Kleider darauf und er setzte sich auf sie. Die meisten unter dem Volke breiteten ihre Kleider auf dem Weg aus, andere hieben Zweige von den Bäumen und streuten sie auf den Weg. Das Volk aber, das vor und hinter ihm herzog, rief laut: »Hosanna dem Sohne Davids! Gepriesen, der da kommt im Namen des Herrn! Hosanna in der Höhe!« Als er nach Jerusalem kam, geriet die ganze Stadt in Bewegung und sagte: »Wer ist dieser?« Das Volk aber antwortete: »Dieser ist der Prophet Jesus von Nazareth aus Galiläa.«

Jesus ging in den Tempel, warf alle hinaus, die im Tempel verkauften und kauften, stieß die Tische der Geldwechsler und die Tische der Taubenverkäufer um und sprach zu ihnen: »Es steht geschrieben: Mein Haus soll ein Bethaus sein. Ihr aber macht es zu einer Räuberhöhle.« Es kamen Blinde und Lahme im Tempel zu ihm und er heilte sie. Als die Hohenpriester und Schriftgelehrten die wunderbaren Dinge sahen, die er vollbrachte, und die Kinder, die im Tempel riefen: »Hosanna dem Sohne Davids«, wurden sie unwillig und sagten ihm: »Hörst du, was diese sagen?« Jesus aber antwortete ihnen: »Ja! Habt ihr nicht gelesen: Aus dem Munde von Unmündigen und Säuglingen hast du dir Lob bereitet?« Er ließ sie stehen und ging aus der Stadt hinaus nach Bethanien und blieb dort über Nacht.

Der Einzug Jesu in Jerusalem ist eigenartig. Jesus liebt das Schaugepränge nicht. Alles Sich-zur-Schau-Stellen, alles äußerlich Großartige widerstrebt seinem inneren Wesen. Wenn die Masse ihn feiert und umjubelt, entzieht er sich ihr immer wieder. Hier ist es das einzige Mal, dass er die Begeisterung nicht nur angenommen, sondern bewusst geweckt hat. Und so kommt dieser Szene besondere Bedeutung zu.

Er tritt hier auf als der *Herr* des Volkes und des Tempels.

Schon in der Vorbereitung. Gebieterisch und souverän verfügt er über fremdes Eigentum. Er lässt die Jünger einfach das Tier holen und als einzige Begründung gilt das Wort: »Der Herr bedarf ihrer.« Als Herr zeigt er sich beim Einzug. Reitend zieht er durch die Straßen, lässt die Menschen ihre Kleider auf dem Weg ausbreiten und Zweige auf die Straße streuen. Ihren Jubel nimmt er entgegen. Die ganze Stadt gerät in Bewegung und inmitten dieses Volkes reitet er hinauf zum Tempel.

Als Herr zeigt er sich im Tempel selbst. Er treibt in eigener Machtvollkommenheit die Käufer und Verkäufer hinaus und beruft sich auf das Wort der Schrift. Es ist das Haus seines Vaters, somit hat er als der Sohn Herrscherrechte.

Als Herr erweist er sich durch die Heilung von Blinden und Lahmen. Er beherrscht die Gesetze der Natur und verfügt über Gesundheit und Krankheit.

Herr ist er weiterhin, weil er die Stellen der Heiligen Schrift auf sich bezieht, und zwar in diesen kurzen Versen nicht weniger als vier Schrifttexte. Er erfüllt das Wort des Propheten Sacharja (9,9), in welchem der Einzug des kommenden Königs geschildert wird. Auch den Text aus dem Psalm 118, der bei der Feier des Laubhüttenfestes gesungen wird: »Hochgelobt, der da kommt im Namen des Herrn«, nimmt er als Huldigung entgegen, die ihm zu gelten hat. Als der verheißene große Sohn Davids lässt er sich begrüßen. Und wie die Kinderstimmen in nicht endendem Refrain durch die Gassen der Stadt und die Vorhöfe des Tempels immer wieder dieses »Hosanna dem Sohne Davids!« singen, beruft sich Christus, von den Pharisäern zur Rede gestellt, auf den achten Psalm und betont, dass auch jener Vers, in welchem der Herr sich aus dem Munde von Kindern und Säuglingen Lob bereitet, in ihm Erfüllung finde.

So ist er überzeugt, die Erfüllung der Schrift zu sein. Mit souveräner Größe und Sicherheit bezieht er ihre Texte auf sich selbst. Er ist der Herr.

Die *Anerkennung des Herrn* ist freilich sehr verschieden. Bei den *Jüngern* ist die Anerkennung selbstverständlich. »Sie taten, wie Jesus ihnen befohlen«, und bereiten seinen triumphalen Einzug. Das *Volk* wird mitgerissen von allgemeiner Begeisterung. »Es geriet die ganze Stadt in Bewegung.« Aber Jesus gibt nichts darauf. Er weiß, dass die Massen wankelmütig sind. Darum bleibt er nicht in der Stadt, um die Stimmung auszuwerten und die Begeisterung auszunutzen, sondern »er ging aus der Stadt hinaus nach Bethanien«. Es geht ihm nicht um menschliche Triumphe und irdischen Erfolg. Augenblicksbegeisterung kann jäh ins Gegenteil umschlagen. Aufzischende Raketenfreude kann plötzlich verdunkeln.

Die Anerkennung durch Blinde und Lahme und Kinder ist selbstverständlich, denn die Kranken verdanken ihm ihre Heilung und Kinder sind für Freude immer empfänglich. Sie sind noch nicht festgefahren in Vorurteilen, sondern jubeln ihm in naiver Begeisterung zu.

Aber die *Führer Israels*, die Hohenpriester und Schriftgelehrten, anerkennen ihn nicht. Sie sind zwar machtlos. Wie ein

Sturm fährt er durch Jerusalem und fegt durch den Tempel. Aber sie haben ihr Urteil festgelegt. Der Messias, den sie erwarten, muss entweder auf den Wolken des Himmels kommen oder wenigstens hoch zu Ross mit königlichem Gefolge, um Jerusalem zu befreien und Israel die Weltherrschaft zu bringen. Nach ihrer Überzeugung ist seine Begrüßung als »Sohn Davids« und seine Berufung auf die Schrift Blasphemie. Ihre Vorurteile entscheiden. Ihre eigenen Wünsche sind Maßstäbe. Sie deuten die Schrift nach ihren eigenen Hoffnungen und bauen ihre Hoffnungen nicht auf der Schrift auf. Sie erwarten den Messias als Herrn. Aber vor allem muss er irdischer Herrscher sein, der die Herrschaft über die anderen Völker bringt, sodass sie, die Herren Israels, zu Herren der Welt werden. Es geht ihnen also nicht um den Dienst Gottes, sondern um eigene Herrschaft. Sie wollen nicht dienen, sondern herrschen. So erwarten sie einen Herrn, der ihnen Herrschaft bringt. Der Tempel ist für sie nicht das Haus des Bittens, sondern des Empfangens. Sie machen aus dem Gottesdienst eine Einnahmequelle und aus dem Kult ein Geschäft. Der Herr, den sie erwarten, muss den Tempel zum zentralen Heiligtum der ganzen Menschheit machen und damit unermesslichen Reichtum bringen. Jesus aber will von all dem nichts wissen, verjagt die Händler und stört das Geschäft. So klafft hier der Gegensatz zwischen ihm und ihnen unüberbrückbar. Er ist der Herr, aber nicht so, wie sie es wünschen. Sie erwarten einen Herrn, aber nicht den, der jetzt kommt. Er ist der, der da kommt im Namen des Herrn. Gerade das anerkennen sie nicht.

Das Ende der Szene hat etwas Erschütterndes. »Er ließ sie stehen.« Sie sind nicht mehr in Bewegung zu Gott hin, sondern erstarrt in der eigenen Selbstsucht. Sein Sturm fährt nicht durch ihre Seele. Er geht unaufhaltsam weiter, aber sie gehen nicht mit. Es gibt nichts Gefährlicheres, als von Gott stehen gelassen zu werden. Der Mensch muss immer zum Umdenken und Umlernen bereit sein. Denn immer besteht die Gefahr, dass Vorurteile Fehlurteile sind.

SYMBOLE

Mt 21,18–22: Als er am Morgen wieder in die Stadt zog, hatte er Hunger. Er sah einen Feigenbaum am Weg und ging darauf zu, fand aber nichts daran als nur Blätter. Da sprach er zu ihm: »Nie mehr soll Frucht von dir kommen, in Ewigkeit.« Und auf der Stelle verdorrte der Feigenbaum. Als die Jünger das sahen, wunderten sie sich und sagten: »Wie ist doch dieser Feigenbaum auf der Stelle verdorrt!« Jesus antwortete: »Wahrlich, ich sage euch: Wenn ihr Glauben habt und nicht zweifelt, werdet ihr nicht nur können, was an diesem Feigenbaum geschehen ist, sondern auch wenn ihr zu diesem Berg sagt: Hebe dich empor und wirf dich ins Meer, wird es geschehen. Und alles, worum ihr im Gebet gläubig bittet, werdet ihr empfangen.«

Die Schlussphase der Auseinandersetzung Jesu mit den Führern Israels beginnt. Er wird in diesem Kampf äußerlich der Gewalt unterliegen, innerlich durch die Größe seines Geistes siegen und am Ostertag den äußeren und inneren Triumph feiern. Der kühne Vorstoß nach Jerusalem, der Jubel des Volkes, das autoritäre Eingreifen im Tempel, die souveräne Abfertigung der Schriftgelehrten und die Erfüllung der prophetischen Voraussage bedeuten den äußeren Beginn dieser Auseinandersetzung. Christus schickt aber den Diskussions- und Drohreden eine warnende Symbolhandlung voraus: die Verfluchung des unfruchtbaren Feigenbaumes.

1. *Christus.* Hungernd geht er auf einen Feigenbaum zu, findet aber daran nur Blätter und keine Früchte, verflucht den Baum und dieser verdorrt auf der Stelle.

Der *Feigenbaum* ist Israel. Durch Jahwes sorgende Hand äußerlich ins Gelobte Land verpflanzt, innerlich in den Fruchtboden des Herrn. Dieser Baum Israel ist umhegt mit dem schützenden

Zaun des Gesetzes, gepflegt von den Gärtnern Jahwes, Moses und Josua, den Richtern und Propheten. Er ist gedüngt mit den Drangsalen von außen und innen, beschnitten durch die Beschneidung der Körper und der Herzen, bestrahlt vom Licht und der Glut des Herrn, berieselt vom fruchtbaren Regen seiner Gnade. Nun ist die Zeit der Ernte gekommen. Der Herr will die Früchte holen.

Aber der Feigenbaum Israel ist *unfruchtbar.* Aber hat denn Israel nicht das Seine getan? Der knorrige, harte Stamm dieses Volkes hat alle Krisen und Katastrophen überdauert: Angriffe der Ägypter und der Syrer, die Heere Assurs und die Gefangenschaft in Babylon. Israel hat darüber hinaus seine große, heroische Geschichte religiöser Kämpfe. Es hat den Götzendienst abgeschafft, die fremden Tempel zerstört, am Gesetz festgehalten und die Schriften der Propheten für heilig erklärt. Es hat den Tempel gebaut, feiert die Feste des Herrn, bringt die täglichen Opfer dar, ist also ein religiöses Volk wie kein anderes. Und doch ist es unfruchtbar. Die Frömmigkeit seiner Führer ist nur äußerlich, ist nur Stamm und Blätterwerk, denn sie wollen nicht Gott dienen und ihm die Ehre geben. Ihre Frömmigkeit und ihr Kult soll im Gegenteil die nationale Größe fördern, die politischen Aspirationen befriedigen, den materiellen Wohlstand sichern und die irdische Wohlfahrt der Einzelnen garantieren. Wenn der Messias kommt, muss er Israel die Weltherrschaft bringen, wo doch in Wirklichkeit Israel in den Dienst seiner Herrschaft treten sollte. So ist es also im Innersten unfruchtbar.

Darum wird es vom *Fluch* Jesu getroffen. Israel war das gesegnete Volk, das Sondergut und Bundesvolk des Herrn. Aber es ist unfruchtbar geblieben. Und so wird es nun ein Volk, das den Fluch trägt und von jetzt an eine Sonderstellung mit negativem Vorzeichen hat. Der Bund wird neu geschlossen, nicht mit dem einen Volk, sondern mit allen Völkern. Israel, das den Messias verwirft, wird selbst verworfen. Und dieser Fluch dauert, solange dieser Äon dauert, also bis zum Ende dieser irdischen Zeit.

Dann wird, nach der Lehre des Apostels Paulus, der Rest Israels heimkehren. Dann endlich trägt der Baum Früchte. Denn dann bricht der neue Äon an, wo alle Völker und Menschen Zweige des neuen Lebensbaumes im Paradies, also Rebzweige am Weinstock Christi, sein werden und von ihm ihre Fruchtbarkeit haben. Dann gibt es nichts Verfluchtes und nichts Verdorrtes mehr. Aber bis zum Anbruch dieses neuen Äons bleibt das erwählte und verworfene Israel gezeichnet.

Erwählung besagt Verantwortung. Besondere Begnadigung fordert besondere Fruchtbarkeit. *Corruptio optimi pessima* (»Die Entartung des Besten führt zum Schlimmsten«, Anm. d. Verl.). Der verdorrte Feigenbaum ist weltgeschichtliche Mahnung.

2. *Die Jünger.* Das Staunen der Jünger ist begreiflich. Ein Wunder weckt notwendig Verwunderung. Aber noch erstaunlicher ist die Antwort Jesu. Er weist darauf hin, dass es etwas Größeres gibt als die Macht, Wunder zu wirken. Dieses Größere ist der Glaube und das Beten im Glauben. Die Wunder beeindrucken den Menschen, weil ihre Wirkung äußerlich sichtbar ist. Gläubiges Gebet hat eine unsichtbare, aber noch größere Wirkung. Es wirkt auf Gott selbst. Ein Wunder kann einen Baum zum Verdorren bringen und einen Berg versetzen. Aber Gott ist mehr als verwurzelter Baum und wuchtiger Berg. Und doch wirkt das Gebet des Gläubigen auf Gottes Willen. »Alles, worum ihr im Gebet gläubig bittet, werdet ihr erhalten.« Das besagt nicht, dass Gott seine Pläne ändert. Es besagt aber wohl, dass Gott von Ewigkeit her das Gebet vorausgesehen und dementsprechend den Heilsplan bis ins Einzelne festgelegt hat. Der sinnliche Mensch lässt sich vom sinnfälligen Ereignis zu stark beeindrucken. Für den geistigen Menschen ist das geistige Geschehen durch Gott unendlich wichtiger. Und darum sind Glaube und Beten wichtiger, als Wunder wirken.

Damit gibt Jesus auch den Grund der Unfruchtbarkeit Israels an, den Unglauben. Glaube ist das Jasagen zum Wort Gottes.

Nun ist aber Jesus das Mensch gewordene Wort Gottes. Hätte Israel Glauben, müsste es somit zu ihm Ja sagen. Das Nein der Pharisäer und Schriftgelehrten ist Wirkung und Ausweis ihres Unglaubens. Sie beten zwar, denn sie sprechen die Psalmen und verrichten die Gebete, die das Gesetz vorschreibt. Sie rühmen sich sogar dessen und tun es in aller Öffentlichkeit. Aber es ist nicht gläubiges Beten, weil die Bereitschaft zum Jasagen fehlt. So ist ihr Gebet nur äußeres Tun ohne innere Kraft, nur Sinnfälliges ohne geistige Wirkung.

Anderseits zeigt Jesus damit auch das Geheimnis der Fruchtbarkeit. Ein Leben ohne Glauben und Beten ist unfruchtbar, auch wenn es äußerlich den ragenden Stamm eindrucksvoller Größe und das Geäst mit großer Breitenwirkung und reichem Blätterschmuck als sichtbare Erfolge aufweist. In Gottes Augen ist es unfruchtbar. Wenn die Früchte fehlen, ist der Baum nach Gottes allein gültigem Urteil wertlos. Wenn Christus wiederkommt in der Parusie des Todes und des Gerichtes, wird sein Fluch den Baum treffen. Ein Leben in Glauben und Beten ist aber fruchtbar, auch wenn es äußerlich der sichtbaren Größe entbehrt, in den Augen der Menschen keine Erfolge aufzuweisen hat und in seiner schlichten Schmucklosigkeit völlig übersehen wird. Es ist innerlich durch das Jasagen zu Gott und die betende Verbundenheit mit Gott voll geheimnisvoller Lebenskraft. Seine Größe wird erst sichtbar werden, wenn der Herr kommt und die Früchte findet. »Wer in mir bleibt, bringt viele Frucht.« Glaube und Gebet geben das Sein in Christus und damit die Fruchtbarkeit des Lebens.

So ist der verdorrte Feigenbaum ernste Warnung und ist das Wort Jesu an die Jünger tröstliche Verheißung.

FRAGE UND ANTWORT

Mt 21,23–27: Als er in den Tempel ging und lehrte, kamen die Hohenpriester und Ältesten des Volkes zu ihm und sagten: »In welcher Vollmacht tust du das? Wer hat dir diese Vollmacht gegeben?« Jesus antwortete: »Auch ich will euch eine Frage stellen. Wenn ihr sie beantwortet, werde auch ich sagen, in welcher Vollmacht ich dies tue. Woher stammt die Taufe des Johannes? Vom Himmel oder von Menschen?« Sie überlegten bei sich selbst: Wenn wir sagen: »vom Himmel«, so wird er uns antworten: »Warum habt ihr dann nicht geglaubt?« Wenn wir aber sagen: »Von Menschen«, so müssen wir das Volk fürchten. Denn die halten Johannes für einen Propheten. So antworteten sie Jesus: »Wir wissen es nicht.« Da antwortete er ihnen: »Dann will auch ich nicht sagen, in welcher Vollmacht ich dies tue.«

1. *Die Frage.* Jesus geht wieder in den Tempel und lehrt. Nun beziehen die offiziellen Instanzen Stellung. Die Hohenpriester als Tempelbehörde und die Ältesten als politische Behörde. Beide stellen an Jesus die Frage, mit welchem Recht er als Lehrer auftrete. Die Frage ist an sich berechtigt. Die Behörde muss über die Lehre wachen. Um öffentlich aufzutreten, braucht es eine Vollmacht, die von der rechtmäßigen Autorität ausgestellt ist. Jesus hat, menschlich gesprochen, keine entsprechende Vorbildung. Er hat die Schulen der Schriftgelehrten nicht besucht und gehört nicht zu ihrer Zunft. Es fehlt ihm also sowohl die äußere wie die innere Berechtigung. So scheint das Eingreifen begründet.

Die Gegenfrage, die Jesus stellt, zeigt aber das Gegenteil. Es ist ihnen weder um das Recht noch um die Wahrheit zu tun. Das zeigt sich an der Tatsache, dass sie zu einer Frage, die Jesus ihnen stellt, nicht Stellung beziehen, obwohl sie es müssten. Seine Frage lautet: War die Taufe des Johannes göttlichen oder menschlichen Ursprungs? Die Antwort auf diese Frage muss für

Denkende zugleich eine Antwort auf die Frage der Pharisäer sein. Ist nämlich die Taufe des Johannes göttlichen Ursprungs, so ist Christus, auf den Johannes vorbereitet und hingewiesen hat, ein Gesandter Gottes. Damit sind aber Vollmacht und Recht zum Lehren eindeutig gegeben. Leugnen dagegen Hohepriester und Schriftgelehrte die Sendung des Johannes durch Gott, so haben sie nicht nur das Volk gegen sich, sondern dann leugnen sie diese Sendung, weil die Botschaft des Johannes ihnen nicht genehm ist. Sie werden infolgedessen dann auch den göttlichen Ursprung der Botschaft Jesu leugnen, selbst wenn diese Botschaft beglaubigt wird. Sie sind also voreingenommen, ihre Stellung ist innerlich festgelegt. Sie sind gar nicht innerlich Fragende, sondern ihr Fragen will einerseits den Eindruck der Gewissenhaftigkeit wecken und will anderseits Jesus in Verlegenheit bringen. Ihr Fragen ist also gar kein Fragen. Sie verweigern Jesus die Antwort auf seine Frage und zeigen damit, dass es ihnen weder um das Wissen noch um das Recht zu tun ist.

2. *Die Antwort.* Die Erwiderung Jesu lautet kurz und bündig: »Dann sage ich euch auch nicht, in welcher Vollmacht ich dies tue.« Er verweigert also die Antwort, denn eine solche hat nur Sinn, wenn eine wirkliche Frage vorliegt.

Damit ist gezeigt, dass nicht alle Fragen Antwort verdienen. Es gibt Fragen aus Neugier. Religiöse Dinge sind aber zu groß und zu heilig, als dass man daraus eine Sensation machen und nur geistigen Vorwitz befriedigen dürfte.

Es gibt Fragen, durch die der Fragende nur ein geistiges Spiel treiben will. Intellektuelle Spitzfindigkeit irgendwelcher Begriffsakrobatik ist etwas, das mit Religion nichts zu tun hat. Es gibt Fragen, in denen der Fragende sich selbst sucht und Eindruck machen will. Er will in geistigem Duell seine Überlegenheit zeigen oder in den Formulierungen mit seinem Wissen glänzen. Aber Religion darf nicht zu reinen Formeln missbraucht werden.

Geistreichigkeiten sind nicht das Werkzeug zur Verkündigung der Offenbarung Gottes.

Nur dort, wo eine Frage ernst und ehrlich gemeint ist und wo es um tieferes Erfassen der Wahrheit, um innere Ruhe und Klarheit geht, hat die Antwort auf religiösem Gebiet einen Sinn. Mit bloßen Diskussionen ist nichts erreicht. Man wird darum oft, nach dem Beispiel Jesu, die Antwort verweigern. Vielleicht gelingt es dadurch, dem Fragesteller zu zeigen, wie verkehrt seine innere Haltung ist, und dadurch ein wirkliches Fragen vorzubereiten.

Die Verweigerung der Antwort durch Christus ist aber zugleich eine wirkliche Antwort. Denn alle Unverbildeten, alle geraden Menschen und alle Ehrlichen wissen, dass Johannes von Gott gesandt war. Er hat aber seinerseits Christus beglaubigt. Und bei der Johannestaufe, die Christus empfangen hat, sind die feierliche Beglaubigung durch den Vater im Himmel und die Herabkunft des Heiligen Geistes erfolgt. Jesus hat somit das Recht zu lehren. Er ist bevollmächtigt von Gott selbst. Er steht über allen menschlichen Autoritäten. So ist seine Gegenfrage zugleich Antwort für alle, die im rechten Sinne fragen.

GLAUBENSBEREITSCHAFT

Mt 21,28–32: »Was glaubt ihr: Ein Mensch hatte zwei Söhne. Er ging zum ersten und sagte: ›Kind, gehe und arbeite heute im Weinberg.‹ Er aber antwortete: ›Ja, Herr‹, und ging nicht. Dann ging er zum zweiten und sprach in gleicher Weise zu ihm. Dieser antwortete: ›Ich mag nicht.‹ Später reute es ihn und er ging. Welcher von den beiden hat den Willen des Vaters erfüllt?« Sie antworteten: »Der zweite.« Da sprach Jesus zu ihnen: »Wahrlich, ich sage euch: Zöllner und Dirnen werden vor euch ins

Reich Gottes kommen. Denn Johannes ist mit der Lehre vom Weg der Gerechtigkeit zu euch gekommen und ihr habt ihm nicht geglaubt. Die Zöllner und die Dirnen aber haben ihm geglaubt. Ihr aber habt bei seinem Anblick nicht einmal nachher Reue empfunden und ihm geglaubt.«

1. *Der Sinn des Gleichnisses.* Das Gleichnis von den beiden ungleichen Brüdern wird häufig auf den Unterschied zwischen Juden und Heiden bezogen, wobei die Juden als die Jasager gelten, die aber in der entscheidenden Stunde dieses Jawort nicht aussprechen und darum verworfen werden, während die außenstehenden Heiden den Weg zum Reich Gottes finden. Diese volksbezogene Deutung hat eine gewisse Berechtigung. Und doch trifft sie nicht das Entscheidende. Denn man kann von den Heiden nicht einfachhin sagen, dass sie grundsätzlich mit einem Nein geantwortet haben. Sie waren weithin, wenigstens in ihren besten Vertretern, suchende Menschen, denen das Göttliche keineswegs Nebensache war. Vor allem aber hat Christus dem Gleichnis, nach seinen eigenen Deutungsworten, eine andere Richtung gegeben.

Andere beziehen die Parabel auf den Unterschied zwischen Theorie und Praxis. Denn im Gleichnis ist das theoretische Ja mit einem praktischen Nein und das theoretische Nein mit einem praktischen Ja verbunden. Aber auch diese Deutung stimmt nicht ganz. Denn das Nein des zweiten Sohnes ist an sich nicht grundsätzlich gesprochen und entstammt nicht einer theoretischen Überlegung, sondern es ist mehr das Ergebnis einer schlechten Laune und eines ungezogenen Benehmens.

Wieder andere deuten das Wort des Herrn auf den Gegensatz zwischen Schein und Sein. Der erste Sohn scheint gehorsam, aber das Sein entspricht diesem Eindruck nicht, während beim zweiten unter dem ungünstigen Schein sich ein gutes Sein verbirgt. Doch hält auch diese Überlegung einer genauen Prüfung nicht stand, denn das Entscheidende ist gar nicht die Dauer eines bestimmten

Zustandes, also dass etwa unter einem falschen Schein sich ein richtiges Sein verbirgt, sondern die Spitze der Parabel ist gerade das andere, nämlich der innere Umschlag der Gesinnung, die Änderung des Kurses, die Umkehr des Menschen. Also nicht das Bleibende, sondern das Wechselnde. Das liegt im Wort Christi: »Nachher tat es ihm leid und er ging doch hin.« Das Entscheidende ist somit die Reue über eine bisher falsche Haltung und die sich aus dieser Einkehr ergebende Umkehr der Haltung.

Somit bezieht sich das Gleichnis, nach den ausdrücklichen Worten Jesu, auf den Unterschied zwischen den Pharisäern und Schriftgelehrten einerseits und den Zöllnern und Dirnen anderseits. Die geistigen Führer Israels bleiben in ihrer falschen, selbstgefälligen, Gott abgewandten und dem eigenen Ich zugewandten Haltung. Sie sagen zwar Ja zu Gott und dem Wort Gottes. Sie stehen zu Moses, zum Gesetz und seinen Forderungen, so wie der erste Sohn zum Willen seines Vaters steht. Aber sobald seine Gesetze ihren eigenen Ideen, Vorstellungen und Wünschen nicht mehr entsprechen, sind sie auch nicht mehr dafür zu haben. In dem Augenblick, da Gottes Wille sich durch Johannes den Täufer als Ruf zur Buße, zur Umkehr und Lebensänderung kundtut, kümmern sie sich nicht mehr darum. Sie wollen sich nicht umwandeln und nicht ihrem Leben eine neue Richtung geben. Zöllner und Dirnen hatten eine falsche Richtung eingeschlagen. Sie standen nicht zum Willen Gottes, denn ihr Leben war Abkehr und Sünde. Aber sobald der Ruf zur Umkehr und zur Buße durch Johannes an sie erging, haben sie diese Umkehr vollzogen und so sind sie zum Reich Gottes gekommen. Richtige Glaubensbereitschaft besagt somit ein ständiges Aufgeschlossen- und Bereitsein, dem Anruf Gottes zu entsprechen. Der Mensch darf sich nicht festlegen auf einen bestimmten Kurs in seinem Leben. Denn wenn der Ruf Gottes, etwas anderes fordernd, an ihn ergeht, muss er sein Leben ändern. Darum handelt es sich. Von den Pharisäern gilt: »Ihr habt euch nicht bekehrt und ihm (dem Täufer) nicht geglaubt.«

2. *Die Bedeutung des Gleichnisses.* Der verschiedenartige Sinn führt dementsprechend zu verschiedenartigen Folgerungen. Eine unrichtige Bibelauslegung birgt die Gefahr der Historisierung. Man bezieht dann das Gleichnis auf die damaligen Verhältnisse, etwa zwischen Juden und Heiden, Pharisäern und Zöllnern, gibt ihm dadurch die volle überzeugte Zustimmung, hält sich aber durch die geschichtliche Verlagerung die entscheidende Forderung vom Leibe. Man macht die Anwendung nicht auf sich, sondern auf andere.

Ganz anders wird aber das Gleichnis, wenn man es auf die richtige Glaubensbereitschaft anwendet. Dann schlägt der Blitz ins eigene Haus. Und dann trifft das Gleichnis jeden Einzelnen als ernste Forderung. Es genügt also nicht, dass man der Kirche angehört und dann kritisch über die Außenstehenden urteilt. Es genügt auch nicht, dass man sich einmal für Gott und den Willen Gottes entschlossen hat, aber innerlich durch eine allmähliche Verkrustung für den Anruf Gottes nicht mehr offen ist. Unmerklich wächst dann im Menschen die Überzeugung, er sei nicht nur auf dem rechten Weg, sondern auch im richtigen seelischen Zustand. Eine falsche Selbstsicherheit wird zur Selbstgefälligkeit und während man die Pharisäer verurteilt, wird man selbst Pharisäer. Die Forderung Christi dagegen lautet: Vernehmt den Ruf zur Buße! Ändert eure Gesinnung! Seid jederzeit bereit, euer Leben nach dem Anruf Gottes umzustellen und zu ändern! Nur diese ständige innere Bereitschaft zum Glauben und aus dem Glauben, nur dieses ständige Horchen, um zu gehorchen, dieser Wille, das Leben nicht selbst zu bestimmen, sondern es durch Gott bestimmen zu lassen, ist die rechte Haltung. Äußerlich religiöse Menschen, die innerlich diese lebendige Bereitschaft nicht haben, werden auf die Dauer nicht zum Reich Gottes gehören. Äußerlich verkehrt laufende Menschen, die aber innerlich zur Einsicht dieser falschen Haltung kommen und dann umkehren, kommen zum Reich Gottes. So ist die Parabel eine Warnung vor seelischer Verhärtung, religiöser Einbildung und falscher innerer Sicherheit und ist die Forderung, auf Gott zu hören, um seinem Ruf zu folgen. Der Mensch muss sich immer wieder bekehren und bekehren lassen. Denn er gerät immer wieder in die Gefahr, aufgrund falscher innerer Haltung falsche Wege zu gehen. Diese Gefahr ist dann besonders groß, wenn äußerlich alles in Ordnung scheint. Es ist an sich etwas Ungeheuerliches, dass Christus die Zöllner und Dirnen den Pharisäern und Schriftgelehrten vorzieht. Für jüdische Ohren ist das geradezu skandalös. Aber Christus blickt eben auf das Innerste des Menschen, und da ist ein Sünder, der sich seiner Sündhaftigkeit bewusst ist und der in der Stunde der Gnade sich bekehrt, ungleich wertvoller als ein Frommer, der sich seiner Frömmigkeit bewusst ist und sich dadurch dem Ruf der Gnade verschließt. So gesehen ist das Gleichnis nicht für die Draußenstehenden, sondern für die Drinnenstehenden von besonderer Wichtigkeit und von besonderem Ernst. Nicht das anfängliche Neinsagen wird gelobt, sondern die Bekehrung. Und ebenso wird nicht das anfängliche Jasagen getadelt, sondern die falsche »Bekehrung« wird kritisiert. Es gibt eine falsche Umkehr von einem Ja zu einem Nein. Und es gibt eine richtige Bekehrung von einem Nein zu einem Ja. Der Mensch lebt ständig in der Gefahr, der Forderung Gottes mit einem Nein zu antworten. Darum ist es wichtig, dass er ständig zur Bekehrung bereit ist und diese dann auch wirklich vollzieht. Darum geht es.

AKTION UND REAKTION

Mt 21,33–46: Hört noch ein anderes Gleichnis: Ein Hausherr legte einen Weinberg an, zog einen Zaun darum, grub eine Kelter darin und baute einen Turm. Dann verpachtete er ihn an Winzer und ging außer Landes. Als dann die Zeit der Weinlese kam, sandte er seine Knechte zu den Winzern, um die Früchte in Empfang zu nehmen. Die Winzer aber ergriffen seine Knechte, schlugen den einen, töteten den anderen, steinigten den dritten. Noch einmal sandte er andere Knechte in größerer Zahl als zuvor. Aber sie verfuhren mit ihnen in gleicher Weise. Zuletzt sandte er seinen Sohn zu ihnen und dachte: Vor meinem Sohn werden sie Achtung haben. Als aber die Winzer den Sohn erblickten, sprachen sie zu sich selbst: Dies ist der Erbe. Kommt, wir wollen ihn umbringen und seine Erbschaft in Empfang nehmen. Sie ergriffen ihn, stießen ihn aus dem Weinberg hinaus und brachten ihn um. Wenn nun der Herr des Weinbergs kommt, was wird er jenen Winzern tun? Sie antworteten: »Er wird die Elenden elendiglich umbringen und den Weinberg anderen Winzern geben, die ihm zur rechten Zeit Früchte abliefern.« Da erwiderte ihnen Jesus: »Habt ihr nie in den Schriften gelesen: Der Stein, den die Bauleute verworfen haben, ist zum Eckstein geworden? Durch den Herrn ist er es geworden. Es ist wunderbar in unseren Augen. Daher sage ich euch: Das Reich Gottes wird euch weggenommen und einem Volke gegeben, das Früchte trägt. Wer auf diesen Stein fällt, wird zerschmettert, auf wen er fällt, den zermalmt er.« Als die Hohenpriester und Pharisäer diese Gleichnisse hörten, merkten sie, dass er von ihnen redete. Sie suchten seiner habhaft zu werden, fürchteten aber das Volk, weil es ihn für einen Propheten hielt.

Die mangelnde Bereitschaft der Pharisäer, sich zu bekehren, ist in etwa eine passive Haltung. Aber sie begnügen sich nicht damit. Sie gehen über zur *Aktion*, denn sie entschließen sich, gegen Christus tätlich vorzugehen.

Jesus zeichnet sie im Gleichnis von den Winzern. Israel war ein Volk von Hirten und Bauern. Dementsprechend sind auch die Gleichnisse des Herrn mit Vorliebe dem Landleben entnommen. Schon früher, bei den Propheten und in den Psalmen, wurde Israel mit dem Weinberg verglichen, den der Herr gepflanzt und mit großer Sorge gepflegt hat. Schwere Trauben und süßer Wein der Frömmigkeit und der Erfüllung göttlichen Willens musste die mit Recht erwartete Ernte sein. Aber immer wieder bleibt sie aus. Jetzt, beim Kommen Christi, hat die Entscheidungsstunde des Volkes geschlagen.

Die Stunde ist *sachlich* entscheidend. Denn nun geht es darum, ob die Arbeit für Israel vergebliche Mühe war oder nicht. Es zeigt sich, dass die Führer dieses Volkes nicht nur in ihrem persönlichen Leben religiös unfruchtbar sind, sondern dass sie nun zum Angriff übergehen gegen den Herrn, der Israel gegründet hat. Ihre Väter hatten die Propheten, diese Boten des Herrn, gemordet. Sie, die Söhne, beschließen den Mord des Herrn selbst.

Die Stunde ist aber auch *geschichtlich* entscheidend. Denn die ganze Geschichte Israels hat ihren Brennpunkt im Kommen des Messias. Alle Hoffnungen münden im messianischen Reich. Und die ganze Pyramide der Erwartungen findet in ihm ihre Spitze. Und nun ist dieser Messias gekommen. Das Schicksal dieses Volkes muss sich jetzt entscheiden. Seine Führer tragen die Verantwortung. Sie entscheiden sich, aber gegen den Messias. Denn sie wollen einen anderen Messias, der ihren falschen Wünschen besser entspricht. Diese Entscheidung ist aber nicht nur ein Nein, sondern ein hasserfüllter Angriff gegen ihn. Er, der ihnen das Leben bringen soll, wird durch sie ermordet.

Das Wort Gottes fordert unausweichliche Stellungnahme, und zwar Stellungnahme der Tat. Es ist nicht unverbindlich wie irgendein Menschenwort. Über die Ideen eines Philosophen, das System eines Denkers und die Bücher eines Schriftstellers kann man mit Stillschweigen hinweggehen. Man kann sie so wenig beachten, dass die Bücher schon nach Jahresfrist in Antiquariaten billig zu haben sind oder nach dem Papierwert je Kilo verkauft werden. Das Wort Gottes dagegen ist Anruf und Forderung. Wer es einmal vernommen hat, muss sich entscheiden. Interesselosigkeit ist bereits ein Nein. Und jedes Nein ist Abkehr von Gott und damit Schritt ins Unheil. Gotteswort ist Forderung zum Heil. Seine Ablehnung ist Wendung zur Heillosigkeit. Das Christentum ist nicht einfach Verkündigung von Wahrheiten, über die man diskutieren und zu denen man nach Belieben Stellung beziehen kann, sondern es ist ein Angerufensein durch Gott, ein In-Dienst-genommen-Werden. Die Ablehnung ist infolgedessen Dienstverweigerung und Rebellion. Das Wort Gottes ist Fundament, auf dem der Mensch aufbauen kann. Wer es wegwirft, wirft Gott weg. Dann wird der Stein aber nicht liegen bleiben, sondern er wird, nach dem Wort Christi, denjenigen zerschmettern, der ihn weggeworfen hat, um auf eigenem Grund, der in Wirklichkeit grundlos ist, seine armselige Menschenhütte zu bauen. Man kann nicht entweder mit Gott oder ohne ihn bauen, sondern man kann nur entweder auf dem Grunde Gottes bauen oder in der Grundlosigkeit versinken, auf dem Boden Gottes stehen oder ins Bodenlose abfallen. Aufstieg oder Abfall ist die Entscheidung, um die es geht.

Aber bei dieser Aktion der Menschen bleibt es nicht, sondern es erfolgt die *Reaktion* Gottes. Diese ist höchst erstaunlich. Denn Gott begnügt sich nicht mit der Bestrafung und Vernichtung der Neinsager, sondern er lässt jeweils das Böse zu, um daraus Gutes zu machen. Seine Reaktion auf die Aktion der Feinde ist somit einerseits Reaktion der Gerechtigkeit, aber anderseits und vor allem Reaktion der Liebe.

Das Nein Adams zum Ruf Gottes hat zwar zum Verlust des Paradieses geführt, aber zugleich auch zur Verheißung des Erlösers. Die *culpa* (»Schuld«, Anm. d. Verl.) ist durch Gottes Gnade zu einer *felix culpa* (»glücklichen Schuld«, Anm. d. Verl.) geworden. Die Sintflut endet im Bund mit Noah. Der Turmbau zu Babel mit dem Auseinander der Menschheit wird überwunden durch die Berufung Abrahams, der durch Gott zu einem Volke Gottes wird. Die Versklavung des ägyptischen Josef wird zur Rettung seiner Brüder. Die Verhärtung des Pharao führt das Volk zum Bund mit Jahwe. Und so geht es weiter bis zum Nein

Israels an Christus und zum Gottesmord auf Golgotha, der durch Gottes Gnade zur Gründung des Neuen Bundes mit der ganzen Menschheit wird und zum Erlösungsopfer des Herrn. Die Durchbohrung des Herzens Christi wird zur Öffnung seiner Seite, aus der Gott die Kirche als die neue Eva erschafft. Und im Laufe der Kirchengeschichte wird das Blut der Märtyrer immer wieder zum Samen neuer Christen, bis am Ende der Tage das Auftreten des Antichristen die Wiederkunft Christi herbeiruft. Und der Fluch der Erde endet in der Erschaffung der neuen Erde, sodass alles Dunkel überwunden ist durch das Licht, aller Tod durch das Leben und alle Sünde durch die Gnade. Der Stein, den die Bauleute verworfen haben, ist durch Gott zum Eckstein geworden. Und das Reich Gottes ist einem neuen Gottesvolk gegeben. Der Weinberg ist anderen Winzern anvertraut, die in der Kraft der Gnade in der Zeit der Ernte die Früchte liefern, die sie durch die Hilfe Gottes geerntet haben. So füllen sich die Keller und Scheunen Gottes mit dem Reichtum, der ein Gottesgeschenk ist und den die beschenkten Menschen liefern dürfen. So endet alles im Reichtum der Gnade.

BERUFENE UND »ERWÄHLTE«

Mt 22,1–14: Jesus aber antwortete wieder in Gleichnissen und sprach: »Das Himmelreich gleicht einem König, der für seinen Sohn die Hochzeit vorbereitete. Er sandte seine Knechte, die Geladenen zur Hochzeit abzuholen. Aber sie wollten nicht kommen. Da sandte er noch andere Knechte mit dem Auftrag: Sagt den Geladenen: Das Mahl ist bereitet. Meine Ochsen und das Mastvieh sind geschlachtet. Alles ist bereit. Kommt zur Hochzeit! Sie aber kümmerten sich nicht darum, sondern gingen weg, der eine auf seinen Acker, der andere an sein Geschäft.

Die Übrigen ergriffen die Knechte, misshandelten und töteten sie. Da wurde der König zornig, sandte seine Soldaten aus, ließ jene Mörder umbringen und ihre Stadt verbrennen. Dann sprach er zu den Knechten: ›Die Hochzeit ist bereit, aber die Geladenen waren nicht würdig. Geht nun an die Wegkreuzungen und ruft alle, die ihr findet, zur Hochzeit.‹ Die Knechte gingen auf die Straße hinaus und brachten alle, die sie fanden, Schlechte und Gute. Und der Hochzeitssaal wurde voll von Gästen. Als nun der König eintrat, um sich die Gäste zu betrachten, sah er dort einen, der kein hochzeitliches Gewand trug. Er sagte zu ihm: ›Freund, wie bist du hereingekommen ohne Hochzeitskleid?‹ Er aber verstummte. Da befahl der König seinen Dienern: Bindet ihn an Füßen und Händen, werft ihn in die Finsternis hinaus! Dort wird Heulen und Zähneknirschen sein. Denn viele sind berufen, wenige aber auserwählt.«

Matthäus vereinigt hier drei Gleichnisse, die Jesus wohl zu verschiedenen Zeiten getrennt dargelegt hatte. Aber gerade die Verbindung zu einem Ganzen verhilft zu einer neuen, tiefen Einsicht, denn sie zeigt die Einstellung verschiedener Gruppen zum Reich Gottes.

Die *erste Gruppe* sind die Uninteressierten. Ihre Gleichgültigkeit ist umso schwerwiegender, als es um eine wichtige Sache geht. Die Parabel redet von der Hochzeitsfeier des Kronprinzen. Es handelt sich somit um eine einmalige Feier, zu der nur besonders wichtige Persönlichkeiten geladen werden. Die Dringlichkeit ist außerdem durch die mehrmalig erfolgte Einladung unterstrichen. Umso beleidigender ist der Mangel an Interesse.

Auf die Kirche angewandt sind es die Menschen, die wissen könnten und müssten, worum es geht, und die trotzdem interesselos abseitsstehen. Geld ist ihnen wichtiger als Glaube. Das Geschäft interessiert sie mehr als das Gebet, die Erde mehr als der Himmel, die Zeit mehr als die Ewigkeit, das eigene Ich mehr als Gott. Sie sind nicht feindselig und nicht ungläubig und nicht grundsätzlich religionslos. Aber sie haben keine Zeit, denn ihre Zeit ist durch die irdischen Interessen völlig besetzt.

Das Ergebnis wird sein, dass auch Gott ihnen kein Interesse mehr zeigt, sodass auch sie selbst beiseitegelassen und ignoriert werden. Verharren sie in diesem Zustand, so wird das Endurteil Gottes über sie sein: *Nescio vos* – Ich kenne euch nicht. Diese Gruppe ist heute, bei der Leidenschaftlichkeit politischer Kämpfe, beim übersetzten Tempo wirtschaftlichen Lebens, beim lärmenden Getriebe der Welt besonders zahlreich.

Die *zweite Gruppe* sind die erklärten Feinde. In der Parabel sind es die Menschen, die die Hochzeitsfeier des Kronprinzen benutzen, um zu offenem Aufstand zu schreiten und dem König die Gefolgschaft zu verweigern. Es kommt zur blutigen Auseinandersetzung und zur gewaltsamen Niederwerfung des Aufstandes.

Auf die Kirche angewandt sind es die militanten Atheisten, die erklärten Kirchenfeinde, die bewussten Antichristen. Religion ist nach ihrer Überzeugung Opium für das Volk, der Glaube ein Schädling der Menschheit, die christliche Ethik eine Schwächung nationaler Kraft, die Kirche eine Institution der Dunkelmänner für die Kleinhaltung geistig Unmündiger. Diese Gegner bekämpfen darum Christentum und Kirche in Schrift und Wort und durch Organisation, und wenn sie an die Macht kommen, auch mit Gesetz, Polizei und im Notfall mit militärischer Gewalt. Die Liquidation des Christentums ist ihr Ziel.

Aber Auflehnung gegen Gott endet immer mit dem Sturz in den Abgrund. So berichtet die Apokalypse vom Sturz Luzifers und von der Vernichtung aller seiner Menschenanhänger bei der Wiederkunft Christi. Der Kampf gegen Gott endet notwendig mit der Niederlage der Kämpfer. Auflehnung endet im Abgrund. Die Hybris des Übermenschentums endet im Untermenschlichen dämonischer Verfallenheit. Die Kampfansage an den Himmel führt zur Hölle.

Die *dritte Gruppe* ist dargestellt durch den Mann im Hochzeitssaal ohne Festgewand. Er gehört äußerlich zu den Teilnehmern an der Feier, aber er hat innerlich nicht die entsprechende Haltung und Gesinnung. Denn obwohl er ein Festgewand hätte haben können, hat er dessen Tragen nicht als notwendig erachtet. So liegt in seinem Benehmen eine Verachtung und Beleidigung des Gastgebers.

In der Kirche gehören zu dieser Gruppe diejenigen, die tatsächliche Glieder der Kirche sind, infolgedessen auch am kirchlichen Leben sich beteiligen, sich als praktizierende Katholiken geben, aber zugleich Menschen sind, die dem Wort des heiligen Paulus nicht entsprechen und »Christus nicht angezogen« haben. Sie sind äußerlich Angehörige der Kirche, aber innerlich nicht vom Geist Christi erfüllt. Sie sind abgestorbene Glieder am mystischen Leib Christi und darum entstellen und verunstalten sie ihn. Verdorrte Äste am Baum des Herrn, dürre Rebzweige am Weinstock Christi. Es sind die Katholiken der Sonntagsheiligung und Werktagsentheiligung. Die Menschen des sonntäglichen Christentums und werktäglichen Heidentums. Der äußeren Vertrautheit mit kirchlichen Dingen und dem inneren Entfremdetsein gegenüber dem Geiste Christi. Ihr Schicksal ist im Gleichnis das Hinausgeworfenwerden, denn sie stören die Feier und entstellen das festliche Bild. Wenn sie in ihrem Zustand beharren, wird ihr Endschicksal die Verwerfung durch Christus sein.

Die *vierte Gruppe* endlich sind die Menschen, die der Einladung zur Feier Folge geleistet und nun mit frohem Herzen das völlig unerwartete Glück genießen. Sie kommen von Hecken und Zäunen, wissend, dass sie kein Anrecht auf das Fest hatten. Umso größer ist ihre Freude.

Kirchlich sind damit die Menschen des Gnadenbewusstseins gezeichnet. Sie wissen, dass der Ruf Gottes Gnade ist, und zwar ein Ruf, der an die Fernen und Fremden, an die Sünder und Unwürdigen ergangen ist. Aber sie haben den Ruf aufgenommen und bemühen sich nun, diesem Ruf zu entsprechen. So ist ihr Leben eine Feier und das Ende die Teilnahme an der Hochzeitsfeier des Lammes, die Freude an den gefüllten Krügen zu Kana. Sie sind und bleiben »Freunde des Bräutigams«. Im neuen Jerusalem gehören sie zur Kirche als der Braut, die sich geschmückt hat zum Empfang Christi, des Bräutigams.

Der Ruf ergeht an viele. Aber von den Pharisäern, die sich als »Auserwählte« betrachten und bezeichnen, werden wenige dabei sein. Ausdrücklich betont es Christus: »Wenige sind auserwählt.« Umgekehrt werden von denen, die sich keineswegs als moralische und religiöse Elite betrachten, sich also nicht auf ein falsches Erwählungsbewusstsein verlassen, viele im Reich Gottes zu finden sein.

GEBT DEM CÄSAR …

Mt 22,15–22: Da gingen die Pharisäer hin und hielten Rat, wie sie ihn im Wort fangen konnten. Sie sandten ihre Jünger mit den Herodianern zu ihm und sagten: »Meister, wir wissen, dass du wahrhaftig bist und den Weg Gottes in Wahrheit lehrst und auf keinen Rücksicht nimmst und nicht auf die Person achtest. Sag uns nun: Was meinst du: Ist es erlaubt, dem Cäsar Steuer zu bezahlen oder nicht?« Jesus durchschaute ihre Bosheit und antwortete: »Was stellt ihr mich auf die Probe, ihr Heuchler? Zeigt mir die Steuermünze!« Sie brachten ihm einen Denar. Da sprach er: »Wessen ist dieses Bild und die Inschrift?« Sie antworteten: »Des Cäsars.« Da sagte er: »Gebt also dem Cäsar, was des Cäsars ist, und Gott, was Gottes ist!« Als sie das hörten, staunten sie, verließen ihn und gingen weg.

In drei Gleichnissen hat Christus die Pharisäer angegriffen. Nun führen sie ihrerseits durch drei Scheinfragen den Gegenstoß. Die erste ist die Frage nach der Steuerpflicht.

1. *Die Frage.* Im Grunde genommen ist es keine Frage, sondern eine gut gestellte Falle. Verpflichtet Christus zur Steuer gegenüber dem fremden und heidnischen Cäsar, so verliert er die Gunst des Volkes. Verneint er aber die Verpflichtung, so fällt er als Staatsfeind in die Hände der Römer. Sie versuchen ihn durch Schmeichelei noch möglichst rasch und sicher in die Falle zu locken, denn sie betonen, dass er sich doch um etwaige Schwierigkeiten persönlicher Natur und überhaupt um menschliche Rücksichten nicht kümmere.

In Wirklichkeit ist es eine Frage, hinter welcher kein ehrliches Fragen steht. Die Fragesteller sind überzeugt, ohnehin alles besser zu wissen. Sie wollen also keine Auskunft, die ihnen Klarheit bringt und ihre Unwissenheit aufhebt. Fragen hat nur dann einen Sinn, wenn der Fragesteller ein ehrlich suchender, um die Wahrheit bekümmerter und um das Gute besorgter Mensch ist.

Es gibt auch Gott gegenüber ein berechtigtes Fragen. Die Psalmen sind voll von besorgten und bekümmerten Fragen, die der Mensch an Gott richtet. Etwa die Frage, warum es den Schlechten gut und den Guten schlecht geht. Oder die Frage, warum Gott die Seinen im Stich lässt. Oder die Frage, wie lange Gott wartet usw. Jeremias bestürmt Gott mit den Fragen, die seine Seele quälen und seinen Geist beunruhigen. Und Ijob hat ein leidenschaftliches und oft rebellisches Fragen. Aber es ist ihm ernst. Er weiß nicht Bescheid und sieht keinen Ausweg. Die Jünger Jesu richten immer wieder ihre ehrlichen und erstaunten Fragen an den Meister. Und selbst Maria fragt den Engel des Herrn, wie das geschehen soll, was der Bote ihr sagt. Nicht das Fragen an sich ist verwerflich. Im Gegenteil! An wen könnte der unwissende Mensch seine Fragen besser richten als an den allwissenden Gott! Echtes Fragen ist das Öffnen einer Tür, das Aufbrechen der Scholle, ist seelische Bereitschaft, ist Hören auf das Wort Gottes und bisweilen ein stürmisches Pochen an verschlossene Portale. Das Fragen ist ein Gehen zu Gott und darum etwas vom Vornehmsten, was der Mensch tun kann. Aber fragen, um den anderen in Verlegenheit zu bringen, entspringt einem Mangel an Liebe. Und ist es gar ein Fragen, um den anderen zu Fall zu bringen, so ist es bösartig. Geradezu lächerlich und zugleich blasphemisch ist aber ein Fragen, durch das sie den Sohn Gottes vor der Öffentlichkeit bloßstellen und unmöglich machen wollen. Echtes Fragen ist Tugend. Die Frage der Pharisäer ist Sünde.

2. *Die Antwort.* Sie umfasst ein Doppeltes. Zuerst ist es Beantwortung der unmittelbar gestellten Frage. Und die Antwort ist so, dass die Fragesteller sie selbst geben müssen. Sie müssen eingestehen, dass der Cäsar Geld ins Land gebracht hat. Dann kann er aber auch Geld aus dem Land holen. Bildnis und Inschrift der Münze bezeugen, dass sie das Eigentum des Cäsars ist. Also hat er einen Rechtsanspruch und kann ihn geltend machen.

Die Antwort Jesu greift aber weiter, denn sie fordert ganz allgemein, dass man dem Cäsar geben soll, was des Cäsars ist. Dem Recht entspricht die Pflicht. Der Cäsar hat das Recht, an die Untergebenen Forderungen zu stellen. Somit haben diese die Pflicht, berechtigten Forderungen zu entsprechen. Der Christ soll dem Cäsar nicht nur die Steuer bezahlen, soweit er darauf ein Recht hat, sondern er soll ihm auch das politische Interesse, die geistige Mitarbeit und jeden mit Recht geforderten Dienst leisten. Wenn und soweit er berechtigt ist, auch den Kriegsdienst. Christen sind keine Staatsfeinde, sondern gewissenhafte Bürger des Staates. Gerade weil sie religiös sind, haben sie ein Gewissen und so erfüllen sie ihre Pflicht nicht nur aus Zwang und unter dem Druck des Terrors, nicht nur dort, wo sie kontrolliert werden und wo eine Strafe droht, sondern von innen heraus, weil sie in der rechtmäßigen Autorität die gottgewollte Instanz zur Verwirklichung des Gemeinwohls sehen. Aber die Christen sind anderseits nur bereit, dem Cäsar zu geben, was des Cäsars ist, und nicht Dinge, auf die er keinen Anspruch hat. Das Recht des Cäsars ist begrenzt, nach unten durch die unveräußerlichen Rechte der menschlichen Persönlichkeit und der Familie.

Nach außen durch die Rechte anderer Staaten und Völker. Und vor allem nach oben durch das Recht, den Anspruch und den Willen Gottes. Wo immer der Cäsar seine Kompetenzen überschreitet und zu Unrecht fordert, verweigert ihm der Christ den Gehorsam. Wo Unrecht gefordert wird, ist Widerstand Pflicht und Gehorsam Sünde. Die Christen sind zu Hunderttausenden Märtyrer geworden, weil sie dem Cäsar nicht geben wollten, was Gottes ist.

Darum stößt Christus in seiner Antwort noch wesentlich tiefer vor und trifft das eigentlich Entscheidende: Gebt Gott, was Gottes ist! Die Fragesteller, die Ehrlichkeit und Pflichtbewusstsein heucheln, verweigern dem Herrn aller Cäsaren den pflichtgemäßen Tribut. Sie wollen dem Wort Gottes keinen Glauben schenken, dem Willen Gottes keinen Gehorsam und wollen der Herrlichkeit Gottes nicht die Ehre geben. Ihr falsches Fragen ist Beweis ihres Ungehorsams. Ihre bloß scheinbare Bereitschaft entlarvt die Verhärtung ihrer Herzen.

Der Mensch soll Gott geben, was Gottes ist. Nun gehört aber letztlich alles Gott, denn der Mensch ist als Geschöpf Eigentum des Schöpfers und ist als Erlöster, der durch Christi Blut losgekauft ist, Eigentum des Erlösers. Von Gott stammt das Leben. Von Gott der freie Wille. Von Gott die Gnade. Von Gott die Liebe. Darum ist alles, was der Mensch Gott gibt, nur eine selbstverständliche Rückerstattung. Darum ist die Hingabe an Gott für den religiösen Menschen nicht nur Pflicht, sondern das Werk freudig bereiter Liebe. Wer Gott gibt, was Gottes ist, ist um Gottes willen bereit, auch dem Cäsar zu geben, was des Cäsars ist. Wer dem Cäsar aber gibt, was nicht des Cäsars ist, wer den Cäsar vergöttert, in der Staatsgewalt das Höchste, in der Politik das Letzte und im Nationalen das Größte sieht, der weigert sich, Gott zu geben, was Gottes ist. Nur die richtige Einstellung zu Gott bringt Ordnung ins gesamte Gefüge des Lebens. So ist die Antwort Jesu auf die verfängliche Frage seiner Feinde ein Durchleuchten der ganzen Schöpfungsordnung, weil das Zusammenlaufen der Linien in dem einen höchsten Punkt aufgezeigt und von eben jenem einen höchsten Punkt, von Gott her, alles durchstrahlt wird. Ein atheistisches Zeitalter führt zur Vergötterung des Menschen und des Staates. Weil aber aller Götzendienst satanisches Werk ist, verfällt der gottlose Mensch notwendig der Dämonie.

DER GOTT ABRAHAMS, ISAAKS UND JAKOBS

Mt 22,23–33: In jenen Tagen kamen Sadduzäer zu ihm, die behaupteten, es gebe keine Auferstehung. Sie fragten ihn: »Meister, Moses hat gesagt: Wenn einer kinderlos stirbt, soll sein Bruder dessen Frau heiraten und dem Bruder Nachkommenschaft zeugen. Nun waren unter uns sieben Brüder. Der erste heiratete und starb kinderlos und hinterließ die Frau seinem Bruder. Ebenso der zweite und der dritte, bis zum siebten. Zuletzt starb die Frau. Wem von den Sieben wird diese Frau bei der Auferstehung gehören? Denn alle besaßen sie.« Jesus antwortete: »Ihr irrt euch. Denn ihr kennt weder die Schrift noch die Macht Gottes. Bei der Auferstehung wird man weder heiraten noch geheiratet werden, sondern sie werden leben wie die Engel im Himmel. Was aber die Auferstehung der Toten angeht, habt ihr denn nicht das Wort Gottes gelesen, der da sagt: Ich bin der Gott Abrahams, der Gott Isaaks und der Gott Jakobs? Er ist nicht ein Gott von Toten, sondern von Lebendigen.« Als die Volksscharen das hörten, waren sie voll Staunen über seine Lehre.

Die Gleichnisse Jesu von den Winzern und vom Hochzeitsmahl haben endzeitlichen Charakter. Wohl kommt Christus schon jetzt, um die Ernte einzuholen. Aber die eigentliche Entscheidung wird fallen, wenn er wiederkommt am Ende der Zeiten. Die Sadduzäer, die nicht an ein Jenseits glauben, greifen darum diese Lehre des Herrn auf und wollen sie durch überspitzte Kasuistik lächerlich machen. Aus der Antwort Jesu sind drei Dinge ersichtlich.

1. *Es gibt ein Jenseits.* Gott ist der Gott Abrahams, Isaaks und Jakobs. Nun ist aber Gott nicht ein Gott der Toten, sondern der Lebendigen. Also leben Abraham, Isaak und Jakob, obwohl sie nach menschlichem Ermessen gestorben sind. Es gibt also das Weiterleben nach dem Tod. Gott war nicht nur der Gott Abrahams, sondern er ist es auch jetzt. In Gott sind Vergangenheit, Gegenwart und Zukunft eins. Er ist überzeitlich und darum kann er auch dem Menschen, der in die Zeit geboren wird und dessen irdische Zeit abläuft, die überirdische Zeit in eine Zeit ohne Ende umwandeln. Damit ist aber gegeben, dass diese irdische Lebenszeit nur Vorbereitung, aber entscheidungsschwere Vorbereitung ist. Denn durch ihren Ablauf wird die jenseitige Zeit bestimmt. Nur Kurzsichtige lassen ihren Blick vom diesseitigen Zeitabschnitt gefangen nehmen. Wissende dagegen blicken in die Zukunft und ihren Ablauf im Jenseits. In der Jenseitsperspektive verliert das Diesseits auf der einen Seite seine Größe, denn es schrumpft in ein Minimum zusammen, gewinnt aber anderseits seinen eigentlichen Wert, denn es bestimmt den Charakter jenseitigen Lebens.

2. *Das Jenseits ist völlig anders,* als die Menschen es sich vorstellen. Der Mensch ist sinnengebunden und so überträgt er seine sinnlichen Vorstellungen auf das jenseitige Leben.

Er meint also, dass menschliche Beziehungen wie die Ehe auch drüben weitergehen. Nun gebraucht auch die Bibel sinnenfällige Bilder, wenn sie vom Jenseits spricht. Sie redet vom Festsaal, von der Hochzeit, vom Freudenmahl, vom Licht und von der Ruhe, von Gesang und Liedern. Die Apokalypse schildert das neue Jerusalem in allen Farben der Schönheit und des Reichtums. Aber durch das Wort Christi, dass man im Jenseits weder heiratet noch geheiratet wird, ist nun deutlich, dass alle diese Sinnbilder Symbole sind. Das Entscheidende im Jenseits ist die geistige Welt Gottes und das völlige Aufgehen in dieser unergründlichen und unfasslichen Größe und Unendlichkeit Gottes. Der sinnengebundene Mensch kann sich von Gott keinen rechten Begriff machen und darum hat er auch falsche Jenseitsvorstellungen. Selbst nach der Auferstehung des Fleisches ist die Seligkeit der Menschen dieses völlige Hingegebensein an die Herrlichkeit des Herrn und das Durchstrahltsein von seiner Herrlichkeit. Denn der Auferstehungsleib ist anders als der irdische Leib. Er folgt anderen Gesetzen und Bedürfnissen, hat andere Eigenschaften und Fähigkeiten. Das Jenseits ist nur verständlich, wenn man sich bemüht, über die Größe und Herrlichkeit Gottes nachzudenken. Über die Einzelheiten jenseitigen Lebens wissen wir nichts. Wir wissen nur das eine, dass alles ganz anders und unendlich größer und schöner ist als alle menschlichen Vorstellungen. Selbst menschliche Liebe von Mann und Frau sind Dinge, die vor jener Größe verschwinden.

3. Aus dem Wort Christi wird deutlich, dass *Ehe und Menschenliebe nur etwas Vorläufiges, Sinnbildhaftes* sind. Die eigentliche Wirklichkeit ist Einswerdung und Liebe zwischen Gott und dem verklärten Menschen des Jenseits. Diese Wirklichkeit der Liebe hat in Brautschaft und Ehe dieses irdischen Lebens ein Abbild gefunden. Es ist infolgedessen sinnlos, an eine Weiterführung dieses Abbildes zu denken, wenn einmal das Urbild den Menschen geschenkt wird. Der Spiegel wird zwecklos, wenn die Wirklichkeit da ist.

So erhebt sich die Antwort Jesu weit über diese menschliche Kleinheit und Kleinlichkeit seiner Gesprächspartner und sprengt alle engen, dürftigen und armseligen Vorstellungen, welche die Menschen sich vom Jenseits machen. Man darf nicht die Diesseitskategorien einfach aufs Jenseits übertragen. Zwischen der Raupe und dem Schmetterling ist ein Unterschied. »Sie werden sein wie die Engel Gottes.« Der Mensch wird also über alle Armseligkeit und Begrenztheit seiner jetzigen Seinsweise hinaufgehoben in die Herrlichkeit der reinen Geister Gottes, von denen die Bibel immer wieder mit staunender Ehrfurcht spricht. Nur wer über die Größe Gottes nachsinnt, kann die Größe des Menschen ahnen, der Anteil haben wird an Gott selbst.

DAS WICHTIGSTE

Mt 22,34–46: Als die Pharisäer hörten, dass er die Sadduzäer zum Schweigen gebracht hatte, taten sie sich zusammen und einer von ihnen, ein Gesetzeslehrer, stellte ihn auf die Probe und fragte: »Meister, welches Gebot ist im Gesetz das größte?« Er antwortete ihm: »Du sollst den Herrn, deinen Gott, lieben aus deinem ganzen Herzen, mit deiner ganzen Seele und mit deinem ganzen Denken. Das ist das große und erste Gebot. Das zweite ist diesem gleich: Du sollst deinen Nächsten lieben wie dich selbst. An diesen beiden Geboten hängt das ganze Gesetz und die Propheten.« Als die Pharisäer beisammen waren, richtete Jesus an sie die Frage: »Was dünkt euch vom Messias? Wessen Sohn ist er?« Sie antworteten: »Davids.« Da sagte er: »Wie kann dann David ihn im Geist seinen Herrn nennen, mit den Worten: Es sprach der Herr zu meinem Herrn: Setze dich zu meiner Rechten, bis ich deine Feinde unter deine Füße gelegt habe. Wenn nun David ihn ›Herr‹ nennt, wie ist er dann sein Sohn?« Keiner konnte ihm auch nur ein Wort darauf antworten. Und von diesem Tag an wagte keiner mehr, ihm eine Frage zu stellen.

Die Streitreden zwischen den Pharisäern und Christus treiben auf einen inhaltlichen Höhepunkt zu. Es geht um das Wichtigste im Tun und im Sein.

1. *Im Tun.* Die Frage der Pharisäer lautet: »Welches ist das wichtigste Gebot im Gesetz?« Sie erwarten entweder, dass Jesus das Gesetz überhaupt nicht als das Wichtigste hinstelle und durch irgendeine Wendung sein eigenes Wort als wichtiger bezeichne. Dann hätten sie einen Angriffspunkt. Oder aber, dass er aus der Fülle der Gesetzesvorschriften etwas aufgreife, das ihnen einen Angriffspunkt bietet. Aber Christus nimmt sie beim Wort und greift das eigentlich Zentrale heraus. Jenes Entscheidende und Wichtigste im gesamten Wort Gottes, jenes Eine, in dem Altes und Neues Testament, altes und neues Gesetz, Alter und Neuer Bund übereinstimmen: die Lehre der Liebe.

Liebe zu Gott ist das Wichtigste, also nicht das demütige Im-Staube-Liegen des Geschöpfes vor dem Schöpfer, nicht das reumütige An-die-Brust-Schlagen des Sünders, nicht das staunende Aufschauen des Begnadeten, nicht der *Raptus* (»Fortreißen«, Anm. d. Verl.) des Mystikers, sondern die Liebe. Jener warme Strom des Hin und Her zwischen dem Ich und dem Du. Jene innerste und innigste Verbundenheit, jenes heilige Feuer des Herzens, jene alles andere vergessende Hingabe, jenes völlige Sichverlieren in dem Einen und Einzigen, in dem unendlichen und herrlichen Gott. Lieben und Geliebtwerden ist das tiefste Geheimnis der Religion Jesu. Hier will er das Gesetz nicht überbieten, wohl aber sein eigentliches Wesen klar herausstellen. Alle Einzelgesetze sind nur Hilfe für dieses eine Gesetz. Und alle Zehn Gebote sind nur verschiedene Betätigungsfelder dieses einen Gebotes. Aber es soll dann wirklich Liebe sein: mit ganzem Herzen, mit ganzer Seele und ganzem Gemüt. Der ganze Mensch soll erfasst und erfüllt sein von Gott. Von hier aus wird alles unsagbar einfach und doch zugleich von einer unbeschreiblichen Weite und Größe. Aus der Gottesliebe soll sich die Menschenliebe ergeben.

Das Verhältnis zum Mitmenschen ist also nicht Kampf, nicht Recht, nicht Gleichgültigkeit, nicht Sympathie, sondern Liebe. Eine Liebe um Gottes willen, also nicht wegen persönlicher körperlicher oder seelischer Eigenschaften des Mitmenschen und erst recht nicht wegen irgendeines Vorteils. Man soll vielmehr den Menschen lieben, weil Gott ihn liebt und weil er in sich Gottes Spur und Gottes Bild trägt. So werden Gottesliebe und Menschenliebe eins, denn in Gott liebt man die Menschen und in den Menschen liebt man Gott. Damit ist die christliche Ethik auf ihr Höchstes und Tiefstes, auf ihr Letztes und Innerstes gebracht.

2. *Im Sein.* Die Pharisäer wollen sich auf die Schrift berufen. Gerade die Schrift gibt aber Zeugnis von dem, was Jesus selbst ist. Denn der Größte im Alten Bund, König David, dessen Nachkommenschaft Träger der entscheidenden alttestamentlichen Verheißung ist, bezeichnet selbst den Messias, der doch seiner Nachkommenschaft verheißen ist, nicht als seinen Sohn, sondern als seinen Herrn. Wenn aber der Messias der Herr Davids ist, so steht er damit über allen Königen Israels und über Israel selbst.

Noch mehr: Er ist der Herr schlechthin, denn er sitzt zur Rechten Gottes – *Sede a dextris meis.* Er ist also in die Höhe Gottes selbst erhoben und damit über alles Menschliche und alles Geschaffene hinaus. Er ist Gott gleich, Jahwe ebenbürtig, weil er aus Gott geboren ist, also nicht Sohn Davids, sondern Sohn Gottes selbst.

Er ist außerdem Herr in dem Sinne, dass er die Herrschaft über alle seine Feinde erlangen wird. Wenn er wiederkommt, werden sie bloß der Schemel seiner Füße sein. Wenn die Pharisäer ins Lager seiner Feinde übergegangen sind, ist damit ihr Endschicksal gezeichnet. Sie werden nicht über ihn herrschen, sondern in seinen Dienst gezwungen. Sie werden unter seine Füße geworfen und müssen, ob sie wollen oder nicht, ihn verherrlichen. Es wird die Zeit kommen, da aller Streit und Kampf zu

Ende ist und er als der große Sieger in seiner Herrlichkeit aller Welt sichtbar wird.

So klingt dieses Kapitel aus im großen Mysterium der Liebe und im Geheimnis der Größe und Herrlichkeit des Herrn. Die Antwort Jesu ist so treffend und schlagend, dass »von diesem Tage an niemand mehr den Mut hat, auch nur noch eine Frage an ihn zu richten«. In souveräner Größe geht Jesus hier als der Sieger aus dem Wortkampf hervor. In göttlicher Größe wird er einmal als Sieger aus dem Kampf mit allen Gottesfeinden hervorgehen. Dieses Ende wird ihr Ende sein und zugleich sein neuer Anfang. Das Verstummen ist die einzige Antwort, die hier noch möglich ist.

WARNUNG

Mt 23,1–12: Da sprach Jesus zu den Volksscharen und zu seinen Jüngern: »Auf dem Lehrstuhl des Moses sitzen die Schriftgelehrten und die Pharisäer. Alles, was sie euch sagen, das tut und befolgt! Aber nach ihren Werken handelt nicht! Denn sie reden, handeln aber nicht. Sie binden schwere Lasten zusammen und legen sie auf die Schultern der Menschen. Sie selbst jedoch wollen mit keinem Finger daran rühren. All ihre Werke verrichten sie, um von den Menschen gesehen zu werden. Sie machen sich breite Gebetsriemen und lange Quasten. Sie lieben den Ehrenplatz bei Gastmählern und die ersten Sitze in den Synagogen und die Begrüßungen auf dem Markt und wollen von den Menschen ›Rabbi‹ genannt werden. Ihr aber sollt euch nicht Rabbi nennen lassen. Denn einer ist euer Meister. Ihr alle aber seid Brüder. Nennt auch keinen von euch auf Erden ›Vater‹. Denn einer ist euer himmlischer Vater. Lasst euch auch nicht Lehrer nennen, denn einer ist euer Lehrer, der Messias.

Wer unter euch größer ist, soll euer Diener sein. Wer sich selbst erhöht, wird erniedrigt werden, und wer sich selbst erniedrigt, wird erhöht werden.«

Die Warnung vor den Pharisäern hat einen doppelten Grund.

1. Es besteht ein schreiender *Gegensatz zwischen ihrem Reden und ihrem Tun*, ihren Worten und ihren Werken, ihrer Theorie und ihrer Praxis. Sie reden sehr schön von der Last Gottes, von der Forderung des Gesetzes, von der Notwendigkeit religiöser Disziplin, vom Gehorsam gegenüber dem Wort Jahwes, vom Dienen des Geschöpfes und von der Größe, die in der Aufgabe des erwählten Volkes liegt. Ihre Worte hämmern unablässig. Schaut man dann aber näher hin, so gilt das alles nur für die anderen. Sie selbst bewegen sich auf der Linie des geringsten Widerstandes, weichen den Forderungen aus. So ist ihre Religiosität nur theoretische Erkenntnis, Scheinenergie, vorgetäuschter Ernst und Fassadenaskese. Das ist umso ernster, als sie hervorragende Stellen einnehmen. Sie sitzen auf dem Lehrstuhl des Moses. Maßen sich also an, Gottes Wort und Gottes Lehre zu verkünden, beanspruchen somit Gefolgschaft und Gehorsam und missbrauchen doch zugleich ihre Lehrgewalt und religiöse Führerstellung. Sie sind schales Salz und Irrlicht in der Finsternis.

2. *Sie suchen sich selbst.* Wer sich auf akademische Titel und hohe Prälatenwürde etwas einbildet, wer aus persönlichem Dünkel Ehrenplätze sucht, hat den Geist des Herrn nicht verstanden. Es geht aber hier nicht um äußerliche Erfüllung des Wortes Christi und um Buchstabenkasuistik, sondern um den Geist. Es kann einer hohe Titel und Würden tragen, aber nur um der Sache willen, und dabei innerlich schlicht und bescheiden sein. Und es kann einer umgekehrt äußerlich in den hintersten Rängen stehen und zugleich im Herzen die Begierde nach Ehren und Würden tragen. Der Geist entscheidet. Pharisäischer Geist ist Selbstsucht,

christlicher Geist ist Wille zum Dienen. Pharisäertum ist Überheblichkeit, Christentum ist Demut. Pharisäertum ist Gegensatz zwischen Schein und Sein, Christentum ist Vermeidung jedes bloßen Scheines und ist Bemühung um die Echtheit des Seins. Wenn der Heiligenschein Scheinheiligkeit ist, so missbraucht er Göttliches, um allzu Menschliches mit falschem Glanz zu umgeben. Das Christentum stürzt den Größenwahn durch die Liebe zur Niedrigkeit. Dem Christen ist das Herrschen ein Dienen und sein Dienst ist Herrschergröße. Er ist in den Augen Gottes dann der Erste, wenn er in den eigenen Augen der Letzte ist. Er ist dann klein, wenn er sich für groß hält, und er ist groß, wenn er sich seiner Kleinheit bewusst ist. Das Wissen um das eigene Nichts ist Vorstufe zur Erhöhung durch die Gnade. Denn das Sterben ist der Weg zum Leben. Und die Abtötung ist Mittel der Verlebendigung. Darum ist die Warnung vor dem pharisäischen Irrweg der Frömmigkeit zu allen Zeiten und für alle Menschen dringlich.

Das Entscheidende ist die Blickrichtung. Sie geht beim Pharisäer auf das eigene Ich und ist darum Abkehr von Gott. Sie geht beim Christen auf Gott und ist darum Abkehr vom Ich. Nur einer ist euer Meister, Christus. Und nur einer ist euer Vater, der Vater im Himmel. Und nur einer ist euer Lehrer, das Mensch gewordene Wort Gottes. Ist der Blick auf ihn gerichtet, so ist alles in Ordnung. Denn dann stehen Titel und Würden, Werke und Worte in seinem Dienst. Ist die Blickrichtung dagegen ein Kreisen um das eigene Ich als Mitte, so liegt darin eine Verkehrung der rechten Ordnung. Was Gott dienen soll, dient dem Menschen. Gottesdienst wird als Menschendienst missbraucht. Das Suchen nach Gott wird Selbstsucht. Und all das unter dem trügerischen Schein der Religiosität. Hier ist die Warnung zu jeder Zeit dringlich und die Gewissenserforschung gerade für religiöse Menschen und in besonderer Weise für diejenigen, die durch ihre amtliche Stellung eine religiöse Funktion haben, besonders ernst zu nehmen.

DAS ACHTFACHE »WEHE«

Mt 23,13–39: »Weh euch, ihr Schriftgelehrten und Pharisäer, ihr Heuchler! Ihr schließt das Himmelreich vor den Menschen, denn ihr geht selbst nicht hinein und lasst diejenigen, die hineinwollen, nicht eintreten.

Weh euch, ihr Schriftgelehrten und Pharisäer, ihr Heuchler! Ihr zehrt die Häuser der Witwen auf und verrichtet dabei zum Schein lange Gebete. Ein strengeres Gericht wird euch dafür treffen.

Weh euch, ihr Schriftgelehrten und Pharisäer, ihr Heuchler! Ihr reist über Meer und Land, um einen Proselyten zu machen. Wenn er es dann geworden ist, macht ihr ihn zu einem Sohn der Hölle, doppelt so schlimm wie ihr.

Weh euch, ihr blinden Führer, die ihr sagt: Wenn einer beim Tempel schwört, so bedeutet es nichts. Wenn er aber beim Gold des Tempels schwört, gilt es. Ihr Toren und Blinde! Was ist denn größer, das Gold oder der Tempel, der das Gold erst heiligt? Und wenn er beim Altar schwört, ist es nichts. Wenn er aber bei der Opfergabe schwört, die darauf liegt, gilt es. Ihr Blinden: Was ist denn größer, die Opfergabe oder der Altar, der die Gabe heiligt? Wer also beim Altar schwört, schwört bei diesem und allem, was darauf liegt. Und wer beim Tempel schwört, schwört bei diesem und bei dem, der darin wohnt. Und wer beim Himmel schwört, schwört beim Thron Gottes und bei dem, der darauf sitzt.

Weh euch, ihr Schriftgelehrten und Pharisäer, ihr Heuchler! Ihr gebt den Zehnten von Minze und Anis und Kümmel, lasst aber die wichtigsten Forderungen des Gesetzes außer Acht: die Gerechtigkeit, die Barmherzigkeit und die Treue. All das sollte man tun und jenes nicht unterlassen. Ihr blinden Führer! Ihr siebet die Mücken aus und verschluckt das Kamel!

Weh euch, ihr Schriftgelehrten und Pharisäer, ihr Heuchler! Ihr reinigt die Außenseite des Bechers und der Schüssel, innen aber sind sie voll von Raub und Unmäßigkeit. Blinder Pharisäer, reinige zuerst das Innere des Bechers, dann wird auch sein Äußeres rein werden!

Weh euch, ihr Schriftgelehrten und Pharisäer, ihr Heuchler! Ihr gleicht getünchten Gräbern, die außen schön scheinen, inwendig aber voll Totengebein und Unrat sind. So erscheint ihr äußerlich den Menschen gerecht, innen aber seid ihr voll Heuchelei und Gesetzwidrigkeit.

Weh euch, ihr Schriftgelehrten und Pharisäer, ihr Heuchler! Ihr errichtet den Propheten Gräber und schmückt die Denkmäler der Gerechten und sagt: Hätten wir in den Tagen unserer Väter gelebt, dann hätten wir uns nicht am Blut der Propheten schuldig gemacht. So stellt ihr euch selbst das Zeugnis aus, dass ihr Söhne der Prophetenmörder seid. Und ihr macht das Maß eurer Väter voll. Ihr Schlangen, ihr Natterngezücht! Wie wollt ihr dem Gericht der Hölle entgehen! Seht, ich sende Propheten und Weise und Schriftgelehrte zu euch. Die einen davon werdet ihr töten und kreuzigen. Die anderen werdet ihr in euren Synagogen geißeln und sie von Stadt zu Stadt verfolgen, sodass alles gerechte Blut über euch kommt, das auf der Erde vergossen wurde, angefangen vom Blut Abels, des Gerechten, bis zum Blut des Zacharias, des Sohnes des Barachias, den ihr zwischen Tempel und Altar ermordet habt. Wahrlich, ich sage euch: All dies wird über dieses Geschlecht kommen. Jerusalem, Jerusalem, das die Propheten tötet und die steinigt, die zu ihm gesandt sind! Wie oft wollte ich deine Kinder sammeln, wie eine Henne ihre Küchlein unter den Flügeln sammelt. Aber ihr habt nicht gewollt. Seht, euer Haus wird verlassen stehen, denn ich sage euch: Ihr werdet mich von jetzt an nicht mehr sehen, bis ihr sprecht: Gepriesen, der da kommt im Namen des Herrn!«

Da steht es in seiner ganzen Schärfe und Härte, dieses »Wehe«, von Christus gesprochen und zu Menschen gesprochen. Zwei

Dinge sind hier wesentlich: die Tatsache als solche und ihre Begründung.

1. *Die Tatsache.* Diese Schlag auf Schlag sich folgenden Wehe-Rufe des Herrn sind wie zündende Blitze und rollende Donner aus dunklen Zorneswolken. Sind splitternde Axtschläge am stolzen Baume. Sind Todesurteile der höchsten richterlichen Instanz.

Man kann und darf diese Art des Sprechens Jesu nicht überhören. Jesus ist die Mensch gewordene Güte, aber nicht die Mensch gewordene Gutmütigkeit. Wer die Linien seines scharfen Profils aufweicht und seine hämmernden Wehe-Rufe überhört, um nur den Klang der Bergpredigt im Ohr zu behalten, hat vom Geist des Evangeliums so wenig verspürt wie derjenige, der aus der Bibel nur die Posaunen des Jüngsten Gerichtes hört und darum in ständiger Sündenangst lebt. Das Wort Christi ist Gnade, aber es ist auch Forderung. Der Mensch ist frei zu wählen, aber er muss die Folgen seiner Wahl tragen. Er kann sich für Feuer oder Wasser entscheiden, aber die Entscheidung bestimmt sein Schicksal. Den acht Seligpreisungen in der Bergpredigt entsprechen die acht Wehe-Rufe dieser Gerichtsrede. Christus ist Erlöser, ist aber auch Richter. Nur wer diesen Doppelcharakter im Auge hat, geht in der Nachfolge Christi den richtigen Weg. Das Evangelium ist nichts weniger als harmlos. Man kann es beiseiteschieben, aber nur, um dann selbst beiseitegeschoben zu werden.

An der Tatsache dieser Wehe-Rufe ist aber noch etwas anderes erschütternd, nämlich die Personen, denen es gilt: »Wehe euch, ihr Schriftgelehrten und Pharisäer!« Die eigentlichen Feinde Jesu sind also nicht die Ungläubigen und die Sünder, sondern Widerspruch und Widerstand erfolgt vonseiten der Theologen, der Bibelkenner und der »Frommen«. Die offiziellen religiösen Kreise Israels bilden die Opposition. Das ist etwas so Unfassliches, dass man sich nie daran gewöhnen und leichthin damit abfinden darf. Christus wird abgelehnt mit der Berufung auf die Bibel und seine Forderungen werden zurückgewiesen mit dem Pochen auf die echte und wahre Frömmigkeit. Das Lob der Zöllner und das Wehe über die Pharisäer kann nicht überhört werden. Der Blitz Christi schlägt in das Haus, das am gesichertsten schien. Sein Todesurteil trifft diejenigen, die als Kläger aufgetreten sind. Die scheinbar Nächsten werden in die Ferne geworfen und die scheinbar Fernsten in die Nähe gerufen. Dieses Wehe über die Pharisäer und Schriftgelehrten ist eine Revolution im Wort Gottes, die ständig weiterdauert. Sie entlarvt unerbittlich und stellt falsche Frömmigkeit öffentlich an den Pranger. Es zeigt sich, dass es Außenstehende gibt, die in Wirklichkeit drinnen sind, und dass es Kultusdiener gibt, die in Wirklichkeit draußen stehen. Der Schein kann Menschen trügen, aber nicht Gott, denn er beurteilt untrüglich die Echtheit des Seins.

2. *Die Begründung.* Das erste Wehe wirft den Feinden des Herrn vor, dass sie das Himmelreich verschließen, während sie es doch öffnen sollten. Die Führer werden zu Verführern, die Ärzte zu Mördern, die Helfer zum Hindernis. Wie oft hat sich das seitdem auch in der Kirche wiederholt! Wie viele sind durch Wort und Beispiel Drahtverhau anstatt Wegweiser, Widerstand anstatt Förderung, Ärgernis statt leuchtendes Beispiel.

Das zweite Wehe formuliert den Vorwurf, der den Pharisäern aller Zeiten gilt, dass sie sich ihr Beten bezahlen lassen, und zwar von Menschen, die in Not sind. Aus der Religion finanzielle Vorteile zu ziehen, ist Missbrauch der Gläubigkeit. Das Gebet darf kein Geschäft sein und es ist Schamlosigkeit, die Not anderer zu gebrauchen, um sich selbst die Möglichkeit zu einem Prasserdasein zu verschaffen.

Das dritte Wehe konstatiert, dass die Pharisäer zwar eifrig sind, aber nicht zum Guten, sondern zum Bösen. Sie gewinnen die Menschen nicht für Gott, sondern für sich selbst. Und so bevölkern sie nicht das Reich Gottes, sondern das Reich Satans. Wer in selbstsüchtigem Fanatismus religiöse Propaganda treibt, dient dem Antichristen, auch wenn er sich noch so christlich gebärdet.

Das vierte Wehe geißelt die falsche Kasuistik, die da glaubt, durch schlaue und raffiniert angelegte Hintertürchen Gott hintergehen zu können. Die Geradlinigkeit wird umgebogen, aber vor dem Tribunal Gottes helfen Advokatenkniffe nichts. Wer das Gesetz des Herrn scheinbar hält, es aber in Wirklichkeit schlau zu umgehen versteht, betrügt nicht Gott, sondern sich selbst.

Das fünfte Wehe stellt den bloß äußerlichen Legalismus und Formalismus bloß. Der Geist ist wichtiger als das Gesetz. Das heißt nicht, dass es kein Gesetz geben soll. »Man soll das eine tun und das andere nicht lassen.« Das Gesetz besteht zu Recht. Aber die äußere Erfüllung seiner Paragrafen ist wertlos, wenn sie nicht aus der rechten Gesinnung und dem rechten Geist geleistet wird.

Das sechste Wehe betont den Primat der Innerlichkeit. Wie lächerlich ist es, äußere Reinheitsbestimmungen mit letzter Akribie zu erfüllen und sich dabei um die Reinheit des Herzens nicht zu kümmern. Man haftet am Symbol und übersieht die Wirklichkeit. Das Gesetz ist nicht Straße, sondern Wegweiser. Nicht Gehalt, sondern Gestalt. Nicht Fülle, sondern Hülle. Nicht Kern, sondern Schale. Der Baum ohne Laub geht zugrunde. Wer sich aber mit dem Laub begnügt, hat weder Blüte noch Frucht. Er klammert sich an den Schutz des Lebendigen, während ihm in Wirklichkeit das Leben entgleitet.

Das siebte Wehe geißelt die Fassadenfrömmigkeit. Was nützt äußere Tadellosigkeit, wenn das Innere der Fäulnis verfallen ist! Die weiße Weste macht noch keinen Ehrenmann und die fromme Gebetshaltung noch keinen Christen. Die Röntgenstrahlen des Gottesurteils enthüllen die inneren Sünden und Fehler, unbekümmert um die äußere Haut trügerischen Scheines.

Das letzte Wehe ist ein vernichtendes Urteil Christi. Die Söhne der Prophetenmörder sind von der eigenen Schuldlosigkeit so überzeugt, dass sie gerade dadurch schuldig werden. Sie, die den Propheten Gedenksteine errichten, sind in Wirklichkeit durch die Worte ebendieser Propheten verurteilt. Denn die Propheten haben die Scheingerechtigkeit der Selbstgerechten mit schärfsten Worten gebrandmarkt. So findet auch Christus Worte von unerhörter Schärfe. Denn er nennt seine Gegner »blinde Führer«, »getünchte Gräber«, »Schlangenbrut«, »Natterngezücht«, »Prophetenmörder«. Sie werden die neuen Propheten, die der Herr ihnen schickt, töten, kreuzigen, öffentlich auspeitschen und verfolgen. Sie werden aber außerdem ihn selbst, der die Propheten und Weisen sendet und von dem Propheten und Weise Kunde bringen, ermorden, sodass das Blut aller Gerechten über sie kommt, weil sie das Blut des schlechthin Gerechten, das Blut des Menschensohnes und Gottessohnes, vergießen und damit das Gericht Gottes auf sich herabrufen.

Das Ergebnis dieser erschütternden Reden des Herrn ist die Klage über Jerusalem, das Schutz und Hilfe und sorgende Liebe ablehnt, bis der Herr es verlässt. Dann steht der Tempel leer, denn der Herr wird einen anderen geistigen Tempel und ein anderes, neues Jerusalem bauen. So ergeht sein Gericht über das Volk Gottes, das Gott verlässt und darum selbst von Gott verlassen wird. Gottverlassenheit ist aber das Schlimmste, was einem Menschen und einem Volk begegnen kann. Noch haben sie eine letzte Möglichkeit, denn der Herr hört noch nicht auf, sich ihnen zu offenbaren. Noch immer können sie sagen: Hochgelobt, der da kommt im Namen des Herrn! So werden die drohenden Worte Christi zur Mahnung, Gottes Wort nicht zu überhören und die Stunde der Gnade nicht zu versäumen. Noch ist es Zeit!

VOM ENDE DES TEMPELS

Mt 24,1–2: Hierauf verließ Jesus den Tempel. Seine Jünger kamen herbei, um ihm die Bauten des Tempels zu zeigen. Er aber antwortete ihnen:

»Seht ihr das alles? Wahrlich, ich sage euch: Hier wird kein Stein auf dem anderen bleiben; alles wird zerstört werden.«

1. *Der Tempel.* Der Tempel bildet die geistige, religiöse und nationale Mitte des Volkes Israel. Schon am Sinai empfing Moses die Weisungen des Herrn zum Bau der Stiftshütte. Sie ist das Führerzelt des Nomadenvolkes in der Wüste. Nach der Eroberung des Landes und der Festigung des Königtums durch David baute dessen Sohn Salomo den ersten Tempel. Er ist das versteinerte Bundeszelt. Denn nun, da Israel im Gelobten Land sesshaft geworden, kann die wandernde Hütte durch den festen Bau abgelöst werden. Aber 587 v. Chr. wird mit der Zerstörung Jerusalems durch die Truppen des Königs von Babylon auch der Tempel zerstört, wie Jeremias vorausgesagt hatte.

Nach der Rückkehr aus dem Exil macht sich das Volk an den Bau des zweiten Tempels. 515 v. Chr. wird er feierlich eingeweiht. Aber sein Schicksal ist wechselvoll. Israels Könige selbst entweihen ihn durch Götzendienst verschiedenster Art. Aber Judas Makkabäus stellt ihn wieder her und weiht ihn aufs Neue. Pompejus betritt bei der Eroberung Jerusalems im Jahre 63 v. Chr. das Allerheiligste, aber er schont den Tempel. 37 v. Chr. stürmt Herodes den Tempelberg und den Tempel selbst. Aber Herodes ist es dann auch, der den Tempel vergrößert und beinahe neu baut. 46 Jahre lang wird daran gearbeitet. Erst im Jahre 64 n. Chr. ist er vollendet, aber schon 6 Jahre darauf endgültig zerstört.

Der Herodianische Tempel, der zur Zeit Jesu steht, ist ein gewaltiger Bau. Er weist Quader von fünf und mehr Metern Länge und Breite auf. In den Vorhöfen sammelt sich das Volk, Heiden und Juden getrennt, und bei den Juden Frauen und Männer getrennt. Im Vorhof der Priester steht der riesige Altar von 25 Metern im Geviert und einer Höhe von sieben Metern. Der eigentliche Tempelbau enthält das Heiligtum mit dem Rauchopferaltar und dem goldenen Tisch für die Schaubrote und dem siebenarmigen Leuchter. Das Allerheiligste, vom Heiligtum durch einen Vorhang getrennt, ist wie ein Kubus (Würfel) von gleicher Länge, Breite und Höhe und wird nur einmal im Jahr, und auch dann nur vom Hohenpriester, betreten. Rings um die Vorhöfe befinden sich die gewaltigen Tempelhallen. Eine davon sieht wie eine dreischiffige Kirche mit 162 korinthischen Säulen aus. In diesem Tempel schlägt das Herz Israels. Dort werden die Brandopfer und Rauchopfer dargebracht. Dort hört man die silbernen Posaunen der Priester und die Chöre der Leviten. Dort strömt an den Festtagen das Blut von Tausenden und Abertausenden von Opfertieren. Dort wird auch von den Gesetzeslehrern, den großen und den kleinen Meistern in Israel, die Thora verkündet. Dort wird die Politik besprochen, werden Geldgeschäfte abgewickelt. Wenn an den Hauptfesten die Wallfahrer von nah und fern zu Hunderttausenden zusammenströmen, erwacht Israels Nationalstolz und das religiöse Selbstbewusstsein des Volkes.

Der Tempel ist aber nur etwas Vorläufiges, ist steinernes Symbol des großen kommenden Tempels der heiligen Kirche, in der Gott im Geist und in der Wahrheit angebetet wird. Wie der Tempel die religiöse Mitte des einen Volkes bildet, so soll die Weltkirche religiöse Mitte der neuen Menschheit im Neuen Bunde sein. Und so soll im Kleinen jedes Gotteshaus religiöse Mitte einer Gemeinde sein und soll in jedem Menschenleben der Tempel des Herzens die Mitte der menschlichen Existenz bilden.

Der Tempel ist der Ort, an dem sich Gott und Mensch begegnen. Der segnende, heiligende, spendende Gott und der bedürftige, bittende, sündige Mensch. So vollzieht sich das Wichtigste im Tempel.

2. *Das Ende des Tempels.* Ein Doppeltes steht in diesen zwei kurzen Versen.

Einmal heißt es schlicht, aber erschütternd: »Jesus verließ den Tempel und ging fort.«

Schon der zweite Tempel hatte nicht mehr den gleichen geheimnisvollen Inhalt wie der erste. Denn die Bundeslade mit den Cherubim war verschwunden und mit ihr der Inhalt der Lade: der Krug mit Manna, das Gesetz und der Stab Aarons. Das Allerheiligste stand leer. Aber die Majestät Gottes war nicht an den äußeren Thronsessel der Bundeslade gebunden und so war Israel überzeugt, dass die Herrlichkeit des Herrn auch im zweiten Tempel im Allerheiligsten ruhe. Dann aber schaut Ezechiel in einer seltsamen Vision, wie die Majestät des Herrn den Tempel verlässt. Da mag äußerlich die ganze Feier ritueller Handlungen sich vollziehen, der Rauch der Opfer mag zum Himmel emporsteigen, die Gebete und Gesänge erschallen, der Tempel ist trotzdem leer und ist nicht mehr, was er zuvor gewesen.

Und nun ist Jesus gekommen, die verhüllte Majestät Gottes in Person. Solange er im Tempel weilt, birgt dieser das eigentliche Allerheiligste. Wenn nun aber Jesus endgültig den Tempel verlässt, steht er endgültig leer. Er ist nunmehr Schale ohne Kern, Gefäß ohne Inhalt, grandioses Mauerwerk ohne Gehalt.

Der geistige Tempel, die Kirche des Herrn, braucht dieses Schicksal nicht zu fürchten. Allerdings nicht etwa, weil die Christen von heute bessere Menschen sind als die Juden von damals, sondern weil trotz der Treulosigkeit der Menschen der treue Gott sein Wort hält. Er aber hat gesagt: »Ich bin bei euch alle Tage bis zum Ende der Zeiten.« So wissen wir, dass das Allerheiligste durch die Gegenwart Christi in der Kirche zu finden ist und dass darum mitten in der Welt der Völker und Menschen das Heiligtum des Herrn als das eigentliche Geheimnis der Welt vorhanden ist.

Das Gleiche gilt für das katholische Gotteshaus in jeder Pfarrei. Priester und Gläubige sind sündige Menschen. Aber das

Allerheiligste ist da, denn der Herr ist gegenwärtig unter der Hülle der Brotgestalt. Vom Heiligtum des Menschenherzens kann das Gleiche nicht gesagt werden. Denn hier gilt die Verheißung Christi nur, solange der Mensch nicht sündigt. Menschensünde ist Tempelschändung, ist Entweihung des geweihten Heiligtums. Jesus verlässt dann diesen lebendigen Tempel des Herzens. Ein solches Menschenleben mag äußerlich erfolgreich sein und imponierend in der Größe seiner Leistung, ein solcher Menschenkörper mag stark und gesund sein und so schön, dass der Mensch deswegen geliebt und beneidet wird, es ist trotzdem nur Schale, nur Gemäuer. Das Innerste steht leer. Es ist Leben in Gottverlassenheit.

Ein Zweites betonen diese Verse: Es wird kein Stein auf dem anderen bleiben.

Das äußere Ende des Herodianischen Tempels war schrecklich. Die Truppen unter Titus haben den Tempelberg gestürmt, die Brandfackel ins Heiligtum geschleudert. Über Berge von Leichen hinweg haben sie sich den blutigen Weg gebahnt. Man wusste nicht, was schrecklicher war: die prasselnden Flammen oder die Ströme von Blut oder das Wehgeschrei des Volkes. Kein Stein ist auf dem anderen geblieben. Und der Tempel ist seitdem nicht mehr aufgebaut worden. Wo er stand, steht heute eine Moschee und nur am Unterbau der Klagemauer gedenken trauernde Juden der vergangenen Größe.

Dem geistigen Tempel der Kirche Gottes ist dieses Schicksal erspart. Sie kann wohl in einzelnen Ländern und Völkern verfolgt, sogar vernichtet werden, aber sie breitet sich zu gleicher Zeit in anderen Ländern und Völkern aus und sie wird als Ganzes bestehen bis zum Ende der Zeiten. Denn der Herr hat es gesagt: »Die Pforten der Hölle werden sie nicht überwältigen.« Gotteshäuser in Städten und Dörfern können zerstört werden, die Kirche als Ganzes bleibt.

Der Tempel im Menschenherzen wird zerstört, wenn er durch die Sünde entweiht wird und wenn dann der Mensch beim

Gericht des Herrn am Jüngsten Tag endgültig verworfen wird. Man wird einem Verdammten immer ansehen, dass er ein Tempel des Herrn gewesen ist und sein sollte. Aber er ist in Wirklichkeit nur Tempelruine, zerstörtes Heiligtum.

So sind diese zwei Verse von strenger Größe, eine ernste Mahnung an die Menschheit, an jedes Volk, an jede Gemeinde und an jeden Menschen.

NOCH NICHT

Mt 24,3–14: Als er sich dann auf dem Ölberg niederließ, kamen die Jünger allein zu ihm und sprachen: »Sag uns, wann all dies geschehen wird und welches das Zeichen deiner Wiederkunft und des Weltendes sein wird.« Jesus antwortete ihnen: »Seht zu, dass euch niemand in die Irre führt. Denn viele werden kommen und in meinem Namen behaupten: ›Ich bin der Messias‹ und werden viele in die Irre führen. Ihr werdet von Kriegen und von Kriegsgerüchten hören. Seht zu, dass ihr deswegen nicht erschreckt. Denn das muss geschehen. Aber es ist nicht das Ende. Volk wird gegen Volk aufstehen und Reich gegen Reich. Es wird Hungersnöte geben und Erdbeben an verschiedenen Orten. Aber all das ist nur der Anfang der Wehen. Sie werden euch der Drangsal ausliefern und euch töten. Ihr werdet von allen Völkern um meines Namens willen gehasst werden. Viele werden Anstoß nehmen, einander verraten und einander hassen. Und viele falsche Propheten werden auftreten und viele in die Irre führen. Und weil die Gesetzlosigkeit überhandnimmt, wird bei vielen die Liebe erkalten. Wer aber ausharrt bis zum Ende, der wird gerettet werden. Und diese Frohbotschaft vom Reich wird auf der ganzen Welt verkündet werden, allen Völkern zum Zeugnis. Und dann erst kommt das Ende.«

Die Jünger richten zwei Fragen an den Herrn: wann das Ende komme und ob es bestimmte Zeichen gebe, die es ansagen. Die Antwort Jesu geht dahin, dass das Ende noch nicht da sei und dass es keine Zeichen gebe, wohl aber im Ablauf der Welt- und Kirchengeschichte ständige Mahn-und Warnzeichen.

1. Das gilt für den *Ablauf der Weltgeschichte*. Dieser Ablauf wird sehr bewegt sein, ja, man wird den Eindruck haben, als sei Christus gar nicht gekommen. Denn es werden immer wieder neue Menschen mit messianischen Ansprüchen auftreten und immer wieder werden sie Erfolg haben und viele verführen. Sie fordern Glauben, verheißen irdische Paradiese, fesseln die Massen und lösen Bewegungen aus. In der Tat gibt es kein Jahrhundert, in welchem nicht mehrere Pseudo-Messiasse aufgetreten sind, bald mit rein religiösen Verheißungen, bald politisch oder wirtschaftlich verbrämt.

Zum Ablauf der Weltgeschichte gehört weiterhin, dass es immer wieder Kriege geben wird, Volk gegen Volk, Reich gegen Reich. Es ist also nicht so, dass durch Christus der äußere politische und militärische Friede schon jetzt auf die Erde gebracht ist. Die Formen und Ausmaße der Kriege wechseln, aber die Kriege bleiben.

Und ein Drittes wird es immer geben: Naturkatastrophen durch Erdbeben, Seuchen, Hungersnöte.

Immer wieder, wenn solche Messiasse aufstehen, wenn Kriege ausbrechen, wenn Naturkatastrophen kommen, wird man glauben, es sei das Ende. Aber all das ist eben nicht das Ende.

Aus diesen Worten des Herrn ergeben sich wichtige Folgerungen. Eine erste: Sein Kommen damals war nicht das endgültige Kommen. Erst wenn er ein zweites Mal kommt bei der Wiederkunft, wird sein Reich in Größe und Herrlichkeit sichtbar. Dann erst sind die großen Worte der Propheten erfüllt, ihre Verheißungen verwirklicht. Zwischen seinem ersten und zweiten Kommen ist jene Zwischenzeit, in der wir stehen. Sie wird den Eindruck erwecken, als habe sich nichts geändert. Es ist die Zeit nicht des Schauens, sondern des Glaubens, die Zeit des Menschensohnes in der Verhüllung und Verborgenheit, die Zeit der Drangsal und Bewährung.

Ein Zweites: Bis zur Wiederkunft Christi wird es Drangsale aller Art geben. Das klingt ermüdend und ist zermürbend. Es zerstört die Illusionen betrogener und betrügender Friedensapostel und aller Versprecher irdischer Paradiese. Es ist unausweichliche Ernüchterung für alle diejenigen, die an einen ständigen Aufstieg der Menschheit glauben und die hoffen, durch Politik, Wirtschaft, Erziehung, Bildung, Technik und Sozialarbeit Wohlstand für alle bringen und sichern zu können. Soll man sich also nicht um diese Dinge bemühen? Doch, aber ohne Täuschung. Jeder Mensch weiß, dass er sterben muss und jeder Arzt weiß, dass seine sämtlichen Patienten eines Tages sterben. Trotzdem bemüht man sich um Gesundheit und Gesundung, um die begrenzte Zeitdauer so gut wie möglich zu gestalten. Gerade der Mensch, der durch seinen Glauben weiß, dass Leiden aller Art unausweichlich sind, wird sich trotzdem bemühen, nach besten Kräften die Leiden zu mildern, wird aber nicht entmutigt, wenn er immer wieder von vorne anfangen muss. Er hat die Zähigkeit dessen, der um beides weiß, um die Notwendigkeit des Helfens und Linderns, aber zugleich um die Grenzen seiner Möglichkeiten.

Ein Drittes: Die Bewährung in dieser Zwischenzeit der Drangsale ist Ausbau des verborgenen Reiches Gottes und damit Grundlegung dessen, was einmal in der Herrlichkeit sichtbar wird. Aller irdische Pessimismus wird überwunden durch den Glaubensoptimismus, der weiß, dass trotz allem das Reich Gottes in der Verborgenheit wächst, von Tag zu Tag, von Generation zu Generation.

2. Es gilt für die *Kirche*. Christus sagt den Seinen voraus, dass man sie der Drangsal überliefern und töten wird. Christenverfolgungen können also den Gläubigen nicht irremachen. Sie sind im

Gegenteil ein Erweis der Wahrheit dessen, was Christus vorausgesagt hat. Die Christen werden um des Namens Christi willen »von allen Völkern gehasst« sein. Gutes tun wird mit Undank belohnt, Liebe mit Hass, Hilfe mit Ablehnung. Es gibt nun einmal das Böse im Menschen und es gibt die dämonischen Kräfte. Erst wenn der Herr wiederkommt, verschwinden diese Dinge. In der Zwischenzeit wirken sie sich aus. Ja, es ist noch schlimmer. Viele der Seinen werden am Glauben irre. Es gibt also in der Christenheit innere Spannungen, Kämpfe, ja Verrat und Hass. Das ist das Furchtbare in der Geschichte der Kirche, dass sie selbst gespalten wird und dass in den Reihen derer, die an die Liebe glauben, der Hass zu finden ist. Zum Versagen im Moralischen kommt noch das Versagen im Glauben. Denn auch innerhalb der Kirche werden falsche Propheten auftreten, Häretiker und Schismatiker, durch welche die Kirche nicht reformiert, sondern deformiert wird. Sie werden immer wieder Erfolg haben, Sekten gründen, Konventikel organisieren, Bewegungen auslösen, sodass viele an der Wahrheit irrewerden.

Ist es erstaunlich, dass dann außerhalb der Kirche in der gesamten Menschheit »die Gottlosigkeit überhandnimmt und die Liebe erkaltet«? Die Kirchengeschichte ist also nicht ein einziger Siegeszug des Christentums, sondern harter Kampf mit vielen Niederlagen. Und am Ende steht nicht eine verchristlichte Welt, sondern ein Überhandnehmen des Atheismus und ein Schwinden der Gottes- und Menschenliebe, dafür ein Wachsen gottlosen und unmenschlichen Hasses. Die Forderung für den Christen lautet: »Ausharren bis zum Ende!«

Diese Schilderung Christi vom Ablauf der Welt- und Kirchengeschichte ist genau das, was die Apokalypse in ihren erschütternden Visionen und Bildern zeichnet. Es ist nur erstaunlich, wie wenig die Menschen daran denken und wie selten sie sich dieser Worte des Herrn erinnern, um dafür immer wieder ihren Illusionen nachzulaufen, und infolgedessen beunruhigt und an ihrem Glauben irrewerden, wenn die Dinge kommen, die

Christus vorausgesagt hat, die sie aber nicht angenommen haben. Und nun das Entscheidende: Durch dieses ganze Dunkel hindurch und über dieses Chaos hinweg dringt wie ein beseligendes Licht das Wort Christi: »Die frohe Botschaft vom Reich wird in der ganzen Welt verkündet werden zum Zeugnis für alle Völker.« In der Stille wächst es. Im Verborgenen der Herzen blüht es auf. Trotz aller Verfolgungen geht die Botschaft von Volk zu Volk. Überall wird man davon hören. Und erst wenn alle Menschen und alle Völker die Möglichkeit hatten, sich mit der Botschaft Christi auseinanderzusetzen, wird das Ende kommen. Die satanische Macht triumphiert in der Sichtbarkeit, aber Christus ist der Stärkere, denn trotz allem geht sein Wort von Land zu Land, von Volk zu Volk. Trotz allem wird jedem die Möglichkeit geboten, Ja oder Nein zu sagen, dem Glauben oder Unglauben zu verfallen, sich für oder gegen das Reich Gottes zu entscheiden. Und erst wenn diese innere, unsichtbare, stille Entscheidung gefallen ist, kommt der Herr und bricht sein Reich in Sichtbarkeit an und wird das Ergebnis der verborgenen Welteroberung allen kundgetan.

So ist dieses »Noch-nicht« auf der einen Seite ernüchternd, deprimierend, aber auf der anderen Seite ermutigend und erhebend. Man muss den Blick des Glaubens haben, um hinter den sichtbaren Dingen das große unsichtbare Geschehen zu schauen. So wird der Christ durch seinen Glauben an nichts und niemandem irre. Er schreitet unentwegt und unbeirrt vorwärts, denn sein Blick ist auf die Zukunft gerichtet, auf das Dereinst, auf das Ende dieses Zeitablaufs, auf die große Entscheidungsstunde der Wiederkunft des Herrn und des Anbrechens seines Reiches in Herrlichkeit.

VOM ENDE JERUSALEMS

Mt 24,15–21: »Wenn ihr nun den Gräuel der Verwüstung, von dem der Prophet Daniel spricht, an heiliger Stätte stehen seht – wer es liest, der merke auf –, dann sollen die, die in Judäa sind, in die Berge fliehen. Wer auf dem Dache ist, steige nicht mehr herab, um seine Sachen aus dem Haus zu holen. Wer auf dem Felde ist, kehre nicht zurück, um seinen Mantel zu holen. Wehe den Schwangeren und den Stillenden in jenen Tagen! Betet, damit eure Flucht nicht auf den Winter oder auf einen Sabbat falle! Denn die Drangsal wird groß sein, wie es nie eine gegeben hat vom Anfang der Welt bis heute und wie es auch keine mehr geben wird.«

Das Ende ist noch nicht da. Aber es kommt und kommt unerwartet rasch. Das gilt für das Ende Jerusalems und für das Ende der Welt. Und das eine ist das Zeichen des anderen. Darum spricht der Herr zuerst von Jerusalem.

1. *Die Zerstörung wird kommen.* Zur Zeit, da die Jünger mit dem Herrn am Hang des Ölbergs nach Jerusalem hinüberschauen und die Stadt vom Glanz der sinkenden Sonne vergoldet vor sich haben, scheint dieses Ende völlig unwahrscheinlich. Jerusalem ist politisch gesicherter als je, denn nun steht es unter dem Schutz der römischen Weltmacht und der römischen Legionen.

Dazu hat Jerusalem seinen Tempel. Man ist noch immer am Bauen. Wer denkt während des Bauens an Zerstörung! Der Tempel ist anerkannter Mittelpunkt. An den Festtagen kommen die Pilger von nah und fern. Auch die Heiden nehmen Rücksicht auf das Heiligtum und schützen es. Die Feinde, die es ehedem zerstört hatten oder zerstören wollten, Assur, Babylon und Ägypten, sind zur Bedeutungslosigkeit zusammengeschrumpft. So scheinen Stadt und Tempel gesichert.

Und doch kommt das Ende. Im Tempel wird der Gräuel der Verwüstung sichtbar werden. So hat es Daniel vorausgesagt. Und so sieht und sagt es jetzt auch Christus. Die Heilige Stadt wird unheilig. Der Bau wird zerstört und nur Trümmer werden übrig bleiben. Und so kommt auch die Zerstörung der Stadt.

Dieses Ende ist ein Warnsignal. Denn ähnlich wird es mit der Welt gehen. Die Menschen glauben nicht im Ernst an ihr Ende. Sie richten sich auf ihr so heimisch ein und bebauen sie mit solchem Ernst und Eifer, als ob sie in alle Ewigkeit bestehen müsse. Und doch wird das Ende kommen. Menschenidee ist trügerisch, der Glaube allein gibt Gewissheit. Menschliche Sicherheitsverheißungen und Garantien bedeuten nichts. Das Wort Gottes ist untrüglich. Und gerade dieses Wort redet auch vom Ende der Welt.

2. Die Zerstörung wird *rasch und unerwartet* kommen. Das Ende kommt so rasch, dass jemand, der draußen auf dem Lande Judäa weilt, nicht mehr in die Stadt zurückkann, um noch etwas zu retten. Er kann nur schleunigst in die Berge fliehen, ja, sogar wer in der Stadt auf dem flachen Dache seines Hauses steht, hat nicht mehr Zeit, ins Innere des Hauses zu gehen, um seine Habseligkeiten zusammenzuraffen. Er kann nur durch die äußere Treppe schleunigst auf die Straße und ins Freie fliehen. Werdende Mütter, die ein Kind unter dem Herzen tragen, werden nicht mehr die Kraft haben, schnell genug zu fliehen. Und sollte die Katastrophe im Winter kommen, so ist das Unglück groß, denn man wird die Nacht im Freien zubringen müssen. Fällt aber der Unglückstag auf einen Sabbat, an dem man nur einen Sabbatweg weit gehen kann, so muss entweder das Gesetz verletzt werden oder der Mensch ist dem Untergang geweiht. Alle diese Ausdrücke betonen das Gleiche, dass nämlich das Unglück plötzlich über diese Stadt und dieses Volk hereinbricht. Es gibt also keine Vorzeichen. Wenn der Mensch es bemerkt, ist das schon der Anfang vom Ende.

So wird es auch sein am Ende der Welt. Plötzlich wird es kommen. Die Frage nach den Vorzeichen wird also dahin beantwortet, dass der Beginn der Katastrophe das einzige Zeichen ist. Darum heißt es, immer bereit und wachsam zu sein, sich nicht in falscher Sicherheit zu wiegen und nicht in trügerischer Ruhe zuzuwarten.

Zu der Zeit, da Christus diese Worte spricht, klingt das alles sehr unwahrscheinlich. Und doch ist die Zerstörung des Tempels und der Stadt schon im Jahre 70 erfolgt. Und zwar gerade durch die Römer, die der Schutz und die Sicherheit zu sein schienen. Und die Zerstörung war furchtbar. In Strömen floss das Blut. Haufen von Leichen lagen in den Häusern und auf den Straßen. Der Tempel ist seitdem nicht mehr aufgebaut worden. So steht dieses Warnsignal nicht nur mitten in der Bibel, sondern mitten in der Welt.

Vielleicht darf man hinzufügen, dass alle Zerstörungen der großen Städte düstere Flammenzeichen der Weltgeschichte sind. Erschütternde Mahnungen, dass einmal in der astronomischen Katastrophe des Weltenbrandes die Erde zerstört wird. Ob es sich um die Vernichtung der gewaltigen befestigten Städte der Antike handelt oder um die Zerstörung moderner Städte in heutigen Kriegen und mit Atomwaffen, es sind immer Mahnungen, dass die Sicherung der Menschen keine Sicherheit bedeutet und dass alles dem Untergang geweiht ist. Wie Jesus den Untergang Jerusalems als warnendes Zeichen gibt, so zeichnet die Apokalypse den Untergang des alten Rom und die Zerstörung der reichen Stadt Tyrus als nahe Zeichen des Untergangs weltlicher Macht und weltlicher Größe. Bis alles sein letztes Ende findet im Untergang der Welt. Dann erst baut der Herr die neue Erde und den neuen Himmel. Und dann erst gibt es kein Ende, keine Katastrophe und keinen Untergang mehr.

DAS ENDE DER WELT

Mt 24,22–31: »Wenn jene Tage nicht abgekürzt würden, würde niemand gerettet. Aber um der Auserwählten willen werden jene Tage abgekürzt. Wenn euch dann jemand sagt: ›Siehe, hier ist der Messias oder dort‹, so glaubt es nicht. Denn falsche Messiasse und falsche Propheten werden auftreten und sie werden große Zeichen und Wunder vollbringen, um womöglich die Auserwählten in die Irre zu führen. Seht, ich habe es euch vorhergesagt. Wenn sie euch dann sagen:

›Siehe, er ist in der Wüste‹, so geht nicht hinaus. Oder: ›Siehe, er ist in den Häusern‹, so glaubt es nicht. Denn wie der Blitz vom Osten ausgehend bis in den Westen leuchtet, so wird die Wiederkunft des Menschensohnes sein. Wo ein Aas ist, da sammeln sich die Geier. Sofort aber nach der Drangsal jener Tage wird sich die Sonne verfinstern, der Mond seinen Schein nicht mehr geben, die Sterne werden vom Himmel fallen und die Kräfte des Himmels werden erschüttert werden. Dann wird das Zeichen des Menschensohnes am Himmel erscheinen. Und dann werden alle Völker der Erde wehklagen und den Menschensohn auf den Wolken des Himmels kommen sehen mit Macht und großer Herrlichkeit. Und er wird seine Engel mit mächtigem Posaunenschall aussenden und sie werden die Auserwählten von allen vier Windrichtungen sammeln, von einem Ende des Himmels bis zum anderen.«

Das Ende Jerusalems ist nur ein Warnsignal, keineswegs die Katastrophe selbst. Aber auch diese wird kommen. Ein Doppeltes betont Christus dabei: die Drangsal und das Gericht.

1. *Die Drangsal.* »Es wird eine große Drangsal eintreten, wie sie von Anbeginn der Welt bis jetzt noch nie dagewesen ist und auch sonst nie sein wird.« Ja, die Drangsal ist so groß, dass die Gefahr

besteht, dass alle Menschen die Haltung verlieren. Die Existenzangst wird alle erschüttern, die Verwirrung alles verdunkeln. Es ist letzte Auswirkung der Sünde und des satanischen Treibens und es wäre der Untergang aller, wenn Gott nicht aus Gnade »jene Tage abkürzen« würde.

Die Drangsal ist einerseits etwas Innerliches, Religiöses, denn die Zahl der falschen Propheten wird sich vermehren. Falsche Messiasse werden aufstehen. Von allen möglichen und unmöglichen Seiten werden Heilsverheißungen verkündet. Und alle möglichen und unmöglichen Ratschläge wird man den Menschen geben. Die einen rufen in die Wüste, die anderen in die Städte. Weltflucht und Weltbejahung, Rückzug in die Einsamkeit und Vorstoß ins volle Leben, all das wird man empfehlen und vor alldem wird man anderseits wieder warnen. Und immer im Namen Gottes und mit christlichen Worten. Wie sollen die Gläubigen da einen klaren Kopf bewahren und eine sichere Linie einhalten können! Es wird eine Drangsal der Geister und der Herzen sein. Und doch werden alle Prophezeiungen fehlgehen, denn es gibt keine Vorzeichen.

Die Drangsal ist anderseits bedingt durch die kosmische Katastrophe. Von der Erde her gesehen erweckt es den Eindruck, als ob die Sonne sich verdunkle und der Mond sein Licht verliere, die Sterne vom Himmel fallen und das ganze Firmament ins Wanken gerate. Es ist irgendein astronomisches, kosmisches Geschehen, das Christus nicht im Einzelnen bezeichnet. Er schildert nur den Eindruck, den ein Erdbewohner dann haben muss. Dann weiß er aber auch, dass jeder Widerstand unnütz und alle Rettung durch menschliche Mittel unmöglich wird.

2. *Gericht.* Das Ende ist aber nur ein Anfang. Der Untergang ist Aufstieg. Denn nun beginnt der Anfang des Gottesreiches in der Herrlichkeit, der Aufstieg des Herrn zu Gericht und Triumph.

Für die *einen* wird dieses Gericht der Höhepunkt des Schreckens und der Drangsal sein. Denn der Menschensohn, der mit großer Macht und Herrlichkeit erscheint, ist der, den sie abgelehnt und hingerichtet haben. Kein Wunder, dass ein allgemeines Wehklagen einsetzt. Und selbst die Christen, deren Leben auf dem Jawort des Glaubens aufgebaut war, werden dann angsterfüllt sein, denn vor der Klarheit und Majestät Gottes kann kein Mensch bestehen. Gerade dann wird es sichtbar werden, dass nur durch Gottes Barmherzigkeit das Heil möglich ist. Wenn er also zum Gericht kommt, wird jeder als Angeklagter dastehen. Und so wird die Drangsal für alle groß sein. Aber dann kommt die endgültige Scheidung in Verworfene und Erwählte.

Für die *anderen*, das heißt für die Erwählten, wandelt sich nun alles in Freude und Herrlichkeit. Der Posaunenschall der Engel ist die schmetternde Tuba des Heroldes, der das Nahen des großen Königs kundtut, und ist zugleich das Trompetensignal, das alle aufbietet, bei der Versammlung der großen Gemeinde des Herrn zu erscheinen. Und nun wird sichtbar, was Kirche ist als Gemeinde Gottes, durch seinen Gnadenruf entstanden. Die Zugehörigkeit zu ihr ist ein Aufgerufenwerden durch ihn. Und so ist sie die Gemeinde der Berufenen und Erwählten. Aber jetzt nicht mehr in der Niedrigkeit der Sklavengestalt und in der Hülle der Verborgenheit, nicht mehr der Verfolgung ausgeliefert und nicht mehr durch Menschliches, Allzumenschliches entstellt. Jetzt ist es die *Ecclesia triumphans*, die Gemeinde der Herrlichkeit, versammelt um den verherrlichten Christus und alles umfassend »von einem Ende des Himmels bis zum anderen«. Das Gericht wird zur Stunde der Gnade und die Gnade zum Sein in Glorie für den Einzelnen und die ganze Gemeinschaft der Kirche. Wie der Untergang Jerusalems Entfaltung der Weltkirche ist, so ist Untergang dieser Welt Entfaltung der Kirche in der neuen Welt des Himmels. Das Wehklagen der Menschen und der Völker ist der Schmerzensschrei der in Geburtswehen liegenden und gebärenden Schöpfung, denn nun entsteht das neue Leben im neuen Licht des neuen Tages. So geht der Mensch und geht die Menschheit dieser Katastrophe unentrinnbar entgegen. Aber

Katastrophe wird es nur für diejenigen sein, die sich völlig an diese dem Untergang geweihte Erde verloren haben. Für die anderen, die den Blick immer auf das Ewige gerichtet hielten, ist es Anbruch des eigentlichen Lebens. Der Schollenmensch verknüpft sein Schicksal nicht auf Gedeih, sondern auf Verderb mit der Scholle. Der gläubige Mensch legt sein Schicksal in die Hände Christi und wird vom wiederkommenden Christus Teilnahme an seiner Herrlichkeit empfangen. Die Entscheidung fällt hier und jetzt, aber die Scheidung erst dort und dann. Bereitschaft ist die Forderung, die der Gedanke an das Gericht allen stellt.

SICHERHEIT UND UNSICHERHEIT

Mt 24,32–36: »Vom Feigenbaum lernt das Gleichnis: Wenn seine Zweige saftig werden und die Blätter sprossen, dann wisst ihr, dass der Sommer nahe ist. So könnt ihr auch, wenn ihr dies alles seht, merken, dass er (der Menschensohn) unmittelbar vor der Tür steht. Wahrlich, ich sage euch: Dieses Geschlecht wird nicht vergehen, bis all das geschehen ist. Der Himmel und die Erde werden vergehen, meine Worte aber werden nicht vergehen. Über jenen Tag und jene Stunde weiß aber niemand Bescheid, auch nicht die Engel des Himmels und nicht der Sohn, sondern nur der Vater allein.«

Die Menschen möchten sich Einblick in die Zukunft verschaffen. So laufen sie zu Wahrsagern und studieren das Horoskop der Woche. Astrologie und Aberglaube stehen in Blüte. Einblick in die Zukunft geben die Worte Christi. Und zwar geben sie Sicherheit über die Tatsache, dass das Ende kommt, lassen uns aber bewusst in Unsicherheit über den Zeitpunkt dieses Endes.

1. *Sicherheit.* Die Lehre vom Weltuntergang und Weltgericht beruht auf dem Wort Gottes. Menschenwort ist immer fragwürdig. Denn selbst wenn die Menschen die Wahrheit sagen wollen und nach bestem Wissen und Gewissen sprechen, so ruht ihr Wort doch nur auf menschlicher Erkenntnis. Und diese ist Schwankungen und Unsicherheiten unterworfen. Selbst die scheinbar sicheren Ergebnisse der Wissenschaft werden von einer kommenden Generation wieder infrage gestellt oder geleugnet. Das Wort Gottes dagegen beruht auf dem göttlichen Wissen. Da aber alles Seiende von Gott gewollt und geschaffen ist, ist ihm auch alles Seiende bekannt. Gottes Wort ist somit untrüglich. Im Wandel alles Geschaffenen bleibt sein unerschaffenes Wort unwandelbar. Nichts scheint so gefestigt wie die Erde und das Firmament, das sich darüber wölbt. Aber es gilt das Wort Jesu: »Himmel und Erde werden vergehen, aber meine Worte werden nicht vergehen.«

Die Generation, zu der Jesus spricht, denkt nicht und glaubt nicht ans Ende Jerusalems. Und doch wird »dieses Geschlecht nicht vergehen, bis all das geschieht«. So denken die Menschen auch nicht an das Ende der Welt und ans Gericht. Und doch wird das Menschengeschlecht nicht vergehen, ohne dass all das geschieht. Nichts ist so sicher wie die Tatsache, dass das Leben auf dieser Erde unsicher ist. Darum sind diejenigen Betrüger, die die Menschen auffordern, der Erde treu zu bleiben, denn sie fordern Treue für Vergängliches und behaupten von einer treibenden Eisscholle, sie sei zuverlässiger Boden. Es ist seltsam, dass die Menschen das Irdische für sicher und das Himmlische für unsicher halten. An Menschenworte sich klammern und hinter die Worte Gottes Fragezeichen setzen. Wo die Wertordnung doch gerade umgekehrt ist. Sie wollen krampfhaft festhalten, was sie in der Hand haben, und doch zerrinnt es ihnen mit Notwendigkeit zwischen den Fingern. Und zu gleicher Zeit kümmern sie sich nicht um das, was ihnen einmal allein übrig bleibt. Sie nennen das Unsichere sicher und das Sichere unsicher. Kein

Geschlecht war so verblendet wie das aufgeklärte Geschlecht unseres Jahrhunderts.

2. *Unsicher.* Der Zeitpunkt, an dem Ende und Gericht kommen, wird in Ungewissheit gelassen. »Den Tag aber und die Stunde kennt niemand.« Keinem Menschen ist dieses Wissen gegeben. Nicht einmal den Engeln Gottes. Auch Christus als Mensch weiß es nicht, denn es gehört nicht zu seiner messianischen Sendung, den Menschen die Nähe oder Ferne des Endes und Gerichtes mitzuteilen.

Wenn die Menschen aufgrund astronomischer Berechnungen und physikalischer und geologischer Erwägungen Forschungen über das mögliche Zukunftsalter der Erde anstellen, so können sie, wenn überhaupt Berechnungen möglich sind, höchstens einen Grenzfall konstruieren, das heißt, sie können höchstens sagen, wie lange im äußersten Fall die Erde existieren kann. Sie können aber weder wissen noch sagen, ob und wann in der Zwischenzeit dieser Jahrtausende irgendein astronomisches Ereignis jählings das Ende der kleinen Erde herbeiführen wird. So bleibt der Zeitpunkt wesentlich ungewiss.

Will aber jemand aufgrund von Zahlenangaben der Apokalypse das Ende berechnen, so ist das ein Missverstehen und Missdeuten des biblischen Wortes. Denn das johanneische Buch widerspricht nicht den Worten Christi. Die Zahlen der Apokalypse haben Symbolwert, aber keine mathematische Bedeutung. Wieder andere wollen aufgrund von Aussagen der Mystiker oder prophetisch und charismatisch begabter Menschen das Ende voraussagen. Auch sie täuschen sich und die anderen. Denn da Gott allein die Stunde kennt, sie aber weder Menschen noch Engeln mitteilt, sind all diese Berechnungen Täuschung und Irreführung.

Und es gibt auch keine Vorzeichen. Es wird sein wie beim Feigenbaum im Orient. Wenn seine Zweige weich sind und Blätter ansetzen, ist der Sommer schon da. Es gibt nicht langsame

Übergänge wie bei uns und infolgedessen auch nicht ein langsames Kommen und somit ein Voraussehen des Kommens sommerlicher Zeit. So ist es auch mit dem Ende Jerusalems und so ist es mit dem Ende der Welt. Wenn die Wehen beginnen, ist es Beginn des Gebärens. Wenn Zeichen sichtbar werden, ist das schon das Ende. Wie der Blitz über den Himmel fährt und der Geier da ist, wo ein Aas liegt, so wird das Ende unerwartet und plötzlich kommen.

So bleibt nur die Sicherheit der Tatsache, aber die Unsicherheit der Zeit. Daraus soll der Mensch die Folgerung steter Bereitschaft ziehen.

DIE ARCHE NOAH

Mt 24,37–41: »Und wie es in den Tagen Noahs war, so wird es sein bei der Wiederkunft des Menschensohnes. Denn wie sie in jenen Tagen vor der Sintflut aßen und tranken, freiten und sich freien ließen bis zu dem Tag, da Noah in die Arche stieg, und nichts merkten, bis die Sintflut kam und alle mitriss, so wird es auch sein mit der Wiederkunft des Menschensohnes. Es werden dann zwei auf dem Acker stehen. Einer wird angenommen und einer zurückgelassen. Zwei an der Mühle mahlen. Die eine wird angenommen und eine zurückgelassen.«

Die Sicherheit, dass das Ende kommt, und die Unsicherheit, wann es kommt, fordern gleichermaßen die Bereitschaft. Alle folgenden Beispiele des Herrn dienen dazu, die Notwendigkeit und Dringlichkeit wachsamer Bereitschaft zu zeigen. Das erste Beispiel ist die Arche Noah.

1. *Wie es war.* Es war doch eine eigenartige Sache. Auf freiem Feld und auf trockener Erde baute Noah allen sichtbar, nach Gottes Geheiß und Weisung, ein Schiff. Das war ein derart auffallendes, anstößiges Unternehmen, dass sich alle, die ihn bei diesem Werk beobachteten, halb mitleidig, halb neugierig erkundigten, was er eigentlich tue und plane. Er hielt mit der Botschaft nicht zurück, sodass alle um die bevorstehende Katastrophe wissen konnten. Aber sie kümmerten sich nicht darum, bis sie hereinbrach. Dann war es zu spät und es wurden nur diejenigen gerettet, die rechtzeitig in der Arche Zuflucht gefunden hatten. So war die Zeit des Bauens, Wartens, Mahnens und mitleidig lächelnder Missachtung für die einen eine Zeit leichtsinnigen Genießens, für die anderen eine Zeit tiefsinniger Vorbereitung.

2. *Wie es ist.* Genauso ist es heute. Die große Sintflut des Weltendes und des Gottesgerichtes ist vorausgesagt. Und Christus selbst hat als der neue Noah die Arche seiner Kirche gebaut und es wird nach seinen Plänen und Weisungen ständig daran weitergebaut. Fremdartig steht die Kirche in dieser Welt wie die Arche auf dem Acker. Sie trägt die Züge Gottes in der Unfehlbarkeit der Lehre, in der gewissenbindenden Autorität, in den gnadenspendenden Sakramenten und ist doch zugleich, wie jener Schiffskasten auf dem Fels, etwas Unbeholfenes und Unpraktisches, denn sie hat keine Machtmittel zur Verfügung, weder Militär noch Polizei, hat keine menschliche Sicherung und lebt im Grunde genommen nur vom verheißenden und sichernden Wort Gottes.

Wie damals machen sich die Genießer darüber lustig. Unbekümmert um das Mahnwort dieser Kirche leben auch sie ihrem Materialismus, ihrer Triebhaftigkeit, ihrem Geschäft, ihrem Vergnügen, als ob nichts bevorstehe und der vergnügte Tanz endlos weitergehen könne. Daneben sind andere, die in aller Stille im Glauben an die Untrüglichkeit des Wortes Gottes die Arche der Kirche besteigen. Sie leben im Diesseits vom Jenseitsglauben.

Denken in der Zeit an die Ewigkeit. Trachten auf der Erde nach dem Himmlischen. So trennen sie sich von den anderen, um sich Gott anzuschließen.

3. *Wie es sein wird.* Wenn dann das Ende und das Gericht kommen, wird die Situation völlig anders werden. Dann wird nur gerettet, wer in der Arche der Kirche Zuflucht gefunden hat, denn außerhalb der Kirche gibt es so wenig Heil, wie es außerhalb der Arche Rettung gab. Weil aber die Zugehörigkeit zur Kirche hier auf dieser Erde nicht sichtbar ist, wird es dann große Überraschungen geben. Wohl gehören viele durch den Ritus der Taufe sichtbar der Kirche an, aber wenn sie sündigen, nützt ihnen der sichtbare Anschluss nichts. Wieder andere gehören ohne das sichtbare Zeichen der Taufe, doch durch das unsichtbare Band der Gottesliebe, der Kirche an. Und wieder andere sind sichtbar und unsichtbar mit ihr verbunden. Das alles wird erst beim Gericht sichtbar. Dann wird, wie der Herr sagt, von zweien, die auf dem Felde sind, der eine aufgenommen, der andere nicht, und von zweien, die an der Mühle mahlen, wird die eine gerettet und die andere geht verloren. Die Front Gottes geht quer durch die Nationen, durch die Staaten, durch die sozialen Klassen und Berufe, durch die Familien und durch alle Menschengruppen. Alle anderen menschlichen Unterschiede und Gegensätze haben dann ein Ende. Alle anderen Fronten lösen sich auf. Und es wird nur die eine entscheidende Front sichtbar, um die sich jetzt die große Welt nicht zu kümmern scheint: die Front für oder gegen Gott. Nur wer auf der Seite Gottes steht, gehört der rettenden Arche der Kirche an. Die anderen sind verloren, auch wenn sie bei den Menschen in höchstem Ansehen stehen.

So sollen die Menschen an die Zukunft denken und sich vorsehen. In geistiger Bereitschaft und Wachsamkeit sollen sie am Bau der Kirche mitarbeiten und in ihr Zuflucht suchen. Denn als überirdisches Gebilde übersteht sie den Untergang der Erde. Und als Werk Gottes überdauert sie das Ende aller Menschenwerke.

Die wirkliche Entscheidung des Lebens geht somit für oder gegen die Kirche.

WACHSAMKEIT

Mt 24,42–44: »Seid also wachsam, denn ihr wisst nicht, an welchem Tag euer Herr kommt. Das aber versteht ihr: Wenn der Hausherr wüsste, zu welcher Zeit der Dieb kommt, dann würde er wach bleiben und nicht in sein Haus einbrechen lassen. So sollt auch ihr bereit sein, denn der Menschensohn kommt zu einer Stunde, wo ihr es nicht glaubt.«

Auch dieses zweite Beispiel fordert Wachsamkeit und Bereitschaft. Wenn der Herr des Hauses weiß, dass ein Einbruch geplant ist, aber nicht weiß, zu welcher Stunde er erfolgen soll, geht er nicht einfach weg und legt sich auch nicht zu Bett, sondern er bleibt wach und bereit. Genauso sollen es die Menschen machen. Denn sie wissen zwar, dass der Menschensohn zum Gericht kommt, kennen aber weder den Tag noch die Stunde, sollen sich also in wacher Bereitschaft halten.

An diesem Gleichnis sind besonders drei Elemente bemerkenswert.

Zuerst das Formale. Christus spricht nicht abstrakt, theoretisch zum Volk, sondern bildhaft, konkret, darum mit Vorliebe in Gleichnissen. Aber dieser Vergleich mit dem Dieb ist trotzdem auffallend. Dass der Herr das Reich Gottes mit dem Sturm und dem Blitz, der Rebe und der Saat und dem Kornfeld, allenfalls auch mit Königen und Gastgebern vergleicht, ist noch verständlich. Aber dass er seine eigene Wiederkunft durch das Bild eines Einbruchsdiebstahls erläutert, hat etwas Anstößiges. Gerade hier wird jedoch sichtbar, wie sehr Christus in jener anderen

Welt lebt, von der diese Welt ihm nur Zeichen und Symbol ist. Und so spricht ihm alles vom Reich Gottes. Auch die profansten Dinge, wie ein verlorenes Geldstück, die geknetete Teigmasse, der Schlamm im Fischnetz und somit auch der Dieb, der ins Haus einbricht. Alles wird transparent für den, der mit den Augen des Glaubens die Hülle des Sichtbaren durchdringt, um die unsichtbare Wirklichkeit des Reiches Gottes zu finden.

Ein Zweites, worauf man achten muss, ist die Begründung der Wachsamkeit. Sie liegt einerseits in der Sicherheit des kommenden Endes und anderseits in der Unsicherheit des Zeitpunktes. Diejenigen, die immer noch Vorzeichen suchen, Berechnungen anstellen, bestimmte Voraussagen machen, höhlen somit die Forderung nach ständiger und steter Wachsamkeit aus. Sie nehmen der christlichen Haltung der Bereitschaft den eigentlichen Ernst. Die Unsicherheit des Zeitpunktes ist wesentlich und wird von Christus in fast aufdringlicher Heftigkeit, Klarheit und Schärfe betont. Wer also biblisch denkt, fragt nicht mehr nach dem Zeitpunkt. Alle Nah- oder Fernbestimmungen und alle sektiererischen Berechnungen stehen in direktem Widerspruch zu den Aussagen Christi. Das Nichtwissen des Wann ist wesentlich.

Ein Drittes: Bei alldem ist es verwunderlich, dass die Wachsamkeit und Bereitschaft der Christen klein und schwach ist. Woran liegt es? Einmal in der Körperlichkeit des Menschen. Der Geist ist an den Leib gebunden und darum macht das Leibhafte, Sinnenfällige und somit unmittelbar Gegenwärtige auf ihn einen stärkeren Eindruck als das geistige Wort, dessen Erfüllung in der Ferne und Zukunft liegt. Dazu kommt die ganze Atmosphäre des heutigen Lebens. Sie ist erdhaft. Der Mensch der Antike, der von Platon her kam, empfand die Materie und somit die Erde und den Leib als Fessel, Gefängnis und Grab des Geistes. Sein Bemühen ging dementsprechend darauf hinaus, sich nach Möglichkeit vom Materiellen zu lösen und sich emporzuheben in die Welt der reinen Geistigkeit. Die Blickrichtung ging also von der Erde weg und zum Göttlichen hin. Der mittelalterliche Mensch erkannte Gott als Erstursache und zugleich als Ziel aller Dinge. So hatte er für die Zweitursachen nur geringes Interesse und die vorläufigen Ziele konnten ihn nicht endgültig fesseln. Verfiel er ihnen dennoch, so war er sich des Menschenunwürdigen dieser Haltung bewusst, denn sein tatsächlicher Zustand widersprach seiner grundsätzlichen Einstellung.

Der moderne Mensch dagegen hat sich gänzlich der Erde zugewandt. Die Naturwissenschaft und die Technik, der Sport und die Politik befassen sich alle in erster Linie oder ausschließlich mit dem Erdhaften, mit dem Leben auf dieser Erde. Er ist außerdem durch die Intensität seines Lebens und den pausenlosen Einsatz so völlig gefangen, dass er für anderes weder Muße noch Kraft hat. So ist der Gedanke an das Kommen des Reiches Gottes in der Zukunft für ihn etwas völlig Nebensächliches, ja etwas Utopisches geworden.

Und selbst bei den Christen ist das christliche Denken und Tun von der Erdhaftigkeit stark beeindruckt. Sie wollen ein Christentum, das sich hier und heute betätigt, also ihnen hilft, die Erde anders zu gestalten, das jetzige Leben umzuformen, somit hier im zeitlichen Tun zur Auswirkung kommt. Das Ausschauen auf die Zukunft, das Warten auf die Wiederkunft des Herrn ist zwar grundsätzlich noch vorhanden, aber in Wirklichkeit nimmt es im christlichen Denken und Beten von heute nur einen kleinen Raum ein. Selbst die Vaterunser-Bitte »Dein Reich komme« wird in erster Linie in der Gegenwartsbedeutung genommen, nicht mehr als eschatologische Haltung. Hier ist eine Akzentverschiebung erfolgt, die nicht den Worten Christi entspricht. Die Meditation über die Gerichtsreden des Herrn, vor allem über seine Forderungen, in heller Wachsamkeit bereit zu sein, muss uns wieder mehr vom Irdischen und Jetzigen und unmittelbar Gegebenen loslösen, damit Blick und Herz wieder frei werden für das Kommen des Herrn.

VERANTWORTUNG

Mt 24,45–51: »Wer ist der treue und verständige Knecht, den der Hausherr über sein Gesinde gesetzt hat, ihnen zur rechten Zeit ihre Kost zu geben? Selig jener Knecht, wenn der Herr ihn bei seiner Ankunft damit beschäftigt findet. Wahrlich, ich sage euch: Er wird ihn über sein ganzes Besitztum setzen. Wenn aber jener ein schlechter Knecht ist und in seinem Herzen spricht: ›Mein Herr lässt sich Zeit‹ und dann anfängt, seine Mitknechte zu verprügeln und mit Trunkenbolden zu essen und zu trinken, so wird der Herr des Knechts an einem Tage kommen, wo er es nicht erwartet, und zu einer Stunde, die er nicht kennt, und wird ihn in Stücke hauen lassen und ihm Anteil unter den Heuchlern geben. Dort wird Heulen und Zähneknirschen sein.«

In Vers 40 hat es geheißen, dass beim Gericht zwei auf dem Felde sind, von denen der eine aufgenommen wird, der andere zurückbleibt, und zwei an der Mühle mahlen, und zwar so, dass die eine aufgenommen wird, die andere zurückbleibt. Und nun wird in einem Gleichnis gezeigt, dass die Entscheidung nicht etwa bloß göttliche Erwählung oder Verwerfung, sondern dass sie weitgehend durch das menschliche Tun bedingt sei. Wachsame Bereitschaft ist somit nicht bloß passives Warten, sondern aktiver verantwortlicher Einsatz.

1. *Das Gleichnis.* Sklaverei im Orient besagte keineswegs, dass alle Sklaven von primitiver Handarbeit lebten. Es gab mannigfaltige Beschäftigungen und Stufungen. Wenn ein Herr auf eine längere Reise ging, konnte er einem der Sklaven die Verantwortung für das ganze Haus übergeben. So zeichnet denn Christus zwei verschiedene Sklaventypen.

Der gute Sklave weiß sich verantwortlich. Er sorgt für das Haus und das Gesinde, müht sich um jeden Einzelnen. Es ist, als ob der Herr da wäre. Bei der Rückkehr des Herrn wird er belobigt und erhält eine bevorzugte Dauerstellung als Verwalter der Güter des Herrn.

Der schlechte Sklave benutzt die Abwesenheit des Herrn, um sich gehen zu lassen und mit den anderen in Saus und Braus zu leben oder um in falscher Weise den Herrn zu spielen, die anderen unter Druck zu setzen und nur seinen eigenen Vorteil zu suchen. Wenn der Herr zurückkommt, wird er ihn entweder nach damaligem Sklavenrecht kurzerhand in Stücke hauen lassen oder er wird ihn hinauswerfen, wo er dem Hungertod ausgeliefert ist. Denn er ist Eigentum dieses Herrn, aber von ihm nicht mehr anerkannt. Da wird alles verzweifelte Heulen und zornige Zähneknirschen nichts mehr nützen.

Beiden Gestalten ist gemeinsam, dass der Herr abwesend ist, dass er kommen wird, um Rechenschaft zu fordern, dass sie aber nicht wissen, wann er kommen wird. Genau das ist die Situation der Menschen. Gott wird zum Gericht kommen. Jeder hat dann Rede und Antwort zu stehen, aber keiner weiß, wann das geschieht.

2. *Die Anwendung.* In besonderer Weise gilt die Verantwortung während dieser Wartezeit für alle Vorgesetzten, denen die Verantwortung für andere anvertraut ist. Kirchliche Vorgesetzte haben verantwortlich über die Reinerhaltung und Verkündigung des Gotteswortes zu wachen, haben in rechter Weise die Sakramente zu spenden und nach Gottes Willen von ihrer Autorität Gebrauch zu machen. Das dreifache Amt, zu lehren, zu heiligen und zu leiten, ist für sie nicht in erster Linie Vorrangstellung, sondern erhöhte Verantwortung. Mit der Größe des Amtes wächst die Größe der Verpflichtung. Kirchliche Ämter fordern somit den Gedanken an das Kommen des Herrn zum Gericht und nötigen daher zu ständiger Gewissenserforschung, ob erhaltene Vollmachten nach dem Willen des kommenden Herrn verwaltet werden oder brachliegen oder vertan und verschleudert werden.

Wer lebt wie die anderen, nur eigene Bequemlichkeit sucht und persönlichem Wohlergehen frönt, muss damit rechnen, dass er beim Gericht zu den Heuchlern gestellt wird, also zu den Menschen, die Christen schienen, es aber nicht waren. Dass er somit aus dem Reich Gottes hinausgeworfen wird in die Finsternis der Verdammung.

Das Gleichnis gilt aber auch für die, die kein kirchliches Amt haben. Auch sie tragen Verantwortung. Und zwar einerseits für alle natürlichen Gaben und Fähigkeiten, die Gott ihnen verliehen hat, und auch für berufliche Aufgaben und Stellungen, denn auch ein weltlicher Beruf ist Anruf Gottes, die Berufserfüllung infolgedessen positive oder negative Antwort auf diesen Anruf des Herrn. Anderseits ist jeder Christ verantwortlich für das Haus seiner Seele. Er wird also Rechenschaft geben müssen, wie er empfangene Gnaden gebraucht oder missbraucht hat, wie er das Haus des Herrn verwaltet hat. Da er aber nicht weiß, wann er abberufen wird zum Gericht, wann also die Stunde des persönlichen Gerichtes schlägt, und noch weniger weiß, wann die Wiederkunft des Herrn zum Weltgericht kommt, muss er seine Verwaltung ständig in Ordnung halten. Aktive Bereitschaft, Wachsamkeit im Tun ist die Forderung. Ausdrücklich wird betont, dass der Herr an einem Tag kommt, da man es nicht erwartet, und zu einer Stunde, die man nicht kennt. Aktive Wachsamkeit ist die Treue und Klugheit, die in Vers 45 gefordert wird. Wer nur wartet, ohne die Wartezeit nach Gottes Willen richtig auszunutzen, hat nicht die Wachsamkeit, die der Herr fordert, und nicht die richtige Bereitschaft, denn er hört zwar den Anruf des Herrn, entspricht ihm aber nicht. Bloße Passivität ist kein Christentum.

NOCH EINMAL: BEREITSCHAFT

Mt 25,1–13: »Das Himmelreich gleicht dann zehn Jungfrauen, die ihre Lampen nahmen und dem Bräutigam entgegengingen. Fünf von ihnen waren töricht und fünf waren klug. Denn die törichten nahmen zwar die Lampen, aber kein Öl mit sich. Die klugen hingegen nahmen mit den Lampen auch Öl in Gefäßen mit sich. Als der Bräutigam sich nun Zeit ließ und es Nacht wurde, wurden sie alle schläfrig und schliefen ein. Mitten in der Nacht erscholl der Ruf: Der Bräutigam! Hinaus, ihm entgegen! Da wachten all jene Jungfrauen auf und rüsteten ihre Lampen. Die törichten aber sprachen zu den klugen: ›Gebt uns von eurem Öl, denn unsere Lampen gehen aus.‹ Die klugen aber antworteten: ›Es würde für uns und für euch nicht ausreichen. Geht lieber zu den Krämern und kauft euch.‹ Während sie hingingen, um zu kaufen, kam der Bräutigam. Und diejenigen, die bereit waren, gingen mit ihm zur Hochzeit. Und die Tür wurde verschlossen. Später kamen auch die übrigen Jungfrauen und sagten: ›Herr, Herr, mach uns auf!‹ Er aber antwortete: ›Wahrlich, ich sage euch, ich kenne euch nicht.‹ Darum wachet, denn ihr wisst weder den Tag noch die Stunde.«

Wenn man bedenkt, wie unbedeutend die Zeit gegen die Ewigkeit, die Erde gegen den Himmel, das Diesseits gegen das Jenseits ist, so versteht man die Eindringlichkeit, mit der Jesus die Bereitschaft für den Übergang fordert. Das Bild ist diesmal das Warten auf die Hochzeitsfeier. Wegen der großen Hitze beginnt die Feier in Palästina erst nach Sonnenuntergang. Der Bräutigam kommt mit seinen Freunden aus einem Nachbardorf, um die Braut und ihre Freundinnen abzuholen. Die Ankunft kann sich verzögern bis tief in die Nacht hinein. Die Freundinnen der Braut haben ihre Lampen angezündet, aber langsam ist das Öl schon verbrannt. Eine Teilung mit denen, die Vorrat haben, ist nicht möglich, weil es dann für keine der zehn reichen würde. Ohne Licht ist es aber unmöglich, den Weg in der Finsternis bis zum nächsten Dorf zu machen. So können nur die Klugen, die sich vorgesehen und den nötigen Vorrat mitgenommen hatten, zur Hochzeitsfeier mitgehen, die anderen bleiben ausgeschlossen. Dieses Bild der Hochzeitsfeier ist in mehrerer Hinsicht bedeutsam.

1. *Die Tatsache.* Das Gleichnis ist im Grunde genommen nicht bloß ein Bild, denn es geht wirklich um eine Hochzeitsfeier. Schon im Alten Testament war das Verhältnis Jahwes zu Israel als die Brautwerbung des Herrn dargestellt. Das Hohelied zeichnet diese werbende Liebe Jahwes zu Israel und Israels zu Jahwe. Ezechiel betont die Kehrseite, wenn er den Abfall Israels einen Ehebruch nennt. Jesaja und Jeremias zeichnen den Auszug aus Ägypten, die Feier am Sinai und die Besitzergreifung des Gelobten Landes als die Brautzeit des Volkes Gottes. Und wenn der Psalmist im 45. Psalm König und Königin feiert, verstanden die Israeliten darunter Jahwe und sein bräutliches Volk.

Das war aber nur Vorbereitung. Das neue Israel beim Kommen Christi bringt nun die neue Brautschaft des Neuen Bundes. Christus ist der Bräutigam, die Kirche die Braut. Johannes der Täufer nennt sich selbst den Freund des Bräutigams (Joh 3,29). Auf der Hochzeit zu Kana gibt Christus seinen Jüngern zu verstehen, dass nun die große Hochzeitsfeier gekommen ist, in welcher er als der Bräutigam seine Braut, die Kirche, mit der Herrlichkeit seiner Größe und Macht beglückt. Es ist aber erst die Zeit der Brautschaft. Wenn er wiederkommt in der Parusie, wird er seine Braut heimholen und die Hochzeitsfeier halten. Daher seine Gleichnisse vom himmlischen Hochzeitsmahl. Daher auch die Auffassung der Apokalypse, welche die Ereignisse, die dem Weltuntergang folgen, Hochzeit des Lammes nennt. Die geläuterte und gereinigte Kirche wird sich schmücken zum Empfang des Bräutigams. Paulus greift zum wiederholten Male den gleichen Gedanken auf. Für ihn sind menschliche Brautschaft und

Ehe nur schwaches Abbild der Brautschaft und ehelichen Liebe zwischen Christus und der Kirche. So im Epheserbrief, so im Kapitel des 2. Korintherbriefes und so auch in der Begründung der Ehelosigkeit im 1. Korintherbrief.

Die Zeit des irdischen Ablaufes im Einzelleben und in der Geschichte der Kirche ist somit Wartezeit. Die Verlobung ist geschehen. Die Feier der Hochzeit wird erst kommen. Damit erhält die ganze Lebenszeit des Menschen und der Menschheit ein eigenes Gepräge. Das Warten wird zugleich schmerzlicher und freudiger, das Ausschauhalten drängender und ungeduldiger.

2. *Die Folgerungen.* Bereitschaft ist das Erste. Wie die Braut im Gleichnis von den zehn Jungfrauen weiß, dass der Bräutigam kommt, aber die Stunde nicht kennt, so weiß weder der Mensch, wann Christus kommt, um ihn im Tode abzuholen, noch weiß die Menschheit, wann der Herr in Herrlichkeit erscheint, um die Kirche zur *Ecclesia triumphans* zu machen. Aber da das ganze Sinnen und Trachten auf jene entscheidende und ersehnte Stunde geht, muss die Bereitschaft etwas Selbstverständliches sein. Die Lampen genügen nicht, das Öl muss vorhanden sein. Es genügt also nicht, äußerlich der Kirche anzugehören. Es muss der Inhalt lebendigen Glaubens, heiligender Gnade und echter Liebe zu finden sein. Die ganze Ausstattung und Staffage ist sinnlos ohne den Gehalt. Nur die Menschen des innerlichen, gottgeschenkten Reichtums sind bereit. Ein gesunder und schöner Leib, ein intelligenter, wissender Geist, ein starker, energischer Wille und ein kühnes, glühendes Herz nützen nichts ohne den göttlichen Gehalt der Gnade. Goldene, kunstvoll geschmiedete Lampen versagen in der Finsternis, wenn sie nicht mit lichtspendendem Öl gefüllt sind. »Ich kenne euch nicht« wird der Herr denen antworten, die ihr Vertrauen auf Kraft, Schönheit, Intelligenz, Energie, Gemüt und Charakter gesetzt haben, die sich aber um Gott, sein Wort, seine Liebe, seine Gnade nicht richtig gekümmert haben. Sie haben Lampen, aber kein Öl.

Und die Bereitschaft soll eine ständige sein. Wir sind nicht nur Freunde des Bräutigams oder Freundinnen der Braut, sondern als lebendige Glieder des mystischen Leibes des Herrn, als Angehörige der *Sponsa Ecclesia* (»bräutlichen Kirche«, Anm. d. Verl.) sind wir selbst an Brautschaft, Verlobung und Ehe beteiligt. Wir stehen also nicht bloß als Beobachter in der Nähe, sind nicht bloß zum Fest geladene Freunde, sondern als Kirche sind wir die Braut, die auf den Bräutigam wartet. So soll die Menschenseele und soll die ganze Kirche in freudiger Erwartung bereit sein. Naturhaft fürchtet der Mensch den Tod und naturhaft setzt er sich dagegen zur Wehr. Aber aus dem Glauben beurteilt er den Tod ganz anders. Denn naturhaft ist der Tod das Ende, für den Glauben der Anfang der großen Freude. Mit dieser freudigen Unruhe blickt der Christ in die Zukunft. Das Wort des Herrn: »Wachet also, denn ihr kennt weder den Tag noch die Stunde«, ist hier nicht ein ängstliches Wachen wie bei Noah, der die Sintflut kommen sieht, und wie beim Herrn des Hauses, der den Einbruch des Diebes erwartet, sondern nun wird es das Wachen freudiger Bereitschaft. Es wird Frohbotschaft, Geheimnis der Liebe, Jubel bräutlicher Umarmung, Einswerdung von Gott und Mensch und damit Erfüllung aller Ahnungen, Wünsche und Sehnsüchte alter Mythen und christlicher Mystik, zusammengefasst im Ruf der Apokalypse, in welchem die Braut sagt: »Komm!«, und der göttliche Bräutigam antwortet: »Ja, ich komme bald.«

WIRKEN

Mt 25,14–30: »Es ist wie mit einem Mann, der auf Reisen gehen wollte, seine Knechte zusammenrief und ihnen sein Vermögen übergab. Dem einen gab er fünf Talente, einem anderen zwei und einem dritten eines, jedem nach seiner Befähigung.

Dann reiste er ab. Sofort ging der, der fünf Talente erhalten hatte, hin, trieb Handel damit und gewann fünf andere. So gewann auch der, der zwei erhalten hatte, zwei andere. Der aber, der eines erhalten hatte, ging hin, grub Erde auf und verbarg das Geld seines Herrn. Nach langer Zeit kam der Herr jener Knechte zurück und hielt mit ihnen Abrechnung. Der, welcher fünf Talente empfangen hatte, trat herzu, brachte fünf andere Talente herbei und sagte: ›Herr, fünf Talente hast du mir gegeben. Siehe, fünf weitere habe ich gewonnen.‹ Da sprach der Herr zu ihm: ›Wohlan, du guter und treuer Knecht! Über weniges bist du getreu gewesen, über vieles will ich dich setzen. Geh ein zum Freudenfest deines Herrn.‹ Und es kam der, der zwei Talente empfangen hatte, und sprach: ›Herr, zwei Talente hast du mir gegeben. Siehe, zwei weitere Talente habe ich gewonnen.‹ Da sprach der Herr zu ihm: ›Wohlan, du guter und getreuer Knecht! Über weniges bist du getreu gewesen, über vieles will ich dich setzen. Geh ein zum Freudenfest deines Herrn.‹ Da trat auch der heran, der das eine Talent erhalten hatte, und sagte: ›Herr, ich kannte dich und wusste, dass du ein strenger Mann bist. Du erntest, wo du nicht gesät hast, und sammelst, wo du nicht ausgestreut hast. Darum habe ich mich gefürchtet und bin hingegangen und habe dein Talent in der Erde vergraben. Siehe, hier hast du das deine.‹ Sein Herr aber gab ihm zur Antwort: ›Du böser und fauler Knecht! Du wusstest, dass ich ernte, wo ich nicht gesät habe, und sammle, wo ich nicht ausgestreut habe. Dann hättest du mein Geld auf die Bank bringen sollen. Dann hätte ich bei meiner Rückkehr das meine mit Zins zurückbekommen.‹ Nehmt ihm das Talent und gebt es dem, der zehn Talente hat. Denn jedem, der hat, wird gegeben werden und er wird Überfluss haben. Wer aber nicht hat, dem wird auch das genommen, was er hat. Den unnützen Knecht aber werft hinaus in die Finsternis, dort wird Heulen und Zähneknirschen sein.«

Warten allein genügt nicht. Das Wirken muss dazukommen. Das Gleichnis von den drei Knechten, ihrer verschiedenartigen Arbeit und dem entsprechenden Lohn zeigt das in aller Deutlichkeit.

1. Die Parabel enthält eine *unerbittliche Forderung*. Der Akzent ist hier ganz auf das Wirken gelegt.

Alle müssen arbeiten. Das Konservieren genügt nicht. Nicht verlieren ist noch kein Gewinn. Der erste Knecht gewinnt zu seinen fünf Talenten noch andere fünf dazu. Er wird darum vom Herrn belobigt als guter und treuer Arbeiter. Der zweite gewinnt zu seinen zwei Talenten zwei weitere. Auch er empfängt Lob und Lohn. Der dritte hat zwar keinen Verlust aufzuweisen. Er kann das empfangene Talent seinem Herrn ohne jeden Verlust und Schaden wieder aushändigen. Aber er hat das Talent der Sicherheit halber vergraben und nicht damit gearbeitet. Das Urteil des Herrn lautet: »Du böser und fauler Knecht! – Du hättest mein Geld gewinnbringend anlegen sollen, dann hätte ich bei meiner Rückkehr das meinige mit Zinsen zurückbekommen. – Werft ihn in die Finsternis!« So lautet also die Forderung eindeutig auf Wirken und Arbeiten.

Gott hat den Menschen die Schöpfung übergeben mit dem Auftrag: Macht euch die Erde untertan! Das Schöpfungswerk Gottes soll durch Menschen vollendet werden. Arbeit ist religiöse Forderung. Christliches Berufsethos liegt darin. Jeder Einzelne, mag seine Tätigkeit noch so gering sein, hat eine Funktion im Ganzen dieses Ausbaus der Schöpfung Gottes. Und wenn Gott am Ende der Tage wiederkommt, wird er von jedem Rechenschaft fordern und prüfen, ob er etwas getan und was er getan hat. Zu diesem natürlichen Imperativ kommt das Wesen der Gnade, das Mitwirken des Menschen fordert. Die Gnade wird nicht in ein totes Gefäß geschüttet, sondern an lebendige Menschen verliehen, dass sie mitwirken. Ohne diese Gnade kann der Mensch nichts tun. Aber ohne sein menschliches Tun liegt die

Gnade brach. Wirken Gottes und Mitwirken des Menschen bilden die Grundlage im Reich Gottes. Zur äußeren Schöpfung und inneren Gnade kommt die Natur des Reiches Christi. Christus hat sein Reich gegründet, hat aber zu dessen Ausbau Menschen gerufen. Sie sind verantwortlich für Fortschritte und Rückschläge, für Entfaltung und Verkümmerung, für Ausbau und Abbröckeln, für die Zier und die Schäden im großen Dombau des Herrn. Und schließlich steht über allem die *Gloria Dei* (Verehrung Gottes). Der Mensch soll Gott verherrlichen, also die Herrlichkeit des Herrn nicht nur erkennen, sondern auch verkünden. Gottes Wort muss weitergetragen, Gottes Wirken weitergeführt werden. Eine gewaltige Dynamik liegt in dieser Parabel.

Dazu kommt ein Zweites: Wenn an alle Menschen die Forderung geht, so sind die Forderungen doch im Einzelnen verschieden, je nach den Gaben, die die Menschen empfangen haben. Diese Gaben des Herrn sind aber nicht zu gleichen Teilen ausgeteilt. Der eine hat mehr empfangen, der andere weniger. Ein Plus an Begabung besagt ein Plus an Verantwortung und Forderung. Das gilt schon im natürlichen Bezirk. Wer größere Intelligenz, vermehrte Arbeitskraft, mehr natürliche Fähigkeiten irgendwelcher Art empfangen hat, ist auch vor Gott für mehr verantwortlich und wird dementsprechend zu strengerer Rechenschaft gezogen. So bilden Fähigkeiten und Talente nicht Anlass zur Überhebung, sondern zu ernster Bemühung. Das Gleiche gilt für die übernatürlichen Gaben der Gnade. Der Herr verteilt seine Gnade nach freier Wahl. Wer aber mehr empfängt, von dem wird auch mehr gefordert. Der Ernst der Verantwortung liegt in dieser Tatsache.

Unser Maßstab darf daher nicht der Blick auf das Tun der anderen sein, sondern auf den fordernden Willen Gottes. Gottes Gaben sind kein totes Kapital und die Kirche ist kein Wartesaal. Christenleben ist kein bequemes Sitzen auf der Ruhebank, kein weltfernes Träumen von der Wiederkunft Christi und kein geruhsames Warten auf das Ende, sondern Auskaufen der Zeit, Nutzen der Gelegenheiten, Einsatz der Kraft und Entfaltung der Fähigkeiten. Schläfriges Christentum einer bloß passiven Haltung steht in schroffem Gegensatz zu diesem energiegeladenen Gleichnis der Knechte. Die richtige eschatologische Haltung, der wirklich christliche Blick auf das Ende, wirkt nicht lähmend, sondern aufstachelnd, nicht beruhigend, sondern weckend, löst Energien aus und nötigt zum Einsatz aller Kräfte.

2. Die Parabel gibt aber auch eine *tröstliche Erkenntnis.* Nicht das Resultat entscheidet, sondern der Einsatz und darum nicht das absolute, sondern das relative Ergebnis. Der erste Knecht gewinnt fünf neue Talente und legt darum dem Herrn volle zehn Talente auf den Tisch. Der zweite gewinnt bloß zwei und hat darum im Ganzen vier Talente vorzuweisen. Zwischen zehn und vier ist wahrhaftig ein wesentlicher Unterschied. Und doch empfangen beide wortwörtlich das gleiche Lob aus dem Mund des Herrn. Denn sie haben beide den gleichen Einsatz gezeigt. Weil aber der Ansatzpunkt und die Möglichkeiten verschieden waren, ist auch das Ergebnis verschieden. Aber der gleiche Einsatz, durch den das Empfangene verdoppelt wurde, gibt den Ausschlag. Der dritte hat keinen Einsatz gezeigt, sondern sein Talent vergraben, darum Tadel und Strafe.

Das ist unerhört tröstlich. Es kann also geschehen, dass unser Leben Misserfolge aufweist, dass wir nicht zu den Ergebnissen kommen, die wir erhoffen. Aber das entscheidet nicht. Entscheidend ist, dass wir uns ehrlich bemühen und wirklich versuchen, das Unsere zu tun. Erfolg oder Misserfolg hängt oft gar nicht von unserem Einsatz ab, sondern von äußeren Umständen, die stärker sind als unser guter Wille. Das Gleiche gilt für das übernatürliche Leben. Wir haben vielleicht die Überzeugung und machen die schmerzliche Erfahrung, dass wir trotz unserer Anstrengungen scheinbar nicht anders und nicht besser werden. Die schlechten Eigenschaften verschwinden nicht und die guten wachsen nicht. Aber auch hier gilt, dass die Anstrengung entscheidet, nicht das Resultat. Es kommt also nicht darauf an, dass unsere aszetischen Bemühungen zu einem Ergebnis führen, das wir und andere feststellen können. Wohl aber kommt es darauf an, dass wir uns anstrengen und bemühen und in dieser Anstrengung nicht nachlassen und trotz häufiger Misserfolge nicht entmutigt verzichten.

Warten allein genügt nicht. Anstrengung ist erforderlich. Das sichtbare Ergebnis der Anstrengung entscheidet nicht. Die Anstrengung als solche wird den Lohn des Herrn finden. Wo aber die Anstrengung unterbleibt und die christliche Haltung in bloßer Passivität stecken bleibt, ist das strafende Urteil des Herrn sicher. So gibt dieses Gleichnis einen Blick für das Entscheidende, das heißt für das, was der Mensch von seiner Seite tun kann und tun muss.

FINALE

Mt 25,31–46: »Wenn aber der Menschensohn in seiner Herrlichkeit kommen wird, und alle Engel mit ihm, dann wird er sich auf den Thron seiner Herrlichkeit setzen. Und alle Völker werden vor ihm versammelt werden. Und er wird sie voneinander scheiden, wie der Hirt die Schafe von den Böcken scheidet. Er wird die Schafe zu seiner Rechten stellen und die Böcke zu seiner Linken. Dann wird der König zu denen auf der Rechten sprechen: ›Kommt, ihr Gesegneten meines Vaters, und erbet das Reich, das für euch bereitet ist von Anbeginn der Welt. Denn ich war hungrig und ihr habt mir zu essen gegeben. Ich war durstig und ihr habt mir zu trinken gegeben. Ich war fremd und ihr habt mich beherbergt. Nackt und ihr habt mich bekleidet. Ich war krank und ihr habt mich besucht. Ich war im

Gefängnis und ihr seid zu mir gekommen.‹ Da werden ihm die Gerechten antworten: ›Herr, wann haben wir dich hungrig gesehen und gespeist oder durstig und dich getränkt? Wann haben wir dich als Fremdling gefunden und dich beherbergt oder nackt und haben dich bekleidet? Wann haben wir dich krank oder im Gefängnis gesehen und sind zu dir gekommen?‹ Der König aber wird ihnen antworten: ›Wahrlich, ich sage euch: Was ihr auch nur einem der Geringsten dieser meiner Brüder getan habt, das habt ihr mir getan!‹ Dann wird er zu denen auf der Linken sprechen:

›Weichet von mir, ihr Verdammten, in das ewige Feuer, das dem Teufel und seinen Engeln bereitet ist. Denn ich war hungrig und ihr habt mir nicht zu essen gegeben. Ich war durstig, und ihr habt mir nicht zu trinken gegeben. Ich war fremd und ihr habt mich nicht beherbergt. Nackt und ihr habt mich nicht bekleidet. Krank und im Gefängnis, und ihr habt nicht nach mir geschaut.‹ Dann werden auch diese ihm antworten: ›Herr, wann haben wir dich hungrig oder durstig oder als Fremdling oder nackt oder krank oder im Gefängnis gesehen und dir nicht gedient?‹ Dann wird er ihnen antworten: ›Wahrlich, ich sage euch: Was ihr auch nur einem dieser Geringsten nicht getan habt, habt ihr mir nicht getan.‹ Und es werden diese eingehen in ewige Pein, die Gerechten aber in ewiges Leben.«

Die Forderung der Bereitschaft und der Hinordnung des Lebens, ja der ganzen Menschheitsgeschichte, auf das eine Ende ist so eindringlich und nachdrücklich gestellt, dass dieses Ende wirklich Scheidung und Entscheidung bedeutet. In kurzen, aber feierlichen und zugleich scharf gemeißelten Worten zeichnet der Herr dieses Ende.

1. *Die Entscheidung.* Schon die äußere Situation ist gewaltig. »Der Menschensohn kommt in seiner Herrlichkeit.« Nicht nur die Erniedrigung seines irdischen Menschendaseins ist nun

überwunden, sondern auch die Verborgenheit seines Lebens und Wirkens in der Kirche. Nun tritt alles in den Bereich der Sichtbarkeit und ins helle, strahlende Licht der Herrlichkeit Gottes. Und doch ist er auch in der Herrlichkeit der Menschensohn. Alles Geschehen ist jetzt durchstrahlt und erhoben.

»Und alle Engel mit ihm.« In seinem irdischen Leben ist öfter von Engelgestalten die Rede. Aber jetzt in der Herrlichkeit sind alle Engel ihm zu Diensten und bilden sein Gefolge.

»Er wird den Thron seiner Herrlichkeit einnehmen.« Der Thron seines Vaters David war ihm schon bei der Verkündigung versprochen. In seinem irdischen Leben hat er aber irdische Throne als Versuchung Satans und als Fehlurteil des Volkes abgelehnt und doch zugleich vor Pilatus von seinem Königtum gesprochen, das nicht von dieser Welt sei. Nun wird seine Herrschaft sichtbar. Es ist der Thron Gottes selbst. Und zugleich ist es der Richterstuhl. Als Angeklagter hat er vor Gericht gestanden. Als Richter sitzt er nun auf dem Richterstuhl Gottes selbst.

»Alle Völker werden vor ihm versammelt werden.« Es ist Weltgericht über die gesamte Welt und Menschheit. So sind hier Engel und Menschen, Himmel und Erde aufgeboten und er ist die große Mitte, alles scheidend und entscheidend. »Er wird sie voneinander scheiden wie der Hirt die Schafe von den Böcken scheidet.« Die zwei, die die Mühle treten, und die zwei, die auf dem Felde arbeiten, werden nun geschieden. Die unsichtbare Front wird nun sichtbar. Alle anderen Unterschiede der politischen und nationalen Zugehörigkeit, der rassischen Eigenart, der sozialen Stellung, der beruflichen Arbeit, der gesellschaftlichen Schicht, der geistigen Bildung, des materiellen Besitzes verschwinden und es wird nur der eine Unterschied sichtbar, durch den die Menschen nun endgültig geschieden werden, der Unterschied der Einstellung zu Gott und im Urteil Gottes. Der Unterschied des Ja und Nein im Glauben und Unglauben. Der Unterschied von Gut und Böse als Ja und Nein der Lebenshaltung und der Unterschied von Erwählung und Verwerfung. Aber nun ist die

Scheidung endgültig. Denn es geht um das Ziel und Ende der ganzen Schöpfung.

»Nehmt das Reich in Besitz, das für euch seit der Weltschöpfung bereitet ist.« Schon am ersten Schöpfungsmorgen war also das eigentliche Ziel der Schöpfung das Reich Gottes als die große Gemeinschaft der von Gott Berufenen, deren Herr und König Gott selbst ist. Das Reich Gottes ist schon im Paradies grundgelegt, hat in der Weltgeschichte seine geschichtliche Phase des Auf und Ab durchlebt und kommt nun zu seiner eigentlichen und bleibenden Erfüllung. Glieder dieses Reiches sind die »Gesegneten des Vaters«. Weil sie den Segen des Vaters hatten, konnten sie den rechten Weg zum Vater gehen. Und weil sie sich bemüht haben, den rechten Weg zum Vater zu gehen, haben sie auch immer mehr den Segen des Vaters empfangen. Das geheimnisvolle Hin und Her von Gnade und Mitwirkung ist nun zu seinem Ende und damit zu seiner Fülle und Erfüllung gekommen. Im Reich des Vaters genießen sie den Segen des Vaters und leben nun völlig in der beseligenden Verbundenheit mit dem Vater.

Diese Scheidung hat Ewigkeitscharakter. »Sie werden eingehen in das ewige Leben.« Sie haben den Tod durchlitten und durchschritten und nun gibt es keinen Tod mehr. Es ist das Leben im künftigen Äon, der kein Ende kennt. Weil sie nun im Reich des lebendigen Gottes sind, ist ihnen ewiges Leben gegeben. Sie haben mit und für Christus den Tod erlitten, sind in der Taufe mit ihm begraben, in der Gnade mit ihm auferweckt worden. Und nun ist dieses Sterben und Leben sichtbar geworden durch körperlichen Tod und körperliche Auferweckung, aber so, dass es nun kein Sterben, sondern nur mehr das Leben in Gott gibt.

Auf der anderen Seite stehen die Neinsager. Sie haben sich von ihm distanziert und abgewandt. So wendet er sich nun von ihnen ab. »Hinweg von mir, ihr Verfluchten!« Sie sind nicht Gesegnete des Vaters, weil sie diesen Segen nicht wollten. Neutralität gibt es aber keine, also trifft sie der Fluch des Vaters. Das Gericht in der Geisterwelt der Engel ist schon beim Anbeginn der Schöpfung und vor dem Beginn der Erschaffung dieses Kosmos erfolgt. Es bedeutete Scheidung zwischen Engel und Teufel. So wie Gott seinen Anhang in der Engelwelt hat, so hat auch Satan seinen Anhang. Ist dem Anhang Gottes die Seligkeit bereitet, so ist dem Anhang Satans, seien es Engel oder Menschen, die Qual bereitet im Feuer. Und so wie die Seligkeit ohne Ende ist, wird die Qual des Feuers ohne Ende sein. Immer wieder sind sie gewarnt worden. Immer wieder ist die Forderung der Bereitschaft an sie ergangen. Immer wieder hat man ihnen gesagt, dass es um Himmel und Hölle, um Gott und Teufel gehe. Sie haben selbst gewählt und nun wird ihre Wahl sichtbar und endgültig verwirklicht. Sie werden dem »ewigen Feuer überliefert, das dem Teufel und seinem Anhang bereitet ist«.

So stehen sich nun gegenüber ewige Pein und ewiges Leben. Also nicht Leben und Tod, Sein und Nichtsein, sondern Leben und Pein, Himmel und Hölle. Und beides endgültig. Das Ende des Irdischen wird der Anfang der Endlosigkeit. Es ist ein *finale sine fine,* eine Scheidung als Entscheidung.

2. *Das Entscheidende.* Die brennend wichtige Frage lautet nun: Aufgrund welchen Tatbestandes wird das letztinstanzliche, höchstrichterliche, für die Ewigkeit entscheidende Urteil des gottmenschlichen Richters gefällt? Die Antwort ist eindeutig: aufgrund einer tätigen oder untätigen Nächstenliebe.

»Ich war hungrig und ihr habt mich gespeist, durstig und ihr habt mich getränkt, fremd und ihr habt mich beherbergt, nackt und ihr habt mich bekleidet, krank und ihr habt mich besucht, gefangen und ihr seid zu mir gekommen.« Und umgekehrt: »Ihr habt mich nicht besucht und ihr habt mir nicht gedient.« Ein Zweifaches ist hier wichtig. Einmal: Es geht um den Mitmenschen. »Was ihr einem der Geringsten meiner Brüder getan, das habt ihr mir getan. – Was ihr einem der Geringsten meiner Mitbrüder nicht getan habt, das habt ihr mir nicht getan.« Es geht also um die Seinen. Hilfe gegenüber den Not leidenden Mitmenschen entscheidet. Nicht die Entwicklung eigener Tugenden und die sorgsame Pflege des Blumenbeetes seelischer Schönheit, sondern die tatkräftige Hilfe gegenüber den leidenden Mitmenschen. Die soziale Tat, das karitative Wirken, der offene Blick, das offene Herz und die offene Hand gegenüber aller Not, die Haltung des barmherzigen Samariters, die Verwirklichung des Geistes Christi selbst, das entscheidet. Allerdings darf man dabei nicht einem Naturalismus verfallen. Denn es gelten auch, und zwar wesentlich, die Werke der geistigen und geistlichen Barmherzigkeit. Und Gebet und Buße kommen auch den anderen zustatten. Dagegen ist das bloße Sorgen für sich selbst unchristlich.

Ein Zweites: Es ist Hilfe um Christi willen. Christus ist in jedem Notleidenden, darum soll man diesen helfen. »*Ich* war hungrig, *ich* war fremd.« Die leidende Menschheit ist der leidende Christus. Die Kirche als mystischer Leib Christi wird hier wieder sichtbar. Wer also Christus dienen will, soll ihm im leidenden Mitmenschen dienen. Wer Liebe zu Christus hat, kann nicht dulden, dass Christus im Mitmenschen leidet. Wer Christus huldigen will, kann es nicht ertragen, dass Christus im Mitmenschen erniedrigt wird. Wer Christus ehren will, kann sich nicht damit abfinden, dass Christus im Mitmenschen entehrt wird. Christusliebe und Nächstenliebe sind eins. Darum entscheidet in der Liebe auch nicht die persönliche Sympathie, die Erwartung von Dank oder Undank, Erfolg oder Misserfolg. Nicht die Stimmung und augenblickliche Verfassung, sondern der Gedanke an Christus, der Blick auf ihn und die Liebe zu ihm. Tätige Nächstenliebe, echte soziale Einstellung, empfängt durch dieses richtende Wort des Herrn eine Größe und Bedeutung, die nicht mehr überboten werden kann. Ewiges Schicksal hängt davon ab. Tätige Nächstenliebe ist im wahren und eigentlichen Sinn das Entscheidende im Leben des Menschen. Es geht also nicht um den Glauben allein, *sola fide,* sondern um den Glauben, der sich in der helfenden Tat auswirkt. Um das Werk aus dem Glauben. Es geht aber auch nicht um das bloße Werk, sondern um das Werk, das Christus dient. Also Werk aus dem Glauben. Es geht nicht um die Gnade allein, *sola gratia*, auch nicht um das Werk allein in falscher Werkheiligkeit, sondern um das Werk aus der Liebe als Mitwirken mit der Gnade. Ein Christentum, das sich nicht in helfender Liebe auswirkt, ist kein Christentum. Und helfende Liebe, die nicht, bewusst oder unbewusst, im Christentum wurzelt, ist weder richtiges Helfen noch richtige Liebe. Christus im Mitmenschen sehen, um den Mitmenschen um Christi willen zu lieben, mit einer Liebe, die zur helfenden Tat wird, ist echtes Christentum.

Damit rundet sich in diesem Finale des Herrn alles ab: Gott und Mensch im Gottmenschen und darum Liebe zum gottgeschaffenen Menschen um des Gottmenschen willen. Ein Jasagen zum Gotteswort, aber ein Jasagen der Tat, weil das Wort Gottes die Tat fordert. Sich selbst vergessen in dienender Liebe und dadurch sich selbst finden in der Liebe dessen, der zum Dienen gekommen ist. So gipfelt alles in der Liebe Gottes, der von Anfang, vom Beginn der Schöpfung an, das Reich seiner Liebe grundgelegt hat, der aus Liebe in Christus gekommen ist, um den Menschen das Reich seiner Liebe zu bringen, der die Menschen ruft, diesen Geist der Liebe den Mitmenschen gegenüber zu betätigen, und der um dieser Liebe willen die Menschen im ewigen Leben zur Teilnahme an der Herrlichkeit seiner Liebe ruft. So hat die Liebe das letzte Wort. Wo aber die Liebe nicht vorhanden war, sondern verschmäht und verstoßen wurde, da endet alles in der Lieblosigkeit der Christusferne und damit der Gottferne. So ist der Mensch vor die Entscheidung gestellt, durch die er selbst die Scheidung bewirkt, die einmal durch den Richterspruch Christi über sein ewiges Schicksal entscheidet.

OSTERN

Mt 26,1–2: Als Jesus diese sämtlichen Reden vollendet hatte, sagte er seinen Jüngern: »Ihr wisst, dass nach zwei Tagen Ostern ist; dann wird der Menschensohn zur Kreuzigung ausgeliefert.«

»Als Jesus all diese Reden beendet hatte …« Die letzten Reden waren scharfes Schwerterklirren geistiger Auseinandersetzungen. Sie endeten mit der mehrfachen Warnung, dem Ende nicht unvorbereitet entgegenzugehen, und fanden ihren majestätischen Abschluss durch die Schilderung jenes Endes, das die Weltgeschichte zum Abschluss bringt und im Gericht die endgültig scheidende Entscheidung bringt. Die Rede vom Ende ist das Ende seiner Reden.

Und nun hat er »all diese Reden beendet«. Das leibhaftige Wort verstummt, um jetzt umso lauter in der stummen Sprache des Leidens zu reden und das unüberhörbare Wort des Opfers zu sprechen. Sein Reden war gewaltig, sein Tun voller Wunder. Aber sein Opferleiden ist das Gewaltigste und Wunderbarste seines Lebens. Es setzt unter all seine Reden das beglaubigende Siegel der Echtheit und gibt all seinen Taten den Weihecharakter des Opfers.

»Ihr wisst, dass in zwei Tagen Ostern ist.« Ostern ist das Frühlingsfest seit uralten Zeiten. Der Winter des Dunkels, der Unfruchtbarkeit und der Kälte ist zu Ende. Der Frühling mit seinem Licht, seiner Wärme und den Geheimnissen der Saat bricht an. Alles Äußere ist Symbol des Innern. Und alles Irdische ist Zeichen des Überirdischen. Sichtbarer Frühling der Erde ist Zeichen eines unsichtbaren heiligen Frühlings Gottes. Der Ostertag der Weltgeschichte hebt nun an. Denn das Dunkel der Geister in Unwissenheit, der Herzen in Sünde und der Menschen in der Gewalt des Dämonischen wird abgelöst durch Christus, der durch seine Offenbarung ein Licht für den Geist, durch seine Gnade den Frieden des Herzens und durch die Erlösung das Reich Gottes bringt. Dass er aber das Licht bringt durch sein Erlöschen im Tod, den Frieden durch den vorübergehenden Triumph des Hasses und das Reich Gottes durch den satanischen Sieg von Golgotha, mit einem Wort, dass er das Leben bringt durch sein Sterben, ist das große Geheimnis. Aber wie das Saatkorn in der Scholle begraben wird, um den keimenden Frühling zu bringen, muss auch er, der lebendige Gott, als Toter in dieser Erde liegen, um ihre Sündhaftigkeit bis ins Letzte zu durchschreiten und zu durchleiden, sodass kein Raum und kein Winkel mehr ist, den er nicht durch seine Gegenwart geheiligt hat, bis hinein in die Tiefe des Grabes. Wie der Frühling aus dem harten Ackerboden aufbricht, so das Leben der Gnade und der Liebe aus der abgründigen Hartherzigkeit der Sünde und der Unerbittlichkeit des Todes.

Ostern ist das Fest froher Gemeinschaft. Nomadisierende Hirten haben die Frühlingsnacht gemeinsam durch die Festfeier im Zelt verbracht, wo sie vom selben Brote essen und denselben Pokal kreisen lassen, um als Tischgemeinschaft eins zu werden in derselben Speise und im selben Trank. Israel hat den Brauch aufgegriffen und durch Moses geheiligt, denn das Ostermahl feiern sie in Familiengemeinschaft unter der Leitung des Hausvaters am selben einen Tisch, an dem sie das Brot brechen und aus dem Kelche trinken. Christus wird Naturfeier und Israels religiöse Feier überhöhen durch das neue Opfermahl, in welchem die Menschen zu einer Familie werden, weil sie vom selben einen Brot des Lebens essen und aus demselben einen Kelch des Heils trinken.

Ostern ist das Schlachten des Lammes, das Vergießen seines Blutes und der Genuss seines Fleisches. Christus ist das wahre Osterlamm. Nun wird sein Blut vergossen, das alle symbolischen Opfer erfüllt und der Menschheit, die durch die Sünde das Leben verwirkt hat, dieses Leben wieder zurückgibt, durch die sühnende Hingabe seines gottmenschlichen Lebens. Und wie die Hausgemeinschaft Israels das Fleisch des Osterlammes gegessen hat, so wird er nun das geistige Israel seiner Kirche seine große Hausgemeinschaft werden lassen, weil sie eins werden mit ihm und in ihm. »Wer mein Fleisch isst und mein Blut trinkt, der bleibt in mir und ich in ihm.«

Ostern ist Vorübergehen des Würgeengels und Rettung der Erstgeburt. An die Zeltpflöcke der Hirten wurde das Blut des Lammes gestrichen, um die Dämonen zu vertreiben. An den Türpfosten der Israeliten hat das Blut des Osterlammes den Todesengel zum Vorübergehen genötigt. Und nun wird das Blut Christi an den Portalen der Kirche und an den Türen der Menschenherzen Satan, den Engel des Verderbens, zum Vorübergehen zwingen. Der erstgeborene Sohn Gottes hat sein Blut hingegeben, damit die Menschen zu erstgeborenen Kindern Gottes werden und durch seinen Tod das Leben empfangen.

Ostern ist Schreiten aus der Knechtschaft Ägyptens in die Freiheit des Volkes Gottes. Sklaven werden zu Freien. Menschliche Tyrannei wird umgewandelt in freien Dienst unter der Herrschaft Gottes. Das Land des Fluches wird eingetauscht gegen den Besitz des Gelobten Landes. Auch das findet in Christus nun seine Erfüllung. Die Menschheit war von Satan versklavt und wird nun in die Freiheit der Kinder Gottes geführt. Auf dem Leben lag seit dem Ende des Paradieses der Fluch Gottes. Nun schlägt die Stunde der Gnade, denn das Reich Gottes bricht an. Das Volk Gottes wird fortan unter dem Segen Gottes leben. »In zwei Tagen ist Ostern.« Die große, entscheidende Stunde steht also unmittelbar bevor. Das Ostern der Weltgeschichte bricht an.

»Der Menschensohn wird zur Kreuzigung überliefert.« Der Umschlag ist jäh und schroff. Soeben hieß es: »Wenn der Menschensohn in seiner Herrlichkeit kommt und alle Engel mit ihm, dann wird er den Thron der Herrlichkeit einnehmen und alle Völker werden vor ihm versammelt.« Und nun ist vom Gegenteil die Rede. Statt der Herrlichkeit der Sklaventod der Hinrichtung.

Statt Engeln und Völkern versammeln sich nun gegen ihn alle seine Feinde. Und statt des Thrones der Herrlichkeit wird nun das Kreuz tiefster Demütigung aufgerichtet. Statt zu richten, wird er gerichtet. So stehen Herrlichkeit und Kreuz hart nebeneinander. Aber das Kreuz wird seine Herrlichkeit bringen. Wieder wird das Geheimnis sichtbar, dass er durch Tod zum Leben schreitet, durch Demut zur Erhöhung, durch Niederlage zum Sieg, durch den Sklaventod zur Herrschaft der Freiheit.

Der *Menschensohn* wird überliefert. Er ist der Mensch schlechthin. Die höchste Aufgipfelung der Menschheit, das Ideal des Menschseins. Nun müsste die ganze Menschheit ihm huldigen und alles, was Menschenantlitz trägt, ihn umjubeln. Aber die Menschen verstoßen den Menschensohn. Sie wollen den Übermenschen nach ihrem Bild und Gleichnis, nicht nach dem Bild und Gleichnis Gottes. Das Menschenantlitz soll dämonische Züge haben und nicht die Züge Gottes. Sie wollen nicht die höchste Erhöhung zur Gottähnlichkeit, sondern den tiefsten Absturz in die Dämonie. Wenn sie ihn überliefern, ist es nicht nur Verrat am Menschensohn, sondern Verrat am Menschsein, an der menschlichen Bestimmung und menschlichen Berufung. Es ist der Verrat von der Erhebung in die Übermenschlichkeit der Teilnahme an Gott in den Absturz des Untermenschlich-Satanischen.

Das ist aber nur dadurch möglich gemacht, dass er der Menschensohn geworden ist. Gott ist Mensch geworden und hat sich damit den Menschenhänden ausgeliefert. Sie liefern den Mensch gewordenen Gott Satan aus und doch wird er sich ihm und ihnen entziehen, aber nur, um trotz allem die Menschenkinder zu Gotteskindern zu machen. Er selbst entzieht sich ihren Händen, um seine Seele den Händen seines Vaters im Himmel zu überliefern und damit alle, die an ihn glauben, den Händen Gottes zu übergeben.

So sind diese Verse voller Geheimnisse. Sie bilden den Übergang vom Reden und Tun zum Leiden, vom Leben zum Tod, von der Herrlichkeit in die Erniedrigung. Aber dieser Übergang wird vorübergehen, bis alles in der Herrlichkeit Gottes endet. Das erst ist das eigentliche Ende. Und dann erst wird er nicht nur all seine Reden beendet haben, sondern auch sein erlösendes Tun. Und jenes Ende wird der eigentliche Anfang sein.

EIN SELTSAMER BESCHLUSS

Mt 26,3–5: Da kamen die Hohenpriester und Ältesten des Volkes im Palast des Hohenpriesters Kaiphas zusammen und beschlossen, Jesus mit List festzunehmen und zu töten. Sie sagten aber: »Es soll nicht während des Festes geschehen, damit keine Unruhe im Volk entsteht.«

A. *Die Versammlung*, die zusammentritt, hat ernsthaften und offiziellen Charakter. Die Priesterschaft und die Ältesten, also die religiösen und politischen Führer Israels, treten zur Beschlussfassung zusammen. Und zwar nicht irgendwo im Verborgenen, sondern im Saal des Kaiphaspalastes. Und der Hohepriester führt selbst und persönlich den Vorsitz. Das einzige Traktandum ist die Stellungnahme zu Jesus. Freilich nicht die innerliche Stellungnahme, denn diese ist längst in einem radikal ablehnenden Sinn erfolgt. Es handelt sich vielmehr um das äußere Vorgehen. Die Beratung ist insofern berechtigt, als Jesus großen Anhang hat, sodass das Vorgehen gegen ihn keine leichte Sache ist. Das Ergebnis der Beratungen sind vier Beschlüsse.

1. Jesus soll verhaftet werden. Sie wollen ihn nicht länger in Freiheit predigen und wirken lassen. Man muss endlich seinem gefährlichen Treiben Einhalt gebieten. Seine letzten Reden gegen die Schriftgelehrten und die Priesterschaft haben sein Schicksal

besiegelt. Länger warten wäre Schwäche. Eine Verständigung mit ihm ist ausgeschlossen. Abwarten ist gefährlich. Also muss man zuschlagen.

2. Jesus muss getötet werden. Einkerkerung kann ihn zwar zum Verstummen bringen, aber der Hass kann sich damit nicht begnügen. Jesus hat sie bloßgestellt und die Massen für sich gewonnen. Nun muss der Machtkampf ausgetragen werden. Sie haben die Macht in Händen, also werden sie davon Gebrauch machen. Im Übrigen lehrt die Geschichte, dass ein Prophet in Gefangenschaft unter Umständen gefährlicher wird als ein Prophet in Freiheit. Solange er lebt, sind sie vor ihm nicht sicher. Also muss er sterben.

3. Schwieriger ist die Frage nach dem Wie des Vorgehens. Schließlich einigen sie sich dahin, dass man ihn nicht einfach öffentlich, mit Gewalt, abführen soll, denn das könnte den Widerstand der fanatisierten Massen heraufbeschwören. Und wenn es in Jerusalem Unruhen gibt, sind die Römer rasch zur Stelle, um mit scheinbarer Berechtigung auch noch den Rest der Kompetenzen zu nehmen, den die Priesterschaft noch gerettet hat. Also ist es besser, ihn heimlich in Gewahrsam zu nehmen und eine vollendete Tatsache zu schaffen, gegen die das Volk dann nichts mehr ausrichten kann. Haben sie ihn einmal in Gewahrsam, so werden sie kurzen Prozess machen, und ehe sich die Massen dessen recht bewusst werden, ist er hingerichtet.

4. Sie beschließen, bis nach dem Fest zu warten, denn jetzt auf Ostern hin sind zu viele Galiläer in Jerusalem. Diese bilden seinen zuverlässigsten Anhang und werden schon aus Nationalstolz zu ihm stehen. Außerdem sind diese Bauern wilde Gesellen, mit denen nicht zu spaßen ist. Ist das Fest vorüber und haben sich die Massen verlaufen, kann alles ruhiger und sicherer erledigt werden.

So sind die Beschlüsse gefasst. Die Ratsherren gehen auseinander mit dem Bewusstsein, gründliche Arbeit geleistet und alle nötigen Maßregeln getroffen zu haben. Die Nägel ihrer Beschlüsse haben diesmal Köpfe.

B. Und doch *sind diese Beschlüsse höchst seltsam*. Einmal ist die ganze Wichtigtuerei dieser großsprecherischen Ratsherren im Grunde genommen lächerlich, denn während sie glauben, im Geheimen alles vorbereitet zu haben, ist aus den vorausgehenden Worten Jesu ersichtlich, dass er sich über sein Schicksal völlig im Klaren ist. Ja, er hat größere Sicherheit als sie selbst, denn er weiß das Datum und die Art seines Sterbens. So ist die Geheimnistuerei völlig sinnlos. Er schaut ihnen gewissermaßen zu, wie sie ihre Netze spannen und ihre Fallen stellen. Menschenbeschlüsse gegen Gottes Willen haben immer etwas Lächerliches.

Dazu kommt, dass das wohlüberlegte Vorgehen, das sie sich ausgeklügelt haben, dann doch über den Haufen gerannt wird. Gerade das, was sie vermeiden wollen, die Unruhe beim Fest, wird kommen. Was sie in aller Stille und im Geheimen vollenden wollen, wird laut und in aller Öffentlichkeit geschehen. Denn nicht die Menschen bestimmen, sondern Gott.

Seltsam ist aber auch der Inhalt ihrer Beschlüsse. Die Priesterschaft mit dem Hohenpriester an der Spitze ist an sich dazu berufen, das Volk zu heiligen und es zu Gott zu führen. Hier beschließen sie aber ein unheiliges Werk, um das Volk von Gott wegzuführen. Die Ältesten haben ihre Autorität im Volk Gottes von Gott selbst. Hier missbrauchen sie diese gottgegebene Macht gegen den, der sie verliehen hat. So ist es Amtsmissbrauch im gröbsten Sinne des Wortes. An sich müsste man als Beschluss dieser beratenden Körperschaft Bestimmungen erwarten, durch welche sie dem Messias die Wege bahnen und ihm alle ihre Kräfte und Möglichkeiten zur Verfügung stellen. Von der Hoffnung auf den Messias lebt dieses Volk. Von seinem Kommen hängt ihr Schicksal ab. Nun erfüllt sich diese Hoffnung und schlägt die

Schicksalsstunde. Gerade da versagen sie nicht bloß, sondern bemühen sich mit allen Mitteln, das Heil in Unheil zu verwandeln. Noch nie war eine Beratung so von allen guten Geistern verlassen wie diese, die vom bösen Geist geführt ist.

Seltsam ist noch ein Drittes, nämlich die Tatsache, dass dieser unmenschliche Entschluss von Menschen und dieser teuflische Beschluss der Führer des Volkes Gottes trotz allem dazu dienen muss, Gottes Pläne zu verwirklichen. Sie werden das Osterlamm schlachten, es aber gerade dadurch zum Opferlamm machen, durch welches alle Osterfeiern Sinn und Vollendung finden. Das ist das Geheimnis im Schöpfungs- und Heilsplan Gottes, dass Gott selbst das Böse benutzt, um Gutes daraus zu machen. Er ist so sehr der absolute Herr jeden Geschehens im Kleinen und im Großen, dass er auch unmenschliches und satanisches Werk gegen den Willen der Urheber seinem Willen dienstbar macht. Auch Satan muss Gott verherrlichen, dem er doch die Ehre nehmen will. Wo immer in der Welt Böses geplant und durchgeführt wird, kann Gottes Barmherzigkeit es benutzen, um es zum Guten zu lenken. Der Gottesmord wird zum Gottesopfer, die Hinrichtung zur Hingabe und der Tod zum Leben. Gottes Größe und Gnade sind unendlich. Menschliche Bosheit und teuflischer Hass können den Heilsplan Gottes nicht durchkreuzen.

GRÖSSE UND KLEINHEIT

Mt 26,6–16: Als Jesus in Bethanien im Hause Simons des Aussätzigen war, kam eine Frau zu ihm mit einem Alabastergefäß voll kostbaren Salböls und goss es ihm über das Haupt, als er bei Tische war. Als die Jünger das sahen, ärgerten sie sich und sagten: »Wozu diese Verschwendung! Man hätte das teuer verkaufen und den Armen geben können.« Jesu erkannte ihre

Gedanken und sprach: »Was macht ihr dieser Frau Schwierigkeiten? Sie hat ein gutes Werk an mir getan, denn allzeit habt ihr Arme bei euch, mich aber habt ihr nicht allzeit bei euch. Und wenn sie dieses Salböl auf meinen Körper gegossen hat, so hat sie es zu meiner Bestattung getan. Wahrlich, ich sage euch: Wo immer dieses Evangelium auf der ganzen Welt verkündet wird, da wird auch das, was sie getan hat, zu ihrem Gedächtnis erzählt werden.« Da ging einer von den Zwölfen, mit Namen Judas Ischariot, zu den Hohenpriestern und sagte: »Was wollt ihr mir geben, wenn ich ihn euch ausliefere?« Sie wogen ihm dreißig Silberlinge ab. Von da an suchte er eine günstige Gelegenheit, ihn zu verraten.

1. *Das Ereignis.* Jesus ist zu Tisch geladen. Während des Gastmahls betritt unerwartet eine Frau den Saal. Halb scheu und zögernd, halb vorwärtsgetrieben durchquert sie den Raum. In den Händen trägt sie sorgsam ein kostbares Gefäß aus feinstem Alabaster, gefüllt mit teurem, seltenem Parfüm. Bei Jesus angekommen, schüttet sie unbedenklich den ganzen Inhalt über die Haare seines Hauptes. Ein wunderbarer Duft und Wohlgeruch erfüllt sogleich den ganzen Raum. Es liegt in dieser Geste ein solches Übermaß, dass alle unwillkürlich aufschauen und fragend ihre Augen auf den Meister richten. Aber die Frau kümmert sich nicht darum. Ist sie von dunkler Ahnung seines nahen Todes erfüllt? Oder ist es tiefe innere Freude, dass sie endlich ihrem ehrfürchtigen Glauben und ihrer großen Liebe Ausdruck geben kann? Dieser Ausdruck hat etwas Stürmisches, Überschwängliches und wir würden sagen etwas Unpraktisches. Aber fragt denn die Liebe nach Grenzen? Kümmert sie sich um Gedanken und Worte der Menschen? Überlegt sie lange, was praktisch und unpraktisch sei? Wirkliche Hingabe ruft nach Ganzheit. Wenn der Mensch in Glauben und Liebe nicht imstande ist, das Alabastergefäß seiner Kleinlichkeit und seines krämerischen Geistes und überhaupt seines Ich zu zerbrechen und

alles, aber wirklich alles, bis zum letzten Tropfen zu verströmen, so weiß er nicht, was Hingabe ist. Krämerisches Rechnen und Zählen ist dem Herrn gegenüber unwürdig.

2. *Das Gespräch.* Die Jünger sind nicht einverstanden. Wozu diese Verschwendung? Kleine Geister messen die Größe immer wieder mit dem eigenen Maßstab und schütteln dann den Kopf, weil das Große nicht in ihre kleinen Köpfe und ihr kleines Herz hineinwill. Wenn Menschen in stürmischer Liebe ganze Stunden und Nächte im Gebet verbringen, finden die Mittelmäßigen das übertrieben und verstiegen. Wenn ernste Menschen im Gedanken an eigene Sündhaftigkeit und die Schuld der Menschen ein Leben der Buße führen, finden die Durchschnittschristen, das könne der Gesundheit schaden. Wenn apostolische Menschen in Erkenntnis der großen Entscheidungen der Gegenwart ihre Kräfte frühzeitig im Dienste des Reiches Gottes verzehren, bezeichnen die Vernünftigen das als unvernünftig. Kleine Spießer können die Größe der Liebe nicht verstehen und engherzige Philister werden für hochherzige Entschlüsse kühner Menschen kein Verständnis haben. »Wozu diese Verschwendung?«, ist ihre Frage, die den Beifall aller Durchschnittschristen findet.

Wenn gläubiges Volk Kathedralen baut, goldene Kelche und Monstranzen stiftet und für die Liturgie nur das Beste als gut genug betrachtet, kritisieren andere diese »Verschwendung«. Und sie führen dabei, wie die Jünger im Evangelium, das soziale Argument an: »Man hätte das teuer verkaufen und den Erlös den Armen geben können.« Aber es gibt nun einmal nicht bloß das soziale Denken und darum nicht nur die Sorge um die leidenden Menschen, sondern es gibt auch den Blick nach oben und den stürmischen Willen, alles dem Herrn zu geben. Wenn junge Menschen ihren ganzen Besitz verlassen, Heimat und Familie drangeben, um blindlings ins Unbekannte hinein Christus zu folgen, wird diese Hingabe als unvernünftig abgelehnt. Wenn kühne Herzen Menschenliebe verschmähen, sich um Eros und

Sexus nicht kümmern, sondern ausschließlich und ganz und leidenschaftlich Gott lieben wollen, schütteln die Erdhaften verständnislos den Kopf. Und wenn Menschen großen Formates die gottgegebene Freiheit des Entscheides gebrauchen, um ebendiese Freiheit als das kostbarste Salböl des Menschen dem Herrn zu schenken und in frei gewähltem Gehorsam das ganze Leben in Dienst zu stellen, stehen Durchschnittsbürger verständnislos vor diesem Entschluss. Sie finden, es wäre für den Staat und die Menschheit wichtiger und wertvoller, wenn religiöse Menschen ihr Vermögen vernünftig verwendeten, eine Familie gründen und Kinder erziehen und in einem gutbürgerlichen Beruf ein gutes Beispiel geben würden. Dass es auch einen anderen Atem, ein kühneres Schreiten und größere Entschlüsse gibt, wissen sie nicht. Sie finden, man müsse sich an die Grenzen und Schranken des Gewöhnlichen halten, und spüren nicht, dass die Liebe wesentlich grenzenlos ist und dass das Leben unerträglich wird, wenn die Liebe nicht gelegentlich Schranken zerbricht, um mit hinreißender Gewalt Gott allein zu sehen und zu suchen. Christus gibt der Frau recht. Er hat Sinn für die Größe der Liebe und billigt sie. Und wäre es auch nur Einbalsamierung seines todgeweihten Leibes, so hat auch das seinen Wert und seine Größe. Denn während andere den Beschluss fassen, ihn zu morden, gibt es hier Menschen, die alles ausgleichen wollen durch den Balsam lebendiger Liebe. Ja, Christus geht noch weiter. Mit seherischem Blick in die Zukunft verkündet er, dass das Überbordende, Großzügige und Hochherzige dieser Liebe in aller Welt verkündet wird, um immer wieder den kleinlichen und engen Geistern das rechnerische Zählen und Wägen, Prüfen und Überlegen, Messen und Ausklügeln mit königlicher Handbewegung unter den Krämertisch zu wischen, die Fenster kleinbürgerlicher Seelenwohnungen zu öffnen, damit sie die frische Luft des Gottesgeistes atmen und ins weite, herrliche Leben des Gottesreiches schauen können. Vielleicht, dass auch sie die große Sehnsucht überkommt und sie hinausschreiten aus der Kleinheit in die

Größe, aus allen Engen in die Weite und aus muffigen Winkeln in die Freiheit der Kinder Gottes! Die Kleinheit der Jünger ist durch dieses und andere Worte des Herrn allmählich herangewachsen zur Größe der Hingabe. Das zerbrochene Alabastergefäß mit dem herrlich duftenden Inhalt hat in ihnen den seelischen Adel geweckt, bis auch sie in der Hingabe ihres Martertodes ihre Gefäße zerbrochen und hingegeben haben zum Wohlgeruch Gottes.

3. *Der Abfall.* Nur einer von den Zwölfen bleibt ein Krämer, Judas Ischariot. Er ist innerlich schon seit geraumer Zeit andere Wege gegangen. Christus entspricht nicht seinen Wünschen und Idealen. Er will einen Messias, der politische Macht und irdischen Reichtum bringt. Beim Einzug in Jerusalem hat Jesus gezeigt, dass es ihm um die politische Macht nicht zu tun ist, denn er hat die große einmalige Gelegenheit ungenutzt verstreichen lassen. Und nun zeigt er auch noch in seiner Antwort an diese verschwenderische Frau, dass er keinen Sinn für finanzielle Dinge hat. Wer verschwendet, kommt nicht zu Wohlstand. Der Geist Jesu ist dem Geist des Judas völlig zuwider. Mit einem jenseitigen Reich und mit Reichtümern des Herzens ist diesem nüchternen Rechner nicht gedient. So zieht er den Trennungsstrich endgültig, geht ins andere Lager über, macht aber nun seinerseits mit seinem Verrat ein Geschäft. Während diese Frau mit verschwenderischer Liebe ihren Besitz vertut, will er als nüchterner Mann mit klarer Berechnung ein Geschäft machen. Dreißig Silberlinge sind besser als nichts. Er nimmt das Geld in Empfang und wird die Gegenleistung erfüllen, das heißt, er verkauft den Herrn an sie. So stehen in dieser eindrucksvollen Szene drei Gruppen von Menschen nebeneinander. Die wahre Größe der Liebe, von dieser Frau in verschwenderischer Fülle gezeigt und getan und von Christus mit feierlichen Worten belobigt. Daneben steht die durchschnittliche, allzu menschliche Kleinheit der Jünger, denen das Soziale wichtiger ist als die Religion, der

Mensch wichtiger als Gott, denen die Erde näher liegt als der Himmel. Aber sie lassen sich belehren und wachsen langsam zu echter Größe empor. Als dritte Gestalt steht der Materialist und Egoist, der nicht sich und das Seine hingeben will an Gott, sondern der von der Religion und von Gott Unterstützung und Förderung des eigenen Ich erwartet. Anstelle der Torheit der Hingabe stellt er kluge Berechnung an.

Diese drei Gruppen sind nicht ausgestorben. Zu welcher gehören wir?

VORBEREITUNGEN

Mt 26,17–25: Am ersten Tag der ungesäuerten Brote kamen die Jünger zu Jesus und sprachen: »Wo sollen wir dir das Ostermahl bereiten?« Er antwortete: »Geht in die Stadt zu dem und dem und sagt ihm: ›Der Meister spricht: Meine Zeit ist nahe. Bei dir will ich mit meinen Jüngern das Ostermahl halten.‹« Die Jünger taten, wie Jesus ihnen aufgetragen hatte, und bereiteten das Ostermahl. Als es Abend geworden, war er mit den Zwölfen zu Tisch. Während sie beim Essen waren, sprach er: »Wahrlich, ich sage euch: Einer von euch wird mich verraten.« Da wurden sie sehr traurig und jeder Einzelne begann ihm zu sagen: »Ich bin es doch nicht, Herr?« Er aber antwortete: »Derjenige, der die Hand mit mir in die Schüssel tunkt, wird mich verraten. Der Menschensohn geht hin, wie von ihm geschrieben steht. Wehe aber jenem Menschen, durch den der Menschensohn verraten wird! Es wäre für jenen Menschen gut, wenn er nicht geboren wäre.« Da antwortete Judas, der im Begriff war, ihn zu verraten: »Ich bin es doch nicht, Rabbi?« Er antwortete: »Du bist es (Du sagst es).«

1. *Die Bereitung des Mahles.* Der Gegensatz wird immer schärfer. Schon der jähe Umschlag von der Schilderung des Gerichtes und der Herrlichkeit des Herrn zur Voraussage des Kreuzestodes war ein Gegensatz. Die Linie wurde weitergeführt durch die huldigende Salbung in Bethanien einerseits und das geheimnisvolle Wort Christi von seinem bevorstehenden Begräbnis anderseits. Nun wird der Gegensatz noch auf anderem Gebiet sichtbar. Christus rüstet sich zum Abschiedsmahl mit den Seinen. Als souveräner Herr verfügt er über Orte und Menschen: »Der Meister lässt sagen: Meine Zeit ist nahe. Bei dir will ich mit meinen Jüngern das Osterlamm essen.« Es ist nicht eine Anfrage, sondern eine selbstverständliche Anordnung.

Und dann beginnt das Abschiedsmahl mit den Zwölfen. Tischgemeinschaft ist Intimität, Vertrautheit und frohes Unbekümmertsein. Aber hier ist mitten unter der kleinen Tischgemeinschaft ein Verräter. Christus weiß es, sagt es und bezeichnet ihn persönlich. So steht auf der einen Seite die Größe des Herrn, der ohne zu fragen Anordnungen trifft und alles Kommende kennt. Und auf der anderen Seite nicht nur der Verrat als solcher, sondern Christi Bereitschaft, diesem Verrat zu erliegen. Licht und Dunkel stehen hart beisammen. So wird es in der Kirche bleiben. In allen Zeiten der Verfolgung werden Leben und Tod, Sieg und Niederlage unmittelbar beisammen sein. So wird es weitergehen bis zum Ende der Zeiten, wo auf der einen Seite der große Abfall, die machtvolle Entfaltung des Antichristen, die Erkaltung der Liebe, auf der anderen Seite aber die Wiederkunft des Herrn und sein endgültiger Triumph die Gegensätze auf die höchste Spitze treiben. Wer nur die Finsternis sieht oder nur das Licht, sieht nicht richtig. Im Christentum gehört beides zusammen.

2. *Die Entfernung des Verräters.* »Einer von euch.« Der Verrat zeigt ein freches Antlitz mitten im engsten Jüngerkreis und Mitarbeiterstab des Herrn. Die Bruchstelle findet sich in seiner nächsten Nähe. Judas ist ein großes Fragezeichen. Er hat die Worte

Jesu gehört, seine Wunder gesehen, sein Beispiel jahrelang vor Augen gehabt und ist trotzdem nicht im Innern gewonnen und erobert worden. Er fällt nicht nur ab, sondern wird tätiger Apostat, aktiver Feind Christi. Von Anfang bis Ende ist er dabei gewesen, hat noch beim letzten Mahl die Hand in die gleiche Schüssel getunkt wie der Herr und ist trotzdem sein Gegner geworden.

Der Mensch hat freien Willen und wird darum auch durch die Gnade nicht gezwungen. Auch die beste Pädagogik ist nicht gegen Misserfolge gefeit. Und auch die eifrigste Seelsorge wird Abfälle zu verzeichnen haben. Apostasie ist so wenig ein Beweis gegen die Kirche als Judas ein Beweis gegen Christus ist. Abgefallene Priester, ausgesprungene Mönche und Nonnen, Kirchenaustritte von Gläubigen sind nichts Neues und werden bis zum Ende der Zeiten vorkommen. Auch Judas hat seine Anhängerschaft. Seine Gestalt gehört zum Kollegium der Zwölf als Mahnung und zugleich als Trost.

»Es wäre ihm besser, wenn er nicht geboren wäre.« Gewiss ist es richtig, dass Gott das Böse zulässt, weil er daraus Gutes macht. Aber damit wird das Böse nicht heiliggesprochen und sind die bösen Taten nicht entschuldigt. Wer das Böse tut, bleibt voll verantwortlich. Es gilt ihm das »Wehe« des Herrn. Das gilt für Herodes und Kaiphas, für Pilatus und für Judas. Und gilt für alle, die Böses tun. Nicht ihr Verdienst ist es, dass Gott auch das Böse zum Guten lenkt, aber ihre Schuld ist es, dass das Böse überhaupt geschieht. Sie verunstalten den mystischen Leib Christi und entstellen das Antlitz des Herrn. Sie bringen Glauben und Kirche in Verruf und schädigen das Reich Gottes. Das Wehe ist berechtigt.

Es gibt tausend Dinge, unter denen der Mensch leidet. Bei allen anderen Schädigungen und Nachteilen, unter denen er leidet, also körperliche Hässlichkeit, Krankheit, Krüppelhaftigkeit, geistige Schwäche und Schwerfälligkeit, temperamentsmäßige Schwerblütigkeit und Melancholie und was es immer an Dingen geben mag, gilt doch immer das große Wort: *Melius est sic esse, quam non esse.* Es ist besser, so zu sein, als nicht zu sein. Denn es kommt nach dem Tod eine andere, bessere Seinsweise, wo all diese Dinge aufhören und auch die körperlich und seelisch Benachteiligten zu einer vollen Glückseligkeit gelangen. Nur eine einzige Ausnahme gibt es. Und für die gilt: *Melius est non esse, quam sic esse.* Es ist besser, nicht zu sein, als so zu sein. Diese einzige Ausnahme ist das Leben und Sterben in der Sünde, denn das ist Abkehr von Gott und damit vom eigentlichen Leben. Das Wort Christi ist unheimlich, denn es bestünde nicht zu Recht, wenn es am Ende allen Endes eine Rettung für die Verworfenen gäbe. Nur wenn das Unheil endgültig ist, hat das Wort seine volle Berechtigung. Wir müssen es in seinem unheimlichen Ernst stehen und wirken lassen.

DAS MAHL

Mt 26,26–29: Als sie noch beim Essen waren, nahm Jesus Brot, sprach das Dankgebet, brach es und gab es den Jüngern und sagte: »Nehmt, esset, dies ist mein Leib.« Und er nahm den Kelch, sprach das Dankgebet, gab ihn ihnen und sprach: »Trinket alle daraus, denn dieses ist mein Blut des Bundes, das für viele vergossen wird zur Vergebung der Sünden. Ich sage euch: Ich werde von jetzt an von diesem Gewächs des Weinstockes nicht mehr trinken bis zu jenem Tag, da ich mit euch aufs Neue trinken werde im Reiche meines Vaters.«

Matthäus schildert weder das jüdische rituelle Passahmahl noch das persönliche Abschiedsmahl des Herrn mit den Abschiedsreden, sondern greift nur das Dritte, Entscheidende, heraus: die erste Feier des Opfermahls im Neuen Bund.

1. *Das Brot. Brot* ist die Speise der Menschen und damit die Kraft, die ihr Leben erhält. Brot ist weiterhin ein Symbol der Einheit. Denn aus vielen Weizenkörnern ist der eine Brotlaib gebacken. Wenn der Herr nun dieses Brot bricht und an die Jünger austeilt, ist es ein neues Zeichen der Einheit, denn am selben Brot haben sie alle Anteil.

Nun ist es aber nicht mehr gewöhnliches Brot, sondern *der Leib Christi.* Er hatte selbst früher gesagt: »Ich bin das Brot des Lebens.« Und nun wandelt sein schöpferisches Wort das Brot um in seinen Leib. Er ist die Speise der Seele. Er ist die große Einheit der vielen, denn an ihm haben sie alle Anteil.

Es ist *der Leib, der dahingegeben wird.* Morgen wird sein Leib blutig geopfert. Hier ist dieser selbe Leib zugegen und wird dem Vater und den Jüngern hingegeben. So sind hier Opfer und Opfermahl verbunden und der Genuss dieses Brotes und Leibes ist die *communio,* die große Einswerdung zwischen den Menschen und Gott. »Wer mein Fleisch isst und mein Blut trinkt, der bleibt in mir und ich in ihm.«

2. *Der Kelch.* Der *Wein* ist der Trank des Menschen. Er löscht seinen Durst und mehrt seine Freude. Und so ist auch er ein Zeichen des menschlichen Lebens. Der Wein im Pokal ist Zeichen der Einheit, denn aus verschiedenen Beeren ist der Saft in den Becher gepresst und so sind die vielen eins geworden. Und wenn die vielen nun aus demselben einen Kelch trinken, werden sie aufs Neue eins.

Es ist *das Blut Christi.* Wieder ist Christi schöpferisches Wort über diesen Kelch gesprochen. Er, der zu Kana das Wasser in Wein verwandelt hat, wandelt hier den Wein in sein Blut. Das ist der eigentliche Trank der Menschen, denn so bekommen sie Anteil an ihm und seinem Leben.

Es ist Blut, das *vergossen* wird. Wieder ist vom Opfer des Herrn die Rede. Und ausdrücklich wird gesagt: »zur Vergebung der Sünden«. Morgen wird sein Blut auf Golgotha fließen als das

Sühnopfer, das die Sünden der Welt tilgt. Hier ist dieses selbe Blut im Kelch als das Opferblut des Herrn. Es ist das neue Opfer des Neuen Bundes. Der Alte Bund am Sinai wurde geschlossen durch das Blut eines Opfertieres, mit dem Moses den Altar und das Volk besprengte, um die Einheit zwischen Gott und Volk im Opferblut zu bezeichnen. Hier ist es das Blut des Gottessohnes selbst. Es eint Gott und das neue Gottesvolk im selben einen Blut und ist so der Neue Bund zwischen Gott und den Erwählten.

Dieses Opfer wird sichtbar gemacht durch die Trennung von Leib und Blut in den Worten Jesu. Denn wenn das Blut sich vom Leibe löst, ist es ein Sterben und damit ein Geopfertwerden. So geschieht hier das große, geheimnisvolle Sakrament und das Opfer des Neuen Bundes. Es ist zugleich Vorahnung der großen, ewigen Tischgemeinschaft, die die Erwählten dereinst im Reiche Gottes haben werden. Darum fügt Christus hinzu: »Ich werde von diesem Gewächs des Weinstocks nicht mehr trinken bis zu dem Tag, da ich es mit euch neu trinke im Reiche meines Vaters.« Und über dem Ganzen dieses Berichtes steht das Wort vom Segen: »Jesus segnet das Brot.« Und das andere Wort vom Danken: »Er dankte.« Diese ganze Feier ist Segensfeier und Danksagungsfeier, Eucharistie.

Was Christus damals im Abendmahl als großes, geheimnisvolles Abschiedsmahl gefeiert hat, ist gerade nicht sein Abschied, sondern die Garantie seines Verbleibens bei uns. Wenn sein Leib äußerlich verschwindet in Tod und Himmelfahrt, so wird sein Leib und wird sein Blut in der Gestalt des Brotes und des Weines sakramental bei uns bleiben und wird sein Opfer weitergeführt durch die Jahrtausende. Sein Abschied ist ein Bleiben. Sein Tod wird Leben spendend. Und immer, wenn wir dieses Geheimnis in der Messe feiern, gedenken wir der weihevollen Stunde im Abendmahlssaal und der großen Opferfeier des Herrn. Messe und Kommunion als Feier der Eucharistie sind nicht nur Zeichen und schwaches Symbol, sondern Wirklichkeit und Leben. Es ist Genuss des Leibes und Blutes des Herrn und damit wirkliches

Teilhaben an ihm. Es ist Feier seines Opfers. Und es ist Opfermahl zwischen dem Geopferten und den Seinen. So ist dieses Geheimnis der eigentliche Reichtum seiner Kirche, der Inhalt ihres Gottesdienstes, die ständige Erneuerung des Segens.

EUCHARISTIE

Mt 26,26: Während des Mahls nahm Jesus das Brot und sprach den Lobpreis; dann brach er das Brot, reichte es den Jüngern und sagte: »Nehmt und esst; das ist mein Leib.«

Aus dem Abendmahl schreitet mit Judas der hasserfüllte Verrat, strahlt aber auch durch das Geheimnis der Eucharistie die Größe der Liebe.

1. Eucharistie ist in erster Linie *Opfer*. Das Opfer findet sich bei allen Völkern. Der Opfergedanke ist nicht in erster Linie aus Furcht geboren, sondern er ist Gottesverehrung, das heißt er ist Anerkennung der Größe und Herrlichkeit der Gottheit. Die Menschen erkennen, dass Gott der Herr der ganzen Schöpfung und auch Herr der Menschen ist. Alles ist sein Eigentum. Und so ist Hingabe der selbstverständliche Ausdruck ehrfürchtiger Abhängigkeit, aber auch liebender Geborgenheit.

Wenn das Opfer zum Sühnopfer wird, steht dahinter der Gedanke der Schuld. Der Mensch hat durch die Sünde sein Leben verwirkt. Dieses ist dem strafenden und richtenden Gott verfallen. Dieser Erkenntnis gibt der Mensch Ausdruck durch die blutigen Opfer von Tieren. Wenn in Israel am Versöhnungstag und am Osterfest das Blut von Tausenden von Opfertieren strömte, kam es dem Volk zum lebendigen Bewusstsein, dass Schuld und Sünde noch immer nicht gesühnt und getilgt waren.

Christus erfüllt all diese Opfer. Denn wenn er sein Blut vergießt, ist es das Blut des Gottes- und Menschensohnes. Seine Sühne tilgt die Schuld. Darum ist das eine blutige Opfer des Herrn ein Mal und für immer dargebracht und in seiner Kraft voll ausreichend zur Tilgung aller Sünden.

Warum dann die Weiterführung des Opfers im Messopfer? Es ist nicht eine Verkleinerung des Opfers Christi, sondern erst recht das Aufzeigen seiner Größe. Denn dieses Opfer Christi erfüllt nicht nur den Zeitraum von ein paar Stunden des Karfreitags und den irdischen Raum des Kalvarienberges, sondern es durchstrahlt Zeit und Ewigkeit und erfüllt die ganze Erde. Aber nicht nur mit der moralischen Kraft, sondern auch seinshaft. Es erweist in der Messe seinen Dauerzustand und darum seine überzeitliche und gesamträumliche Größe.

Dazu kommt ein weiterer Gedanke. Das Opfer des physischen Christus soll auch das Opfer des mystischen Christus sein. Denn der ganze Christus opfert sich. Darum hat Christus die heilige Kirche befähigt, an seinem Opfer nicht nur passiv, sondern aktiv Anteil zu haben. Die Kirche opfert denselben Leib und dasselbe Blut Christi, das der Herr selbst am Kreuz dem Vater geopfert hat. Und was die Gesamtkirche tut, kann auch jeder einzelne Gläubige dieser Kirche, denn auch er ist mitopfernd und mitgeopfert. Das ist so wichtig, dass es die eigentliche Mitte christlichen Gottesdienstes bildet. Durch nichts wird der Vater so verherrlicht wie durch das eine, einmalige Opfer seines Sohnes. Und an diesem einen, einmaligen Opfer hat nun jeder einzelne Gläubige durch das Geheimnis des Messopfers persönlichen Anteil. Und zwar nicht in der Distanz von Jahrhunderten, sondern in räumlicher und zeitlicher Gegenwart. Ist es erstaunlich, dass die Teilnahme an diesem Opfer jedem Gläubigen als die eigentliche Feier des Sonntags gilt, weil der Tag des Herrn erst dadurch so recht zum Tag des Herrn wird? Und ist es nicht selbstverständlich, dass diese Feier die Mitte unseres Gottesdienstes bildet? Alle äußere Formgebung und Umrahmung durch liturgische Texte,

Gebete, Gesänge, durch feierliche Zeremonien, durch Kerzen und Blumen und liturgische Gewänder, duftenden Weihrauch und Glockengeläute ist nur Form. Und alle Größe und Pracht dieser Form ist noch zu klein, um die geheimnisvolle Größe des Inhaltes auch nur richtig anzudeuten, das Opfer des Herrn, das wir selbst mit ihm und durch ihn darbringen können. Wo das Opfer fehlt, fehlt das Wichtigste. Und darum ist Teilnahme an diesem Opfer unser Gottesdienst.

2. Eucharistie ist auch *Opfermahl.* Im Abendmahlssaal ist die Tatsache des Opfers erst aus den Worten Christi ersichtlich. Alles andere war vielmehr Erkennbarkeit des Mahles. Denn es ist Tischgemeinschaft mit Brot und Wein, Tischgebet und Tischgesprächen. So ist auch der christliche Altar zuerst gar nicht als solcher sichtbar. Es ist ein Tisch, der mit einem Tischtuch bedeckt ist. Darauf liegt der Teller der Patene und steht der Pokal des Kelches. Und es ist Brot da und Wein. Es ist Feier des Mahles. Darum gehört dieses wesentlich zur Eucharistie. Und somit gehört die Kommunion zur Messe. Es ist damit aber anderseits auch gegeben, dass die Tischgemeinschaft auch als solche, ohne unmittelbare Opferfeier, eine Daseinsberechtigung hat und dass also Kommunion auch außerhalb der Messe möglich ist. Christus hat sogar von dieser Kommunion häufiger und eindringlicher gesprochen als vom Messopfer. Die ganze Eucharistierede im 6. Johanneskapitel redet von der Lebensgemeinschaft, die der Gläubige mit ihm hat, wenn er ihn genießt als Speise und Trank und so innerlich völlig eins wird mit ihm. Die Kirche hat gerade heute, da die äußeren Hilfsmittel den Menschen nicht mehr zu Gott hin-, sondern von Gott wegführen, diese innerliche Verbindung mit Gott besonders betont, denn sie ruft die Menschen häufiger als früher zur Tischgemeinschaft der Eucharistie. Und sie ruft sie schon in jüngerem Lebensalter, als es früher der Fall war. Wo das Äußere schwächer wird, soll das Innere erstarken. Wo der Mensch schutzlos den Gefahren ausgeliefert ist, soll er den inneren Schutz

des heiligsten Sakramentes haben. Darum ist das Zeitalter der Eucharistie mit dem Zeitalter der Säkularisierung verbunden.

Mit dem Genuss des Leibes und Blutes des Herrn im heiligsten Sakrament ist die ganz persönliche Intimität der Einswerdung mit Christus gegeben. »Der bleibt in mir und ich in ihm.« Hier erhält der Gottesdienst neben der Objektivität des Opfers die Subjektivität der innerlichen Einswerdung und neben der gemeinschaftlichen Opferfeier die persönlich individuelle Verbundenheit des Einzelnen mit Christus. Darum ist aber auch die persönlich betende Vorbereitung und die persönlich innere Danksagung wichtig. Eine Religiosität, die nur den Gemeinschaftscharakter und das Objektive betont, ist ebenso einseitig wie eine Frömmigkeit, die nur den subjektiven und persönlichen Charakter herausstellt. Nur wo beides verbunden ist, ist die Ganzheit katholischen Betens und Lebens gegeben.

3. Eucharistie ist *Gegenwart Christi im Sakrament.* Die Kirche hat schon früh das heiligste Sakrament aufbewahrt. Zuerst für die Kranken, die außerhalb der Messfeier das Sakrament zu genießen wünschten. Dann allmählich für alle, denn man wollte dieses Kleinod ständig in der Mitte haben. Und so sind die Räume, die ursprünglich nur für die Feier des Opfers bestimmt waren, Gotteshäuser geworden, in denen der Herr ständig Wohnung hat. Seitdem brennt das ewige Licht vor den Tabernakeln und finden sich zu allen Zeiten des Tages und vielerorts auch während der Nacht Gläubige zu stillem Gebet. Sie huldigen dem Herrn, legen ihre Sorgen in seine Hände, holen von ihm Kraft zu tapferen Entschlüssen, Mut zu duldendem Ausharren, Freude und Begeisterung zur Hingabe. Die Kirche hat der Verborgenheit dieses Geheimnisses Ausdruck gegeben durch die verschlossene Tür der Tabernakel, durch das Velum, mit dem sie die Kelche bedeckt, und im Orient durch ganze Wände, die sie zwischen dieses unsichtbare Geheimnis und die gläubige Gemeinde gebaut hat. Sie hat aber anderseits auch versucht, gewissermaßen

die Verborgenheit zu durchbrechen. So hält sie nach der Wandlung die Gestalten des Brotes und Kelches hoch empor, damit alle Blicke sich darauf richten können. Sie baut goldene Schaugefäße, Monstranzen, um das *Sanktissimum* (Allerheiligste) allen zu zeigen. Sie trägt es in feierlichen Prozessionen durch die Gotteshäuser und durch die Straßen der Dörfer und Städte. Sie umjubelt dieses Geheimnis mit feierlichen Gesängen und herrlichen Gebeten. Huldigt dem Herrn in schlichter, demütiger Anbetung und trägt in flehenden Litaneien alle Anliegen zu ihm empor. So ist dieses Sakrament auch durch die bloße Gegenwart des Herrn ein unerhörter Reichtum unseres Gottesdienstes. Wie arm wäre die Kirche ohne dieses Opfer, ohne die Tischgemeinschaft mit Christus, ohne Gegenwart des Herrn in unseren Gotteshäusern! Und wie reich ist sie durch diese dreifache Gabe der Liebe! So geht vom Abendmahlssaal die Liebe durch alle Völker der ganzen Erde. Judas schreitet in die Nacht. Aber das Licht, das in jener Nacht aufleuchtet, durchstrahlt die ganze Welt.

WARNUNG

Mt 26,30–35: Als sie den Lobgesang vollendet hatten, gingen sie zum Ölberg hinaus. Da sagte ihnen Jesus: »Ihr alle werdet in dieser Nacht an mir Anstoß nehmen. Denn es steht geschrieben: Ich werde den Hirten schlagen und die Schafe der Herde werden sich zerstreuen. Wenn ich aber auferweckt bin, werde ich euch nach Galiläa vorausgehen.« Da antwortete ihm Petrus: »Wenn alle an dir Anstoß nehmen, werde ich nie an dir Anstoß nehmen.« Jesus sagte ihm: »Wahrlich, ich sage dir: In dieser Nacht wirst du mich dreimal verleugnet haben, bevor der Hahn kräht.« Petrus antwortete ihm: »Und wenn ich mit dir sterben müsste, werde ich dich nicht verleugnen.«

Nach der besonderen düsteren Nennung des Judas folgt eine besondere, ebenfalls düstere Nennung des Petrus. Nach dem Verräter der erste Papst.

1. *Alle Jünger* werden gewarnt. »Ihr werdet heute Nacht alle an mir irrewerden.« Denn wenn er nicht mehr in ihrer Mitte ist, sind sie hilflos und kraftlos. »Ich will den Hirten schlagen, dann werden sich die Schafe der Herde zerstreuen.« Die Jünger ohne Christus sind nichts. So ist auch die Kirche ohne Christus nichts. Der Papst ist nicht ihr Haupt, sondern nur der Vertreter des Hauptes, nicht Christus, sondern *Vicarius Christi.* Christus ist der Hirt, der Lenker und Leiter seiner Kirche, die siegende Kraft, der führende Geist, die leitende Autorität.

Aber zugleich blickt Christus in die Zukunft. »Nach meiner Auferstehung werde ich euch nach Galiläa vorausgehen.« Der Herr weiß um die menschliche Gebrechlichkeit, die ohne ihn nichts vermag. Weiß aber auch, dass er wieder zu ihnen kommen und sie stärken wird. Sind sie ohne ihn schwach, so werden sie mit ihm wieder stark sein. Er wird aus diesen brüchigen Steinen seine Kirche bauen und aus diesem schlechten Holz seine Heiligen schnitzen. Über diesen armseligen Text wird er seine herrlichen Melodien schreiben und mit Menschen sein Gottesreich verwirklichen. Er geht ihnen voran. Das Leben bekommt Sinn als Nachfolge. Das ist der einzige Sinn. Um ihn geschart, sind wir Menschen etwas. Ohne ihn gibt es nur das Auseinanderfallen, die Zerstreuung, die Zersplitterung, den Zerfall.

2. *Petrus.* Er betont: »Mögen alle an dir irrewerden, ich werde niemals irrewerden.« Er hält sich also für wesentlich besser als die anderen. Der grelle Blitz der Warnung Christi, der diese Nacht der Einbildung durchzuckt, nützt nichts. »Noch heute, ehe der Hahn kräht, wirst du mich dreimal verleugnen.« Die Antwort des Petrus lautet nur noch dreister: »Selbst wenn ich mit dir in den Tod gehen müsste, werde ich dich nicht verleugnen.«

Wenige Stunden später wird er aus Angst vor einem Dienstmädchen mit feierlichem Eidschwur die Erklärung abgeben, dass er Jesus überhaupt nicht kenne. *Corruptio optimi pessima.* Was bedeuten stahlharte Vorsätze, heilige Eidschwüre und glühende Beteuerungen! Solange der Mensch auf dem Boden seiner Selbstsicherheit steht, ist er gefährdet. Nur auf dem Boden der Demut ist die Empfänglichkeit für die Gnade zu finden. Der erste Papst legt sein erstes Treuebekenntnis zu menschlich ab. Dreimalige Verleugnung wird ihn zur bitteren Erkenntnis führen und in dreimaliger Versicherung der Liebe wird er es gutmachen. Von da an wird er wissen, dass seine Würde nicht auf menschlicher Größe beruht, sondern auf Gottes schenkender Gnade. So stehen am Anfang der Papstgeschichte die Selbstsicherheit, die Warnung und der Sturz. Aber dann auch die Erhebung und Festigung in Gnade und Liebe. Das Papsttum wird in seiner ganzen Geschichte immer wieder den Tribut des Menschlichen, Allzumenschlichen zahlen, aber immer wieder gehalten werden von der Hand des Herrn. Die Nacht des Verrates und die Nacht der Verleugnung werden immer wieder ihre Schatten über die Kirche werfen. Immer wieder werden Feinde intrigieren, werden Judasse verraten, werden allzu billige Versprechungen, Beteuerungen und Abfälle erfolgen. Aber immer wieder wird er sichtbar werden, der alle Zerstreuten sammelt. Wenn die Seinen sich an ihn halten, werden sie alle Nächte durchschreiten, bis der Tag anbricht, an dem es keine Nacht mehr gibt und damit weder Verrat noch Verleugnung. Es ist der Tag der triumphierenden Kirche. Aber der Weg dorthin führt noch durch Leiden und Tod. Wer an der Kirche irrewird, wenn er Apostaten begegnet oder menschlicher Schwäche, Ärgernissen des Abfalls und allzu großen Menschlichkeiten, der hat über die Dinge, die die Passion des Herrn einleiten, nie ernstlich nachgedacht. Die Meditationen über den Verrat des Judas, die selbstsichere Erklärung des Petrus und die Mahnung des Herrn öffnen den Blick für die Wirklichkeit der Kirche, solange sie auf dieser Erde und in dieser Zeitlichkeit weilt.

AGONIE DER TRAUER

Mt 26,35–38: Ähnlich sprachen auch alle anderen Jünger. Dann ging Jesus mit ihnen auf ein Gut namens Gethsemane und sprach zu den Jüngern:

»Setzt euch hier, während ich dorthin gehe und bete.« Er nahm Petrus und die beiden Söhne des Zebedäus mit sich. Dann wurde er sehr traurig und begann zu verzagen. Er sprach zu ihnen: »Meine Seele ist zum Sterben traurig. Bleibt hier und wachet mit mir!«

Das Geheimnis von Gethsemane ist neben der Verlassenheit am Kreuz das dunkelste aller Geheimnisse im Leben Jesu. Hier durchschreitet Christus eine tiefe Finsternis und große Einsamkeit.

Das Erste, was Matthäus betont, ist die Traurigkeit Christi. »Er begann zu trauern und sprach: ›Meine Seele ist zum Sterben traurig.‹« Diese Traurigkeit ist eine schwere Last. Christus bricht unter ihr zusammen. Sie zwingt ihn auf die Knie und drückt sein Angesicht auf die Erde.

Ist diese Erde nicht voller Traurigkeit? Wie viele Tränen benetzen sie! Wie viel Not und Leid ist auf ihr zu finden! Von wie viel Schuld und Sünde ist sie entweiht! Als Paradies ist sie aus Gottes Schöpferhand hervorgegangen. Und was ist aus ihr geworden! Wie viele werden durch die Erde irre an Gott! Kann sie das Werk einer ewigen Liebe sein, mit ihren Dornen und Disteln, ihren Überschwemmungen und ihrer Dürre? Ihren Seuchen und mörderischen Bazillen, ihrem ständigen Töten und Sterben? Milliarden von Gebeinen liegen im Schoß dieser Erde. Ist sie nicht ein einziger Friedhof unter dem kalten Licht des Mondes? Mütterlicher Schoß sollte sie sein. Kaltes, hartes Grab ist sie geworden.

Und der Mensch auf der Erde? Als Abbild Gottes ist er erschaffen worden. Und was ist er heute? Wie viel abgründige

Bosheit, wie viel kleinliche Selbstsucht, engstirnige Borniertheit, gelber Neid, tödlicher Hass und brutale Gewalt stecken im Menschen! Wie viel ungezähmte, zügellose Leidenschaft, hemmungsloses Sichdurchsetzen, harter Egoismus, kaltblütige Berechnung! Kain erschlägt seinen Bruder Abel, Jakob hintergeht seinen Bruder Esau. Juda schändet seine Schwester Thamar. Und so geht es weiter durch die ganze Weltgeschichte als einer Geschichte von Blut und Tod, Gewalt und Kriegen. Soll der Menschensohn nicht traurig werden, wenn er an seine Menschenbrüder denkt?

Unter den Menschen ist sein bevorzugtes Volk als Volk Gottes. Es ist in den Gottesbund aufgenommen, hat in den Propheten Gottesmänner erhalten und besitzt in seiner Mitte den Tempel Gottes. Und nun ist der Sohn Gottes selbst zu ihm gekommen. Aber das Volk will nichts von ihm wissen. Es geht seinen eigenen Weg, den Weg ins Verderben, und hat durch seine Führer den Beschluss gefasst, ihn, den Sohn Gottes, umzubringen. Soll er nicht trauern, wenn er an Jerusalem denkt und an das Volk seines Vaters?

Noch näher stehen ihm die Seinen, die Zwölf, die er erwählt hat. Ihnen hat er in besonderer Weise vom Reich Gottes gesprochen, die Geheimnisse gedeutet. Er hat sie seine Wunder schauen lassen. Sie durften in seiner Nähe leben. Sie sind Erwählte, Berufene, durch ihn Geheiligte. Aber kann er mit Freude an sie denken? Einer ist als Verräter unterwegs, ein anderer wird ihn verleugnen, alle werden ihn verlassen. Seine eigentlichen Anliegen haben sie nicht verstanden und seinen Geist nicht aufgenommen. Und hier, ganz in der Nähe, sind die drei besonders Erwählten: Petrus, Jakobus und Johannes, der erste Papst, der erste Märtyrer und der Jünger der Liebe. Aber sie schlafen, obwohl er sie zum Wachen eigens aufgefordert hat. Sie wissen nicht, worum es geht. In menschlicher Schwäche überlassen sie sich in dieser Nacht des Verrates und der Bosheit in ihrer bürgerlichen Ahnungslosigkeit dem Schlummer. Soll er nicht traurig sein über den Mangel an Bereitschaft und Verständnis?

Denkt er schließlich an sich selbst, so überfällt ihn die Trauer wie ein undurchdringbares Dunkel. Nun steht er, menschlich gesehen, auf der Höhe seines Lebens, in Gesundheit, Kraft, Schönheit, mit dem gewaltigen Auftrag, das Reich Gottes zu verkünden, mit der großen Sendung seines Vaters im Himmel. Und nun soll jählings alles abreißen und abbrechen. Kaum gesät, wird die Saat zerstampft. Kaum gesprochen, soll sein Wort im Lärm verhallen. Und sein junges Leben soll unter qualvollen Martern verlöschen und verbluten.

Und schließlich denkt er an den Vater im Himmel. Ist nicht der »Prediger« in seinem melancholischen Buch traurig geworden, als er an Gottes Werk und das Geheimnis der Gottespläne dachte? »Eitelkeit der Eitelkeiten!« Was bleibt unter der Sonne als Enttäuschung und Schmerz. Und hat nicht der grübelnde Ijob voll Trauer und Schmerz daran gedacht, dass so viele schuldlos leiden und dass man Gottes Werke nicht verstehen kann? Die Trauer steckt wie ein spitzer Stachel in seiner Seele. Und auch wildes Aufbegehren entfernt ihn nicht. Es bleibt ihm nur das stille, demütige Verstummen in Sack und Asche. Es ist aber kein froher Ton, der aus diesen Büchern klingt. Sie sind erschüttert von Melancholie und umflort von Trauer. Wenn nun Jesus, der viel geliebte Sohn, an den Vater denkt, von dem er ausgegangen ist, von dem er Sendung und Auftrag erhalten hat, und sich jetzt vom Vater verlassen weiß, völlig den harten Herzen und Händen böswilliger Menschen ausgeliefert, sich selbst und ihnen überlassen, in unendlicher Ferne und eisiger Kälte und lichtloser Finsternis, soll ihn nicht die Trauer umfangen wie schwarzes Gewölk? So liegt er in der Verräternacht trauernd auf seinem Angesicht.

Wer als oberflächlicher Mensch nur dem Vergnügen nachjagt oder als unreifer Träumer sich Illusionen hingibt, wer aus Mangel an Mut der Wirklichkeit nicht ins harte Angesicht schauen will, wer um Leid und Not und Tod nichts weiß, wer nie in die Abgründe menschlicher Bosheit geschaut und nie erschrocken ist über das, was ihm aus Menschenangesicht entgegentritt, der kennt weder die Erde noch die Menschen noch das Leben. Christus durchschreitet diese dunklen Meere und morastigen Sümpfe. Er durchleidet alles Menschenleid und darum ist seine große Seele zum Sterben traurig. Diese Trauer ist aus dem Leben und Leiden des Herrn nicht wegzudenken. Sie gibt ihm den dunklen Hintergrund, den tiefen Untergrund. Und gibt seinem Dennoch freiwilliger Hingabe erst die eigentliche Größe.

AGONIE DER ANGST

Mt 26,37: Er begann zu verzagen.

Christus erfährt und durchleidet eine dreifache Angst.

1. Es ist einmal die rein natürliche Angst vor dem unmittelbar bevorstehenden, jetzt hereinbrechenden Schicksal seines Leidens. Er weiß um die menschlichen Grausamkeiten, teuflischen Quälereien, mit denen er von hasserfüllten Feinden und einer vertierten Soldateska zu Tode gequält wird. Nichts werden sie ihm ersparen. Weder die wilden Schmerzen, die seinen Körper durchwühlen, noch Hohn und Spott und die Gotteslästerungen, die seine Seele mit Bitterkeit und Qual erfüllen. Er muss den Becher bis zur Neige trinken. Durch die Sünde ist das Leiden in die Welt gekommen. Der Überwinder der Sünde muss dieses Leiden durchkosten und durchstehen. Als feinnerviger und feinfühliger Mensch ist ihm das Unmenschliche dieser Misshandlungen etwas so Grauenvolles, dass diese Bilder des Kommenden ihn mit unbeschreiblicher Angst erfüllen. Tapferkeit ist nicht das Fehlen von Furcht, sondern das tiefe und erschreckende Erleben der Furcht, aber mit unerschütterlichem Durchhalten. Furchtlosigkeit

ist Empfindungsschwäche. Der Furcht nachgeben ist Charakterschwäche. Fürchten und trotzdem vorwärtsschreiten ist seelische und charakterliche Größe.

2. Aber die Angst Christi gründet tiefer. Es ist die naturhafte Todesangst des Menschen. Der Mensch weiß als geistiges Wesen um sein Schicksal, weiß aber zugleich als geschaffenes Wesen, dass er dieses Schicksal nicht in eigenen Händen hat. So weiß er sich letztlich in der Unsicherheit. Er ist ausgeliefert und hängt im Leeren. Er erfährt das Sein zum Tode, das Treiben auf brüchiger Eisscholle.

Die Situation wird dadurch erschwert, dass dieser unaufhaltsame Tod für den Menschen etwas Unnatürliches ist. Denn Menschennatur besagt Einheit von Seele und Leib. Tod besagt Trennung von Seele und Leib. Darum ist der Tod etwas Widernatürliches, ein gewaltsames Trennen und Auseinanderreißen. Der Mensch hat einen instinktiven, naturhaften Widerstand gegen den Tod. Er wehrt sich dagegen, oft mit verzweifelter Kraft.

Wenn die Antike von Tod und Unterwelt spricht und wenn die Apokalypse Thanatos und Hades als unheimliche Zweiheit schildert, so sind diese Begriffe immer von Grauen umwittert. Sie sind unausweichlich und unvermeidlich. Sie sind hart und grausam. Sie sind zugleich dunkel und unergründlich.

3. Die Angst Christi greift aber noch in unter- und übermenschliche Tiefen und Höhen. Es ist die Angst des Sünders vor Gott und Satan. Christus hat die Sünden der Welt auf sich genommen. Wie er im Anfang seines öffentlichen Lebens als Sünder untertaucht, bis die Fluten des Jordan über ihn hinwegspülen, so taucht er jetzt, von der Sünde der Welt belastet, unter die Fluten der Angst, die seine Seele völlig überschwemmen. Während des Lebens kann der Mensch der Sünde sich durch tausend Dinge ablenken. Wenn aber die Majestät des Todes unausweichlich vor ihn tritt, hört alle Ablenkung auf. Wie soll nun der Mensch, mit Sünden beladen und belastet, vor den heiligen Gott hintreten? Er

ist der gerechte Gott, der die Ungerechtigkeit nicht erträgt, und der reine Gott, dem alles Unreine Gräuel ist. Der heilige Gott, der das Unheilige hasst. Und der richtende Gott, der urteilen und verurteilen muss. Wenn die Apokalypse vom Gericht redet, so schildert sie das Wehklagen der Menschen. Die große Angst fällt dann über alle und schüttelt sie wie der Sturm die Bäume. Und es ist außerdem Angst vor Satan. Ihm ist der Sünder verfallen. Damit ist er dem Dunkel geweiht, dem Abgrund, der Qual und dem zweiten Tod, der nicht ein Tod, sondern ein ständiges Sterben ist. Im Leben ist Satan verborgen und maskiert. Der Tod reißt die Maske weg und das satanische Antlitz wird sichtbar. Man muss nur die grauenhaften Gesichter und Fratzen der Verdammten in Michelangelos »Jüngstem Gericht« studieren, um zu wissen, was Höllenangst aus dem Menschen macht.

Christus durchlebt die Angst der Sünder. Wohl ist er selbst ohne Sünde. Aber als der Knecht Jahwes trägt er die Sünden aller und so durchleidet er auch die qualvolle Angst aller. Es ist die Nacht seiner Seele. Wie er betrübt ist bis zum Tod, so erfährt er hier auch die Angst bis zum Tod. Und doch kämpft er dagegen. Darum ist dieses gewaltige Ringen seiner Seele eine Agonie der Angst.

AGONIE DER EINSAMKEIT

Mt 26,39–46: Dann ging er etwas weiter, warf sich auf sein Angesicht, betete und sprach: »Mein Vater, wenn es sein kann, möge dieser Kelch an mir vorübergehen. Aber nicht wie ich will, sondern wie du willst.« Dann kam er zu den Jüngern, fand sie schlafend und sprach zu Petrus: »So konntet ihr also nicht einmal eine einzige Stunde mit mir wachen! Wachet und betet, damit ihr nicht in Versuchung fallet, denn der Geist ist willig, aber das Fleisch ist schwach.« Dann ging er zum zweiten Mal wieder weg und betete: »Mein Vater, wenn dieser Kelch nicht vorübergehen kann, ohne dass ich ihn trinke, geschehe dein Wille.« Er kam wieder und fand sie schlafend, denn ihre Augen waren schwer. Er verließ sie wieder, ging weg und betete zum dritten Mal, wieder mit den gleichen Worten. Dann kam er zu den Jüngern und sagte ihnen: »Ihr schlaft weiterhin und ruht. Siehe, die Stunde ist nahe. Der Menschensohn wird den Händen der Sünder ausgeliefert. Steht auf, wir wollen gehen! Denn siehe, mein Verräter ist nahe.«

1. *Die Einsamkeit.* Jesus war zeitlebens einsam. Er hat nie ein Gespräch geführt, in welchem er nicht bloß geben musste, sondern auch empfangen konnte, außer vielleicht als Kind mit seiner Mutter. Und auch wenn er mit Menschen zusammen war, fand er nirgendwo, auch nicht bei den Jüngern, auch nicht bei Petrus und Johannes, das volle und tiefe Verständnis für das, worum es ihm eigentlich ging. Sie waren zu klein, um seine großen Gedanken zu verstehen, und zu schwach, um seinem kühnen Schreiten zu folgen. Aber jetzt in der Passion wird seine Einsamkeit noch größer.

Schon äußerlich ist das sichtbar. Acht bleiben am Eingang des Ölgartens. Einer hat ihn als Verräter bereits verlassen. Nur drei folgen ihm weiter in den Garten hinein. Aber auch diese drei lässt er noch zurück, um ganz allein die letzten Schritte zu machen. Nach ein paar Stunden werden sie ihn alle verlassen und dann geht er völlig allein den Weg seines Leidens.

Die Einsamkeit wird dadurch schmerzlicher, dass hier Christus zu Beginn des Leidens zum ersten und einzigen Mal seines Lebens bei Menschen Hilfe sucht. Mehrmals kehrt er zu den Jüngern zurück, in der Hoffnung, dass sie für ihn Verständnis haben und wenigstens mit ihm beten. Aber sie schlafen und überlassen ihn völlig seinem Schicksal. Das Verständnis für sein Leiden geht ihnen ab. Petrus hat ihn überhaupt davon abbringen wollen. Bei späteren Leidensvoraussagen haben sie in dumpfer Verständnislosigkeit geschwiegen. Auf irgendeine Hilfe ihrerseits ist kein Verlass. Man spürt auch in dieser Szene, und wiederum nur in ihr, dass zum ersten Mal eine Unruhe über Jesus gekommen ist. Wenn er sich sonst am Abend von den Jüngern losgelöst hat, um allein auf einem Berg zu beten, fand er erst recht wieder die große Ruhe und tiefe Stille seines Herzens. Jetzt nicht. Er kommt wieder zurück und verlässt sie wieder. Betet und unterbricht wieder sein Gebet, um es dann wieder von vorne zu beginnen.

Sonst hat er in der Einsamkeit die tiefe Zwiesprache mit dem Vater halten können. Aber auch das gelingt jetzt nicht. Er war und wusste sich sonst völlig eingefügt und eingeschmiegt in den heiligen, liebenden Willen seines Vaters. Aber jetzt fühlt er sich wie vom Vater getrennt in einer letzten Einsamkeit. »Wenn es möglich ist, lass diesen Kelch an mir vorübergehen. Nicht wie ich will, sondern wie du willst.« Hier stehen auf einmal zwei gegeneinander. Es ist nicht mehr die letzte Einswerdung dieser beiden, sondern letzte Einsamkeit des sich selbst Überlassenen.

2. *Die Überwindung.* Jesus verfällt deswegen nicht der Verzweiflung und geht keinen falschen Weg. Den Menschen gegenüber, die ihn verlassen, wird er nicht bitter. Er grollt ihnen nicht. Er hat sogar Verständnis für ihre Schwäche. »Der Geist ist willig, aber das Fleisch ist schwach.« Er ist besorgt um sie und will ihnen noch helfen. »Wachet und betet, damit ihr nicht in Versuchung fallet.« Wenn sie nicht an ihn denken, sollen sie wenigstens wach bleiben, um für ihr eigenes Wohl besorgt zu sein. So ist er auch in dieser Stunde noch der Gebende und Helfende.

Es ist auch nicht ein Aufbegehren gegen den Vater, ein Sichaufbäumen gegen das Schicksal, eine Klage gegen den Willen des Vaters. Im Gegenteil! Obwohl er schwer unter allem leidet, gibt er doch das Jawort. »Nicht wie ich will, sondern wie du willst.« Leicht fällt es ihm nicht. Dreimal setzt er neu an. Es ist wie ein dreimaliger Vorstoß ins Dunkel, ein dreimaliges Ansetzen zum Sprung. Und erst beim dritten Mal stößt er eigentlich durch und gelingt ihm das Erreichen des anderen Ufers. Er muss sich das Wort »Wie du willst« förmlich abnötigen und erkämpfen. Und erst als es zum dritten Mal gesprochen ist, ist die Bresche geschlagen und dringt von der anderen Seite her das Licht in seine Seele. Erst beim dritten Ruf hört er Antwort. Und erst jetzt weiß er, dass er trotz allem nicht allein ist. Er nimmt den Kelch aus der Hand des Vaters entgegen. »Es geschehe dein Wille.« Es ist der Gehorsam, der trotz aller Schwierigkeiten Ja sagt. Es ist völlige Auslieferung des Einsamen an den Willen seines Vaters und durch diesen Willen in die Hände der Sünder. »Der Menschensohn wird in die Hände der Sünder überliefert.« Es ist die letzte Einsamkeit dessen, der sich selbst und seinen Willen verleugnet, um nur noch den Willen des Vaters gelten zu lassen. Aber gerade dadurch überwindet er die Einsamkeit. Denn durch die Loslösung vom eigenen Ich fällt er nicht ins Leere, sondern übergibt er sich völlig dem Einen, der allein die letzte Einsamkeit überwindet, dem Vater im Himmel. Das gibt ihm die innere Kraft. Jene Kraft, die aus gläubigem Gehorsam erwächst, die alles beiseiteschiebt und hinter sich lässt, um von allem entblößt, einsam und allein hinauszuschreiten in jene Welt, in der es keine Einsamkeit mehr gibt, in die Welt des Vaters. Und nun hat seine Gestalt wieder das Gestraffte, sein Wort wieder die volle Klarheit und sein Wille die Festigkeit. »Siehe, die Stunde ist da. Auf, lasst uns gehen!«

GEFANGENNAHME

Mt 26,47–56: Als er noch sprach, da kam Judas, einer von den Zwölfen, und mit ihm ein großer Haufen mit Schwertern und Knütteln, von den Hohenpriestern und Ältesten des Volkes abgesandt. Er, der ihn verraten wollte, hatte ihnen ein Zeichen gegeben und gesagt: »Derjenige, den ich küssen werde, ist es. Nehmt ihn fest!« Alsbald ging er auf Jesus zu und sprach: »Sei gegrüßt, Rabbi.« Und küsste ihn. Jesus sagte ihm: »Freund, dazu bist du gekommen?« Da traten sie herzu, legten Hand an Jesus und nahmen ihn fest. Und siehe, einer von denen, die mit Jesus waren, streckte die Hand aus, ergriff das Schwert, schlug auf den Knecht des Hohenpriesters und hieb ihm das Ohr ab. Da sagte Jesus zu ihm: »Tu dein Schwert an seinen Platz, denn alle, die zum Schwerte greifen, kommen durch das Schwert um. Glaubst du nicht, dass ich meinen Vater bitten könnte und er würde mir sofort mehr als zwölf Legionen Engel schicken? Aber wie werden dann die Schriften erfüllt, dass es so geschehen muss?« In jener Stunde sprach Jesus zum Volkshaufen: »Wie gegen einen Bandenführer seid ihr ausgezogen, mit Schwertern und Knütteln, um mich zu ergreifen. Täglich habe ich im Tempel gesessen und gelehrt. Und ihr habt mich nicht ergriffen. Das alles ist geschehen, damit die Schriften der Propheten sich erfüllen.« Da verließen ihn die Jünger und flohen.

1. *Verraten.* Die Ereignisse überstürzen sich. Und zwar kommt alles anders, als es eigentlich von den Gegnern geplant war. Es kommt aber so, wie es von Gott gewollt ist. Der Hohe Rat hatte beschlossen, Jesus nicht vor dem Fest anzugreifen. Und nun wird ihm trotzdem vor dem Fest der Prozess gemacht. Sie hatten nicht mit dem günstigen Umstand rechnen können, dass einer aus den Zwölf sich ihnen zur Verfügung stellte. Dieser eine, Judas, wollte ebenfalls warten, bis sich eine günstige Gelegenheit bieten würde. Aber das Wort Jesu beim Abendmahl hatte ihm gezeigt, dass er durchschaut war. Er konnte also nicht zu Christus zurück. So musste er die einzige Möglichkeit ergreifen, die sich ihm noch in dieser Nacht bot. Durch den Hohenpriester wird ein Teil der Tempelwache aufgeboten, denn es ist allenfalls mit Widerstand der Zwölf zu rechnen und vielleicht auch anderer

Galiläer, die am Ölberg übernachten. Die Römer schicken zur Sicherheit auf Bitten des Hohenpriesters ebenfalls Soldaten mit.

Judas führt den Trupp und gibt ihnen, die Jesus zum Teil nicht kennen und außerdem in der Finsternis der Nacht im Schein ihrer Windlichter keine Sicherheit haben, ein Zeichen. Es ist Verrat durch den Kuss, der das Zeichen der Liebe sein sollte und hier zum Zeichen des Verrates wird.

Wie kam Judas dazu? Auf der einen Seite sind es die falschen Vorstellungen vom Messias und vom messianischen Reich, von denen er sich nicht lösen konnte. Er begegnet Christus mit Vorurteilen, denn er erwartet ein Reich irdischen Glanzes und einen Messias irdischer Macht.

Die letzten Ereignisse haben ihm gezeigt, dass seine Gedanken Illusionen sind. Der Mensch gibt Vorurteile ungern auf, besonders dann, wenn sie seinen geheimen Wünschen und der Befriedigung seines Egoismus schmeicheln.

Dazu kommt als Zweites die innere seelische Verhärtung gegen die Gnade. Auch die anderen Apostel hatten Vorurteile, aber sie waren innerlich immer noch bereit, umzulernen und umzudenken. Judas nicht. Er hat die Worte Jesu gehört, die Wunder Jesu geschaut. Selbst das letzte Wort Jesu an ihn: »Freund, wozu bist du gekommen?«, klingt wie eine letzte Warnung. Aber die Schale um seine Seele ist zu hart. Das Lebendige ist verkrustet und abgestorben. Die Tore sind verrammelt. Er hört das Pochen der Liebe nicht mehr. Er sucht nicht Gott, sondern sich selbst. Darum hört er nicht auf Gottes Wort und Anruf. Er ist nicht mehr empfänglich und so fehlt die Grundvoraussetzung innerer Aufgeschlossenheit und Bereitschaft.

Der Verrat des Judas hat sich seitdem tausendmal wiederholt, in den Herzen der Menschen und in der Kirche.

Die Menschen sind durch die Taufe Gott geweiht, durch Chrisma gesalbt, durch die Buße als verlorene Söhne vom Vater aufgenommen, mit dem Leib und Blut des Herrn genährt. Sie vernehmen immer wieder Gottes Worte und wissen um Gottes

Wirken. Sie erfahren die Liebe des Herrn und wissen sich als Erwählte. Und doch verraten sie den Herrn. Finanzieller Schaden ist für sie empfindlicher als seelischer Schaden, materieller Gewinn wichtiger als religiöser Fortschritt. Um der Karriere willen opfern sie ihre Grundsätze. Um eines Mannes oder einer Frau willen verraten sie den Glauben. Sie suchen nicht zuerst das Reich Gottes, sondern sie wollen es nur so weit, als es ihren Wünschen und Ideen entspricht. Annehmlichkeiten des Lebens, Freuden des Daseins, Ehre und Erfolg unter den Menschen sind ihre Ideale. Verlangt Christus Entsagung, Opfer, Selbstverleugnung, Demut, so schwenken sie ab und werden zu Verrätern an ihm.

Noch schlimmer ist der Verrat *der Gottgeweihten*, also der gesalbten Priester und der durch Gelübde dem Herrn geweihten Ordensleute. Sie sind besonders erwählt, besonders geschult, leben in der besonderen Nähe des Herrn. Ihr Leben kreist um den Altar. Aber sie laufen Gefahr, sich allzu sehr ans Heiligtum zu gewöhnen, und so wird ihnen das Heilige profan. Wenn sie nicht Gottes Ehre suchen, sondern sich selbst, missbrauchen sie das Heiligste zu egoistischen Zwecken und damit verhärten sie sich innerlich gegen die Gnade bis zur Preisgabe ihrer Ideale, ja bis zum Wegwerfen des Priestertums und zum Abfall vom Glauben. Apostelliebe wird zum Apostelhass. So erleidet der mystische Christus den Judasverrat, wie ihn der physische Christus am Ölberg erfahren und ertragen hat.

2. *Verlassen.* Die Jünger erweisen sich als Menschen sehr gewöhnlichen menschlichen Formates. Noch vor ein paar Stunden haben sie beim Abendmahl feierlich erklärt, dass sie den Herrn nicht verlassen werden. Denn im Anschluss an das Versprechen des Petrus heißt es: »Ähnlich sprachen alle anderen Jünger« (26,35). Der Wille war gut, das Versprechen ehrlich gemeint und die Einstellung richtig. Aber schon eine Stunde später beginnt das Versagen. Während der Herr einer seelischen Einsamkeit

und Trauer verfällt, überlassen sie sich trotz mehrmaliger Mahnung dem Schlaf. Auch jetzt, in der Stunde der Entscheidung, raffen sie sich zwar zu einem halben Widerstand auf, aber es ist weder Ja noch Nein. Ein einziger Schwertstreich ist das Ergebnis und auch dieser trifft nicht richtig. Und nach wenigen Worten lautet das betrübliche Ergebnis: »Alle Jünger verließen ihn und flohen« (26,56). Der Umschlag von der Beteuerung der Bereitschaft bis zur kläglichen Flucht ist rasch erfolgt.

Erst nach der Auferstehung, also nach der eigentlichen Bewährungsprobe, finden sie sich wieder, aber auch dann noch hinter verschlossenen Türen, im Zeichen der Angst. Erst die Herabkunft des Heiligen Geistes am Pfingsttag gibt diesen kleinen Menschen Größe, diesen schwachen Menschen Kraft, diesen ängstlichen Menschen Mut.

Auf Menschen ist kein Verlass, denn sie verlassen in der gefährlichen Stunde den Herrn. So ist es immer wieder in Zeiten der Verfolgung. Wohl besitzt die Kirche ein ruhmvolles Martyrologium. Aber es sind im Verhältnis zur großen Zahl der Gläubigen doch immer nur wenige. Verfolgungszeiten sind immer Zeiten des Abfalls. Und wenn eine Verfolgung lange dauert, bleibt von der Kirche am betreffenden Ort nicht viel übrig. Gewiss ist das Blut der Märtyrer der Same neuer Christen. Aber dieser Same muss ausgestreut werden, weil durch die Verfolgung der stolze Baum einer scheinbar blühenden Kirche gefällt wurde. Martyrium ist nicht jedermanns Sache. Stählerne Vorsätze, glühende Versprechungen, heroische Entschlüsse sind so lange billig, als die Bewährung nicht gekommen ist. In der Zeit der Gefahr verschwinden die meisten in der großen Masse derer, die abwarten, und nur wenige haben den Mut, sich zu exponieren und als ragende Säulen standzuhalten. Sind die Stürme vorüber, so wissen die meisten von ihren heroischen Taten und ihrer mutigen Haltung zu reden. Aber ihre Worte können einer genauen Prüfung nicht standhalten. Hätte die Kirche nicht den Heiligen Geist, wäre sie durch die Kleinheit und Kläglichkeit der Menschen längst vom Erdboden verschwunden. Die Hoffnung des Christentums beruht nicht auf Menschen, sondern auf Gott. Er allein gibt die Kraft zum Zeugnisgeben, zum Zeugnis des Lebens und zum Zeugnis des Sterbens. Dass aber Christus seine Jünger, die ihn verlassen haben, nicht verlässt und diejenigen, die ihn aufgegeben haben, nicht aufgibt, sondern ihnen, deren Geist zu schwach ist, die Kraft seines Heiligen Geistes gibt, ist die tröstliche Erkenntnis des Umschlages von der Nacht der Verlassenheit und des Auseinanderstiebens zum Tag der Erneuerung und Einigung im Geiste des Pfingstfestes. Der Menschengeist wächst nur durch den Geist Gottes zu wirklicher Größe heran. Und die Glut des Herzens wird nur durch das Feuer des Pfingsttages zur heiligen Flamme. Davon lebt die Kirche.

3. *Gebunden.* Neben Judas, der ihn verrät, und den Jüngern, die ihn verlassen, steht Christus äußerlich als der Gebundene, aber innerlich als der allein Freie und Starke. Alles Bangen ist von ihm abgefallen. Aufrecht und freiwillig schreitet er seinem Schicksal entgegen. Allein geht er diesen Weg und ohne Widerstand. Er lehnt den Widerstand energisch ab. Ausdrücklich betont er es, dass ihm der Vater zwölf Legionen Engel zur Verfügung stellen würde. So wenig ist er auf die Hilfe dieser kläglichen zwölf Menschen angewiesen. Aber er will diese Hilfe nicht, denn er, der innerlich Freie, weiß sich gebunden an den Willen des Vaters im Himmel. Zweimal betont er, dass sich nun die Schrift erfüllen soll. Er will den Plan seines Vaters durchführen. Gerade weil er sich an Gott gebunden weiß, begegnet er den Menschen in Freiheit. Sie fesseln ihn äußerlich. Er bleibt innerlich frei.

Christus ist der freieste aller Menschen, die je gelebt haben. Er ist innerlich nicht gehemmt durch Furcht vor Bloßstellung oder Misserfolg oder durch irgendwelche Minderwertigkeitsgefühle, eingeklemmte Affekte usw. Er ist nicht geleitet von ungezügelten

Leidenschaften und ungebändigten Trieben, nicht überschwemmt von jähem Zorn, nicht mitgerissen von Augenblicksbegeisterung, nicht übermächtigt vom Ungestüm des Triebhaften, nicht zurückgehalten durch mangelnden Mut oder Charakterschwäche, schwerfälliges Wesen oder Ängstlichkeit. Er leidet nicht unter der erbsündlichen Unordnung. So ist er selbst der freieste Mensch. Und er hat den anderen die Freiheit gebracht. Die Freiheit vom Irrtum durch das Wort seiner Wahrheit. Die Freiheit von der Sünde durch die Kraft seiner Gnade. Die Freiheit von der Unterwerfung unter dämonische Mächte durch die Berufung zur Kindschaft Gottes.

Und doch ist er, der Freieste, freiwillig gebunden durch die Bindung des Gehorsams. Der Wille des Vaters bezeichnet ihm den Weg, den er schreitet. Die Worte, die er spricht, sind die Worte, die der Vater ihm gibt. Wunder, die er wirkt, sind Werke, die der Vater ihm aufgetragen. Der Ort seines Wirkens, nur in Israel und nicht unter den Heiden, die Zeit seines Wirkens, bis die Stunde schlägt, die der Vater festgelegt hat, alles ist vom Vater bestimmt und vom Sohn im Gehorsam angenommen. Freiwilliger Gehorsam ist höchste Freiheit. Freiheit ist Selbstentscheid zum Guten. Frei gewählter Gehorsam gegenüber dem Willen Gottes ist endgültiger Selbstentscheid zum Guten schlechthin, ist also höchste Freiheit.

Die Bindung durch Menschen ist daneben insofern bedeutungslos, als sie seine Freiheit nicht beeinträchtigt, aber bedeutungsvoll, weil sie zeigt, wie töricht die Bindung dieses Freiesten durch unfreie Menschen ist.

Auch das hat sich am mystischen Christus, in der Geschichte der Kirche, ständig wiederholt.

Sie binden Christus durch *Gesetze*. Die Freiheit der Verkündigung wird eingeschränkt durch Redeverbote, Kanzelparagrafen, Pressezensur usw. Wie oft hat man die Zugehörigkeit zum mystischen Christus als politisches Majestätsverbrechen hingestellt, die Feier der Eucharistie unter Todesstrafe verboten und die

Hingabe an Gott im Ordensstand durch Gesetzesbestimmungen verhindert.

Die Freiheit der Jugenderziehung wird gehemmt durch Verpflichtung zur Staatsschule. Freiheit des Glaubens und Gewissens wird immer wieder unter polizeiliche Aufsicht gestellt. Wie oft sind die Christen aufgrund ihres freien Entscheides für Christus in Gefängnisse geworfen, zu Zwangsarbeit verurteilt, an Galeeren geschmiedet, in die Verbannung geschickt, in Konzentrationslager gesperrt und zu Tode gepeinigt worden! Die Freiheit eines Christenmenschen ist oft genug in politische Fesseln geschlagen worden. Man hat den Gehorsam gegen staatliche Gesetze über den Gehorsam gegen Gott gestellt. Christus, der sich von menschlichen Häschern binden lässt, während er sich in innerer Freiheit nur an den Willen Gottes gebunden weiß, ist die herrliche Gestalt der Freiheit, damals, heute und immer.

VOR DEM JÜDISCHEN GERICHT

Mt 26,57–68: Sie nahmen Jesus fest und führten ihn ab zu Kaiphas, dem Hohenpriester, wo die Schriftgelehrten und Ältesten sich versammelt hatten. Petrus folgte ihm von ferne bis in den Palast des Hohenpriesters, ging hinein und setzte sich zu den Dienern, um das Ende mitanzusehen. Die Hohenpriester und der ganze Hohe Rat suchten falsches Zeugnis gegen Jesus, um ihn töten zu können, fanden aber keines, obwohl doch viele falsche Zeugen auftraten. Schließlich traten noch zwei auf und sagten: »Dieser hat behauptet: Ich kann den Tempel Gottes zerstören und ihn in drei Tagen aufbauen.« Da stand der Hohepriester auf und sagte ihm: »Antwortest du nicht auf das, was diese gegen dich bezeugen?« Jesus aber schwieg. Und der Hohepriester sprach zu ihm: »Ich beschwöre dich beim lebendigen

Gott, dass du uns sagst, ob du der Messias bist, der Sohn Gottes.« Jesus antwortete ihm: »Ja, ich bin es (Du sagst es). Zudem sage ich euch: Von jetzt an werdet ihr den Menschensohn sitzen sehen zur Rechten der Macht und kommen auf den Wolken des Himmels.« Da zerriss der Hohepriester seine Kleider und sprach: »Er hat Gott gelästert. Was brauchen wir noch Zeugen! Nun habt ihr seine Lästerung gehört. Was meint ihr?« Sie antworteten: »Er ist des Todes schuldig.« Dann spien sie ihm ins Gesicht und schlugen ihn. Andere aber gaben ihm Ohrfeigen und sprachen: »Weissage uns, Messias, wer ist der, der dich geschlagen hat?«

1. *Menschliche Kleinheit.* Die Gerichtsverhandlung ist nach den Maßstäben menschlicher Klugheit gut vorbereitet. Die Richter sind rechtzeitig aufgeboten, und zwar sind die Vertreter aller drei Gruppen zugegen: die Ältesten als politische Vertretung des Volkes, die Schriftgelehrten als juristische Fachleute und die Priesterschaft unter dem Vorsitz des Hohenpriesters als geistliche Behörde. Die Zeugen sind bestellt und instruiert. Es ist auch die Richtung festgelegt, die der Prozess nehmen muss. Sie wollen Jesus nicht aufgrund religiöser Verfehlungen verurteilen, sondern ihn als Verbrecher hinstellen. Darum muss einer der Zeugen aussagen, dass er vom Niederreißen des Tempels gesprochen habe.

Aber alle menschliche Klugheit zerreißt wie ein Spinngewebe. Die Zeugen widersprechen sich und werden sogar gegen ihren Willen zu Zeugen seiner Aussage, durch welche die Auferstehung hindurchschimmert. Es wird auch allen sichtbar, dass es hier nicht um Justiz geht, denn das Urteil ist schon zu Beginn der Verhandlungen beschlossene Sache. Das Vorgehen des Hohenpriesters stellt gegen den Willen der Behörde die religiöse Frage in die Mitte. Und zwar so, dass Jesus in feierlichster Form vor die Frage seiner Messianität gestellt wird. Und so dienen ihre Verhandlungen seiner Verherrlichung. Umso hemmungsloser lassen sie sich dann gehen. Die Maske fällt. Ihr innerstes Wesen wird sichtbar. Sie vergessen alle Würde und verlieren jede Haltung, wenn sie ihm ins Gesicht speien und ihn mit Fäusten schlagen, um aller Welt für immer zu zeigen, was für eine Lächerlichkeit dieses Scheingericht im Grunde genommen war. Menschliche Kleinheit, Scheinklugheit und Hilflosigkeit treten sichtbar in Erscheinung.

2. *Göttliche Größe.* Umso heller strahlt die Größe Christi vor diesem dunklen Hintergrund. Sein Schweigen gegenüber den Verleumdungen ist nicht das Schweigen der Verlegenheit oder des Trotzes, sondern das Schweigen, das die Haltlosigkeit der Beschuldigungen allen deutlich macht. Er weiß Bescheid und sie wissen Bescheid. Da ist jedes Wort überflüssig. Und aus diesem Schweigen löst sich dann bei der Frage des Hohenpriesters sein feierliches Wort. Ein Doppeltes liegt darin: das klare Bekenntnis, dass er der Messias sei, und der Hinweis auf seine Wiederkunft. Dann wird der jetzt Erniedrigte in der Erhöhung sichtbar sein und wird der jetzt Gerichtete als Richter erscheinen. Und es wird sich dann zeigen, dass er, der hier nur als Menschensohn vor ihnen steht, in Wirklichkeit der Sohn Gottes ist. Denn »zur Rechten des allmächtigen Gottes sitzen« heißt nichts anderes, als den Thron Gottes einnehmen, also Gott selbst sein. Seine Antwort wird auch richtig verstanden. Darum bezeichnen sie sein Wort als Gotteslästerung. So ragt inmitten der menschlichen Armseligkeiten die Größe des Gottessohnes empor. Alle Schmähungen, Demütigungen und Verhöhnungen können die Majestät seines Wortes nicht mehr unausgesprochen machen und die Größe seiner Haltung nicht mehr verdunkeln. Die grenzenlose Wut und der wild aufflammende Hass sind Zeichen, dass sein Wort ins Lebendige getroffen hat. Sie wissen sich entlarvt, bloßgestellt und innerlich gerichtet. Göttliche Größe hat über die menschliche Kleinheit triumphiert.

Auch diese Szene wiederholt sich immer wieder am mystischen Christus, der Kirche. Gott wird immer wieder vor die Schranken menschlichen Gerichtes gezogen.

Einmal von denen, die alles besser wissen. Sie wissen, wie Gott die Welt hätte erschaffen müssen. Auf alle Fälle anders, als er es getan hat. Den einen ist der Kosmos zu groß, die Sternenmasse überflüssig, die Gebirge zu hoch, die Wüste zu breit, der Winter zu kalt und der Sommer zu heiß. Sie wissen auch besser, wie Gott die Geschichte der Völker hätte lenken und die Geschicke der Menschen hätte leiten müssen. Und sie sehen nicht, wie sehr sie einander widersprechen und wie lächerlich die Kleinlichkeit ihrer nörgelnden Kritik ist.

Gott wird vor Gericht gezogen von den Überheblichen. Sie dulden niemanden über sich. Sie können mit Nietzsche es nicht ertragen, dass sie nicht selbst Gott sind. Als Machthungrige widerstehen sie dem Allmächtigen. Sie wollen das Gehäuse ihrer Endlichkeit sprengen und im *non serviam* dem alleinigen, absoluten Herrn den Dienst des Gehorsams verweigern.

Gott wird vor Gericht gezogen von den Leidenden. In wilder Leidenschaft begehren sie gegen Gottes Führung und Fügung auf. Mit ungestümen Worten zitiert der rebellische Ijob Gott vor die Schranken und will ihm den Prozess machen. Ja, selbst die Frommen wollen über Gott zu Gericht sitzen. Sie verurteilen es, dass es trotz seiner Vorsehung den Guten schlecht und den Schlechten gut gehe. Es ist, als ob die ganze Menschheit ein einziger Gerichtshof wäre, vor dem sich Gott für die Gestaltung seiner Schöpfungs- und Heilsordnung verantworten müsste. Gott aber schweigt wie Christus vor dem Hohen Rat. Er verweist nur auf die Stunde seines Gerichtes. Dann werden nicht nur alle Anklagen in Lächerlichkeit zusammenschrumpfen und in nichts aufgehen, sondern es wird die unendliche Weisheit und unfassliche Liebe Gottes sichtbar werden, zu ihrer Beschämung und zu seiner Verherrlichung. Wir stehen in der Stunde des Schweigens und haben nur den Glauben an das in die Zukunft weisende Wort Christi. Von diesem Glauben leben wir.

VERLEUGNET

Mt 26,69–75: Petrus aber saß draußen im Hof. Da kam eine Magd und sagte: »Auch du warst mit Jesus, dem Galiläer.« Er aber leugnete es vor allen und sagte: »Ich weiß nicht, wovon du sprichst.« Als er durch das Tor hinausging, sah ihn eine andere und sagte denen, die dort waren: »Dieser war mit Jesus, dem Nazarener.« Wieder leugnete er mit einem Schwur: »Ich kenne diesen Menschen nicht.« Nach einer Weile kamen die Herumstehenden und sprachen zu Petrus: »Wahrhaftig, auch du bist einer von ihnen, denn deine Sprache verrät dich.« Da begann er zu fluchen und zu schwören: »Ich kenne diesen Menschen nicht.« Und alsbald krähte ein Hahn. Und Petrus erinnerte sich an das Wort, das Jesus gesprochen: »Bevor der Hahn kräht, wirst du mich dreimal verleugnen.« Er ging hinaus und weinte bitterlich.

Wieder strahlt die Größe des Herrn durch die Kleinheit eines Menschen. Das Dunkel des lügnerischen Petruswortes wird durchbrochen von der schmerzenden Helle der Wahrheit Christi.

1. *Petrus*, der den Herrn verleugnet, ist nicht irgendeiner. Auch nicht bloß einer der Zwölf, sondern er ist der Bevorzugte, mit amtlichen Vollmachten Ausgestattete, mit dem besonderen Ehrennamen »Felsenmann« geschmückte, eigens geschulte und feierlich gewarnte Jünger, das Haupt der Zwölf. Und es ist der Jünger, der vor wenigen Stunden in feierlichem Versprechen erklärt hat: »Selbst wenn ich mit dir in den Tod gehen müsste, würde ich dich nicht verleugnen.« Der scheinbar Zuverlässigste fällt am tiefsten.

Und wie kläglich ist dieser Fall! Der Bericht ist geradezu peinlich. Das erste Mal wird Petrus durch eine Dienstmagd gestellt. Die Situation ist keineswegs gefährlich. Die Anfrage geschieht weder offiziell noch durch irgendeine Behörde. Im Grunde genommen bedeutet ein Bekenntnis kein gefährliches Risiko. Trotzdem lautet die Antwort des Petrus: »Ich weiß nicht, was du sagst.« Er tut, als ob er von allem nichts wisse. Das zweite Mal ist es wieder eine Magd. Diesmal ist die Gefahr womöglich noch geringer, denn jetzt steht Petrus nicht mehr in der Runde der Wächter am Feuer, sondern schon unter dem Torbogen des Ausganges. Aber jetzt wird sein Nein noch konkreter. »Ich kenne diesen Menschen nicht.« Er tut somit, als ob er überhaupt nie mit Jesus etwas zu tun gehabt habe. Und er bekräftigt die Aussage mit einem Schwur. Das dritte Mal sind es mehrere, die auf Petrus einreden. Jetzt bekommt er es vollends mit der Angst zu tun. Die dritte Verleugnung geschieht unter Eidschwüren und ist von massiven Fluchworten begleitet.

Hier wird sichtbar, mit welch brüchigen Steinen die Kirche gebaut ist und auf welch sandigem Menschengrund sie steht. Papsttum und Kirche wären längst vom Erdboden verschwunden, wenn sie nur auf Menschen gebaut wären.

Die Verleugnung wiederholt sich immer wieder. Menschenfurcht ist stärker als Gottesfurcht. Darum ist manchen Christen Tapferkeit eine unbekannte, weil unbequeme Größe. In unchristlicher oder andersgläubiger Umgebung verbergen sie ihre Überzeugung und hüllen sich in vorsichtiges Schweigen. Werden sie aber zur Rede gestellt, so weichen sie aus. Ist das nicht möglich, so verleugnen sie oft genug ihren Christusglauben. In Wirklichkeit glauben sie, wie auch Petrus geglaubt hat. Aber sie bekennen diesen Glauben nicht. Sie haben nicht den Mut, dazu zu stehen.

Es gibt auch eine innere Verleugnung. Wenn der Mensch die Stimme Gottes hört und seine Forderungen im inneren Anruf vernimmt, stellt er sich oft so, als ob er diese Stimme nicht kenne und als ob ihm dieser Anruf fremd und unbekannt sei. Er weicht aus oder verleugnet den Herrn.

Und doch ist zwischen Petrus und den anderen ein großer Unterschied. Denn Petrus geht durch den Hahnenschrei und den

Blick Christi in sich, erkennt und beweint. Und so wird aus dem Verleugner ein Bekenner, aus dem Neinsager ein Blutzeuge. Während andere bei der Haltung der Feigheit bleiben, die Religion als Privatsache behandeln und den Glauben im Herzenskämmerlein verschließen, bis es eines Tages zu spät ist und das Wort Christi an sie ebenfalls heißt: »Ich kenne euch nicht« (25,12).

2. *Christus.* Seine Größe zeigt sich in einem Doppelten. Einmal im klaren Vorauswissen und Voraussagen. Dieses Voraussagen geht bis in die Einzelheiten des Hahnenschreis und der dreimaligen Verleugnung. Seinem wissenden Auge ist dieses klägliche Versagen seines bevorzugten Jüngers nicht verborgen. Er weiß, woran er mit ihm ist. Gerade dieses Wissen ist Petrus beim Klang des Hahnenschreis schmerzlich zum Bewusstsein gekommen und hat ihm wieder einmal die Größe des Herrn enthüllt, jenes Herrn, von dem er soeben abgefallen war. Petrus hat behauptet, Christus nicht zu kennen, und nun wird er sich bewusst, wie sehr Christus ihn gekannt hat und kennt. Der Gegensatz ist so grell, dass er wie ein fahler Blitz durch das Dunkel dieser Seele zuckt und sie zur Einsicht bringt.

Die Größe des Herrn ist aber auch als seelische Größe dadurch sichtbar, dass Christus trotz allem diesem Menschen Vertrauen schenkt, den Gefallenen nicht vollends fallen lässt und den, der ihn verstoßen hat, nicht verstößt. Er bleibt trotz allem bei seiner Aussage. Er überlässt und überträgt ihm nach der Auferstehung aufs Neue sein Amt, seine Schlüsselgewalt und seine oberhirtlichen Vollmachten.

Christus kennt die Brüchigkeit der menschlichen Natur. Er weiß um das Versagen von Gläubigen, Priestern, Bischöfen und Päpsten. Trotzdem vertraut er sein Werk diesen unzuverlässigen Menschenhänden an. Er selbst ist eben das Geheimnis seiner Kirche. Er gibt den Haltlosen Halt, den Unbeständigen Bestand und den Schwachen Kraft. Damit weiß die Welt, dass die Kirche trotz menschlichen Versagens siegt, trotz menschlichen Fallens steht. Durch alles Menschliche der Kirche und ihrer Päpste strahlt immer wieder die göttliche Größe Christi, des Herrn der Kirche.

MÖRDER

Mt 27,1–10: Als es Morgen wurde, fassten alle Hohenpriester und die Ältesten des Volkes einen Beschluss gegen Jesus, um ihn hinrichten zu lassen. Sie fesselten ihn, führten ihn ab und übergaben ihn dem Statthalter Pontius Pilatus. Als nun Judas, der ihn verraten hatte, sah, dass er verurteilt war, bereute er es, brachte den Hohenpriestern und Ältesten die dreißig Silberlinge zurück und sprach: »Ich habe gesündigt und unschuldiges Blut verraten.« Sie aber antworteten: »Was geht das uns an? Da musst du selbst sehen.« Da warf er die Silberlinge in den Tempel und lief weg, ging hinaus und erhängte sich. Die Hohenpriester nahmen das Geld und sagten: »Man darf es nicht in den Tempelschatz legen, denn es ist Blutgeld.« So beschlossen sie, damit den Töpferacker zu kaufen als Begräbnisstätte für die Fremden. Daher wird jener Acker bis zum heutigen Tag »Blutacker« genannt. So erfüllte sich, was durch den Propheten Jeremias gesagt worden: »Sie nahmen die dreißig Silberlinge, die Schätzung, mit der man ihn geschätzt hatte, wie die Söhne Israels ihn geschätzt hatten, und gaben sie für den Töpferacker, wie der Herr mir befohlen hatte.«

1. *Selbstmörder.* In der Morgenfrühe tritt das Gericht nochmals zusammen, um in rechtsgültiger Form den Tod Jesu zu beschließen. Wie ein Lauffeuer geht diese Nachricht durch die Stadt. Auch Judas hört davon. Jetzt, wo es zu spät ist, kommen Einsicht und Reue. Er will den traurigen Handel rückgängig machen.

Aber ohne Erfolg. Und nun wird seine Reue zur Verzweiflung. Sie treibt ihn, der keinen Ausweg mehr sieht, zum Selbstmord.

Verzweiflung ist ein Zweifel an der Möglichkeit der Rettung bis zur eigentlichen Leugnung dieser Möglichkeit. Somit bleibt nur mehr das Unheil. Dann ist es aber das Beste, dieser Heillosigkeit gewaltsam ein Ende zu bereiten und das unausweichliche, unheilvolle Ende so rasch wie möglich gewaltsam herbeizuführen. Wo die Hoffnung verlöscht, bleibt nur mehr der Sturz ins Dunkel des Todes. Ohne Hoffnung leben ist unerträglich. Aus menschlicher Verzweiflung gibt es nur zwei Auswege: die Flucht in den Freitod oder die Flucht in die übermenschliche Gnade Gottes. Denn wo menschliches Hoffen zu Ende ist, bleibt noch die Hoffnung auf Gott. Gibt der Mensch aus Mangel an Glauben diese auf, so gibt er sich selbst auf. Das Ende eines Jüngers Jesu als erhängter Selbstmörder ist Warnzeichen für alle, die an sich selbst glauben und darauf ihre Hoffnung setzen, bis der Boden dieser Hoffnung ihnen unter den Füßen entgleitet und sie im Nichts hängen als Erhängte.

Dass eine von Christus abgefallene Generation die Selbstmordkurve steil emportreibt, ist nur für den erstaunlich, der Christus als Urgrund der Hoffnung nicht kennt. In keinem anderen ist Heil. Somit bleibt ohne ihn nur die Heillosigkeit des Unheils. Darin zu leben, ist entweder dumpfes, verzweifeltes Dahinbrüten oder der jähe Entschluss, dem Schrecken ohne Ende ein Ende mit Schrecken vorzuziehen.

2. *Gottesmörder.* Neben dem Selbstmörder stehen die Christusmörder. Ihr Todesurteil über Christus ist kaltblütig und bewusst gefällt. Die Schuldfrage interessiert sie gar nicht. »Was geht das uns an!« Dabei halten diese abgebrühten Paragrafenmenschen bei der Ausführung ihres Verbrechens noch pedantisch am Schein der Gewissenhaftigkeit in der Beachtung des Gesetzes fest. Das Geld, an dem Blut und Sünde kleben, darf nach ihrem Gesetz nicht in den Tempelschatz gelegt werden. So beschließen

sie, dass dieses Todesgeld den Toten dienen soll und kaufen ein Beerdigungsfeld. Sie verweigern dem Sohn Gottes das Leben auf ihrem Grund und Boden und stellen diesen dafür den Fremden als Todesstätte zur Verfügung.

Man weiß nicht, was man als unmenschlicher betrachten soll, die Verzweiflung des Selbstmörders oder die seelische Härte und den kalten Zynismus dieser Gottesmörder, die sich den Schein der Gerechtigkeit und der Sorge für andere geben. Und doch müssen selbst dieses Ende des Apostaten und diese Scheinheiligkeit der jüdischen Verbrecher Zeugnis für Gott ablegen, denn auch in diesem Tun erfüllt sich ein Prophetenwort. So strahlt auch durch Verzweiflung und Verbrechen die Größe Christi, des Herrn.

VOR DEM GERICHT DES PILATUS

Mt 27,11–26: Jesus aber wurde vor den Statthalter gestellt. Der Statthalter fragte ihn: »Du bist der König der Juden?« Jesus antwortete: »Ja! (Du sagst es.)« Als die Hohenpriester und Ältesten ihn anklagten, antwortete er nichts. Da sprach Pilatus zu ihm: »Hörst du nicht, was für Klagen sie gegen dich vorbringen?« Aber Jesus antwortete ihm mit keinem Wort, sodass der Statthalter sich sehr wunderte.

Am Feste pflegte der Statthalter dem Volke einen Gefangenen freizugeben, welchen sie wollten. Nun hatten sie einen berüchtigten Gefangenen, namens Barabbas. Als sie nun versammelt waren, fragte sie Pilatus: »Wen soll ich euch freigeben, Barabbas oder Jesus, der Messias genannt wird?« Er wusste nämlich, dass sie ihn aus Neid ausgeliefert hatten. Als er auf dem Richterstuhl saß, sandte seine Frau zu ihm und ließ ihm sagen: »Lass ab von diesem Gerechten, denn ich habe heute seinetwegen im Traum viel gelitten.« Die Hohenpriester und Ältesten überredeten das

Volk, dass es den Barabbas erlitte, Jesus aber vernichte. Der Statthalter antwortete ihnen: »Welchen von den zweien soll ich euch nun freilassen?« Sie sagten: »Barabbas!« Und Pilatus antwortete: »Was soll ich nun mit Jesus machen, der Messias genannt wird?« Sie sagten alle, er solle gekreuzigt werden. Er aber sagte: »Was hat er denn Böses getan?« Da schrien sie laut: »Ans Kreuz mit ihm!« Da nun Pilatus sah, dass er nichts ausrichte, sondern der Tumult nur immer größer werde, ließ er sich Wasser bringen, wusch die Hände vor dem Volk und sagte: »Ich bin unschuldig an diesem Blute. Ihr müsst selbst sehen.« Das ganze Volk aber gab zur Antwort: »Sein Blut komme über uns und über unsere Kinder.« Da gab er ihnen Barabbas frei, ließ Jesus geißeln und lieferte ihn aus zur Kreuzigung.

Der Richter

1. *Pilatus.* Die Juden hatten das *ius gladii* (»die juristische Vollmacht, im Rahmen der Kapitalgerichtsbarkeit außerhalb Roms die Todesstrafe auszusprechen und diese vollstrecken zu lassen«, Anm. d. Verl.) verloren. Für Todesurteile war nur mehr das römische Gericht zuständig. Da nun Pilatus während der Festtage gerade in Jerusalem weilte, machten die Juden den Fall sofort bei ihm anhängig und drängten auf rasche Erledigung.

Pilatus ist ein seltsamer Richter. Richten heißt Rechtsprechen, also nach geltenden Gesetzen richten und nach sachlicher Gerechtigkeit urteilen. Pilatus erfasst in voller Klarheit, wo in diesem Fall das Recht liegt. Er durchschaut die Kläger und stellt fest, dass sie ihre Klage nur »aus Neid« erhoben haben. Aus der Art, wie sie die Klage vorbringen und wie Jesus durch sein Schweigen darauf reagiert, ist ihm die Sachlage völlig klar. Darum stellt er in aller Form die Unschuld des Angeklagten fest. »Ich finde keine Schuld an ihm. Was hat der Mann Böses getan?« Pilatus wird außerdem noch durch seine Gattin gewarnt, und zwar mit dem Hinweis darauf, dass dieser Mann ein Gerechter sei. Trotzdem verurteilt der Richter gegen alles Recht und alle Gerechtigkeit diesen Gerechten zum Tod. Er weicht dem Druck der Straße und dem Geschrei des Pöbels.

Man könnte an der menschlichen Justiz irrewerden. Sie ist ja auch in der Tat problematisch. Häufig genug tritt die Macht an die Stelle des Rechtes. Bei politischen Gerichten hat der Sieger recht, der Besiegte unrecht. In totalitären Staaten hat die Regierungspartei recht und alle anderen haben unrecht. So wird das Recht missbraucht als bloßes Mittel zur Erreichung egoistischer Interessen. Noch schlimmer ist die Rechtsverdrehung in den Schauprozessen mit erzwungenen Selbstanklagen Unschuldiger. Wir haben jahrzehntelange Arbeit für den Ausbau des Rechtes und vorzüglicher Gesetzeswerke hinter uns. Aber zu gleicher Zeit, da die Formulierung der Gesetze einen hohen Stand erreicht hat, ist das Rechtsempfinden weitester Kreise geschwunden und nur noch eine Formaljustiz übrig geblieben. Wenn Gott nicht mehr als Quelle des Rechtes anerkannt wird, können die Machthaber das Recht missbrauchen.

2. *Christus.* Neben Pilatus steht aber ein anderer Richter. Der Angeklagte selbst wird einmal als Richter kommen. Vor seinem Gericht haben sich alle zu verantworten. Er ist der Richter, der nicht nach äußeren Gesetzesparagrafen urteilt und nicht auf Stellung und Ansehen der zu richtenden Person schaut. Er richtet nach Gerechtigkeit. Dann wird alles menschliche Unrecht ausgeglichen und es wird aller Welt sichtbar sein, dass er selbst ein Gerechter ist, der zu Unrecht gerichtet wurde.

Dieser Richter ist aber zu gleicher Zeit auch Retter. Gerade weil er die Schuldigen nach ihrem Gewissen richtet, kann im Grunde genommen keiner vor ihm bestehen. Wenn die Juden vor Pilatus schreien: »Sein Blut komme über uns«, so ist das zwar auf der einen Seite ein furchtbarer Ruf, dem eine furchtbare Wirklichkeit gefolgt ist. Aber anderseits ist es, ohne Wissen der Juden, ein Gnadenwort. Denn nur dadurch, dass sein Erlöserblut über uns kommt, werden wir in unserem Gewissen gereinigt und können vor seinem Gericht bestehen. Er, der allein gerecht ist, macht uns durch sein Blut zu Gerechten. Wer mit dem Hinweis und der Berufung auf dieses sein Blut vor sein Gericht hintritt, wird bestehen.

Die Kläger

Drei Kläger erheben Klage.
1. *Die Priesterschaft.* Das Evangelium betont, dass sie den Herrn aus Neid überliefert haben. Ihr Vorgehen gegen Jesus entspringt also nicht etwa der Sorge um den Tempel, wobei sie sich ja auf sein Wort berufen könnten, dass er den Tempel niederreißen und in drei Tagen wieder aufbauen werde. Ein Zeuge bringt zwar dieses Argument vor, aber es enthält nicht die offizielle Klage. Was sie bewegt, ist auch nicht Eifer für das Gesetz, das er in manchen Dingen nicht zu achten schien. Auch nicht Verantwortung für den Bund, den er durch Berufung der Heiden ändern wollte. Ihr Vorgehen ist nicht einmal bestimmt durch den Gedanken an die politische Freiheit, wie es Kaiphas zum Schein formuliert hatte, sondern der Grund ist nichts anderes als kleine persönliche Eifersucht. Das Volk ehrt ihn mehr als sie, läuft ihm nach statt ihnen, hört auf seine Worte statt auf ihre und preist seine Taten und nicht die ihren. Sein Licht strahlt heller, seine Stimme klingt eindringlicher, seine Gestalt ragt höher. Das ertragen sie nicht. Darum hassen sie ihn und wollen ihn aus dem Wege räumen. Religiöser Fanatismus wäre verzeihlicher gewesen, weil er in geistiger Enge wurzelt. Aber hier geht es um Neid trotz Besserwissens. Wissen und Gewissen werden beiseitegeschoben, um das Ich durchzusetzen.

Invidia clericalis (»der klerikale Neid«, Anm. d. Verl.) ist seitdem immer wieder vorgekommen und ist für alle religiös denkenden Menschen ein großes Ärgernis.

Erstaunlich ist, dass Jesus die Hohenpriester trotzdem in Schutz nimmt. »Sie wissen nicht, was sie tun.« Wissen sie es wirklich nicht? Ja und nein! Sie wissen, dass er unschuldig ist, wissen, dass er der Messias ist. Aber sie wissen innerlich nicht, welches Gewicht diesem Wort zukommt und welche Größe darin liegt. Ihr Blick ist zu eng, ihr Schritt zu klein, ihre Seele zu schwach, um diese Weite, Größe und Kraft richtig einschätzen zu können. Die Herrlichkeit des Herrn und seiner Liebe, die überströmende Fülle seiner Gnade ist etwas, das ihr Begreifen übersteigt. Und so wissen sie tatsächlich nicht, was sie tun. Das Ergebnis ist die erstaunliche Tatsache, dass der besiegte Angeklagte zu ihren Gunsten spricht, sie in Schutz nimmt und verteidigt. Der Angeklagte hält vor dem obersten Richter, vor Gott, ein Plädoyer zugunsten seiner Kläger und beantragt Schuldenerlass wegen verminderter Zurechnungsfähigkeit.

2. *Das Volk.* Auch das Volk erhebt Klage. Es ist das erwählte Volk und trägt den stolzen Titel »Liebling Jahwes«. Erwählung und Titel hat es nur, weil der eigentliche erwählte Liebling Jahwes aus seiner Mitte hervorgehen wird, der Messias. Nun ist er gekommen, aber sein Volk verwirft ihn. »Sein Blut komme über uns und unsere Kinder.« Die Verheißung war an die bluthafte Einheit dieses Volkes gebunden und ging mit dem Lebens- und Blutstrom Israels weiter von Geschlecht zu Geschlecht. Von jetzt ab ist aber der Fluch Gottes an diese Blutsgemeinschaft Israels gebunden, so wie das Volk selbst es gewollt hat.

Wo liegt die Ursache dieses Wandels? Sie wollen Erwählung, aber eine irdische Erwählung, aus der für sie Reichtum, Macht und politische Freiheit hervorgehen sollen. Sie sind aber erwählt zu göttlicher Erwählung, aus welcher Gnade, Liebe und Kindschaft wachsen. So ist die Erwählung nicht das, was sie sich wünschen. Darum ihr Nein. Dieses Nein ist der zweite Sündenfall. Er hat, wie der erste, unabsehbare Folgen. Wieder verschließt sich ein Paradies und wieder wandern Menschen in die Ferne.

Nach dem ersten Sündenfall war es die Menschheit. Nach dem zweiten Sündenfall ist es Israel. Aber durch Gottes Gnade wird nun die heidnische Menschheit berufen, bis dann eines Tages, wieder durch Gottes Gnade, auch der zweite Sündenfall gutgemacht und der Rest Israels heimgerufen wird. Dann erst öffnet sich das Paradies für alle. In der Zwischenzeit aber bleibt die Zerstörung Jerusalems und des Tempels ein warnendes Zeichen.

3. *Satan*. Nach dem Buch Ijob und der Apokalypse ist Satan der Ankläger, der die Menschen täglich und stündlich vor Gott verklagt. So steht hinter dem Hohenpriester und dem Volk als eigentlicher Ankläger der Feind Christi schlechthin, Satan. Im Buch Ijob behauptet er vor Gott, es gebe keinen gerechten Menschen. Und das Ergebnis der Prüfung scheint ihm recht zu geben. Jetzt aber ist in Christus der wahre Ijob gekommen. Er bewährt sich in der Prüfung, obwohl ihm diese, im Unterschied zu Ijob, nicht nur Gesundheit und Besitz nimmt, sondern auch das Leben. Trotzdem wird er nicht zum Ankläger gegen Gott, wie Ijob es geworden ist, sondern gibt sein Jawort und schreitet in voller Bereitschaft in den Tod. So ist er der wirklich eine und einzige Gerechte. Durch ihn ist die Anklage Satans zunichtegemacht. Durch ihn werden auch wir Ungerechte gerechtfertigt. Darum hallt von jenem Tag an die Anklage Satans ins Leere. Sie ist grundlos geworden.

So sind alle drei Kläger, die Priesterschaft, das Volk und Satan, zurückgewiesen. Ihre Anklage bricht haltlos zusammen und dient nur dazu, die Größe Christi und seiner Gerechtigkeit unter Beweis zu stellen.

Der Angeklagte

Das Volk hat ein altes Recht, an Ostern, dem Fest der Befreiung aus der Gefangenschaft Ägyptens, einen Gefangenen frei zu erbitten. Pilatus sieht darin eine willkommene Möglichkeit, seinem Gefangenen auf diese Weise die Freiheit zu schenken. Darum gibt er dem Volk die Wahl zwischen zwei Gefangenen, Barabbas und Jesus.

1. *Barabbas.* Er ist kein gewöhnlicher Räuber und Mörder, sondern ein Revolutionär. Aber nicht ein Revolutionär von wirklicher Größe. Es fehlt ihm das Ethos der Freiheit und die Gesinnung derer, die unter dem Schicksal ihres Volkes leiden. Er ist nicht einer der Menschen, die mit dem Einsatz ihrer Persönlichkeit und ihres Lebens der Freiheit eine Gasse bahnen wollen, sondern er ist nur einer der Bandenführer, die in den Bergen Galiläas ihre Getreuen um sich sammeln und die Unsicherheit und Unruhe der Zeit ausnutzen, um mit Schwertern, Knütteln und Dolchen Politik im Kleinen zu treiben und auf eigene Faust gegen Rom und andere Unterdrücker zu kämpfen. Barabbas hat außerdem dieses Partisanenleben benutzt, um für sich selbst Beute zu machen. Dabei ist er vor nichts zurückgeschreckt, auch nicht vor Mord und Totschlag. So ist er zugleich ein politischer Gefangener und ein gewöhnlicher Verbrecher. Merkwürdig ist, dass er den Namen Barabbas trägt, zu Deutsch: Sohn des Vaters. Ist er irgendein dahergelaufener Galiläer, dessen Eltern man nicht einmal kennt, sodass er keinen Namen hat? Oder will die Vorsehung durch ihn auf den Sohn des wirklichen Vaters hinweisen, der hier neben ihm zur Wahl vor dem Volke steht?

2. *Jesus.* Ihm geht es nicht nur um ein einziges Volk, sondern um die ganze Menschheit, und nicht um politische Revolution, sondern um die Umwälzung der ganzen Weltgeschichte. Er sammelt nicht ein paar Raufbolde um sich, sondern seine Apostel, die von Gott berufenen Träger der Frohbotschaft. Er plant nicht Mord und Totschlag, sondern will das wahre Leben bringen und sichern. Es geht ihm nicht um Beute, sondern er gibt alles hin für die Seinen. Wenn er ein Leben opfert, dann nur das eigene. Er

kämpft nicht für die Freiheit von der Herrschaft Roms, sondern für die Freiheit der Kinder Gottes und ihre Befreiung vom Joch der Sünde und Satans. Er ist nicht Verbrecher, sondern sühnt die Verbrechen anderer. Er hat keine ehrgeizigen Pläne und kein Verlangen nach irdischer Größe. Es geht ihm um die Ehre und das Reich Gottes. Er ist der eigentliche »Sohn des Vaters«, der einzige viel geliebte Sohn seines Vaters im Himmel.

So steht Barabbas als Gestalt menschlicher Kleinheit mit kleinem Ziel und kleinen Methoden verwerflicher Mittel zu verwerflichem Zweck neben Christus, der Gestalt wahrer und echter Größe mit dem heiligsten Ziel der Verherrlichung Gottes und dem heiligsten Weg der Hingabe bis zum Tod. Die Wahl sollte dem Volke nicht schwerfallen. Aber es wählt für Barabbas, den Verbrecher, die Freiheit und wählt für Christus den Verbrechertod des Kreuzes.

Die Klage

Vor dem Gerichtshof des Kaiphas hatte die Klage religiösen Inhalt. Die Behauptung Jesu, er werde auf den Wolken des Himmels kommen und zur Rechten Gottes sitzen, wurde mit Recht als Gleichstellung mit Gott aufgefasst. Das war für die Ohren dieser Richter Blasphemie und bot ihnen einen willkommenen Grund zur Verurteilung.

Vor Pilatus lautet die Klage anders. Religiöse Streitigkeiten gelten bei ihm nichts. So muss die Klage politisch formuliert werden. Sie beschuldigen Jesus, dass er Aufstand und Aufruhr plane, um das Königtum in Israel an sich zu reißen. Dementsprechend lautet auch die einzige Frage, die Pilatus an Christus stellt: »Bist du der König der Juden?« Die Antwort Jesu ist ein klares, eindeutiges »Geständnis«. »Ich bin es.« Aber Pilatus erkennt an der Art des Gefangenen und an seiner Haltung sofort, dass er dieses Königtum nicht politisch auffasst, sondern religiös. Gerade dadurch wird die eigentliche Anklage, um die es letztlich beiden Gerichtsinstanzen, der Juden und der Heiden, geht, deutlich sichtbar. Es geht um das Königtum in Israel, das die Schriften der Propheten verheißen haben und das sich in Jesus erfüllt.

Die ganze Geschichte Israels war getragen von der Erwartung dieses Königtums. Der eigentliche König Israels ist Jahwe. Darum hat dieses Volk am Beginn seiner Geschichte die menschliche Königswürde grundsätzlich abgelehnt. Gideon hat nach der siegreichen Heimkehr aus der Schlacht die Krone, die man ihm anbot, mit dem demütigen und zugleich stolzen Wort von sich gewiesen: »Weder ich noch einer meiner Söhne werden die Krone tragen, denn Jahwe allein ist König in Israel.« Die Staatsform Israels ist die Theokratie. Als dann später das Königtum trotzdem eingeführt wurde, empfand Samuel es als einen Verrat und Gott selbst nannte es einen Abfall. Weil aber Gott aus Bösem Gutes macht, hat er das politische Königtum benutzt, um es zu einer Art Symbol des religiösen Königtums zu machen und dadurch die Erwartung in dieses überirdische Königtum zu vertiefen. Der Messias sollte die Zeit herbeiführen, in der dieses unsichtbare Königtum des Herrn sichtbar wird.

Die Hoffnung auf dieses Königtum hat in der Zeit Jesu noch einen besonderen Hintergrund. Denn nun ist dieses Volk gespalten. Sein Land ist in mehrere getrennte Herrschaftsbezirke aufgeteilt. Die einheimischen Könige und Fürsten, soweit es solche noch gibt, sind Nachkommen Herodes' des Großen, sind also Idumäer, d.h. Abkömmlinge Esaus. So hat Jakob sein Recht wieder an Esau verloren. In Judäa und Jerusalem steht es noch schlimmer. Denn hier herrscht der heidnische Römer unmittelbar durch seine Verwaltungsbeamten. So bleibt in der Zeit, da das Zepter von Juda gewichen ist, als einzige Hoffnung das Zepter des kommenden messianischen Königtums. Nun ist dieses Königtum gekommen, aber Israel lehnt es ab. Damit zertrümmert Israel seine eigene Existenzbasis und nimmt sich die Daseinsberechtigung. Sein Königtum sollte priesterlich sein und sein Priestertum königlich, weil der Messias Priester und König in einem ist. Nun lehnen aber die Priester Israels sein Königtum ab und verlieren dadurch auch ihr Priestertum. Jahwe ist wirklich in Christus der sichtbare König Israels geworden. Aber er ist von den Seinen verworfen. Gerade das ist die Klage, die sie gegen Jesus, den Messias, erheben. »Er macht sich zum König von Israel.« Aufgrund dieses seines Anspruchs wird ihre Klage formuliert. Sie ist sichtbar durch die Frage des Pilatus, durch den Spott der Soldaten mit seinem Königtum, seiner Krone, seinem Purpurmantel, seinem Zepter und durch die höhnische Huldigung, die sie ihm darbringen. Der Inhalt der Klage wird aber vor allem sichtbar durch den Titel, den Pilatus als Schuldformulierung über dem Kreuz anbringen lässt: König der Juden.

Was sich damals in Israel vollzog, vollzieht sich immer wieder. So wie Gott tatsächlich König in Israel war, so ist er als Schöpfer der Herr der Welt. Sein Wille ist oberstes Gesetz. Alle Macht geht von ihm aus. Alle Geschicke liegen in seinen Händen. Trotzdem wird er von den Menschen verworfen. Sie anerkennen ihn nicht als Herrn, weil sie in ihrer Selbstherrlichkeit selbst Herren sein wollen. Sie lassen seinen Willen nicht als Gesetz gelten, weil sie in ihrer Autonomie sich selbst das Gesetz geben wollen. Sie überlassen ihr Schicksal nicht seinen Händen, weil sie im Wahne der Selbsterlösung ihre Geschicke selbst gestalten wollen. Sie anerkennen ihn nicht als Allmächtigen, weil sie in ihrem Willen zur Macht diese schrankenlos gebrauchen wollen und somit über diesen Gebrauch keinem Höheren Rechenschaft abzulegen gewillt sind. Sie anerkennen ihn nicht als obersten Herrn ihres Besitzes, weil sie das Eigentum nicht als Lehen entgegennehmen, sondern in ihrer Willkür nach eigenem Willen darüber verfügen wollen. Sie haben auf der ganzen Linie Gott verworfen und für tot erklärt. Der Mensch, der sein will wie Gott, kann Gott nicht als höheres Wesen anerkennen. Die Verwerfung des Gottmenschen als König der Juden und die Verwerfung Gottes als König der Welt bilden somit den eigentlichen Hintergrund in der Dämonie menschlicher Überhebung. Gott nimmt in Christus die Stelle des Menschen ein, während der Mensch immer die Stelle Gottes einnehmen möchte. Sie verurteilen Jesus, weil er gesagt hat, er werde zur Rechten Gottes sitzen, also am Königtum Gottes Anteil haben. Sie verurteilen ihn, weil sie selbst an der Stelle Gottes sitzen und das Königtum Gottes ausüben wollen. Das ist der tiefste Sinn des Pilatuswortes, dass sie ihn »aus Neid« überliefert haben.

Das Urteil

Es heißt im Text kurz und bündig: »Er ließ Jesus geißeln und übergab ihn zur Kreuzigung.« Aus dem Johannesevangelium wissen wir, dass der Prozess vor Pilatus in zwei Phasen verläuft. Die erste Phase fand ihren Abschluss durch die Verurteilung zur Geißelung, die zweite durch die Verurteilung zur Kreuzigung.

1. *Die Geißelung.* Pilatus ist von der Unschuld des Angeklagten überzeugt. Aber er ist in erster Linie nicht Richter, sondern Diplomat. Als solcher will er keine Schwierigkeiten haben. Er hasst und verachtet die Juden. Aber er fürchtet zugleich die Berichte, die sie über ihn nach Rom schicken. Um daher einerseits das Leben des schuldlos Angeklagten zu retten, anderseits den Juden entgegenzukommen, verurteilt er den Verhafteten zur Geißelung. Dieser Kompromiss wird für Jesus eine grausame Qual. Pilatus hofft, dass die Geißelung und öffentliche Bloßstellung den vom Volk verehrten Propheten für die Zukunft unmöglich machen wird, und glaubt damit, das eigentliche Anliegen der Führer Israels zu erfüllen. Die Frage: »Recht oder Unrecht, Schuld oder Unschuld«, bekümmert ihn wenig. Sein egoistischer Zweck heiligt ihm viele Mittel.

Der tiefere Grund der Geißelung ist aber ein anderer. Jesus erduldet diese fürchterliche Misshandlung seines Körpers, um

Sühne zu leisten für die Schändung des Leibes durch die Menschen. Die hemmungslose sexuelle Ausschweifung, der maßlose Kult des Körpers ist Sünde, die hier blutige Sühne erfährt. Der Gedanke an den misshandelten Christus sollte Warnung sein für alle, die sich am Körper des Menschen vergreifen, am eigenen oder an anderen.

2. *Die Kreuzigung.* Die Juden sind aber durch diese halbe Maßregel keineswegs zufriedengestellt. Sie fordern den Tod Jesu. Nur der Tod dieses Verhassten kann ihrem Hass genügen. Jesus, der sich für einen König hält, soll den Verbrechertod eines Sklaven sterben. Die Juden fordern diese Todesart für Christus, weil es die grausamste, schmerzlichste und zugleich entehrendste Art der Hinrichtung ist. Für den, der ihr König sein will und es doch nicht sein soll, kommt nach ihrer Überzeugung nur die grausamste und erniedrigendste Art des Todes infrage.

Auch hier steht hinter dem unmittelbaren Grund ein anderer und höherer. Christus ist nicht nur König von Israel und nicht nur König der Welt, sondern als Sohn Gottes ist er aller Könige König und aller Herrscher Herr. Er hat aber, um die durch Sünde und Satan versklavte Menschheit zu befreien, Größe und Glanz seines Herrschertums abgelegt und Knechtsgestalt angenommen. So ist der Herr zum Sklaven geworden, um die Sklaven an der Herrlichkeit teilnehmen zu lassen. Als Sklave stirbt er den Sklaventod. Und der allein unschuldige, von allen Sünden freie Mensch nimmt die Sünden aller auf sich und lässt sich wie ein Sünder als Verbrecher verurteilen. Darum ist sein Tod der Tod eines als Verbrecher verurteilten Sklaven. Beides kommt im Kreuzestod zum Ausdruck. An beides soll das Kreuz erinnern.

VERSPOTTET

Mt 27,27–31: Da nahmen die Soldaten des Statthalters Jesus ins Prätorium und versammelten die ganze Besatzung um ihn. Dann zogen sie ihn aus, legten ihm einen roten Mantel um, flochten einen Kranz aus Dornen, setzten ihn ihm aufs Haupt, gaben ihm ein Rohr in die rechte Hand. Dann beugten sie die Knie vor ihm, verspotteten ihn und sagten: »Heil, König der Juden!« Dann spien sie ihn an, nahmen ihm das Rohr wieder und schlugen ihm damit auf den Kopf. Als sie so ihren Spott mit ihm getrieben hatten, zogen sie ihm den Mantel wieder aus und legten ihm seine Kleider an. Dann führten sie ihn ab zur Kreuzigung.

1. *Der Spott.* Nach der Verurteilung Jesu brauchen die Juden einige Zeit, bis für die Kreuzigung alles vorbereitet ist. Die römischen und syrischen Soldaten benutzen diese Pause, um sich auf ihre Art die Zeit zu verkürzen. Sie wollen diesem anmaßenden König seine Einbildung austreiben. Darum hängen sie ihm als Königsmantel ein schmutziges rotes Tuch um die Schultern, winden ihm zur Krönung Zweige mit spitzen Dornen um die Stirn, drücken ihm als Königszepter einen Stecken in die Hand. Im Spott beugen sie vor ihm die Knie und zum Zeichen ihrer Ehrfurcht speien sie ihm ins Gesicht. Mit alldem drücken diese primitiven Menschen – nur in grober Form – das aus, was die Führer Israels innerlich denken und wünschen.

Die gleiche Verspottung Christi vollzieht sich immer wieder auf geistiger Ebene, wenn auch durch scheinbare Vornehmheit getarnt. Wer die Gottheit Christi leugnet, spricht ihm die königliche Würde ab und hängt ihm den Spottmantel angemaßter Einbildung um die Schultern. Selbst den Menschen Jesus verhöhnen sie. Denn wenn sie behaupten, er habe sich getäuscht und sich irrtümlich in ein falsches Messias-Bewusstsein hinaufgesteigert, so flechten sie eine Dornenkrone um die Stirn voll großer Gedanken, die nach ihrer Meinung nichts sind als Irrwahn eines Getäuschten. Andere bestreiten seine Macht, denn sie stellen seine Wunder als bloße Legenden hin oder als Ergebnis okkulter Kräfte und medialer Veranlagung. So nehmen sie ihm das Königszepter seiner Herrschaft. Andere speien ihm ins Gesicht durch die blasphemische Behauptung, er halte durch seine schwächliche Sklavenmoral den Fortschritt der Kultur auf, entnerve alle Kraft und Tapferkeit, nehme der Schönheit ihren Glanz und untergrabe durch die Jenseitshaltung alle ernste Diesseitsarbeit kultureller Bestrebungen. Andere huldigen ihm scheinbar als König, denn sie beugen in der Kirche vor ihm das Knie, aber außerhalb der Kirche halten sie es mit den Spöttern oder leben doch praktisch wie die Heiden. Sie liefern ihn dem Gespött aus, wenn sie als Christen seinen Namen tragen und doch diesem Namen Schande bereiten. So ist dieser Spott mit dem Königtum Christi nicht ein einmaliger, zeitlich begrenzter, sondern er geht weiter durch die Jahrhunderte und erneuert sich in einer säkularisierten Welt in antichristlichen Reden, Schriften und Taten.

2. *Die Haltung Jesu.* Das Größte an dieser unwürdigen Szene ist das Schweigen des Herrn. Es ist nicht bloß das Schweigen des still ergebenen Dulders, sondern das Schweigen einer wahrhaft königlichen Größe. Diese Menschen, die ihn wie Tiere umringen, ahnen nichts von seiner eigentlichen Größe. Dass ihm das Königtum Israels zu klein wäre, können diese kleinen Menschen nicht verstehen. Was wäre schon die Krone Israels! Das Land war verteilt in Herrschaftsgebiete lächerlicher Größe. Und selbst dieser Rest von Herrschaft war in allen entscheidenden Dingen von der Gunst Roms abhängig. Wie sollte Christus auch nur einen Augenblick danach begehren! Selbst ein größeres Reich dieser Erde, ja die Herrschaft über die ganze Erde, wäre für seine Größe zu klein. Schon uns Menschen kommen heute die

Requisiten alten Königtums, Reichsapfel, Zepter und metallene Kronen, wie veraltete, spielerische Dinge vor. Wir wissen auch um die Vergänglichkeit der Macht und um den ständigen Wechsel ihrer Träger. Wie sollte dann erst Christus nach diesen kleinen Dingen verlangen! Sein Königtum ist anderer Art. Er ist König im Reich des Geistes. Seine Herrschaft erstreckt sich über Himmel und Erde. Sein Thron ist zur Rechten des Vaters. So ist sein Königtum nichts anderes als die Macht und die Herrlichkeit Gottes selbst. Sein Purpurmantel ist ewige Schönheit, seine Krone unendliche Weisheit, sein Zepter die Allmacht. Davon wissen weder diese Soldateska etwas noch die Führer Israels noch der hochfahrende Pilatus. Sie sind alle in ihrer Scheingröße zu klein, um die Gedanken dieses wirklich Großen nachzudenken. So schweigt er. Sein Geist lebt in einer anderen Welt. Jedes Wort wäre Verschwendung. Gerade in der Erniedrigung fällt aller Schein einer bloß irdischen Größe von ihm und wird das wahre Sein überirdischer Größe sichtbar. Der Glanz, der ihn in der Erniedrigung umstrahlt, ist die Herrlichkeit, die kein Mensch ihm nehmen kann, die Herrlichkeit Gottes.

DIE KREUZIGUNG

Mt 27,32–38: Beim Hinausgehen trafen sie einen Mann aus Cyrene, namens Simon. Diesen zwangen sie, das Kreuz zu tragen. Als sie an einen Ort namens Golgotha, das heißt »Schädelplatz«, gekommen waren, gaben sie ihm Wein mit Galle vermischt zu trinken. Er kostete davon, wollte aber nicht trinken. Sie kreuzigten ihn, verteilten seine Kleider unter sich, indem sie das Los warfen. Dann setzten sie sich hin und bewachten ihn dort. Über seinem Haupt hatten sie eine Inschrift angebracht mit der Angabe seiner Schuld: »Dieser ist Jesus, der König der

Juden«. Es wurden auch mit ihm zwei Banditen gekreuzigt, einer zu seiner Rechten, einer zu seiner Linken.

In herber Kürze und Sachlichkeit wird die Kreuzigung des Herrn berichtet. Zwei Dinge werden dabei besonders hervorgehoben.

1. *Die seelische Größe Jesu.* Jesus hat nicht mehr die körperliche Kraft, das Kreuz selbst bis nach Golgotha zu tragen. So wird Simon von Cyrene, der gerade des Weges kommt, gezwungen, ihm das Kreuz bis zur Schädelstätte zu tragen. Die Schwäche Jesu ist nicht verwunderlich. Er hat nicht bloß eine Nacht ohne Schlaf hinter sich, sondern hat dazu noch die schweren körperlichen Leiden und seelischen Erschütterungen ertragen müssen: den Abschied von den Seinen mit den großen Reden im Abendmahlssaal, die Furcht und Traurigkeit von Gethsemane, die Flucht seiner Jünger, den Verrat des Judas, die Verleugnung des Petrus, die Zurücksetzung hinter Barabbas, den Hass seiner Feinde, die Ungerechtigkeit der Behandlung durch Pilatus, die Verurteilung zum Tod, den Spott und blutigen Hohn der Soldaten und nicht zuletzt die grausame Geißelung. Kein Wunder, dass er halb tot die schweren Balken des Kreuzes nicht mehr tragen kann. Trotzdem vernimmt man keine Klage aus seinem Mund und keine Bitte an seine Peiniger. Er will nicht einmal die Erleichterung durch den Rauschtrank, der ihm gereicht wird und der ihn halb bewusstlos machen würde. Er schreitet vielmehr in vollem Bewusstsein, in der ganzen Größe seiner seelischen Freiheit und geistigen Klarheit in den Tod.

2. *Die amtliche Größe Jesu.* Sie wird dadurch kenntlich gemacht, dass über seinem Kreuz als Schuldtitel geschrieben steht: »Jesus, der König der Juden«. Das besagt in seinem tiefsten Sinne, dass dieser Mensch Jesus in Wirklichkeit Gott ist. Denn Gott ist König in Israel. Welchen Charakter das Königtum Jesu hat, wird noch in besonderer Weise dadurch verdeutlicht, dass zu

seiner Rechten und Linken zwei politische Verbrecher gekreuzigt werden, also zwei Menschen, denen es um irdische Dinge ging und die zur Erreichung ihrer verwerflichen Zwecke auch Raub und Mord nicht gescheut haben. So umgibt in der Gestalt dieser zwei verworfenen Menschen der Kampf um schlechte Zwecke mit schlechten Mitteln sein Kreuz. Und mittendrin hängt er am Kreuz, weil er den Kampf um das Beste mit den besten Mitteln geführt hat. Aber die Menschen kümmern sich nicht darum. Sie verteilen seine restliche Habe. Er ist für sie ein endgültig Erledigter, mit dem man nicht mehr zu rechnen braucht und dessen Eigentum durch seinen Tod in ihren Besitz übergeht.

AM KREUZ

Mt 27,39–44: Die Vorübergehenden lästerten ihn, schüttelten ihre Köpfe und sagten: »Du zerstörst den Tempel und baust ihn in drei Tagen wieder auf. So rette dich selbst. Wenn du der Sohn Gottes bist, so steig herab vom Kreuz.« Ähnlich spotteten auch die Hohenpriester mit den Schriftgelehrten und Ältesten und sagten: »Andere hat er gerettet, sich selbst kann er nicht retten. König von Israel ist er. So soll er nun vom Kreuz herabsteigen und wir werden an ihn glauben. Er hat auf Gott vertraut. Der rette ihn jetzt, wenn er will. Denn er hat ja gesagt: ›Ich bin Gottes Sohn.‹« In gleicher Weise schmähten ihn auch die Banditen, die mit ihm gekreuzigt worden waren.

Sie lassen den Gekreuzigten selbst in seiner Todesqual nicht in Ruhe, sondern verhöhnen ihn.

Zuerst *die Vorübergehenden.* Sie verhöhnen seine Macht. Er, der behauptet hatte, einen Tempel in drei Tagen bauen zu können, ist nicht einmal imstande, sich selbst zu retten. Er, der sich

Sohn Gottes genannt hat, kann nicht vom Kreuz herabsteigen. So erscheinen seine Behauptungen lächerlich und seine Größe anmaßend. Und doch liegt in diesem Spott, ohne dass die Spötter es ahnen, eine geheimnisvolle Andeutung seiner Auferstehung. Denn hier am Kreuz wird wirklich ein Tempel, und zwar der allein gültige Tempel, der heilige Tempel seines Leibes und Lebens, niedergerissen. Aber am dritten Tage wird er diesen Tempel wieder aufbauen und dadurch zeigen, dass seine Worte Gültigkeit haben und dass er der wahre Sohn Gottes ist. Dann wird der Hohn umschlagen in Furcht.

Es lästern ihn auch *die Vertreter des Volkes*, Priester, Schriftgelehrte und Älteste. Sie verhöhnen seine helfende, heilende Kraft. »Anderen hat er geholfen, sich selbst kann er nicht helfen.« Der Helfer hängt hilflos in seiner Qual. Sie verhöhnen sein Königtum. »Ist er der König von Israel, so soll er vom Kreuz herabsteigen.« Mit spöttischer Ironie erklären sie sich bereit zu glauben, wenn er ihnen dieses Zeichen wirke. Er wird ihnen am dritten Tag ein viel größeres Zeichen geben. Denn wenn ein Lebendiger auf wunderbare Weise gerettet wird, ist es zwar etwas Großes, aber wenn ein Toter zum Leben zurückkommt, ist es größer. Sie werden trotz dieses Zeichens nicht glauben. Und sie verhöhnen schließlich noch seine Gottheit. »Er hat gesagt: ›Ich bin Gottes Sohn.‹ Also möge Gott ihn befreien.« Ihnen erscheint er als ein von Gott Verlassener, also von Gott nicht Geliebter. Und zugleich wähnen sie, selbst den Beistand Gottes zu haben und also von Gott geliebt zu sein. So ist ihr Triumph auf der ganzen Linie erfüllt und ihr Hass durch den Hohn befriedigt. Wie ein Echo des Hohnes lauten auch die Reden der beiden Verbrecher zur Rechten und zur Linken.

So ist Christus als Helfer, als Wundertäter, als König von Israel und als Sohn Gottes verspottet.

DER TOD

Mt 27,45–50: Von der sechsten Stunde an kam Finsternis über das ganze Land bis zur neunten Stunde. Um die neunte Stunde rief Jesus mit gewaltiger Stimme: »Eli, Eli, lama sabachthani«, das heißt: »Mein Gott, mein Gott, warum hast du mich verlassen?« Als das einige hörten, die dort standen, sagten sie: »Er ruft Elias.« Einer von ihnen lief alsbald hin, brachte einen Schwamm, füllte ihn mit Essig, steckte ihn an ein Rohr und gab ihm zu trinken. Die anderen sagten: »Lass doch, wir wollen sehen, ob Elias kommt, um ihn zu retten.« Jesus aber schrie wiederum mit lauter Stimme und gab seinen Geist auf.

Matthäus hebt zwei Geschehnisse besonders hervor.

1. Die *äußere und innere Finsternis.* Die äußere Finsternis, die über das Land hereinbricht, ist nur wie ein Zeichen der inneren Finsternis, die sich über die Seele des Gekreuzigten senkt. Das einzige Wort des sterbenden Christus, das Matthäus berichtet, ist jenes erschütternde Wort des 22. Psalms: »Gott, mein Gott, warum hast du mich verlassen?« Dieser gewaltige Psalm beginnt mit dem Aufblick zu Gott, ohne aber Gott zu finden. Blickt dann auf die Menschen, aber nur um ihrem wilden Hass zu begegnen, und sinkt schließlich hinab bis zum Tod. Der Sterbende sieht sich schon in den Staub des Todes gebettet. Es ist das *De profundis* der Menschheit. Aber dann steht im Psalm das Wort des Umschwungs, jenes gewaltige Dennoch und Trotzdem des Glaubens und Betens: »Du aber, Herr ...« Damit beginnt der innere Aufstieg. Der sterbende Messias weiß sich vom Vater erhört, sieht die Kräfte, die von seinem Leiden auf die körperlich und seelisch leidenden Menschen übergehen. Sein Kreuz ist den innerlich Hungernden und Dürstenden Erquickung. Er sieht den Segen, der von seinem Opfer ausstrahlt, denn sein Blut wird die

Kelche auf den Altären füllen und die Menschen zum Tisch des gemeinsamen eucharistischen Mahles rufen. Dann blickt er in die Ferne des Raumes und der Zeit und sieht sein Kreuz als Siegeszeichen über Menschen und Völkern aufragen. So schließt der Psalm mit dem sieghaften Bekenntnis, dass Gott das Große gewirkt und vollbracht hat. Der laute Ruf des Sterbenden, von dem Matthäus berichtet, ist dieser Siegesruf, mit dem der Größte aller Menschen von dieser Erde scheidet.

2. *Das völlige Unverständnis der Umgebung* ist das zweite Moment, das Matthäus betont. Sie verstehen seinen Ruf nicht, sondern glauben, dass er Elias rufe, und wollen nun schauen, ob Elias komme. Andere glauben, dass er nur körperlich dürste und reichen ihm den mit Essig getränkten Schwamm. Aber er ruft nicht Elias, sondern Gott und es dürstet nicht nur sein Leib, sondern seine Seele. Die erdhaften Menschen sind nicht fähig, diese Gedanken des sterbenden Gottmenschen zu erkennen. Den Tod Jesu kann nur der Mensch begreifen, der weiß, dass es hier nicht um bloß menschliche Dinge geht, sondern um das Werk Gottes. Denn hier wird alles Menschliche überragt durch die Größe Gottes.

DAS OPFER

Die Bedeutung des Kreuzes Jesu Christi liegt nicht darin, dass es eine Warnung vor falschem Vertrauen auf Menschen ist. Es ist das gewiss auch. Denn wenn ein Richter in aller Form die Unschuld des Angeklagten feststellt und ihn trotzdem im gleichen Atemzug zum Tod verurteilt, kann man an der menschlichen Justiz irrewerden. Aber darum geht es hier nicht in erster Linie. Auch nicht um die aufwühlende Tatsache, dass dieses große, selbstlose Leben des Wohltuns in einer Flut von Hass und Gewalt untergeht und somit alle Illusionen eines bloß menschlichen Humanismus zerstört. Es geht auch nicht um die Größe des Martyriums, obwohl kein anderer mit solcher Größe sein Leben und seine Botschaft mit dem Zeugnis seines Blutes besiegelt hat. Es geht auch nicht in erster Linie um das heroische Beispiel der Bereitschaft und der Geduld, das Christus hier für alle Leidenden gibt. Es geht nicht einmal hauptsächlich um den Erweis der Macht Gottes als einer Macht, die auch den Tod überwindet, einer Liebe, die stärker ist als der Hass. All das ist groß und findet sich im Kreuz des Herrn. Aber sein eigentlicher Sinn ist ein anderer. Sein Sinn besteht darin, dass es das eine, letztlich allein gültige Opfer der Menschheit ist. Dieser Tod ist nicht nur Hinrichtung, sondern Hingabe. Es ist so sehr das eine Opfer, dass alle anderen Opfer nur in ihm Sinn haben. Die Opfer der Heiden alter und neuer Kulte sind nur wie eine dunkle Ahnung, ein geheimnisvoller Hinweis, eine ergreifende Sehnsucht, dass die Schuld gesühnt werden muss, durch menschliche Opfer nicht gesühnt werden kann und also auf irgendein anderes Opfer wartet. Die Opfer Israels im Tempel zu Jerusalem waren nur Symbole des Opfers, das als Wirklichkeit die bloßen Schattenbilder aufhebt. Und die Opfer im Christentum, die Messopfer der heiligen Kirche, sind nur relative Opfer, das heißt, sie besitzen ihre Kraft durch die Beziehung, die sie zum einen Kreuzesopfer des Herrn haben. Denn sie stellen dieses Opfer dar und machen es gegenwärtig. So ist das Kreuz des Herrn das eine und eigentliche Opfer in der Geschichte der Menschheit.

Opfer ist *oblatio, consecratio und communio*. Das Kreuz ist die größte *oblatio*, die Hingabe, die Christus in der priesterlichen Gesinnung seines Herzens vollzieht, als entscheidendes *offertorium* der Menschheit. Das Kreuz ist *consecratio*, denn hier wird die Opfergabe so geweiht und geheiligt, dass nun alle anderen Opfergaben in diesen Opferstrom hineingerissen werden können und dadurch geheiligt und Gott wohlgefällig werden.

Und hier ist die eigentliche *communio*, die Einswerdung zwischen Gott und Menschheit, also eine Einigung nach der unseligen Trennung durch die Sünde.

Das Kreuz ist so sehr das Opfer des Herrn, dass das ganze Leben, Sterben und neue Leben Jesu darin den eigentlichen Sinn hat.

Die Empfängnis durch den Heiligen Geist im Schoß Mariens ist Bereitung der Opfergabe. Es ist menschliche Opfergabe, darum ist der Schoß Mariens wesentlich und aktiv beteiligt. Aus ihrem Leib und ihrem Blut ist diese Gabe gebildet. Und es ist zugleich göttliche Gabe, denn durch den Heiligen Geist Gottes ist diese Befruchtung und Empfängnis erfolgt. Diese Empfängnis ist zugleich der Bau des eigentlichen Tempels des Herrn, denn der Leib des Gottmenschen ist das eigentliche Heiligtum. Und die Empfängnis ist endlich das Kommen des eigentlichen Priesters. Darum spricht Jesus nach den Worten des Hebräerbriefes beim Eintritt in die Welt jenes Gebet priesterlicher Gesinnung: »Brandopfer und Gaben hast du nicht gewollt. Aber einen Leib hast du mir bereitet. – Siehe, ich komme, deinen Willen zu erfüllen.«

Das Leben Jesu ist der Opfergang. Darum ist die einzige Szene, die die Verborgenheit in Nazareth unterbricht, der Gang Jesu zur Opferstätte des Tempels. Und beim ersten Auftreten in der Öffentlichkeit begrüßt Johannes der Täufer den Herrn als das Lamm, das die Sünden der Welt sühnt. So steht schon am Anfang der Hinweis auf das Ende, und zwar das Ende im sühnenden Opfer.

Immer wieder weist Christus selbst während seines öffentlichen Lebens auf dieses Ende hin, spricht von seinem Tod und seiner Auferstehung als dem Werk der Sühne und als dem Lösegeld, das für alle bezahlt wird. Das große Werk seines Lebens ist die Gründung der Kirche. Was ist sie anders als das neue Gottesvolk, mit dem Gott den Neuen Bund im Blute schließt, im Opferblut des Gottessohnes selbst!

Darum steht auch am Beginn des Leidens Jesu die Gründung des Messopfers im Abendmahlssaal. Das Abendmahl selbst ist die letzte gültige Feier jüdischen Genusses des Osterlammes und zugleich die Begründung der neuen Tischgemeinschaft durch den Genuss des neuen Passah, von dem Paulus schreibt: »Unser Osterlamm, das geopfert wurde, ist Christus« (1 Kor 5,7).

Das Sterben Christi ist die Schlachtung dieses Lammes. Er zieht darum am Palmsonntag zu der Zeit in Jerusalem ein, da die Opferlämmer für die Opferfeier in die Stadt gebracht werden. Er ist das Lamm, das nicht nur körperlich keine Fehler hat und an dem »kein Bein zerbrochen werden darf«. Sondern er ist das seelisch fehlerlose, weil sündenlose Lamm und es wird an ihm nichts zerbrochen, weil er ungebrochen in den Tod geht. Hier liegt auch der eigentliche Grund seines Schweigens, denn er erfüllt die Prophezeiung des Jesaja vom Lamm, das sich schweigend zur Schlachtbank führen lässt. Weil er das Opfer für die ganze Welt ist, wird er auch durch Juden und durch Heiden verurteilt, also durch beide geopfert.

Die Auferstehung ist das Zeichen, dass Gott das Opfer angenommen hat, und ist zugleich das Zerreißen des eigentlichen Vorhanges. Denn nun hört, nach den Worten des Hebräerbriefes, das erste Zelt auf. Christus schreitet als Hoherpriester der Menschheit mit der Opfergabe seines Herzblutes in das zweite Zelt, ins Allerheiligste der neuen, nun anbrechenden Endzeit. Das heißt einer Zeit ohne Ende, der Zeit der verklärten Herrlichkeit.

Und die Himmelfahrt schließlich ist die große sichtbare *communio* als Einswerdung des Vaters, dem geopfert wurde, mit dem Sohn, der sich geopfert hat, und damit als Einswerdung von Himmel und Erde, Gott und Menschheit.

Von diesem Opfergedanken aus erhalten nun auch viele Einzelheiten des Matthäusberichtes einen tieferen Sinn. Die Menschen reißen seinen Tempel nieder, aber er baut ihn wieder auf als den neuen Tempel seines verklärten Leibes, für den es keine

Zerstörung mehr gibt und in dem nun das Opfer für immer dargebracht ist. Wenn die Höhnenden sagen: »Wenn du Gottes Sohn bist, so steig herab vom Kreuz!«, so antwortet Jesus nicht darauf, denn wenn er vom Kreuz herabstiege, würde das Opfer nicht dargebracht. Gerade weil er Sohn Gottes ist und damit der von Gott geweihte Priester der Menschheit, muss er das Opfer vollenden. Wenn die Priesterschaft höhnt: »Anderen hat er geholfen, sich selbst kann er nicht helfen«, so lautet nun die Antwort: Gerade in dieser Stunde seines Opfertodes hilft er allen anderen. Wenn sie lästern: »Ist er der König von Israel, so mag er vom Kreuz herabsteigen«, so muss nun die Antwort lauten: Israel ist nach den Worten der Schrift ein priesterliches Volk. Gerade weil er der König dieses Volkes ist, muss er das Opfer im Namen des wahren Israel darbringen. Wenn sie sagen, Gott möge ihn befreien, wenn er ihn lieb hat, so ist gerade das Gegenteil richtig. Weil Gott ihn lieb hat, nimmt er sein Opfer an, wie er das des Abel angenommen und das des Kain verworfen hat. Der 22. Psalm, den Christus betet, ist ein Opferpsalm. Denn in seinem ganzen zweiten Teil wird der Segen geschildert, den diese große Opferfeier für die Welt und die Menschheit bringt. Selbst das Missverständnis, er rufe Elias, bekommt hier einen tieferen Sinn. Elias hat auf dem Karmel die Opfergabe bereitet und das Feuer vom Himmel herabgerufen, dass es die Opfergabe verzehre, während die Baalspropheten trotz ihres Schreiens ungehört blieben. Christus ist der wahre Elias, der hier auf Golgotha das Feuer des Gottesgeistes herabruft. Es verzehrt ihn als die große Opfergabe im Tod. Alle anderen Opfer werden damit hinfällig. So kommt denn Elias, aber nicht um ihn zu retten, sondern um die größte und eigentliche Opferfeier mitanzuschauen.

Wenn der Vorhang des Tempels in Jerusalem zerreißt, ist es das Zeichen, dass das Sühnopfer im Allerheiligsten keinen Sinn mehr hat.

Die Erde bebt und die Felsen bersten. Die Erde ist der Altar und die Felsen der Altarstein. Nun haben sie diesen ihren Dienst geleistet, ein für alle Mal. Leiber von Entschlafenen kommen aus den Gräbern, denn das Opfer des Herrn greift über diese Welt hinaus und wirkt für Vergangenheit, Gegenwart und Zukunft, bringt sein Licht in das Schattenreich des Todes, damit die Toten zum Licht und Leben schreiten können. In Christus, dem Gottessohn, haben wir den eigentlichen, mit der Gottheit gesalbten und geweihten Priester. In ihm, dem Vielgeliebten und Vielliebenden, ist die eigentliche Priestergesinnung der Hingabe lebendig. Als Gottessohn und Menschensohn ist er die allein wertvolle Gabe, und weil er Sohn Gottes ist, geht eine unendliche Wirkkraft sühnend und heiligend von diesem Opfer aus.

Das ist der eigentliche Sinn des Kreuzestodes unseres Herrn.

DER UMSCHWUNG

Mt 27,51–66: Und siehe, der Vorhang des Tempels zerriss von oben bis unten entzwei. Und die Erde bebte, die Felsen barsten, die Gräber öffneten sich und viele Leiber der entschlafenen Heiligen wurden auferweckt. Sie kamen aus den Gräbern nach seiner Auferstehung in die Heilige Stadt und zeigten sich vielen. Als der Hauptmann und die Mannschaft, die Jesus bewachte, das Erdbeben sahen und alles, was geschah, fürchteten sie sich sehr und sagten: »Wahrhaftig, dieser war Gottes Sohn!«

Es waren dort viele Frauen, die von ferne zuschauten. Sie waren Jesus von Galiläa gefolgt und hatten ihm gedient. Unter ihnen waren Maria aus Magdala und Maria, die Mutter des Jakobus und Josef, und die Mutter der Söhne des Zebedäus.

Als es Abend geworden war, kam ein reicher Mann aus Arimathäa namens Josef, der ebenfalls ein Jünger Jesu war. Dieser ging zu Pilatus und erbat den Leichnam Jesu. Pilatus gab Befehl, ihn herauszugeben. Josef nahm den Leichnam, wickelte ihn in reine Leinwand und legte ihn in sein neues Grab, das er im Felsen hatte aushauen lassen. Dann wälzte er einen großen Stein vor die Tür des Grabes und ging weg. Es war dort Maria aus Magdala und die andere Maria. Sie saßen dem Grabe gegenüber.

Am folgenden Tag, also nach dem Rüsttag, gingen die Hohenpriester und die Pharisäer zu Pilatus und sagten: »Herr, es ist uns in den Sinn gekommen, dass jener Betrüger noch bei Lebzeiten gesagt hat: ›Nach drei Tagen werde ich auferstehen.‹ Gib darum Befehl, dass das Grab bis zum dritten Tag bewacht werde, damit nicht etwa seine Jünger kommen, ihn stehlen und dem Volke sagen: ›Er ist von den Toten auferweckt worden.‹ Dann ist der letzte Betrug schlimmer als der erste.« Pilatus antwortete ihnen: »Ihr sollt eine Wache haben. Geht und bewacht es, so gut ihr könnt.« Da gingen sie hin, bewachten das Grab und versiegelten den Stein, gemeinsam mit der Wache.

Kaum ist der gewaltige Ruf des Sterbenden verhallt, ändert sich die ganze Lage mit einem Schlag.

1. *Die Ereignisse.* Der *Vorhang des Tempels zerreißt.* Der Tempel war nur Vorbereitung und Symbol. Nun ist die Wirklichkeit da, die Vorbereitung ist zu Ende. Christus ist selbst der wahre Tempel. Das Allerheiligste steht nun offen. Nur am Versöhnungstag durfte der Hohepriester mit dem Blut eines Opfertieres das Allerheiligste betreten. Nun ist das eigentliche Versöhnungsfest gekommen, der wahre Hohepriester, Jesus Christus, hat das Sühnopfer dargebracht und mit seinem Blut die Sünden getilgt. Das bloße Zeichen weicht der Wirklichkeit.

Die *Erde bebt und die Felsen öffnen sich.* Durch die Sünde war die Erde entweiht und vom Fluch Gottes getroffen. Nun ist sie durch die Sühne wieder geheiligt und trägt den Segen Gottes. So ist diese Erde miteinbezogen in das Geschehen von Sünde und Erlösung. Das Beben, das sie erschüttert, bringt das zum Ausdruck.

Während die Herzen Israels verschlossen bleiben und versteinern, öffnet sich die harte Erde und die Felsen bersten.

Tote kommen aus den Gräbern. Christus ist der erste Tote, der das Portal des Todes sprengt. Er führt die anderen Toten, die an seiner Erlösung teilhaben, ins Leben. Sein Abstieg wird Aufstieg, sein Untergang wird Aufgang. So legen die Ereignisse Zeugnis für das Geschehen ab.

2. *Die Menschen.* Auch da zeigt sich sichtbar der Umschwung. *Die Heiden* kommen zur Erkenntnis. Der römische Hauptmann und seine Soldaten stellen sachlich und erstaunt fest: Dieser ist wirklich Gottes Sohn. Was hier geschehen ist und was sie mit nüchternem Blick beobachtet haben, übersteigt menschliche Kraft und menschliches Geschehen. Sie geben dieser Erkenntnis Ausdruck, indem sie sagen, dass hier ein Gott am Werke ist und dieser Tote somit ein Sohn Gottes sein muss. Israel war der erwählte Liebling Jahwes. Die Heiden waren die Verworfenen, die Sklavenseelen. Jetzt hat Israel den Herrn verworfen und damit sich selbst verworfen. Und die Sklaven, die den Herrn als Sohn Gottes erkennen, werden nun durch den Glauben selbst zu Söhnen. So findet auch hier der Umschwung statt.

Die Frauen haben dem Herrn ihre treue Gefolgschaft bewahrt. So sind sie die Einzigen und Letzten, die nicht nur sein Sterben mitansehen, sondern als Erste auch den Umschwung miterleben und darum erste Zeugen seines Sieges sind.

Josef von Arimathäa, der bisher scheu und ängstlich im Hintergrund stand und nie hervortrat, geht nun unerschrocken zu Pilatus und erbittet sich den Leichnam. Er stellt sein eigenes Grab zur Verfügung und bemüht sich persönlich um die feierliche Grablegung. Der äußere Umschwung der Geschehnisse hat bei ihm den inneren Umschwung der Gesinnung bewirkt.

Die Feinde erfahren in ihrer Art den Umschwung der Situation. Eben noch haben sie höhnisch triumphiert. Nun auf einmal werden sie unsicher und unruhig. Sie erbitten sich von Pilatus eine militärische Wache und ein Staatssiegel auf den Grabstein, denn sie fürchten Ereignisse, denen sie nicht gewachsen sind. Sie wollen sich und die Zukunft in Sicherheit bringen, ein Beweis ihrer inneren Unsicherheit.

So ist alles anders geworden, noch bevor das entscheidende Ereignis der Auferstehung geschehen ist. »Seine Stunde« ist gekommen. Es ist für die einen die Stunde der Freude und des Segens, für die anderen die Stunde des Schreckens und der Verwerfung. Die Geister haben sich längst geschieden. Nun scheidet sich die Menschheit.

AUFERSTEHUNG

Mt 28,1–15: Nach dem Sabbat, als der erste Tag der Woche aufdämmerte, kamen Maria aus Magdala und die andere Maria, um nach dem Grabe zu schauen. Und siehe, es entstand ein großes Erdbeben, denn ein Engel des Herrn stieg vom Himmel hernieder, trat herzu, wälzte den Stein weg und setzte sich darauf. Sein Aussehen war wie ein Blitz und sein Gewand schneeweiß. Vor Angst erbebten die Wächter und wurden wie tot. Der Engel aber antwortete den Frauen: »Ihr braucht euch nicht zu fürchten. Ich weiß, dass ihr Jesus sucht, den Gekreuzigten. Er ist nicht hier. Er ist auferweckt worden, wie er es gesagt hat. Kommt, seht den Ort, wo er gelegen hat. Und dann geht rasch hin und sagt seinen Jüngern, dass er von den Toten auferweckt ist. Und siehe, er wird euch vorausgehen nach Galiläa. Dort werdet ihr ihn sehen. Siehe, ich habe es euch gesagt.« Sie gingen rasch vom Grabe weg, voll Furcht, und liefen doch mit großer Freude, um es den Jüngern zu melden. Und siehe, da begegnete ihnen Jesus und sprach: »Seid gegrüßt!« Sie aber gingen auf ihn zu, umfassten seine Füße und beteten ihn an. Und Jesus sprach zu ihnen: »Fürchtet euch nicht! Gehet hin und verkündet meinen Brüdern, dass sie nach Galiläa gehen und mich dort sehen werden.« Während sie hingingen, kamen einige von der Wachmannschaft in die Stadt und meldeten den Hohenpriestern alles, was geschehen war. Diese versammelten sich mit den Ältesten und hielten Rat. Dann gaben sie den Soldaten viel Geld und sagten ihnen: »Sagt, seine Jünger sind in der Nacht gekommen und haben ihn gestohlen, während wir schliefen. Wenn das dem Statthalter zu Ohren kommt, werden wir ihn bereden und machen, dass ihr ohne Sorge sein könnt.« Sie nahmen das Geld und machten, wie man ihnen beigebracht hatte. Und so wurde dieses Gerücht bei den Juden verbreitet bis zum heutigen Tag.

Matthäus berichtet den letzten Abschnitt in kurzer, gestraffter Darstellung.

1. *Die Auferstehung* wird als Vorgang nicht in den Einzelheiten geschildert. Es wird lediglich die Tatsache als solche berichtet. Auferstehung vom Tode ist etwas, das nicht diesem Äon und diesem Leben angehört, sondern ein wesentlich jenseitiges Ereignis ist. Darum bleibt es in den Einzelheiten dem diesseitigen Menschen verborgen. Christus ist »der Erstgeborene der Toten«. Als Erster ist er aus dem mütterlichen Schoß der Erde zum Licht des neuen, anderen Lebens gekommen. Damit hat sich ein kosmischer Vorgang vollzogen. Darum bebt auch bei der Auferstehung des Herrn die Erde. Es ist wie der Anfang der neuen Erde, in der es keine Toten mehr geben wird. Und wenn hier ein Engel Gottes sichtbar wird, so ist auch das schon wie das Hereinragen der anderen Welt in die jetzige Welt. Hier in dieser Welt endet alles mit dem Tod. Aber mit diesem Tod beginnt eben die andere Welt mit der Zeit ohne Ende, dem Leben ohne Tod und der neuen Seinsweise der Verklärung für alle, die in Christus sind. Auferstehung ist somit etwas, das für den Menschen hier und jetzt überhaupt nicht fasslich ist.

2. *Die Boten* der Auferstehung sind der Engel und die Frauen. Der Engel wird als ein Lichtgebilde geschildert, einem Blitz ähnlich. Aber zugleich ist seine Stimme vernehmlich. Es ist Botschaft aus einer anderen Welt in diese Welt hinein. Wenn bei seinem Anblick die militärischen Wächter wie tot niederfallen, wird die Lächerlichkeit menschlicher Sicherungen gegen das Eingreifen Gottes deutlich. Was soll ein Stein, der vor das Grab gewälzt ist, und was soll menschliches Militär gegen die Mächte aus der anderen Welt! Man wird auch in späteren Zeiten der Kirche Steine in den Weg legen und man wird Militär gegen sie aufbieten. Aber die Erinnerung an das Geschehen am Ostermorgen wird den Christen immer wieder sagen, dass solche Maßnahmen vor Gott nichts bedeuten.

Die Frauen zeichnen sich durch ihren Eifer aus. Am ersten möglichen Tag, und auch an diesem schon in der ersten möglichen Zeit, kommen sie zum Grab. Sie sind darum auch die ersten Zeugen der Auferstehung und sehen als Erste den verklärten Herrn. Aber auch jetzt handelt es sich nicht darum, beim Herrn zu bleiben. Er gehört der anderen Welt an und will bloß die Botschaft seiner Auferstehung und seines Hinüberschreitens in die andere Welt den Menschen verkünden. Darum auch sein Auftrag: »Geht hin und bringt meinen Brüdern die Kunde!« Die Osterbotschaft wird das eigentliche Kerygma, den Hauptinhalt der urchristlichen Verkündigung, bilden. In den Predigten der Apostelgeschichte ist alles um diese entscheidende Tatsache der Auferstehung gruppiert. Darum ist hier am Tag der Auferstehung der Akzent auch ganz auf die Verkündigung gelegt.

3. *Die Feinde.* Auch sie vernehmen die Botschaft. Aber die Zeit der Gnade ist für sie vorbei. Sie sind völlig verhärtet. Wenn sie erschrecken, so ist es nicht Schreck über ihr eigenes Fehlurteil und die begangene Sünde, sondern höchstens Schreck über die menschlich natürlichen Konsequenzen, die das Ereignis für sie haben kann. Sie bleiben verhärtet und verschlossen. Mit

Bestechungsgeldern suchen sie das Weitergehen der Botschaft zu verhindern.

So wird es auch in Zukunft bleiben. Die Menschen sind keineswegs gewillt, die Botschaft der Auferstehung anzunehmen. Sie erklären sie durch die Scheintodhypothese, durch Betrug der Jünger, durch die psychologische Wirkung des Schreckens. Oder sie deuten sie als Legende und Mythos. So wird die Botschaft nur Glauben finden bei denen, die innerlich überhaupt noch für Gottes Wort empfänglich und aufgeschlossen sind, wird aber an der harten Schale der Verschlossenen und Verkrusteten abprallen.

Es ist, als ob sich das Evangelium in diesem letzten Abschnitt für Israel nicht mehr interessiere. Sein Schicksal ist einstweilen besiegelt. Der Blick ist nun auf die anderen Völker gerichtet und geht über die ganze Weltgeschichte und überhaupt über die Welt als solche hinaus. Alles bekommt nun eschatologisches Gepräge. Alles ist auf die Letzten Dinge ausgerichtet, die nicht ein Ende, sondern vor allem einen Anfang bedeuten. Das erste Ostern des Christentums ist das erste Aufblitzen des ewigen Ostern.

SENDUNG IN DIE WELT

Mt 28,16–20: Die elf Jünger aber gingen nach Galiläa, auf den Berg, wie Jesus angeordnet hatte. Als sie ihn dort sahen, beteten sie ihn an. Einige aber zweifelten. Da trat Jesus näher heran und sprach zu ihnen:

»Mir ist alle Gewalt gegeben im Himmel und auf Erden. Geht nun hin, macht alle Völker zu Jüngern! Taufet sie auf den Namen des Vaters und des Sohnes und des Heiligen Geistes! Lehret sie alles halten, was ich euch aufgetragen habe! Und siehe, ich bin bei euch alle Tage bis zur Vollendung der Zeit.«

Die Szene ist von besonderer Wichtigkeit. Nicht nur weil sie die Abschiedsworte des Herrn enthält, sondern weil hier die Linien des Evangeliums wie in einem Punkt zusammenlaufen. Christus hat von Anfang an das universale Gottesreich verkündet. Aber es sollte durch Vermittlung Israels gebracht werden und Israel hätte darin eine Sonderstellung gehabt. Das Nein des erwählten Volkes aber hat zu seinem vorläufigen Ausschluss geführt. Und so ergeht nun die Botschaft an die anderen Völker. Die Wichtigkeit dieser Sendung ergibt sich auch aus dem zweimaligen Auftrag des Auferstandenen in den Versen 7 und 10, nach welchem die Jünger nach Galiläa kommen sollen, um den Herrn dort zu sehen. So greift denn Matthäus von allen Erscheinungen des Auferstandenen nur diese eine entscheidende heraus. Sie enthält ein Doppeltes:

1. *Die Sendung.* Der Herr erscheint in Galiläa, wo er die Seinen unterrichtet und sich ihnen durch seine Wunder als Messias und Gottessohn zu erkennen gegeben hat. Er erscheint auf einem Berg. So wie Moses auf dem Berg Nebo ins Gelobte Land geschaut, so blickt der Herr von diesem Berge aus in das sich nun ausbreitende Reich Gottes. Wie die Bergpredigt auf dem Berg seinen Geist kundgetan und die Verklärung auf einem Berg seine Herrlichkeit aufleuchten ließ, so gibt er nun von einem Berg aus den Auftrag, seinen Geist aller Welt zu verkünden und von seiner Herrlichkeit überall zu sprechen. Die Erscheinung ist so überraschend, dass die Mehrzahl überwältigt niedersinkt, um den Herrn anzubeten. Daneben sind einige, die es nicht zu fassen vermögen und zweifeln, ob er es wirklich sei, bis der Herr zu sprechen anfängt und damit ihre Zweifel behebt. So steht Christus wieder und zum letzten Mal sichtbar in der Mitte der Apostel. Ein Bild der Kirche als der erwählten Menschen auf dieser Erde, mit dem verklärten Herrn in der Mitte.

»Mir ist alle Gewalt gegeben im Himmel und auf Erden.« Für die Tatsache dieser Gewalt hat er durch seine Auferstehung den

Beweis erbracht. Er ist Herr über Leben und Tod. Er ist hinübergeschritten in den neuen Äon des anderen Lebens und steht doch zugleich noch in dem Äon dieser irdischen Zeit. So ist er im Himmel und auf Erden als der, dem alle Gewalt vom Vater übergeben ist. Die Vollmacht zur Sendung, die er gibt, beruht auf der Vollmacht der Sendung, die er empfangen hat.

»Gehet hin und macht alle Völker zu Jüngern!« Es ist das *Ite missa est,* mit dem die Opfermesse seines Lebens abgeschlossen wird. Die Elf sollen nicht im engen Bezirk Israels bleiben, sondern hinausgehen zu den Völkern. Diese Sendung ist feierlicher Missionsauftrag des Herrn an seine Kirche. Die Weltmission kann darum nie zur Ruhe kommen, bis das Ende der irdischen Zeit da ist. Jede Geruhsamkeit und jedes Zufriedensein mit dem Erreichten wird durch diese Sendung überwunden. Die Unruhe der Verantwortung liegt darin und die Forderung zu immer neuem Ausschreiten. Es ist Dynamik geistiger Welteroberung.

Die Sendung geht zu allen Völkern. Die Kirche des Herrn ist weder geografisch noch auf Völker begrenzt. Die Katholizität gehört zu ihrem Wesen. Nationalistische Enge widerspricht ihrem innersten Geist.

»Macht sie zu Jüngern!« Er ist der eine und einzige Meister. Alle Menschen sollen zur Jüngerschaft gerufen werden. »Taufet sie!« Die Kirche ist nicht nur Ideengemeinschaft oder geistige Einheit der Gläubigen. Sie ist ein sichtbares Reich. Darum ist die Aufnahme in diese Kirche ein sichtbarer Ritus. Taufe besagt Abwaschung der Sünden und Spendung der Gnade. Sterben mit Christus, sodass der alte Mensch der Sünde tot ist, und Auferweckung mit Christus zu einem neuen Leben in Gott. Taufe ist Aufgenommenwerden in die Gottesfamilie durch die Gnade der Kindschaft, die den an die Sünde Versklavten gegeben wird. Sie ist Besiegelung mit dem Zeichen der Erwählung, Kennzeichnung derer, die nicht in der Gefolgschaft des Tieres stehen, sondern Söhne Gottes sind.

Die Taufe wird gespendet auf den Namen des Vaters und des Sohnes und des Heiligen Geistes. Denn es ist gnadenhafte

Teilnahme an der Natur Gottes. Der Feuerstrom, der Vater, Sohn und Geist verbindet, ergießt sich in die Seele der Menschen. Sie werden Kinder des himmlischen Vaters, Brüder Jesu, des Sohnes, Empfänger und Träger des Heiligen Geistes.

»Lehret sie alles halten, was ich euch geboten habe.« Jüngerschaft besagt Gabe, aber auch Aufgabe, Empfangen, aber auch Tun. Gnade, aber auch Forderung. Die Getauften sollen das Leben neu gestalten nach dem Geist und den Geboten des Herrn. Neuformung des Lebens, Umgestaltung des Tuns nach den Normen und Gesetzen Jesu Christi ist die Forderung. Die lehrende Kirche verkündet dabei den Willen des Herrn, gibt die Weisungen Christi weiter, ist somit lehrende und fordernde Autorität. Im Auftrag zu taufen, zu lehren und zu fordern liegt das dreifache Priesteramt, Lehramt und Hirtenamt der hierarchischen Kirche.

So umfasst diese Sendung Christi das innerste Wesen des Christentums und der Kirche.

2. *Die Verheißung.* »Ich bin bei euch.« Christus wird nun unsichtbar sein, aber doch in der Mitte der Kirche bleiben. Die Apokalypse wird Christus zeichnen als den, der unsichtbar inmitten der sieben Leuchter, also inmitten seiner Kirche, steht. Die Gegenwart Christi gibt der lehrenden Kirche ihre unfehlbare Sicherheit, gibt der gnadenspendenden Kirche die übernatürliche Kraft und gibt der fordernden Kirche die Autorität. Kirche ist nicht eine Vereinigung Gleichgesinnter und eine Organisation mit dem Ziel der Weltgestaltung, sondern sie ist der unsichtbare Christus als Geheimnis der sichtbaren Kirche. Das Unsichtbar-Göttliche durchflutet das Sichtbar-Menschliche. Christus ist nicht nur eine Gestalt der Vergangenheit, sondern der ständig gegenwärtige, geheimnisvoll lehrende, heiligende und leitende Herr. »Ich bin bei euch.« Das ist der Trost der Kirche in Zeiten der Verfolgung. Ist das Geheimnis ständiger Erneuerung in Perioden des Verfalls und ist die Überwindung aller Einsamkeit in den dunkeln Nächten innerer Verlassenheit.

»Alle Tage.« In den Tagen des Sieges wird dem Herrn die Ehre gegeben. In den Tagen der Niederlagen wird er die Kraft zur neuen Erhebung geben. In Tagen des Reichtums ist er Warnung und Mahnung. In Tagen der Armut ist er Hilfe und Trost. In Tagen des Kampfes ist er das erhobene Feldzeichen. In Tagen der Ruhe ist er Schutz vor falscher Geruhsamkeit.

»Bis zum Ende dieser Zeit.« Kirche dauert bis zum Ende der Tage. Die Garantie des Bestandes liegt in diesen Worten. Die Sicherheit zum Schreiten durch die dunkelsten Schluchten und über alle Gebirge, die den Weg versperren wollen. Die Zeit des irdischen Ablaufs findet ihr Ende, aber dieses Ende ist nur Beendigung des irdischen Auftrages der Kirche und des Zustandes der Verborgenheit des Herrn. Das Ende wird zugleich Anfang der verklärten Kirche mit dem verklärten sichtbaren Herrn bedeuten. Diese Worte durchmessen den Raum der ganzen Welt und die Zeit der ganzen Menschheitsgeschichte bis zum Ende, das Vollendung bedeutet. Alle räumliche Enge und zeitliche Gebundenheit sind in diesen Worten des Herrn gesprengt. Das Stehen in der Welt, verbunden mit Überweltlichkeit, das Schreiten durch die Zeit bis hinein in die Ewigkeit sind darin enthalten.

So endet das Evangelium mit der Botschaft des verklärten, bereits jenseitigen und doch noch diesseitigen Herrn und mit dem Hinweis auf die Verklärung seiner Jünger und der ganzen Kirche, wenn der Ostertag der Parusie anbricht und die Erwählten teilhaben an der Herrlichkeit des Herrn.

Richard Gutzwiller

wurde am 26. Mai 1896 in Basel geboren. Nach dem Abitur trat er 1915 in die »Gesellschaft Jesu« ein. Er studierte Theologie und Philosophie und empfing 1926 in Innsbruck die Priesterweihe. 1928 begann Pater Gutzwiller seine 30-jährige Tätigkeit in Zürich als Studenten- und Akademikerseelsorger. Durch Predigten, Vorträge und zahlreiche Beiträge in Zeitungen und Zeitschriften – er initiierte und prägte die Wochenbeilage »Christliche Kultur« der *Neuen Zürcher Nachrichten* – vermittelte er dem Zürcher und Schweizer Katholizismus ein neues Selbstbewusstsein; seine Stellungnahmen waren meinungsbildend.

1952 wurde Pater Gutzwiller Direktor des Apologetischen Instituts des Schweizer Katholischen Volksvereins in Zürich und Honorarprofessor für bibeltheologische Fragen an der Universität Innsbruck. Seine Meditationen zu den Evangelien fanden große Verbreitung. Pater Richard Gutzwiller starb am 29. Mai 1958 in Zürich.